EBS 중학

뉴런

| 수학 3(하) |

개념책

| 기획 및 개발 |

최다인 이소민 정혜은(개발총괄위원)

| 집필 및 검토 |

강해기(배재중) 이은영(대원국제중) 한혜정(금호여중)

| 검토 |

김민정 박성복 변태호 임상현 정란

중학 영어듣기능력평가

완벽대비

전국 시·도교육청 주관
영어듣기능력평가
실전 대비서
중1~중3

중1

중2

중3

전국 시·도교육청 영어듣기능력평가 시행 방송사 EBS가 만든

중학 영어듣기능력평가 완벽대비

실제 시험과 동일한 체제로 모의고사 12회 구성 → 실전 시험 형식 완벽 적응

최신 출제 경향을 반영한 유형 연습 구성 → 영어듣기능력평가 만점 완성 가능

Dictation과 Fun with Comics 구성 → 기본 영어 실력 증진

EBS 중학

뉴런

| 수학 3(하) |

개념책

Structure 이 책의 구성과 특징

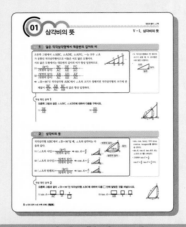
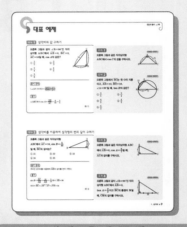

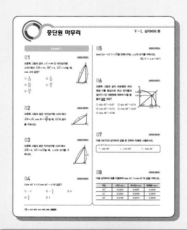
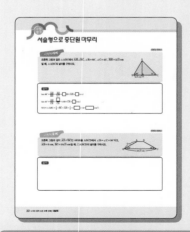

문항 코드로 빠르게 강의 검색하기

1 교재에서
문항별 고유 코드를 교재에서 확인하세요.

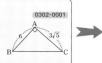

유제 1
오른쪽 그림과 같은 직각삼각형 ABC에서 cos C의 값을 구하시오.

0302-0001

2 EBS 중학 PC/스마트폰에서
문항 코드를 검색창에 입력하세요.

mid.ebs.co.kr

0302 - 0001

중학 사이트 상단의 검색창에 교재에 있는
8자리 문항코드를 입력해 주세요.

3 강의 화면에서
해설 강의를 수강합니다.

실전책

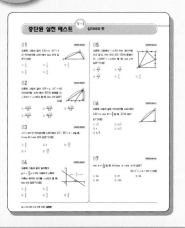

중단원 실전 테스트

실제 시험형태와 비슷하게 객관식, 주관식
비율을 맞추고, 문제는 100점 만점으로 구성
하였습니다. 중단원 개념을 공부한 후 실제
시험처럼 풀어 보세요.

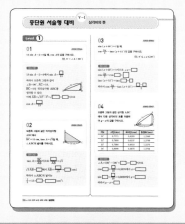

중단원 서술형 대비

서술형 문제를 수준별, 단계별로 학습하여
서술형 문제 유형을 완벽하게 연습하세요.

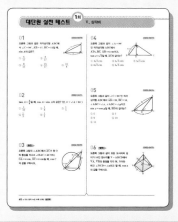

대단원 실전 테스트

실전을 위한 마지막 대비로 대단원별 중요
문제를 통해 실력을 점검하고 실제 시험에
대비하세요.

미니북

정답과 풀이

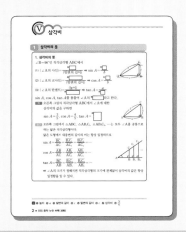

미니북-수학 족보

짧은 시간, 핵심만을 보고 싶을 때, 간단히 들
고 다니며 볼 수 있는 수학 족보집입니다.

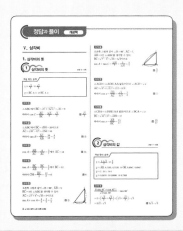

정답과 풀이

자세하고 친절한 풀이로 문제를 쉽게 설명하
였습니다.

Contents 이 책의 **차례**

VII

통계

1. 대푯값과 산포도

2. 상관관계

EBS 중학
뉴런 수학 3(상)
차례

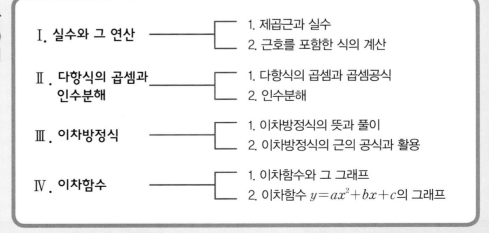

Ⅰ. 실수와 그 연산 ——— 1. 제곱근과 실수
                      2. 근호를 포함한 식의 계산

Ⅱ. 다항식의 곱셈과 ——— 1. 다항식의 곱셈과 곱셈공식
   인수분해   2. 인수분해

Ⅲ. 이차방정식 ——— 1. 이차방정식의 뜻과 풀이
                  2. 이차방정식의 근의 공식과 활용

Ⅳ. 이차함수 ——— 1. 이차함수와 그 그래프
                2. 이차함수 $y = ax^2 + bx + c$의 그래프

V 삼각비

01 삼각비의 뜻

개념 1 닮은 직각삼각형에서 대응변의 길이의 비

오른쪽 그림에서 △ABC, △ADE, △AFG, …는 모두 ∠A 가 공통인 직각삼각형이므로 이들은 서로 닮은 도형이다.

서로 닮은 도형에서는 대응변의 길이의 비가 항상 일정하므로

(1) $\dfrac{(높이)}{(빗변의 길이)} = \dfrac{\overline{BC}}{\overline{AC}} = \dfrac{\overline{DE}}{\overline{AE}} = \dfrac{\overline{FG}}{\overline{AG}} = \cdots$

(2) $\dfrac{(밑변의 길이)}{(빗변의 길이)} = \dfrac{\overline{AB}}{\overline{AC}} = \dfrac{\overline{AD}}{\overline{AE}} = \dfrac{\overline{AF}}{\overline{AG}} = \cdots$

➡ ∠B=90°인 직각삼각형 ABC에서 ∠A의 크기가 정해지면 직각삼각형의 크기에 관계없이 $\dfrac{\overline{BC}}{\overline{AC}}$, $\dfrac{\overline{AB}}{\overline{AC}}$, $\dfrac{\overline{BC}}{\overline{AB}}$의 값은 항상 일정하다.

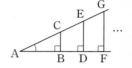

• 두 직각삼각형에서 한 예각의 크기가 같을 때, 두 삼각형은 서로 닮은 도형이다.

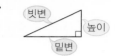

개념 확인 문제 1

오른쪽 그림과 같은 △ABC, △ADE에 대하여 다음을 구하시오.

(1) $\dfrac{\overline{DE}}{\overline{AE}}$

(2) $\dfrac{\overline{AD}}{\overline{AE}}$

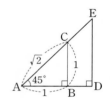

개념 2 삼각비의 뜻

직각삼각형 ABC에서 ∠B=90°일 때, ∠A의 삼각비는 다음과 같다.

(1) (∠A의 사인) $= \dfrac{(높이)}{(빗변의 길이)}$ ➡ $\sin A = \dfrac{a}{b}$

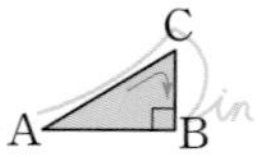

(2) (∠A의 코사인) $= \dfrac{(밑변의 길이)}{(빗변의 길이)}$ ➡ $\cos A = \dfrac{c}{b}$

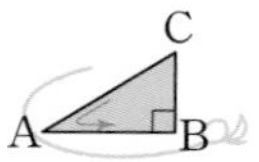

(3) (∠A의 탄젠트) $= \dfrac{(높이)}{(밑변의 길이)}$ ➡ $\tan A = \dfrac{a}{c}$

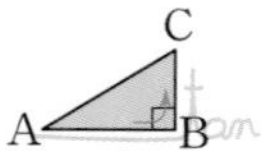

• sin, cos, tan는 각각 sine, cosine, tangent를 줄여서 쓴 것이다.
• $\sin A$, $\cos A$, $\tan A$의 A는 ∠A의 크기를 나타낸다.
• 그림에서 $\sin C = \dfrac{c}{b}$, $\cos C = \dfrac{a}{b}$, $\tan C = \dfrac{c}{a}$이다.

개념 확인 문제 2

오른쪽 그림과 같이 ∠B=90°인 직각삼각형 ABC에 대하여 다음 □ 안에 알맞은 것을 써넣으시오.

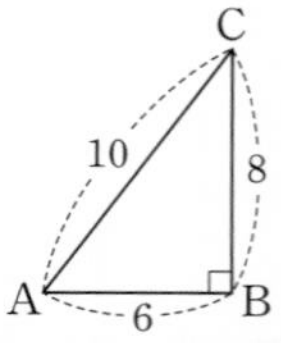

(1) $\sin A = \dfrac{\Box}{\overline{AC}} = \dfrac{\Box}{10} = \dfrac{4}{\Box}$

(2) $\tan A = \dfrac{\Box}{\overline{AB}} = \dfrac{\Box}{6} = \dfrac{\Box}{3}$

대표 예제

 삼각비의 값 구하기

오른쪽 그림과 같이 ∠B=90°인 직각
삼각형 ABC에서 $\overline{AB}=6$, $\overline{BC}=8$,
$\overline{AC}=10$일 때, $\cos A$의 값은?

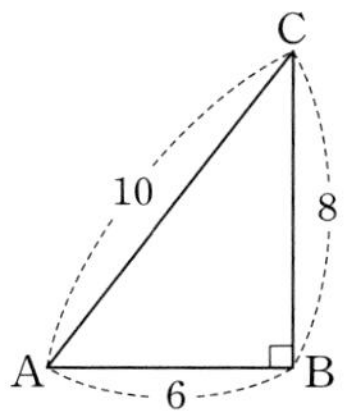

① $\dfrac{3}{5}$ ② $\dfrac{2}{3}$

③ $\dfrac{3}{4}$ ④ $\dfrac{4}{5}$

⑤ $\dfrac{5}{6}$

[풀이 전략]

$(\angle A$의 코사인$)=\dfrac{(밑변의 길이)}{(빗변의 길이)}$

[풀이]

$\triangle$ABC에서 $\cos A=\dfrac{\overline{AB}}{\overline{AC}}=\dfrac{6}{10}=\dfrac{3}{5}$

답 ①

유제 **1**

0302-0001

오른쪽 그림과 같은 직각삼각형
ABC에서 $\cos C$의 값을 구하시오.

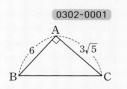

유제 **2**

0302-0002

오른쪽 그림에서 $\overline{BC}$는 원 O의 지름
이고, $\overline{AB}=12$, $\overline{BO}=10$,
$\angle A=90°$일 때, $\tan B$의 값은?

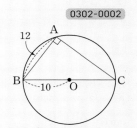

① $\dfrac{3}{5}$ ② $\dfrac{3}{4}$

③ $\dfrac{4}{5}$ ④ $\dfrac{4}{3}$

⑤ $\dfrac{5}{3}$

 삼각비를 이용하여 삼각형의 변의 길이 구하기

오른쪽 그림과 같은 직각삼각형
ABC에서 $\overline{AC}=10$, $\sin B=\dfrac{5}{13}$
일 때, $\overline{BC}$의 길이는?

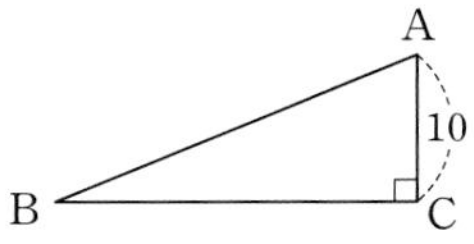

① 21   ② 22   ③ 23

④ 24   ⑤ 25

[풀이 전략]

주어진 삼각비를 이용하여 $\overline{AB}$의 길이를 먼저 구한다.

[풀이]

$\sin B=\dfrac{\overline{AC}}{\overline{AB}}=\dfrac{10}{\overline{AB}}=\dfrac{5}{13}$에서 $\overline{AB}=26$

따라서 $\overline{BC}=\sqrt{26^2-10^2}=\sqrt{576}=24$

답 ④

유제 **3**

0302-0003

오른쪽 그림과 같은 직각삼각형 ABC
에서 $\overline{AB}=6$, $\cos A=\dfrac{3}{7}$일 때,
$\overline{AC}$의 길이를 구하시오.

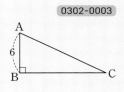

유제 **4**

0302-0004

오른쪽 그림과 같이 ∠B=90°인 직각
삼각형 ABC에서 $\overline{AB}=8$,
$\tan A=\dfrac{3}{2}$이고 $\overline{BC}$의 중점이 M일
때, $\overline{CM}$의 길이를 구하시오.

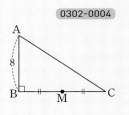

대표 예제

예제 3 한 삼각비의 값을 이용하여 다른 삼각비의 값 구하기

$\angle B = 90°$인 직각삼각형 ABC에서 $\sin A = \dfrac{2}{3}$일 때, $\tan C$의 값은?

① $\dfrac{1}{2}$ ② $\dfrac{\sqrt{2}}{2}$ ③ $\dfrac{\sqrt{3}}{2}$

④ 1   ⑤ $\dfrac{\sqrt{5}}{2}$

풀이 전략

주어진 삼각비의 값을 갖는 직각삼각형을 그린다.

풀이

오른쪽 그림과 같이 $\angle B = 90°$, $\overline{AC} = 3$, $\overline{BC} = 2$
인 $\triangle ABC$를 생각할 수 있다.
$\overline{AB} = \sqrt{3^2 - 2^2} = \sqrt{5}$이므로
$\tan C = \dfrac{\overline{AB}}{\overline{BC}} = \dfrac{\sqrt{5}}{2}$

目 ⑤

유제 5 `0302-0005`

$\tan A = \dfrac{4}{3}$일 때, $\sin A + \cos A$의 값은?

(단, $0° < \angle A < 90°$)

① 1   ② $\dfrac{6}{5}$ ③ $\dfrac{7}{5}$

④ $\dfrac{8}{5}$ ⑤ $\dfrac{9}{5}$

유제 6 `0302-0006`

$\angle B = 90°$인 직각삼각형 ABC에서 $\cos A = \dfrac{5}{7}$일 때, $\sin A \times \tan C$의 값을 구하시오.

예제 4 삼각형의 닮음을 이용하여 삼각비의 값 구하기

다음 그림과 같은 직각삼각형 ABC에서 $\overline{AB} = 3\sqrt{3}$,
$\overline{AC} = 3$, $\angle CAD = \angle x$일 때, $\tan x$의 값은?

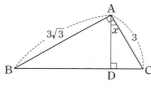

① $\dfrac{\sqrt{3}}{6}$ ② $\dfrac{\sqrt{3}}{3}$ ③ $\dfrac{2\sqrt{3}}{3}$

④ $\sqrt{3}$ ⑤ $2\sqrt{3}$

풀이 전략

삼각형의 닮음을 이용하여 크기가 같은 각을 찾는다.

풀이

$\triangle BAC \backsim \triangle ADC$(AA 닮음)이므로 $\angle ABC = \angle x$
따라서 $\tan x = \dfrac{\overline{AC}}{\overline{AB}} = \dfrac{3}{3\sqrt{3}} = \dfrac{1}{\sqrt{3}} = \dfrac{\sqrt{3}}{3}$

目 ②

유제 7 `0302-0007`

오른쪽 그림과 같은 직사각형 ABCD의 꼭짓점 D에서 대각선 AC에 내린 수선의 발을 E라 하고, $\overline{AB} = \sqrt{3}$, $\overline{AD} = 3$, $\angle ADE = \angle x$라고 할 때, $\cos x$의 값은?

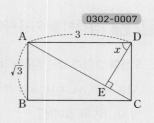

① $\dfrac{1}{2}$ ② $\dfrac{\sqrt{3}}{3}$ ③ $\dfrac{3}{4}$

④ $\dfrac{\sqrt{3}}{2}$ ⑤ $\dfrac{2\sqrt{2}}{3}$

유제 8 `0302-0008`

오른쪽 그림과 같은 직각삼각형 ABC에서 $\overline{DE} \perp \overline{BC}$일 때, $\sin x$의 값을 구하시오.

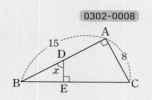

02 삼각비의 값

개념 1 크기가 30°, 45°, 60°인 각의 삼각비의 값

삼각비 \ A	30°	45°	60°
$\sin A$	$\dfrac{1}{2}$	$\dfrac{\sqrt{2}}{2}$	$\dfrac{\sqrt{3}}{2}$
$\cos A$	$\dfrac{\sqrt{3}}{2}$	$\dfrac{\sqrt{2}}{2}$	$\dfrac{1}{2}$
$\tan A$	$\dfrac{\sqrt{3}}{3}$	1	$\sqrt{3}$

➡ 직각삼각형의 한 예각의 크기가 30°, 45°, 60° 중 하나일 때, 한 변의 길이가 주어지면 위의 삼각비의 값을 이용하여 나머지 두 변의 길이를 구할 수 있다.

• $\sin 30° = \cos 60°$
  $\sin 45° = \cos 45°$
  $\sin 60° = \cos 30°$
•
•

개념 확인 문제 1

다음을 계산하시오.

(1) $\sin 30° + \cos 45°$ 　　　　　　　　　(2) $\tan 45° + \cos 60°$

개념 2 예각의 삼각비의 값

반지름의 길이가 1인 사분원을 이용하면 예각의 삼각비의 값을 하나의 선분의 길이로 나타낼 수 있다.

직각삼각형 AOB에서 크기가 $\angle x$인 $\angle$AOB에 대하여

(1) $\sin x = \dfrac{\overline{\text{AB}}}{\overline{\text{OA}}} = \dfrac{\overline{\text{AB}}}{1} = \overline{\text{AB}}$

(2) $\cos x = \dfrac{\overline{\text{OB}}}{\overline{\text{OA}}} = \dfrac{\overline{\text{OB}}}{1} = \overline{\text{OB}}$

직각삼각형 COD에서 크기가 $\angle x$인 $\angle$COD에 대하여

(3) $\tan x = \dfrac{\overline{\text{CD}}}{\overline{\text{OD}}} = \dfrac{\overline{\text{CD}}}{1} = \overline{\text{CD}}$

• $\triangle$AOB∽$\triangle$COD
  (AA 닮음)

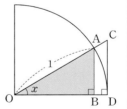

개념 확인 문제 2

오른쪽 그림과 같이 좌표평면 위의 원점 O를 중심으로 하고 반지름의 길이가 1인 사분원에서 다음 □ 안에 알맞은 것을 써넣으시오.

(1) $\sin 46° = \dfrac{\boxed{}}{\overline{\text{OA}}} = \dfrac{\boxed{}}{1} = \boxed{}$

(2) $\cos 46° = \dfrac{\boxed{}}{\overline{\text{OA}}} = \dfrac{\boxed{}}{1} = \boxed{}$

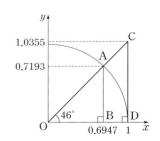

02 삼각비의 값

개념 3 **크기가 0°, 90°인 각의 삼각비의 값**

(1) 직각삼각형 AOB에서 ∠AOB의 크기가 0°에 가까워지면 $\overline{AB}$의
길이는 0에 가까워지고, $\overline{OB}$의 길이는 1에 가까워진다.
➡ sin 0°=0, cos 0°=1

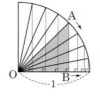

(2) 직각삼각형 AOB에서 ∠AOB의 크기가 90°에 가까워지면 $\overline{AB}$
의 길이는 1에 가까워지고, $\overline{OB}$의 길이는 0에 가까워진다.
➡ sin 90°=1, cos 90°=0

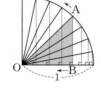

(3) 직각삼각형 COD에서 ∠COD의 크기가 0°에 가까워지면 $\overline{CD}$
의 길이는 0에 가까워지고, ∠COD의 크기가 90°에 가까워지면
$\overline{CD}$의 길이는 한없이 길어진다.
➡ tan 0°=0, tan 90°의 값은 정할 수 없다.

• $0° \leq \angle x < 45°$이면
$\sin x < \cos x$
$\angle x = 45°$이면
$\sin x = \cos x < \tan x$
$45° < \angle x \leq 90°$이면
$\cos x < \sin x < \tan x$

개념 확인 문제 3

다음 삼각비의 값을 구하시오.

(1) sin 90°　　　　　(2) cos 0°　　　　　(3) tan 0°

개념 4 **삼각비의 표**

(1) 삼각비의 표
크기가 0°에서 90° 사이의 각을 1° 간격으로 나누어 삼각비의 값을 구하여 정리한 표
(2) 삼각비의 표를 보는 방법
삼각비의 표에서 가로줄과 세로줄이
만나는 곳의 수가 삼각비의 값이다.

　예　오른쪽 표에서
　　sin 35°=0.5736
　　cos 35°=0.8192
　　tan 35°=0.7002

각도	사인(sin)	코사인(cos)	탄젠트(tan)
⋮	⋮	⋮	⋮
34°	0.5592	0.8290	0.6745
35°	0.5736	0.8192	0.7002
36°	0.5878	0.8090	0.7265
⋮	⋮	⋮	⋮

• 삼각비의 표에서 삼각비의 값
은 반올림하여 소수점 아래 넷
째 자리까지 나타낸 것이다.

개념 확인 문제 4

다음 삼각비의 값을 위의 삼각비의 표를 이용하여 구하시오.

(1) sin 36°　　　　　(2) cos 36°　　　　　(3) tan 36°

대표 예제

예제 1 크기가 $30°$, $45°$, $60°$인 각의 삼각비의 값

$\tan 45° \times \sin 60° + \tan 30° \times \cos 60°$의 값은?

① $\dfrac{\sqrt{3}}{6}$　　② $\dfrac{\sqrt{3}}{3}$　　③ $\dfrac{2\sqrt{3}}{3}$

④ $\sqrt{3}$　　⑤ $2\sqrt{3}$

풀이 전략

특수한 각의 삼각비의 값을 대입하여 식의 값을 구한다.

풀이

$\tan 45° \times \sin 60° + \tan 30° \times \cos 60° = 1 \times \dfrac{\sqrt{3}}{2} + \dfrac{\sqrt{3}}{3} \times \dfrac{1}{2} = \dfrac{2\sqrt{3}}{3}$

답 ③

유제 1　　0302-0009

$\dfrac{2(\sin 45° + \cos 45°)}{\sqrt{3} \tan 30°} - \tan 60°$의 값을 구하시오.

유제 2　　0302-0010

다음 표에서 (가), (나), (다)에 알맞은 값을 각각 구하시오.

삼각비 $\diagdown$ A	$30°$	$45°$	$60°$
$\sin A$	(가)	$\dfrac{\sqrt{2}}{2}$	$\dfrac{\sqrt{3}}{2}$
$\cos A$	$\dfrac{\sqrt{3}}{2}$	(나)	$\dfrac{1}{2}$
$\tan A$	$\dfrac{\sqrt{3}}{3}$	1	(다)

예제 2 삼각비를 이용하여 각의 크기 구하기

오른쪽 그림과 같은 직각삼각형 ABC에서 $\overline{AB}=6$ cm, $\overline{AC}=3$ cm일 때, $\angle B$의 크기는?

① $15°$　　② $20°$　　③ $30°$

④ $45°$　　⑤ $60°$

풀이 전략

$\sin B$의 값을 통해 $\angle B$의 크기를 구한다.

풀이

$\triangle ABC$에서 $\sin B = \dfrac{3}{6} = \dfrac{1}{2}$이고 $\sin 30° = \dfrac{1}{2}$이므로

$\angle B = 30°$

답 ③

유제 3　　0302-0011

오른쪽 그림과 같은 직각삼각형 ABC에서 $\overline{AB}=3\sqrt{6}$, $\overline{BC}=3\sqrt{2}$일 때, $\angle A$의 크기는?

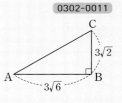

① $15°$　　② $20°$　　③ $30°$

④ $45°$　　⑤ $60°$

유제 4　　0302-0012

$\sin(3x+15°) = \dfrac{\sqrt{3}}{2}$을 만족시키는 $\angle x$의 크기를 구하시오.

(단, $0° < \angle x < 25°$)

대표 예제

예제 3 삼각비를 이용하여 변의 길이 구하기

오른쪽 그림과 같은 직각삼각형 ABC에서 ∠C=30°, $\overline{AC}=6\sqrt{2}$일 때, $\overline{AB}$의 길이는?

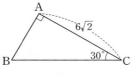

① $\sqrt{10}$ ② $2\sqrt{3}$ ③ $2\sqrt{5}$

④ $2\sqrt{6}$ ⑤ 6

풀이 전략

30°에 대한 삼각비를 이용한다.

풀이

$\tan 30°=\dfrac{\overline{AB}}{6\sqrt{2}}=\dfrac{\sqrt{3}}{3}$에서 $\overline{AB}=2\sqrt{6}$

달 ④

유제 5   0302-0013

오른쪽 그림과 같은 직각삼각형 ABC에서 ∠B=60°, $\overline{BC}=5$ cm일 때, $\overline{AB}$의 길이를 구하시오.

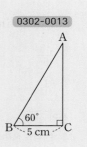

유제 6   0302-0014

오른쪽 그림의 △ABC에서 $\overline{AH}\perp\overline{BC}$, ∠B=60°, ∠C=45°, $\overline{BH}=4$ cm일 때, $\overline{CH}$의 길이를 구하시오.

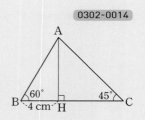

예제 4 사분원을 이용하여 삼각비의 값 구하기

오른쪽 그림과 같이 점 O를 중심으로 하고 반지름의 길이가 1인 사분원에서 다음 중 옳지 <u>않은</u> 것은?

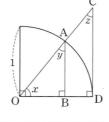

① $\sin x=\overline{AB}$ ② $\cos x=\overline{OB}$

③ $\sin y=\overline{OB}$ ④ $\tan y=\overline{CD}$

⑤ $\cos z=\overline{AB}$

풀이 전략

$\overline{AB}/\!/\overline{CD}$임을 이용한다.

풀이

④ $\overline{AB}/\!/\overline{CD}$이므로 ∠y=∠z (동위각)

따라서 $\tan y=\tan z=\dfrac{\overline{OD}}{\overline{CD}}=\dfrac{1}{\overline{CD}}$

⑤ $\cos z=\cos y=\dfrac{\overline{AB}}{\overline{OA}}=\dfrac{\overline{AB}}{1}=\overline{AB}$

달 ④

유제 7   0302-0015

오른쪽 그림과 같이 좌표평면 위의 원점 O를 중심으로 하고 반지름의 길이가 1인 사분원에서 $\cos 35°$의 값을 구하시오.

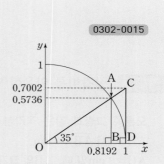

유제 8   0302-0016

오른쪽 그림과 같이 좌표평면 위의 원점 O를 중심으로 하고 반지름의 길이가 1인 사분원에서 점 B의 x좌표를 나타내는 것을 모두 고르면?

(정답 2개)

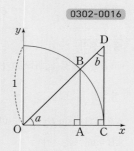

① $\sin a$ ② $\sin b$

③ $\cos a$ ④ $\cos b$

⑤ $\tan a$

예제 5 크기가 0°, 90°인 각의 삼각비의 값

다음 중 옳지 <u>않은</u> 것은?

① $\sin 0° = \tan 0°$

② $\sin 30° = \cos 60°$

③ $\sin 45° = \cos 45°$

④ $\sin 0° = \cos 90°$

⑤ $\sin 90° = \tan 90°$

[풀이 전략]

$\sin 90° = 1$

[풀이]

① $\sin 0° = \tan 0° = 0$

② $\sin 30° = \cos 60° = \dfrac{1}{2}$

③ $\sin 45° = \cos 45° = \dfrac{\sqrt{2}}{2}$

④ $\sin 0° = \cos 90° = 0$

⑤ $\sin 90° = 1$이고, $\tan 90°$의 값은 정할 수 없다.

답 ⑤

유제 9
0302-0017

다음 중 $\sin 90° + \cos 90°$를 계산한 값과 같은 것은?

① $\sin 30°$ ② $\cos 30°$ ③ $\sin 45°$

④ $\tan 45°$ ⑤ $\cos 60°$

유제 10
0302-0018

$\sin x = 1$일 때, $\cos(x - 30°)$의 값은? (단, $0° \le \angle x \le 90°$)

① 0 ② $\dfrac{1}{2}$ ③ $\dfrac{\sqrt{2}}{2}$

④ $\dfrac{\sqrt{3}}{2}$ ⑤ 1

예제 6 삼각비의 값의 대소 관계

〈보기〉 중 옳은 것을 모두 고른 것은?

┌ 보기 ┐
ㄱ. $\angle A = 45°$일 때, $\sin A = \cos A = \tan A$
ㄴ. $0° \le \angle A \le 90°$일 때, $0 \le \cos A \le 1$
ㄷ. $0° \le \angle A \le 90°$일 때, $0 \le \tan A \le 1$

① ㄱ ② ㄴ ③ ㄱ, ㄴ

④ ㄴ, ㄷ ⑤ ㄱ, ㄴ, ㄷ

[풀이 전략]

0°, 45°, 90°의 삼각비의 값을 이용한다.

[풀이]

ㄱ. $\angle A = 45°$일 때, $\sin A = \cos A = \dfrac{\sqrt{2}}{2}$, $\tan A = 1$

ㄷ. $0° \le \angle A \le 90°$일 때, $\tan A$의 값은 $\angle A$의 크기가 90°에 가까워질수록 한없이 커진다.

따라서 옳은 것은 ㄴ이다.

답 ②

유제 11
0302-0019

$0° \le \angle x \le 90°$일 때, 다음 중 옳지 <u>않은</u> 것은?

① $\angle x = 90°$일 때, $\sin x > \cos x$

② $\angle x = 0°$일 때, $\sin x = \tan x = 0$

③ $\sin x$의 값은 1보다 작거나 같다.

④ $\sin x - \cos x$의 값은 항상 0보다 크다.

⑤ $\angle x$의 크기가 90°에 가까워지면 $\cos x$의 값은 작아진다.

유제 12
0302-0020

다음은 삼각비의 대소 관계를 나타낸 것이다. 빈칸에 알맞은 등호 또는 부등호를 써넣으시오.

(1) $0° \le \angle A < 45°$일 때, $\sin A \ \square \ \cos A$

(2) $\angle A = 45°$일 때, $\sin A \ \square \ \cos A$

(3) $45° < \angle A \le 90°$일 때, $\sin A \ \square \ \cos A$

대표 예제

예제 7 삼각비의 표를 이용하여 삼각비의 값, 각의 크기 구하기

다음 삼각비의 표를 이용하여 $\tan 22° - \sin 20°$의 값을 구하시오.

각도	사인(sin)	코사인(cos)	탄젠트(tan)
20°	0.3420	0.9397	0.3640
21°	0.3584	0.9336	0.3839
22°	0.3746	0.9272	0.4040

풀이 전략

삼각비의 표에서 가로줄과 세로줄이 만나는 곳의 수가 삼각비의 값임을 이용한다.

풀이

$\tan 22° - \sin 20° = 0.4040 - 0.3420 = 0.0620$

🔖 0.0620

유제 13
0302-0021

$\cos 42° = x$, $\tan y° = 0.9325$일 때, 다음 삼각비의 표를 이용하여 $x + y$의 값을 구하시오.

각도	사인(sin)	코사인(cos)	탄젠트(tan)
41°	0.6561	0.7547	0.8693
42°	0.6691	0.7431	0.9004
43°	0.6820	0.7314	0.9325

유제 14
0302-0022

$\sin x = 0.6561$일 때, 위의 삼각비의 표를 이용하여 $\tan x$의 값을 구하시오.

예제 8 삼각비의 표를 이용하여 변의 길이 구하기

오른쪽 그림과 같은 직각삼각형에서 다음 삼각비의 표를 이용하여 x의 값을 구하시오.

각도	사인 (sin)	코사인 (cos)	탄젠트 (tan)
38°	0.6157	0.7880	0.7813
39°	0.6293	0.7771	0.8098
40°	0.6428	0.7660	0.8391

풀이 전략

삼각비의 표를 이용하여 x를 포함한 식을 세운다.

풀이

$\cos 38° = \dfrac{x}{10} = 0.7880$에서 $x = 7.880$

🔖 7.880

유제 15
0302-0023

오른쪽 그림과 같은 직각삼각형 ABC에서 $\overline{AB} = 100$, $\angle B = 46°$일 때, 아래 삼각비의 표를 이용하여 다음을 구하시오.

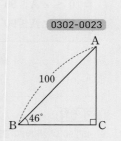

각도	사인 (sin)	코사인 (cos)	탄젠트 (tan)
46°	0.7193	0.6947	1.0355
47°	0.7314	0.6820	1.0724
48°	0.7431	0.6691	1.1106

(1) $\overline{AC}$의 길이
(2) $\overline{BC}$의 길이

형성평가

01
0302-0024

오른쪽 그림과 같은 △ABC에서
$\overline{AB}=\overline{AC}=17$, $\overline{BC}=30$일 때,
$\sin B$의 값은?

① $\dfrac{3}{17}$ ② $\dfrac{5}{17}$ ③ $\dfrac{8}{17}$

④ $\dfrac{15}{17}$ ⑤ $\dfrac{15}{8}$

02
0302-0025

오른쪽 그림과 같이 원 O에 내접하는 직각
삼각형 ABC에서 $\overline{BC}=6$,
$\cos B=\dfrac{3}{5}$일 때, 원 O의 반지름의 길이를
구하시오.

03
0302-0026

$\sin A=\dfrac{8}{17}$일 때, $289\cos A \times \tan A$의 값을 구하시오.

(단, $0°<\angle A<90°$)

04
0302-0027

오른쪽 그림과 같은 직각삼각형
ABC에서 $\overline{AE}=4$, $\overline{DE}=8$,
$\angle ADE=\angle ACB$일 때, $\cos B$
의 값을 구하시오.

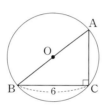

05
0302-0028

오른쪽 그림에서
$\angle ABC=\angle DCB=90°$,
$\angle A=60°$, $\angle D=45°$이고, $\overline{BD}=2\sqrt{6}$
일 때, $\overline{AC}$의 길이는?

① 4 ② $3\sqrt{2}$

③ $3\sqrt{3}$ ④ $4\sqrt{2}$

⑤ $4\sqrt{3}$

06
0302-0029

다음을 계산하시오.

$$(\tan 0°+\sin 45°)\times \cos 90°$$

07
0302-0030

$0°<\angle A<90°$일 때, $\sqrt{(\cos A+1)^2}-\sqrt{(\cos A-1)^2}$을 간단히
하면?

① $-2\cos A$ ② $\dfrac{1}{2}$ ③ 1

④ 2 ⑤ $2\cos A$

08
0302-0031

오른쪽 그림과 같은 직각삼각형 ABC에서
$\angle B=75°$, $\overline{AB}=50$일 때, 다음 삼각비의 표를 이
용하여 $\overline{BC}$의 길이를 구하면?

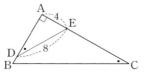

각도	사인($\sin$)	코사인($\cos$)	탄젠트($\tan$)
14°	0.2419	0.9703	0.2493
15°	0.2588	0.9659	0.2679
16°	0.2756	0.9613	0.2867

① 12.095 ② 12.465 ③ 12.940

④ 13.395 ⑤ 13.780

중단원 마무리

Level 1

01

0302-0032

오른쪽 그림과 같이 ∠C=90°인 직각삼각형 ABC에서 $\overline{AB}=13$, $\overline{BC}=5$, $\overline{AC}=12$일 때, $\cos A$의 값은?

① $\dfrac{5}{13}$ ② $\dfrac{5}{12}$

③ $\dfrac{12}{13}$ ④ $\dfrac{12}{5}$

⑤ $\dfrac{13}{5}$

02

0302-0033

오른쪽 그림과 같은 직각삼각형 ABC에서 $\overline{AB}=\sqrt{6}$, $\cos B=\dfrac{\sqrt{6}}{3}$일 때, $\overline{AC}$의 길이를 구하시오.

03

0302-0034

오른쪽 그림과 같은 직각삼각형 ABC에서 $\overline{AB}=4$, $\overline{AC}=2\sqrt{3}$일 때, ∠A의 크기를 구하시오.

04

0302-0035

$(\sin 45°+1)(\cos 45°-1)$의 값은?

① -1 ② $-\dfrac{1}{2}$ ③ 0

④ $\dfrac{1}{2}$ ⑤ 1

05

0302-0036

$\tan(3x-15°)=\sqrt{3}$을 만족하는 ∠x의 크기를 구하시오.

(단, $5°<∠x<35°$)

06

0302-0037

오른쪽 그림과 같이 좌표평면 위의 원점 O를 중심으로 하고 반지름의 길이가 1인 사분원에 대하여 다음 중 옳지 <u>않은</u> 것은?

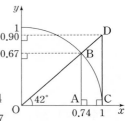

① $\sin 42°=0.67$ ② $\sin 48°=0.74$

③ $\cos 42°=0.74$ ④ $\cos 48°=0.67$

⑤ $\tan 48°=0.90$

07

0302-0038

다음 〈보기〉의 삼각비의 값을 큰 것부터 차례로 나열하시오.

┤ 보기 ├

ㄱ. $\sin 40°$ ㄴ. $\cos 40°$ ㄷ. $\tan 45°$

08

0302-0039

다음 삼각비의 표를 이용하여 $\tan 21°+\cos 22°$의 값을 구하시오.

각도	사인(sin)	코사인(cos)	탄젠트(tan)
20°	0.3420	0.9397	0.3640
21°	0.3584	0.9336	0.3839
22°	0.3746	0.9272	0.4040

Level 2

09
0302-0040

오른쪽 그림과 같이 $\overline{AD} /\!/ \overline{BC}$, $\angle B = \angle C$인 사다리꼴 ABCD에서 $\overline{AB} = \overline{CD} = 5$, $\overline{BC} = 7$, $\overline{AD} = 3$일 때, $\sin B + \tan B$의 값은?

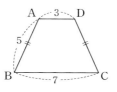

① $\dfrac{\sqrt{21}}{2}$

② $\dfrac{3\sqrt{21}}{5}$

③ $\dfrac{5\sqrt{21}}{8}$

④ $\dfrac{7\sqrt{21}}{10}$

⑤ $\dfrac{9\sqrt{21}}{10}$

10
0302-0041

세 점 $A(3, 7)$, $B(-1, -1)$, $C(3, -1)$을 꼭짓점으로 하는 $\triangle ABC$에서 $\sin A$의 값을 구하시오.

11 ⭐중요
0302-0042

오른쪽 그림과 같이 $\overline{AC} = \overline{BC}$인 직각이등변삼각형 ABC에서 $\overline{AC}$의 중점이 D이고, $\angle DBC = \angle x$일 때, $\tan x$의 값은?

① $\dfrac{1}{3}$

② $\dfrac{1}{2}$

③ $\dfrac{\sqrt{2}}{2}$

④ $\dfrac{\sqrt{3}}{5}$

⑤ $\dfrac{\sqrt{5}}{5}$

12
0302-0043

$\tan A = 3$일 때, $\sin A \times \cos A$의 값을 구하시오.

(단, $0° < \angle A < 90°$)

13
0302-0044

오른쪽 그림과 같은 직각삼각형 ABC에서 $\overline{AD} = \overline{BD} = \sqrt{2}$, $\angle ADC = 45°$일 때, $\tan B$의 값은?

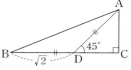

① $\sqrt{2} - 1$

② $\sqrt{3} - 1$

③ $\sqrt{2} + 1$

④ $\sqrt{3} + 1$

⑤ $\sqrt{2} + \sqrt{3}$

14
0302-0045

오른쪽 그림과 같은 직각삼각형 ABC에서 $\cos x$의 값을 구하시오.

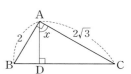

15 ⭐중요
0302-0046

오른쪽 그림과 같이 모든 모서리의 길이가 4인 정사각뿔 A-BCDE에서 모서리 BC, DE의 중점을 각각 M, N이라고 하자. $\angle AMN = \angle a$라고 할 때, $\cos a$의 값을 구하시오.

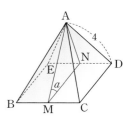

16
0302-0047

오른쪽 그림과 같이 모선의 길이가 10 cm이고 밑면의 반지름의 길이가 $5\sqrt{2}$ cm인 원뿔이 있다. 이때 $\angle ACB$의 크기를 구하시오.

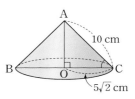

17

0302-0048

오른쪽 그림과 같은 직각삼각형 ABC에서 ∠A의 이등분선이 $\overline{BC}$와 만나는 점을 D라고 하자. $\overline{AB}=6$, ∠B=30°일 때, $\overline{BD}$의 길이를 구하시오.

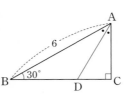

18 중요

0302-0049

오른쪽 그림과 같은 직각삼각형 ABC에서 ∠C=90°, ∠ABC=60°, $\overline{BC}=2$이다. $\overline{AC}$의 연장선 위에 $\overline{AB}=\overline{AD}$가 되도록 점 D를 잡을 때, tan 75°의 값을 구하시오.

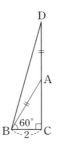

19

0302-0050

오른쪽 그림과 같이 일차방정식 $\sqrt{3}x-y+6=0$의 그래프가 x축과 이루는 예각의 크기를 ∠a라고 할 때, sin a의 값을 구하시오.

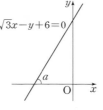

20 중요

0302-0051

오른쪽 그림과 같이 점 O를 중심으로 하고 반지름의 길이가 1인 사분원에서 ∠AOB=∠x라고 할 때, 다음 중 옳지 <u>않은</u> 것은? (단, 0°<∠x<90°)

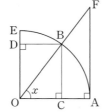

① sin $x=\overline{BC}$
② cos $x=\overline{OC}$
③ tan $x=\overline{AF}$
④ tan (90°−x)=$\overline{BD}$
⑤ cos (90°−x)=$\overline{OD}$

21

0302-0052

$A=\sin 0°+\cos 0°$, $B=\sin 90°+\cos 90°$일 때, $\dfrac{A+B}{2}$의 값은?

① 1
② $\dfrac{\sqrt{3}}{2}$
③ $\dfrac{\sqrt{5}}{2}$
④ $\dfrac{3}{2}$
⑤ 2

22

0302-0053

$\sin (x+15°)=\dfrac{\sqrt{2}}{2}$일 때, $\cos 2x+\tan \dfrac{3}{2}x$의 값을 구하시오.
(단, 0°<∠x<75°)

23

0302-0054

오른쪽 그림과 같이 $\overline{AC}=\overline{BC}$이고, 90°<∠C<180°인 삼각형 ABC에 대하여 다음 중 항상 옳은 것은?

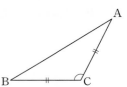

① sin A>cos A
② sin A=cos A
③ sin B<cos B
④ sin B>tan B
⑤ cos B<tan B

24

0302-0055

오른쪽 그림과 같이 반지름의 길이가 1인 부채꼴 AOB에서 $\overline{BC}=0.1808$일 때, 다음 삼각비의 표를 이용하여 $\overline{AC}$의 길이를 구하면?

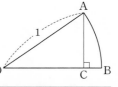

각도	사인(sin)	코사인(cos)	탄젠트(tan)
34°	0.5592	0.8290	0.6745
35°	0.5736	0.8192	0.7002
36°	0.5878	0.8090	0.7265

① 0.5592
② 0.5736
③ 0.5878
④ 0.7002
⑤ 0.7265

Level 3

25

0302-0056

다음 그림과 같이 직사각형 모양의 종이 ABCD를 $\overline{PQ}$를 접는 선으로 하여 점 D가 점 B에 오도록 접었다. $\angle BPQ = \angle x$라고 할 때, $\sin x$의 값을 구하시오.

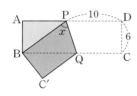

26

0302-0057

오른쪽 그림과 같이 포물선 $y = -x^2 + 4x$의 꼭짓점을 A, 포물선과 x축의 교점을 각각 B, C라고 하자. $\triangle ABC$에 대하여 $\sin B \times \tan B$의 값을 구하시오.

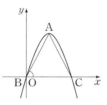

27

0302-0058

다음 그림과 같이 $\angle C = 90°$인 직각삼각형 ABC에서 $\overline{AC} = \overline{BD} = \overline{DC} = 4$, $\angle BAD = \angle x$라고 할 때, $\tan x$의 값을 구하시오.

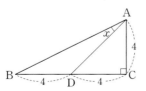

28

0302-0059

다음 그림과 같이 세로의 길이가 6 cm인 직사각형 ABCD에 세 정삼각형 ABE, CDF, GHI가 있다. 이때 이 직사각형의 가로의 길이를 구하시오.

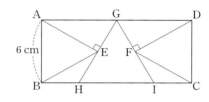

29

0302-0060

오른쪽 그림과 같이 점 A를 중심으로 하고 반지름의 길이가 10 cm인 사분원에서 $\cos a = \dfrac{3}{5}$일 때, $\square BDEC$의 넓이를 구하시오.

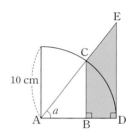

30

0302-0061

오른쪽 그림과 같이 한 변의 길이가 1인 정사각형 ABCD에 점 B를 중심으로 하고 반지름의 길이가 1인 사분원이 내접해 있다. $\angle PBQ = 35°$일 때, 다음 중 $\overline{PR}$의 길이와 그 값이 같은 것은?

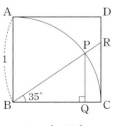

① $\sin 55°$
② $\cos 55°$
③ $\dfrac{1 - \sin 35°}{\sin 35°}$
④ $\dfrac{1 - \cos 35°}{\cos 35°}$
⑤ $1 - \cos 35°$

서술형으로 중단원 마무리

0302-0062

서술형 예제

오른쪽 그림과 같은 △ABC에서 $\overline{AH} \perp \overline{BC}$, ∠B=60°, ∠C=45°, $\overline{BH}=2\sqrt{3}$ cm
일 때, △ABC의 넓이를 구하시오.

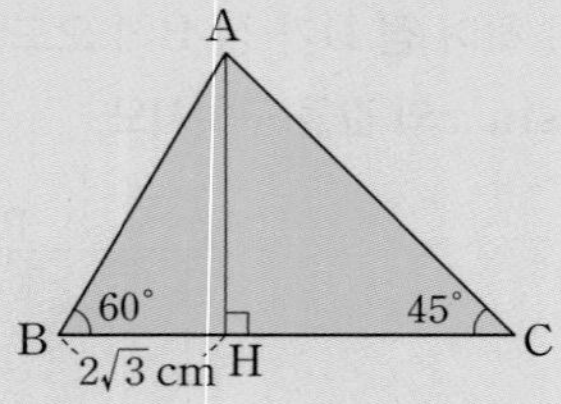

풀이

$\tan 60° = \dfrac{\overline{AH}}{\overline{BH}} = \dfrac{\overline{AH}}{2\sqrt{3}} = \boxed{}$ 에서 $\overline{AH} = \boxed{}$ (cm)

$\tan 45° = \dfrac{\overline{AH}}{\overline{CH}} = \dfrac{\boxed{}}{\overline{CH}} = 1$ 에서 $\overline{CH} = \boxed{}$ (cm)

따라서 $\triangle ABC = \dfrac{1}{2} \times \overline{BC} \times \overline{AH} = \dfrac{1}{2} \times (\boxed{}) \times 6 = \boxed{}$ (cm²)

0302-0063

서술형 유제

오른쪽 그림과 같이 $\overline{AD} /\!/ \overline{BC}$인 사다리꼴 ABCD에서 ∠B=∠C=30°이고,
$\overline{AB}=\overline{CD}=8$ cm, $\overline{BC}=10\sqrt{3}$ cm일 때, □ABCD의 넓이를 구하시오.

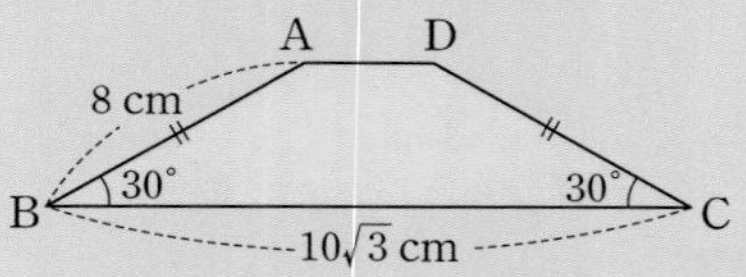

풀이

1

0302-0064

$0° < \angle x < 45°$일 때, $\sqrt{(\tan x + \tan 45°)^2} + \sqrt{(\tan x - \tan 45°)^2}$을 간단히 하시오.

2

0302-0065

직선 $-\sin 30° \times x + \tan 45° \times y = \cos 0°$가 x축과 이루는 예각의 크기를 $\angle a$라고 할 때, $\sin a + \cos a$의 값을 구하시오.

3

0302-0066

오른쪽 그림과 같이 점 O를 중심으로 하고 반지름의 길이가 1인 사분원에서 $\overline{OC} = \sqrt{5}$, $\angle EOA = \angle x$라고 할 때, $\tan x$의 값을 구하시오.

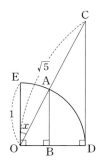

4

0302-0067

오른쪽 그림과 같은 직각삼각형 ABC에서 $\overline{AB} = 10$, $\angle B = 17°$일 때, 다음 삼각비의 표를 이용하여 $\triangle ABC$의 둘레의 길이를 구하시오.

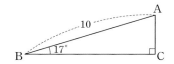

각도	사인(sin)	코사인(cos)	탄젠트(tan)
72°	0.9511	0.3090	3.0777
73°	0.9563	0.2924	3.2709
74°	0.9613	0.2756	3.4874

01 길이 구하기

개념 1 직각삼각형의 변의 길이

직각삼각형에서 한 예각의 크기와 한 변의 길이를 알면 삼각비를 이용하여 나머지 두 변의 길이를 구할 수 있다. $\angle B = 90°$인 직각삼각형 ABC에서

(1) $\angle A$의 크기와 b를 알 때	(2) $\angle A$의 크기와 c를 알 때	(3) $\angle A$의 크기와 a를 알 때
$\sin A = \dfrac{a}{b} \Rightarrow a = b \sin A$	$\tan A = \dfrac{a}{c} \Rightarrow a = c \tan A$	$\sin A = \dfrac{a}{b} \Rightarrow b = \dfrac{a}{\sin A}$
$\cos A = \dfrac{c}{b} \Rightarrow c = b \cos A$	$\cos A = \dfrac{c}{b} \Rightarrow b = \dfrac{c}{\cos A}$	$\tan A = \dfrac{a}{c} \Rightarrow c = \dfrac{a}{\tan A}$

• 실생활에서 삼각비를 이용하면 직접 측정하기 어려운 거리나 높이 등을 쉽게 구할 수 있다.

개념 확인 문제 1

오른쪽 그림과 같은 직각삼각형 ABC에서 다음을 구하시오. (단, $\sin 37° = 0.6$, $\cos 37° = 0.8$로 계산한다.)

(1) $\overline{AB}$의 길이   (2) $\overline{BC}$의 길이

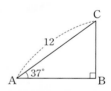

개념 2 일반 삼각형의 변의 길이

(1) 두 변의 길이와 그 끼인 각의 크기를 알 때

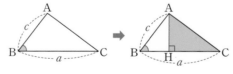

$\overline{AH} = c \sin B$, $\overline{BH} = c \cos B$이므로
$\overline{CH} = a - c \cos B$
$\Rightarrow \overline{AC} = \sqrt{\overline{AH}^2 + \overline{CH}^2}$
$= \sqrt{(c \sin B)^2 + (a - c \cos B)^2}$

(2) 한 변의 길이와 그 양 끝 각의 크기를 알 때

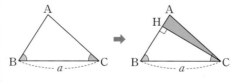

$\overline{CH}$는 △ACH와 △BCH의 공통인 변이다.
$\overline{CH} = a \sin B = \overline{AC} \sin A$이므로
$\Rightarrow \overline{AC} = \dfrac{a \sin B}{\sin A}$

• 공식을 외우기보다 구하는 과정을 알아두는 것이 중요하다.
• 길이를 구하고자 하는 변을 빗변으로 하는 직각삼각형을 이용한다.

개념 확인 문제 2

오른쪽 그림과 같은 삼각형 ABC의 꼭짓점 C에서 $\overline{AB}$에 내린 수선의 발을 H라고 할 때, 다음 선분의 길이를 구하시오.

(1) $\overline{CH}$ (2) $\overline{AH}$ (3) $\overline{BH}$ (4) $\overline{BC}$

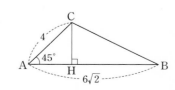

개념 **3** 일반 삼각형의 높이

삼각형의 한 변의 길이와 그 양 끝 각의 크기를 알 때

(1) 주어진 양 끝 각이 모두 예각인 경우

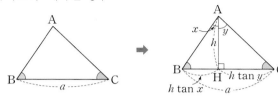

주어진 변의 길이를 높이 h와 삼각비에 대한 식으로 나타낸다.

$a = h \tan x + h \tan y$이므로 $h = \dfrac{a}{\tan x + \tan y}$

(2) 주어진 양 끝 각 중 한 각이 둔각인 경우

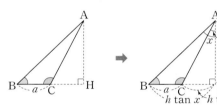

주어진 변의 길이를 높이 h와 삼각비에 대한 식으로 나타낸다.

$a = h \tan x - h \tan y$이므로 $h = \dfrac{a}{\tan x - \tan y}$

개념 확인 문제 **3**

오른쪽 그림과 같은 삼각형 ABC에서 $\angle B = 30°$, $\angle C = 45°$, $\overline{BC} = 20$이고, $\overline{AH} \perp \overline{BC}$일 때, 다음은 $\overline{AH}$의 길이를 구하는 과정이다. □ 안에 알맞은 수를 써넣으시오.

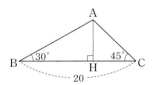

△ABH에서 $\angle BAH = \boxed{}°$이므로

$\overline{BH} = \overline{AH} \times \tan \boxed{}°$

△AHC에서 $\angle CAH = \boxed{}°$이므로

$\overline{CH} = \overline{AH} \times \tan \boxed{}°$

이때 $\overline{BC} = \overline{BH} + \overline{CH}$이므로

$20 = \overline{AH} \times (\tan \boxed{}° + \tan \boxed{}°)$

$20 = \overline{AH} \times (\boxed{})$이므로

$\overline{AH} = \boxed{}$

대표 예제

예제 1 직각삼각형의 변의 길이

오른쪽 그림과 같은 직각삼각형 ABC에서 $\angle B=32°$, $\overline{AC}=10$ 일 때, 다음 중 옳은 것은?

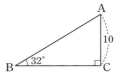

① $\overline{AB}=10\sin 58°$ ② $\overline{AB}=10\cos 32°$

③ $\overline{AB}=\dfrac{10}{\sin 32°}$ ④ $\overline{BC}=\dfrac{10}{\cos 58°}$

⑤ $\overline{BC}=10\tan 32°$

풀이 전략

$\angle A$, $\angle B$에 대한 삼각비를 이용하여 $\overline{AB}$, $\overline{BC}$의 길이를 구한다.

풀이

$\triangle ABC$에서 $\angle A=180°-(90°+32°)=58°$이므로

$\overline{AB}=\dfrac{10}{\sin 32°}=\dfrac{10}{\cos 58°}$, $\overline{BC}=\dfrac{10}{\tan 32°}=10\tan 58°$

따라서 옳은 것은 ③이다.

目 ③

유제 1   0302-0068

오른쪽 그림과 같은 직각삼각형 ABC에서 $\angle A=59°$, $\overline{AB}=4$일 때, 다음 중 옳은 것은?

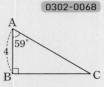

① $\overline{AC}=4\cos 59°$ ② $\overline{AC}=4\sin 31°$

③ $\overline{AC}=\dfrac{4}{\cos 59°}$ ④ $\overline{BC}=\dfrac{4}{\tan 59°}$

⑤ $\overline{BC}=4\tan 31°$

유제 2   0302-0069

오른쪽 그림과 같은 직각삼각형 ABC에서 다음 중 $\overline{AC}$의 길이가 아닌 것은?

① $c\sin B$ ② $\dfrac{c}{\sin A}$

③ $c\cos A$ ④ $a\tan B$ ⑤ $\dfrac{a}{\tan A}$

예제 2 직각삼각형의 변의 길이의 활용

오른쪽 그림과 같이 지면에 수직으로 서 있던 깃대가 부러져 꼭대기 부분이 깃대와 17.2 m 떨어진 곳에서 지면과 $31°$의 각을 이루게 되었다. 부러지기 전의 깃대의 높이는? (단, $\cos 31°=0.86$, $\tan 31°=0.60$으로 계산한다.)

① 30.32 m   ② 30.56 m   ③ 32.24 m

④ 32.56 m   ⑤ 34.32 m

풀이 전략

깃대의 높이는 $\overline{AB}$와 $\overline{AC}$의 길이를 합친 것과 같다.

풀이

$\triangle ABC$에서 $\overline{AC}=\dfrac{17.2}{\cos 31°}=\dfrac{17.2}{0.86}=20(\text{m})$

$\overline{AB}=17.2\tan 31°=17.2\times 0.60=10.32(\text{m})$

따라서 부러지기 전의 깃대의 높이는 $\overline{AB}+\overline{AC}=10.32+20=30.32(\text{m})$

目 ①

유제 3   0302-0070

다음 그림과 같이 간격이 30 m인 두 건물 A, B가 있다. A 건물의 옥상에서 B 건물을 올려다본 각의 크기는 $30°$이고, 내려다본 각의 크기는 $45°$일 때, B 건물의 높이는? (단, 옥상에 서 있는 사람의 키는 생각하지 않는다.)

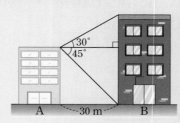

① $10(\sqrt{3}+3)$ m   ② $11(\sqrt{3}+3)$ m   ③ $12(\sqrt{3}+3)$ m

④ $13(\sqrt{3}+3)$ m   ⑤ $14(\sqrt{3}+3)$ m

예제 3 일반 삼각형의 변의 길이(두 변의 길이와 그 끼인 각의 크기를 알 때)

오른쪽 그림의 △ABC에서
$\overline{AC}=18\sqrt{3}$, $\overline{BC}=20$,
∠C=30°일 때, $\overline{AB}$의 길이
는?

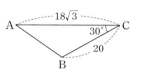

① $2\sqrt{58}$　　　② $9\sqrt{3}$　　　③ $5\sqrt{11}$
④ $2\sqrt{73}$　　　⑤ $10\sqrt{3}$

(풀이 전략)

점 B에서 $\overline{AC}$에 수선을 그린다.

(풀이)

점 B에서 $\overline{AC}$에 내린 수선의 발을
H라고 하면

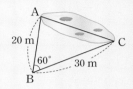

$\overline{BH}=20\sin 30°=20\times\dfrac{1}{2}=10$

$\overline{CH}=20\cos 30°=20\times\dfrac{\sqrt{3}}{2}=10\sqrt{3}$

$\overline{AH}=\overline{AC}-\overline{CH}=18\sqrt{3}-10\sqrt{3}=8\sqrt{3}$

따라서 $\overline{AB}=\sqrt{\overline{AH}^2+\overline{BH}^2}=\sqrt{(8\sqrt{3})^2+10^2}=\sqrt{292}=2\sqrt{73}$

답 ④

유제 4　　0302-0071

다음 그림과 같이 호수의 양쪽에 있는 두 지점 A, C 사이의 거리를 구하기 위하여 호수의 바깥쪽 B지점에서 필요한 부분을 측량하였더니 $\overline{AB}=20$ m, $\overline{BC}=30$ m, ∠ABC=60°이었다. 이때 두 지점 A, C 사이의 거리를 구하시오.

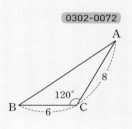

유제 5　　0302-0072

오른쪽 그림의 △ABC에서
$\overline{AC}=8$, $\overline{BC}=6$, ∠ACB=120°
일 때, $\overline{AB}$의 길이를 구하시오.

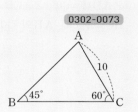

예제 4 일반 삼각형의 변의 길이(한 변의 길이와 그 양 끝 각의 크기를 알 때)

오른쪽 그림의 △ABC에서
$\overline{BC}=4$, ∠B=75°, ∠C=45°일
때, $\overline{AB}$의 길이를 구하시오.

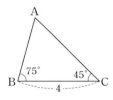

(풀이 전략)

점 B에서 $\overline{AC}$에 내린 수선의 발을 H라고 하면 $\overline{BH}$는 △ABH와 △BCH
의 공통인 변이다.

(풀이)

점 B에서 $\overline{AC}$에 내린 수선의 발을 H라고 하면

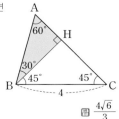

$\overline{BH}=4\sin 45°=4\times\dfrac{\sqrt{2}}{2}=2\sqrt{2}$

따라서 $\overline{AB}=\dfrac{\overline{BH}}{\sin 60°}=\dfrac{2\sqrt{2}}{\sin 60°}$

$=2\sqrt{2}\times\dfrac{2}{\sqrt{3}}=\dfrac{4\sqrt{6}}{3}$

답 $\dfrac{4\sqrt{6}}{3}$

유제 6　　0302-0073

오른쪽 그림의 △ABC에서
$\overline{AC}=10$, ∠B=45°, ∠C=60°일
때, $\overline{BC}$의 길이를 구하시오.

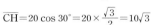

유제 7　　0302-0074

오른쪽 그림과 같이 연못의 양쪽에 있
는 두 지점 A, C 사이의 거리를 구하
기 위하여 B지점에서 필요한 부분을
측량하였더니 $\overline{AB}=100$ m,
∠ABC=35°, ∠BAC=100°이었
다. 이때 두 지점 A, C 사이의 거리를 구하시오.

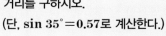

(단, $\sin 35°=0.57$로 계산한다.)

대표 예제

예제 5 예각삼각형의 높이

오른쪽 그림과 같은 △ABC에서
∠A=60°, ∠B=45°,
$\overline{AB}$=16일 때, $\overline{CH}$의 길이는?

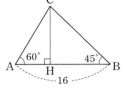

① 6(3−√3)   ② 7(3−√3)
③ 8(3−√3)   ④ 9(3−√3)
⑤ 10(3−√3)

풀이 전략
$\overline{AB}$의 길이를 $\overline{CH}$의 길이에 대한 식으로 나타낸다.

풀이
$\overline{CH}=h$라고 하면 ∠ACH=30°, ∠BCH=45°이므로
△AHC에서 $\overline{AH}=h\tan 30°=\dfrac{\sqrt{3}}{3}h$
△BCH에서 $\overline{BH}=h\tan 45°=h$
$\overline{AB}=\overline{AH}+\overline{BH}$이므로 $\dfrac{\sqrt{3}}{3}h+h=16$에서 $\dfrac{3+\sqrt{3}}{3}h=16$
따라서 $h=16\times\dfrac{3}{3+\sqrt{3}}=\dfrac{48(3-\sqrt{3})}{(3+\sqrt{3})(3-\sqrt{3})}=8(3-\sqrt{3})$

답 ③

유제 8

0302-0075

오른쪽 그림의 △ABC에서
∠B=25°, ∠C=70°, $\overline{BC}$=8일
때, $\overline{AH}$의 길이는?

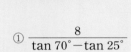

① $\dfrac{8}{\tan 70°-\tan 25°}$ ② $\dfrac{8}{\tan 65°-\tan 20°}$

③ $\dfrac{8}{\tan 65°+\tan 20°}$ ④ $\dfrac{8}{\tan 70°+\tan 25°}$

⑤ $\dfrac{8}{\tan 70°+\tan 65°}$

유제 9

0302-0076

오른쪽 그림과 같이 두 지점 B, C
에서 건물의 꼭대기 A지점을 올려
다본 각의 크기가 각각 45°, 60°
이고, $\overline{BC}$=200 m일 때, 건물의
높이인 $\overline{AH}$의 길이를 구하시오.

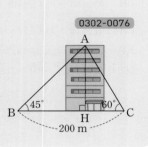

예제 6 둔각삼각형의 높이

오른쪽 그림의 △ABC에서
∠ABH=60°, ∠ACB=45°,
$\overline{BC}$=4일 때, $\overline{AH}$의 길이는?

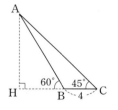

① 3+√3   ② 2(3+√3)
③ 3(3+√3)   ④ 4(3+√3)
⑤ 5(3+√3)

풀이 전략
$\overline{BC}$의 길이를 $\overline{AH}$의 길이에 대한 식으로 나타낸다.

풀이
$\overline{AH}=h$라고 하면 ∠CAH=45°, ∠BAH=30°이므로
△AHC에서 $\overline{CH}=h\tan 45°=h$
△AHB에서 $\overline{BH}=h\tan 30°=\dfrac{\sqrt{3}}{3}h$
$\overline{BC}=\overline{CH}-\overline{BH}$이므로 $h-\dfrac{\sqrt{3}}{3}h=4$에서 $\dfrac{3-\sqrt{3}}{3}h=4$
따라서 $h=4\times\dfrac{3}{3-\sqrt{3}}=\dfrac{12(3+\sqrt{3})}{(3-\sqrt{3})(3+\sqrt{3})}=2(3+\sqrt{3})$

답 ②

유제 10

0302-0077

오른쪽 그림과 같은 △ABC에서
∠ABH=30°, ∠ACH=60°,
$\overline{BC}$=20 cm이다. 다음은 $\overline{AH}$의 길
이를 구하는 과정이다. (가)~(라)에
알맞은 수를 써넣으시오.

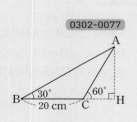

△ABH에서 ∠BAH= [(가)] °이므로
$\overline{BH}=\overline{AH}\times\tan$ [(가)] ° (cm)
△ACH에서 ∠CAH= [(나)] °이므로
$\overline{CH}=\overline{AH}\times\tan$ [(나)] ° (cm)
$\overline{BC}=\overline{BH}-\overline{CH}$이므로
$20=\overline{AH}\times(\tan$ [(가)] ° $-\tan$ [(나)] ° $)$
$=\overline{AH}\times$ [(다)]
따라서 $\overline{AH}=$ [(라)] cm

형성평가

01
0302-0078

오른쪽 그림과 같은 직각삼각형 ABC에서 ∠C=28°, $\overline{AC}$=20일 때, $\overline{AB}$의 길이를 나타내는 것을 모두 고르면?
(정답 2개)

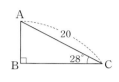

① $20\sin 28°$ ② $20\cos 28°$ ③ $20\sin 62°$
④ $20\cos 62°$ ⑤ $20\tan 28°$

02
0302-0079

어떤 사람이 3 m 앞에 있는 게시판의 A지점을 올려다본 각의 크기가 35°이고 B지점을 내려다본 각의 크기가 25°일 때, 게시판의 높이인 $\overline{AB}$의 길이는?
(단, $\tan 25°=0.47$, $\tan 35°=0.70$으로 계산한다.)

① 2.5 m ② 2.88 m ③ 3.12 m
④ 3.51 m ⑤ 3.76 m

03
0302-0080

오른쪽 그림과 같은 △ABC에서 $\overline{AB}$=4 cm, $\overline{BC}$=$4\sqrt{3}$ cm, ∠B=30°일 때, $\overline{AC}$의 길이를 구하시오.

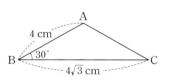

04
0302-0081

오른쪽 그림과 같은 평행사변형 ABCD에서 $\overline{AB}$=10, $\overline{BC}$=12, ∠A=120°일 때, 대각선 BD의 길이를 구하시오.

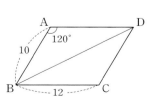

05
0302-0082

오른쪽 그림과 같은 △ABC에서 $\overline{AC}$=$3\sqrt{2}$ cm, ∠A=75°, ∠B=60°일 때, $\overline{BC}$의 길이는?

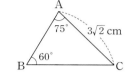

① $(2+\sqrt{3})$ cm ② $(3+\sqrt{3})$ cm ③ $(4+\sqrt{3})$ cm
④ $(2+3\sqrt{2})$ cm ⑤ $(3+2\sqrt{3})$ cm

06
0302-0083

오른쪽 그림과 같은 △ABC에서 $\overline{AB}$=12 cm, ∠B=105°, ∠C=45°일 때, $\overline{BC}$의 길이는?

① $5\sqrt{2}$ cm ② 6 cm
③ $6\sqrt{2}$ cm ④ $6\sqrt{3}$ cm
⑤ $7\sqrt{2}$ cm

07
0302-0084

오른쪽 그림과 같이 A지점과 B지점에서 산꼭대기 C지점을 올려다본 각의 크기가 각각 30°, 45°이고, $\overline{AB}$=200 m일 때, 이 산의 높이인 $\overline{CH}$의 길이는?

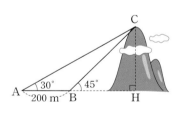

① 100 m ② $100(\sqrt{3}-1)$ m
③ $50(2\sqrt{3}+1)$ m ④ $100(\sqrt{3}+1)$ m
⑤ $100(\sqrt{3}+2)$ m

08
0302-0085

오른쪽 그림과 같은 △ABC에서 ∠B=30°, ∠C=45°, $\overline{BC}$=18 cm일 때, △ABC의 넓이를 구하시오.

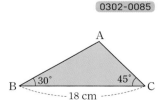

개념 1 삼각형의 넓이

삼각형의 두 변의 길이와 그 끼인 각의 크기를 알 때

(1) ∠B가 예각인 경우

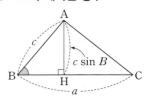

➡ $\triangle ABC = \dfrac{1}{2}ac\sin B$

(2) ∠B가 둔각인 경우

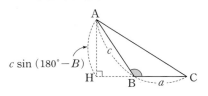

➡ $\triangle ABC = \dfrac{1}{2}ac\sin(180° - B)$

• ∠B=90°이면
$\sin B = \sin 90° = 1$이므로
$\triangle ABC = \dfrac{1}{2}ac\sin 90°$
$= \dfrac{1}{2}ac$

개념 확인 문제 1

다음 그림과 같은 삼각형 ABC의 넓이를 구하시오.

(1)

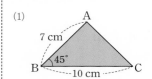

(2)

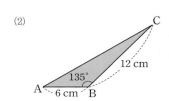

개념 2 평행사변형의 넓이

평행사변형의 이웃하는 두 변의 길이와 그 끼인 각의 크기를 알 때

(1) ∠B가 예각인 경우

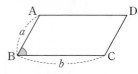

➡ $\square ABCD = 2\triangle ABC$
$= 2 \times \dfrac{1}{2}ab\sin B$
$= ab\sin B$

(2) ∠B가 둔각인 경우

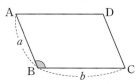

➡ $\square ABCD = 2\triangle ABC$
$= 2 \times \dfrac{1}{2}ab\sin(180° - B)$
$= ab\sin(180° - B)$

• 평행사변형 ABCD에서
$\triangle ABC \equiv \triangle CDA$
(ASA 합동)이므로
$\square ABCD = 2\triangle ABC$

개념 확인 문제 2

다음은 오른쪽 그림과 같은 평행사변형 ABCD의 넓이를 구하는 과정이다. □ 안에 알맞은 수를 써넣으시오.

$\square ABCD = 10 \times \boxed{} \times \sin \boxed{}° = \boxed{}$ (cm²)

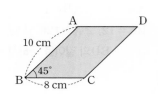

개념 3 사각형의 넓이

사각형의 두 대각선의 길이와 두 대각선이 이루는 각의 크기를 알 때

(1) 두 대각선이 이루는 각인 $\angle x$가 예각인 경우

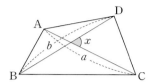

➡ $\square ABCD = \dfrac{1}{2}ab\sin x$

(2) 두 대각선이 이루는 각인 $\angle x$가 둔각인 경우

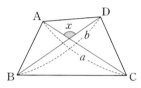

➡ $\square ABCD = \dfrac{1}{2}ab\sin(180°-x)$

참고 사각형 ABCD에서 오른쪽 그림과 같이 점 A, B, C, D
를 지나면서 대각선 AC, BD에 평행한 직선을 그어 이들이 만
나는 점을 각각 E, F, G, H라고 하면 사각형 EFGH는 평행사
변형이다.

따라서 $\square ABCD = \dfrac{1}{2}\square EFGH = \dfrac{1}{2}ab\sin x$

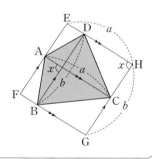

개념 확인 문제 3

다음은 오른쪽 그림과 같은 □ABCD의 넓이를 구하는 과정이다. □ 안에 알맞은 수를 써넣으시오.

$\square ABCD = \dfrac{1}{2}\times \boxed{} \times 18 \times \sin \boxed{}° = \boxed{}\,(\text{cm}^2)$

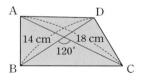

개념 확인 문제 4

오른쪽 그림과 같은 □ABCD의 넓이를 구하시오.

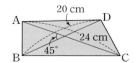

대표 예제

예제 1 예각삼각형의 넓이

오른쪽 그림과 같이 $\overline{AB}=5$, $\overline{AC}=8$, $\angle A=60^\circ$인 $\triangle ABC$의 넓이는?

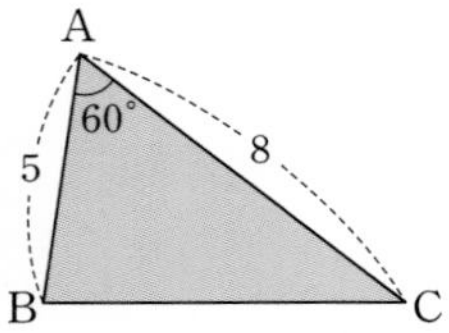

① $10\sqrt{3}$ ② $12\sqrt{3}$ ③ $15\sqrt{3}$ ④ $18\sqrt{3}$ ⑤ $20\sqrt{3}$

풀이 전략

삼각형의 두 변과 끼인 각이 예각인 경우의 삼각형의 넓이를 구하는 식을 이용한다.

풀이

$\triangle ABC=\frac{1}{2}\times5\times8\times\sin 60^\circ=\frac{1}{2}\times5\times8\times\frac{\sqrt{3}}{2}=10\sqrt{3}$

답 ①

유제 1

0302-0086

오른쪽 그림과 같이 $\overline{AB}=12$, $\overline{AC}=11$, $\angle A=30^\circ$인 $\triangle ABC$의 넓이를 구하시오.

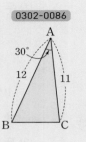

유제 2

0302-0087

오른쪽 그림과 같이 $\angle C=30^\circ$, $\overline{CA}=\overline{CB}$인 이등변삼각형 ABC의 넓이가 9 cm^2일 때, $\overline{AC}$의 길이를 구하시오.

예제 2 둔각삼각형의 넓이

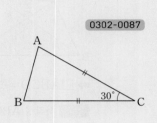

오른쪽 그림과 같이 $\angle ABC=120^\circ$이고 $\overline{AB}=10\text{ cm}$, $\overline{BC}=8\text{ cm}$인 $\triangle ABC$의 넓이는?

① $12\sqrt{3}\text{ cm}^2$ ② $15\sqrt{3}\text{ cm}^2$ ③ $16\sqrt{3}\text{ cm}^2$ ④ $18\sqrt{3}\text{ cm}^2$ ⑤ $20\sqrt{3}\text{ cm}^2$

풀이 전략

삼각형의 두 변과 끼인 각이 둔각인 경우의 삼각형의 넓이를 구하는 식을 이용한다.

풀이

$\triangle ABC=\frac{1}{2}\times10\times8\times\sin(180^\circ-120^\circ)$

$=\frac{1}{2}\times10\times8\times\frac{\sqrt{3}}{2}=20\sqrt{3}\ (\text{cm}^2)$

답 ⑤

유제 3

0302-0088

오른쪽 그림과 같이 $\angle B=15^\circ$, $\overline{AB}=\overline{AC}=6\text{ cm}$인 이등변삼각형 ABC의 넓이를 구하시오.

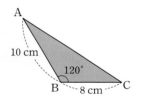

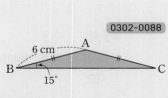

유제 4

0302-0089

오른쪽 그림과 같이 $\overline{AB}=16$, $\overline{BC}=9$인 $\triangle ABC$의 넓이가 $36\sqrt{3}$일 때, $\angle B$의 크기는? (단, $90^\circ<\angle B<180^\circ$)

① 105° ② 120° ③ 135° ④ 150° ⑤ 160°

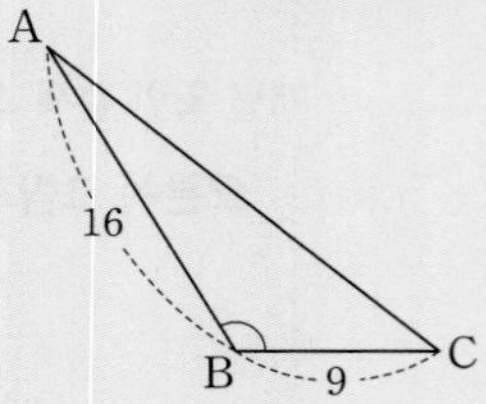

예제 3 평행사변형의 넓이

오른쪽 그림과 같이
$\overline{AB}=12$ cm,
$\overline{AD}=9$ cm,
∠BAD=135°인 평행
사변형 ABCD의 넓이는?

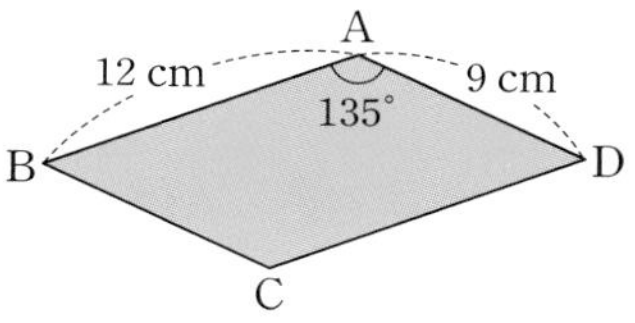

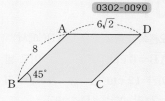

① 52 cm²   ② 52√2 cm²   ③ 52√3 cm²

④ 54√2 cm²   ⑤ 54√3 cm²

[풀이 전략]

평행사변형의 이웃하는 두 변의 길이와 끼인 각의 크기를 이용하여 넓이를
구한다.

[풀이]

$\square ABCD=12\times 9\times \sin(180°-135°)$

$\qquad\quad=12\times 9\times \dfrac{\sqrt{2}}{2}=54\sqrt{2}\ (\text{cm}^2)$

달 ④

유제 5

0302-0090

오른쪽 그림과 같은 평행사변
형 ABCD에서 $\overline{AB}=8$,
$\overline{AD}=6\sqrt{2}$, ∠B=45°일 때,
□ABCD의 넓이는?

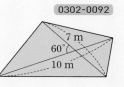

① 45   ② 45√2   ③ 48

④ 48√2   ⑤ 50

유제 6

0302-0091

오른쪽 그림과 같이
$\overline{AB}=8$ cm, ∠C=135°인 평
행사변형 ABCD의 넓이가
60√2 cm²일 때, □ABCD의 둘레의 길이를 구하시오.

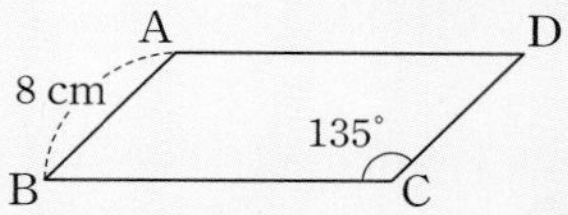

예제 4 사각형의 넓이

오른쪽 그림과 같은
□ABCD에서
$\overline{AC}=15$ cm, $\overline{BD}=12$ cm
이고, 두 대각선이 이루는
각의 크기가 135°일 때, □ABCD의 넓이는?

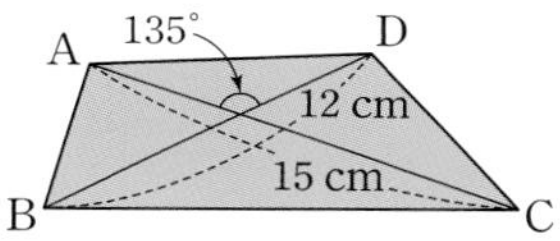

① 42√2 cm²   ② 45√2 cm²   ③ 48√2 cm²

④ 55√2 cm²   ⑤ 60√2 cm²

[풀이 전략]

사각형의 두 대각선의 길이와 두 대각선이 이루는 각의 크기를 이용하여 사
각형의 넓이를 구한다.

[풀이]

$\square ABCD=\dfrac{1}{2}\times 12\times 15\times \sin(180°-135°)$

$\qquad\quad=\dfrac{1}{2}\times 12\times 15\times \dfrac{\sqrt{2}}{2}=45\sqrt{2}\ (\text{cm}^2)$

달 ②

유제 7

0302-0092

오른쪽 그림과 같은 사각형 모양의
땅의 대각선의 길이가 각각 7 m,
10 m이고, 두 대각선이 이루는 각
의 크기가 60°일 때, 이 땅의 넓이는?

① $\dfrac{35\sqrt{3}}{4}$ m²   ② $\dfrac{35\sqrt{3}}{2}$ m²   ③ 35√3 m²

④ 40√3 m²   ⑤ 45√3 m²

유제 8

0302-0093

다음 그림과 같이 $\overline{AD}\,/\!/\,\overline{BC}$인 사다리꼴 ABCD에서
∠ABC=∠DCB, $\overline{AB}=\overline{CD}$이다. 두 대각선이 이루는 각의
크기가 150°이고, 사다리꼴 ABCD의 넓이가 100일 때, $\overline{BD}$의
길이를 구하시오.

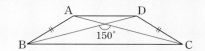

01

0302-0094

오른쪽 그림과 같은 △ABC에서 $\overline{AB}=6$ cm, $\overline{BC}=8$ cm이고 넓이가 12 cm^{2}일 때, ∠B의 크기는? (단, $0°<∠B<90°$)

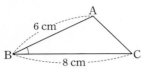

① $15°$ ② $30°$ ③ $45°$

④ $60°$ ⑤ $75°$

02

0302-0095

오른쪽 그림과 같이 $\overline{BC}=20$ cm, ∠B=$60°$인 △ABC의 넓이가 $55\sqrt{3}$ cm^{2}일 때, $\overline{AB}$의 길이는?

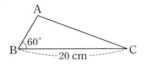

① 7 cm ② 9 cm ③ 11 cm

④ 13 cm ⑤ 15 cm

03

0302-0096

오른쪽 그림과 같이 $\overline{AB}=\overline{AC}=4$ cm, ∠B=$30°$인 이등변삼각형 ABC의 넓이는?

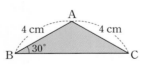

① $4\sqrt{3}$ cm^2 ② 8 cm^2 ③ $4\sqrt{5}$ cm^2

④ $4\sqrt{6}$ cm^2 ⑤ $5\sqrt{3}$ cm^2

04

0302-0097

오른쪽 그림과 같은 △ABC에서 ∠C=$135°$, $\overline{AC}=6$, $\overline{BC}=2\sqrt{2}$일 때, △ABC의 넓이를 구하시오.

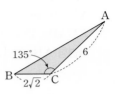

05

0302-0098

오른쪽 그림과 같은 □ABCD의 넓이는?

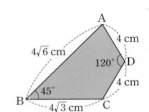

① $3(5+2\sqrt{2})$ cm^2

② $4(6+\sqrt{2})$ cm^2

③ $4(6+\sqrt{3})$ cm^2

④ $5(5+2\sqrt{2})$ cm^2

⑤ $6(6+\sqrt{3})$ cm^2

06

0302-0099

오른쪽 그림과 같은 □ABCD의 넓이는?

① $32(\sqrt{2}+\sqrt{3})$ cm^2

② $8(5\sqrt{2}+3\sqrt{3})$ cm^2

③ $8(5\sqrt{2}+4\sqrt{3})$ cm^2

④ $24(2\sqrt{2}+\sqrt{3})$ cm^2

⑤ $16(3\sqrt{2}+2\sqrt{3})$ cm^2

07

0302-0100

오른쪽 그림과 같은 □ABCD의
넓이는?

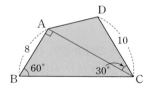

① $50\sqrt{3}$ ② $52\sqrt{3}$

③ $54\sqrt{3}$ ④ $56\sqrt{3}$

⑤ $58\sqrt{3}$

08

0302-0101

오른쪽 그림과 같이 반지름의 길이가
12 cm인 원 O에 내접하는 정오각형의 넓
이는? (단, $\sin 72° = 0.95$로 계산한다.)

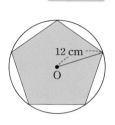

① 340 cm^2 ② 342 cm^2

③ 344 cm^2 ④ 346 cm^2

⑤ 348 cm^2

09

0302-0102

오른쪽 그림과 같이 넓이가
$28\sqrt{3} \text{ cm}^2$인 평행사변형 ABCD
에서 $\overline{\text{AB}} = 7 \text{ cm}$,
$\angle \text{C} = 120°$일 때, $\overline{\text{AD}}$의 길이는?

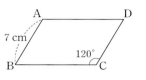

① 5 cm   ② 6 cm   ③ 7 cm

④ 8 cm   ⑤ 9 cm

10

0302-0103

오른쪽 그림과 같은 마름모
ABCD에서 $\overline{\text{AB}} = 10 \text{ cm}$,
$\angle \text{B} = 45°$일 때, □ABCD
의 넓이는?

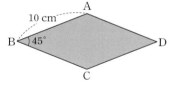

① $46\sqrt{2} \text{ cm}^2$ ② $47\sqrt{2} \text{ cm}^2$ ③ $48\sqrt{2} \text{ cm}^2$

④ $49\sqrt{2} \text{ cm}^2$ ⑤ $50\sqrt{2} \text{ cm}^2$

11

0302-0104

오른쪽 그림과 같은 □ABCD
에서 $\overline{\text{AC}} = 8\sqrt{2} \text{ cm}$,
$\overline{\text{BD}} = 8 \text{ cm}$, $\angle \text{AOD} = 135°$
일 때, □ABCD의 넓이는?

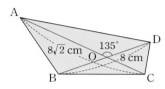

① 32 cm^2 ② $32\sqrt{2} \text{ cm}^2$ ③ $32\sqrt{3} \text{ cm}^2$

④ $36\sqrt{2} \text{ cm}^2$ ⑤ $36\sqrt{3} \text{ cm}^2$

12

0302-0105

오른쪽 그림과 같이 두 대각선의 길이
가 3 cm, 4 cm인 □ABCD의 넓이
가 $3\sqrt{3} \text{ cm}^2$이다. $\angle \text{AOD} = \angle x$라고
할 때, $\tan x$의 값은?

(단, $0° < \angle x < 90°$)

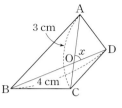

① $\dfrac{1}{2}$ ② $\dfrac{\sqrt{3}}{3}$ ③ 1

④ $\sqrt{3}$ ⑤ $2\sqrt{3}$

중단원 마무리

Level 1

01
0302-0106

오른쪽 그림의 직각삼각형 ABC에 대하여 다음 중 옳은 것을 모두 고르면? (정답 2개)

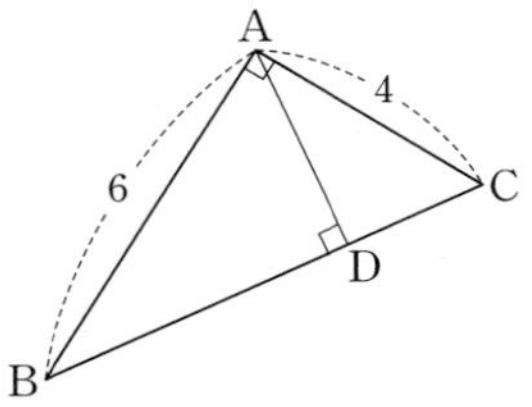

① $\overline{AD}=6\cos B$
② $\overline{AD}=4\sin C$
③ $\overline{CD}=4\tan A$
④ $\overline{BD}=6\sin B$
⑤ $\overline{BD}=6\cos B$

02
0302-0107

오른쪽 그림과 같이 모선의 길이가 $2\sqrt{3}$ cm인 원뿔이 있다. 모선과 밑면이 이루는 각의 크기가 $60°$일 때, 이 원뿔의 높이를 구하시오.

03
0302-0108

오른쪽 그림은 연못의 두 지점 A, C 사이의 거리를 구하기 위하여 B지점에서 측량한 것이다. $\overline{AB}=20\sqrt{3}$ m, $\overline{BC}=30$ m, $\angle B=30°$일 때, $\overline{AC}$의 길이를 구하시오.

04
0302-0109

오른쪽 그림과 같은 △ABC에서 $\angle A=30°$, $\angle B=45°$, $\overline{AC}=18$일 때, $\overline{AB}$의 길이는?

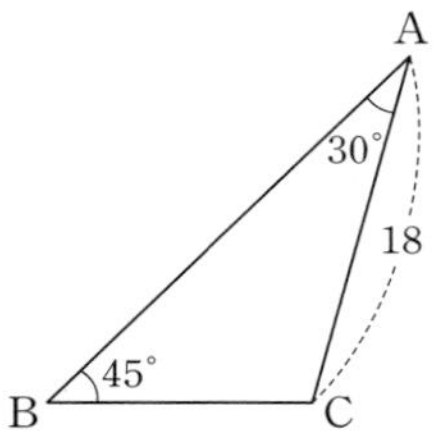

① $6(\sqrt{3}+1)$
② $6(\sqrt{3}+3)$
③ $9(\sqrt{3}+1)$
④ $9(\sqrt{3}+2)$
⑤ $9(\sqrt{3}+3)$

05
0302-0110

오른쪽 그림과 같이 100 m 떨어진 두 지점 A, B에서 하늘에 떠 있는 연을 올려다본 각의 크기가 각각 $45°$, $60°$이었다. 이때 연의 높이는?

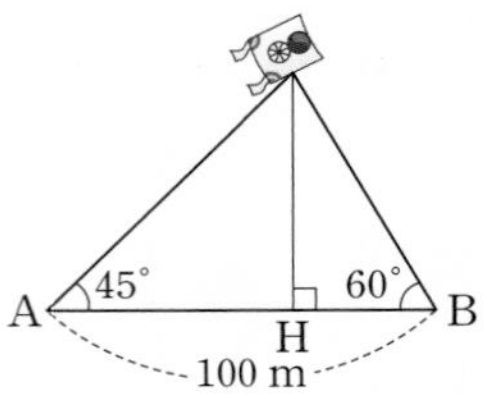

① $46(\sqrt{3}-1)$ m
② $46(3-\sqrt{3})$ m
③ $50(\sqrt{2}-1)$ m
④ $50(\sqrt{3}-1)$ m
⑤ $50(3-\sqrt{3})$ m

06
0302-0111

오른쪽 그림과 같이 $\angle C=150°$, $\overline{BC}=8$ cm인 △ABC의 넓이가 $10\sqrt{3}$ cm²일 때, $\overline{AC}$의 길이를 구하시오.

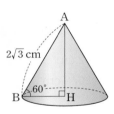

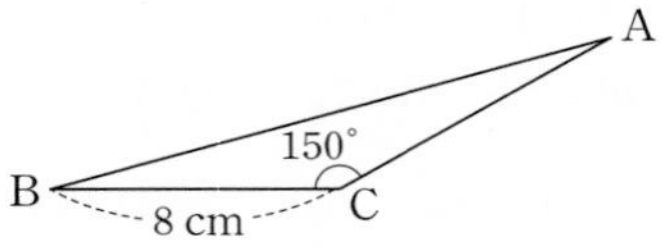

07
0302-0112

오른쪽 그림과 같이 $\overline{AD}/\!/\overline{BC}$인 사다리꼴 ABCD에서 $\overline{AB}=6$ cm, $\overline{AD}=8$ cm, $\overline{BC}=10$ cm이고, $\angle B=60°$일 때, □ABCD의 넓이를 구하시오.

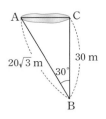

08
0302-0113

오른쪽 그림과 같은 □ABCD에서 $\overline{AC}=18$ cm, $\overline{BD}=12$ cm이고, 두 대각선이 이루는 각의 크기가 $135°$일 때, □ABCD의 넓이를 구하시오.

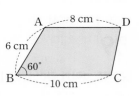

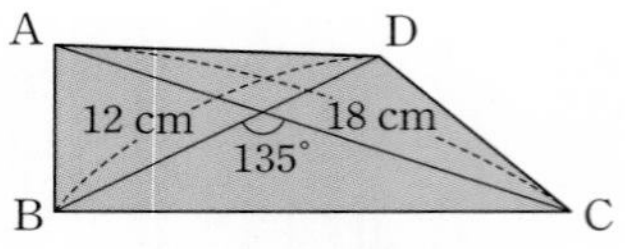

Level 2

09

0302-0114

오른쪽 그림과 같은 직각삼각형 ABC 에서 $\overline{AB}=100$, $\angle B=44°$일 때, △ABC의 둘레의 길이를 구하시오. (단, $\sin 44°=0.69$, $\cos 44°=0.72$ 로 계산한다.)

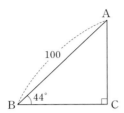

10 ✦중요

0302-0115

오른쪽 그림과 같은 △ABC에서 $\angle A=45°$, $\angle ADB=120°$, $\overline{AD}=10$일 때, $\overline{BC}$의 길이는?

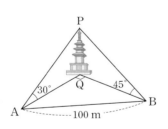

① $12+\sqrt{3}$
② $2(6+\sqrt{3})$
③ $3(4+\sqrt{3})$
④ $5(3+\sqrt{3})$
⑤ $6(3+\sqrt{3})$

11

0302-0116

오른쪽 그림과 같이 탑의 남쪽 A지점에서 탑의 꼭대기 P를 올려다본 각의 크기가 30°, 탑의 동쪽 B지점에서 올려다본 각의 크기가 45°이다. A, B 사이의 거리가 100 m일 때, 탑의 높이를 구하시오.

12 ✦중요

0302-0117

오른쪽 그림과 같이 길이가 14 cm인 실에 매달린 추가 $\overline{OA}$와 30°의 각을 이루며 B지점에 위치할 때, A지점과 B지점에서 추의 높이의 차를 구하시오. (단, 추의 크기는 무시한다.)

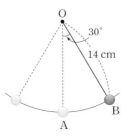

13

0302-0118

오른쪽 그림과 같이 A마을과 B마을을 잇는 직선 도로와 A마을과 C마을을 잇는 직선 도로의 길이는 각각 6 km, $6\sqrt{3}$ km이고, 두 직선 도로는 30°만큼 벌어져 있다고 한다. B마을과 C마을을 직접 연결하는 직선 도로를 건설하려고 할 때, 이 직선 도로의 길이를 구하시오.

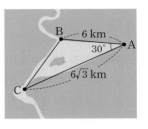

14

0302-0119

오른쪽 그림의 △ABC에서 $\overline{AC}=10$, $\overline{BC}=14$이고 $\sin C=\frac{3}{5}$, $\cos C=\frac{4}{5}$일 때, $\overline{AB}$의 길이를 구하시오.

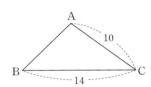

15

0302-0120

오른쪽 그림과 같은 △ABC에서 두 점 D, E는 각각 $\overline{AB}$, $\overline{AC}$의 중점이다. $\angle A=45°$, $\angle AED=60°$, $\overline{BC}=20$일 때, $\overline{AD}$의 길이는?

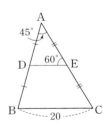

① $5\sqrt{6}$
② $5\sqrt{7}$
③ $6\sqrt{6}$
④ $6\sqrt{7}$
⑤ $7\sqrt{6}$

16

0302-0121

오른쪽 그림과 같이 점 A에서 $\overline{BC}$의 연장선에 내린 수선의 발을 D라고 하자. △ABC에서 $\angle B=30°$, $\angle C=135°$, $\overline{BC}=12$일 때, $\overline{AD}$의 길이는?

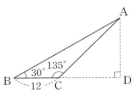

① $3(2\sqrt{2}+1)$
② $3(2\sqrt{3}+1)$
③ $6(\sqrt{2}+1)$
④ $3(\sqrt{2}+2\sqrt{3})$
⑤ $6(\sqrt{3}+1)$

17

0302-0122

오른쪽 그림과 같은 △ABC에서
∠B=60°, ∠C=45°, $\overline{BC}$=24 cm
일 때, △ABC의 넓이는?

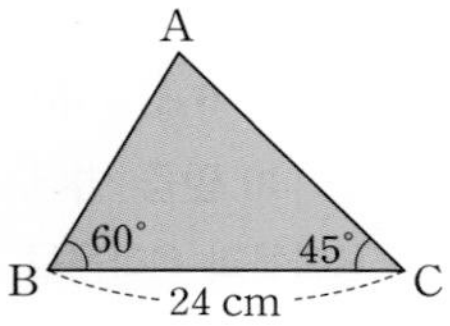

① 141(3−√3) cm²
② 142(3−√3) cm²　③ 143(3−√3) cm²
④ 144(3−√3) cm²　⑤ 145(3−√3) cm²

18 중요

0302-0123

오른쪽 그림에서 점 I는 △ABC의 내심이
고 ∠A=60°, $\overline{BI}$=8 cm, $\overline{CI}$=7 cm일
때, △IBC의 넓이를 구하시오.

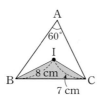

19

0302-0124

오른쪽 그림과 같이 △ABC가 원 O에
내접하고 있다. 원 O의 반지름의 길이
가 12 cm이고,
$\overarc{AB}$: $\overarc{BC}$: $\overarc{CA}$=4 : 5 : 3일 때,
△ABO의 넓이를 구하시오.

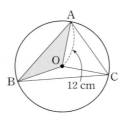

20

0302-0125

오른쪽 그림과 같은 □ABCD의 넓
이는?

① 30 cm²　② 30√2 cm²
③ 30√3 cm²　④ 50 cm²
⑤ 50√2 cm²

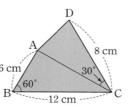

21

0302-0126

오른쪽 그림과 같은 마름모
ABCD에서 $\overline{AB}$=9 cm,
∠A=120°일 때, □ABCD의
넓이는?

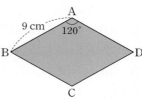

① 39√3 cm²　② $\dfrac{79\sqrt{3}}{2}$ cm²

③ 40√3 cm²　④ $\dfrac{81\sqrt{3}}{2}$ cm²

⑤ 41√3 cm²

22

0302-0127

오른쪽 그림과 같이 반지름의 길이가 6 cm
인 원에 내접하는 정팔각형의 넓이를 구하
시오.

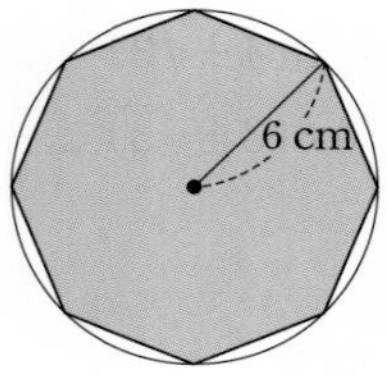

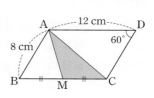

23

0302-0128

오른쪽 그림과 같은 평행사변형
ABCD에서 $\overline{BC}$의 중점을 M이라
하고, $\overline{AB}$=8 cm, $\overline{AD}$=12 cm,
∠D=60°일 때, △AMC의 넓이를
구하시오.

24

0302-0129

오른쪽 그림과 같이 $\overline{AD}$ // $\overline{BC}$인
사다리꼴 ABCD에서
∠ABC=∠DCB, $\overline{AB}$=$\overline{CD}$이
다. □ABCD의 넓이가 121√2 cm²이고, 두 대각선이 이루는 각
의 크기가 135°일 때, $\overline{AC}$의 길이를 구하시오.

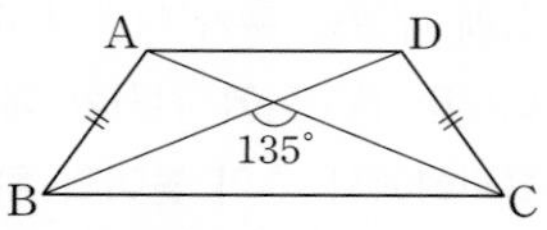

Level 3

25
0302-0130

오른쪽 그림과 같이 한 변의 길이가 6 cm인 정사각형 ABCD를 점 C를 중심으로 30°만큼 시계방향으로 회전시켜 정사각형 A′B′CD′을 만들었다. 이때 $\overline{AE}$의 길이를 구하시오.

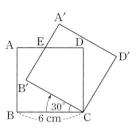

26
0302-0131

오른쪽 그림과 같이 어떤 수송용 헬기가 시속 180 km의 일정한 속도로 지면과 평행하게 날고 있다. 이 헬기를 처음 올려다본 각의 크기는 60°이었고, 3초 후에 이 헬기를 올려다본 각의 크기는 30°이었다. 이 헬기의 지면으로부터의 높이는 몇 m인지 구하시오.

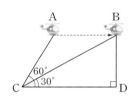

27
0302-0132

오른쪽 그림과 같이 A지점에서 두 척의 배가 동시에 출발하여 시속 30 km, 시속 $30\sqrt{2}$ km로 20분 동안 달려 두 지점 B, C에 각각 이르렀다. ∠BAC=45°일 때, 두 지점 B, C 사이의 거리를 구하시오.

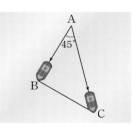

28
0302-0133

다음 그림과 같은 △ABC에서 $\overline{AB}=20$ cm, $\sin B=\dfrac{\sqrt{3}}{2}$, $\sin C=\dfrac{\sqrt{3}}{5}$일 때, $\overline{BC}$의 길이를 구하시오.

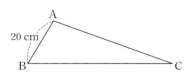

29
0302-0134

오른쪽 그림과 같이 반지름의 길이가 4 cm인 반원 O에서 ∠BAC=30°일 때, 색칠한 부분의 넓이를 구하시오.

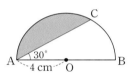

30
0302-0135

다음 그림과 같은 평행사변형 ABCD에서 길이가 각각 6 cm, 10 cm인 두 대각선이 이루는 각의 크기가 135°일 때, □PQRS의 넓이를 구하시오.

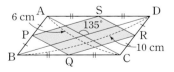

0302-0136

서술형 예제

오른쪽 그림과 같이 강 위의 B지점에서 배가 출발하여 일정한 속력으로 D지점을 향해 가고 있다. B지점과 300 m 떨어진 A지점에서 C지점에 있는 배를 바라본 각의 크기는 60°이고 20초 후에 D지점에 있는 배를 바라본 각의 크기가 30°이었을 때, 이 배의 속력은 분속 몇 m인지 구하시오.

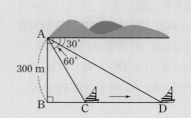

풀이

$\triangle ABC$에서 $\angle BAC=$ [   ]이므로

$\overline{BC}=300\tan$ [   ] $=$ [   ] (m)

$\triangle ABD$에서 $\angle BAD=$ [   ]이므로

$\overline{BD}=300\tan$ [   ] $=$ [   ] (m)

$\overline{CD}=\overline{BD}-\overline{BC}=$ [   ] $-$ [   ] $=$ [   ] (m)

따라서 배가 [   ]초 동안 [   ] m를 이동했으므로 배의 속력은 분속 $200\sqrt{3}\times$ [   ] $=$ [   ] (m)이다.

0302-0137

서술형 유제

오른쪽 그림과 같이 해발 30 m 높이의 등대에서 처음 배를 내려다본 각의 크기가 30°이고, 2분 후 다시 내려다본 각의 크기가 45°이었다. 배가 등대를 향하여 일정한 속력으로 이동하고 있다고 할 때, 이 배의 속력은 분속 몇 m인지 구하시오.

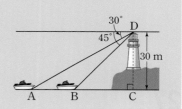

풀이

1

0302-0138

오른쪽 그림과 같이 물이 가득 찬 원뿔대 모양의 수조에 유리 막대가 꽂혀 있다. 수조의 밑면의 반지름의 길이는 30 cm, 모선의 길이는 20 cm이고 수조의 옆면은 밑면을 기준으로 60° 기울어져 있을 때, 유리 막대에서 물에 잠긴 부분의 길이를 구하시오. (단, 유리 막대의 굵기와 수조 벽면의 두께는 생각하지 않는다.)

2

0302-0139

오른쪽 그림과 같이 서경이는 집에서 400 m 떨어진 서점에 들러서 문제집을 산 후 이동 방향을 75° 회전하여 전속력으로 달려서 학교에 도착했다. 이때 서경이가 문제집을 사기 위해 집에서 학교까지 직선 경로로 가는 것보다 몇 m 더 이동했는지 구하시오.

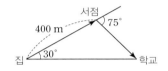

3

0302-0140

오른쪽 그림과 같이 $\overline{AD}/\!/\overline{BC}$인 사다리꼴 ABCD에서 ∠ABC=∠DCB, $\overline{AB}=\overline{CD}$이다. $\overline{AC}=6$ cm, ∠DBC=30°일 때, □ABCD의 넓이를 구하시오.

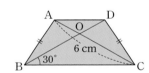

4

0302-0141

오른쪽 그림은 한 변의 길이가 2 cm인 마름모로 이루어진 별 모양의 도형이다. 8개의 마름모가 모두 합동일 때, 도형의 넓이를 구하시오.

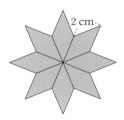

VI 원의 성질

01 원과 현

개념 1 현의 수직이등분선

(1) 원의 중심에서 현에 내린 수선은 그 현을 이등분한다.

➡ $\overline{AB}\perp\overline{OM}$이면 $\overline{AM}=\overline{BM}$

참고 △OAM과 △OBM에서

∠OMA = ∠OMB = 90°

$\overline{OA}=\overline{OB}$(반지름), $\overline{OM}$은 공통

이므로 △OAM ≡ △OBM(RHS 합동)

따라서 $\overline{AM}=\overline{BM}$

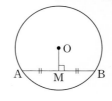

(2) 원에서 현의 수직이등분선은 그 원의 중심을 지난다.

참고 오른쪽 그림과 같이 원 O에서 현 AB의 수직이등분선을 l이라고

하면 두 점 A, B로부터 같은 거리에 있는 점들은 모두 직선 l 위

에 있다.

따라서 두 점 A, B로부터 같은 거리에 있는 원의 중심 O도 직선 l

위에 있다. 즉, 원에서 현의 수직이등분선은 그 원의 중심을 지난다.

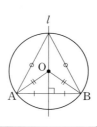

• 직각삼각형의 합동조건
  ① RHS 합동
     직각(R)삼각형에서 빗변
     (H)의 길이와 다른 한 변
     (S)의 길이가 각각 같을 때
  ② RHA 합동
     직각(R)삼각형에서 빗변
     (H)의 길이와 다른 한 예각
     (A)의 크기가 각각 같을 때

개념 확인 문제 1

다음 그림에서 x의 값을 구하시오.

(1)
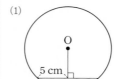

(2)
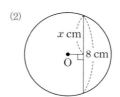

개념 확인 문제 2

다음은 오른쪽 그림과 같은 원 O에서 $\overline{OA}=5$ cm, $\overline{OM}=3$ cm일 때, $\overline{AB}$의 길이를 구하는 과정이다.
□ 안에 알맞은 것을 써넣으시오.

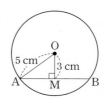

직각삼각형 OAM에서

$\overline{AM}=\sqrt{\boxed{}^2-3^2}=\boxed{}$ (cm)

따라서 $\overline{AB}=2\overline{AM}=2\times\boxed{}=\boxed{}$ (cm)

개념 **2** 현의 길이

한 원 또는 합동인 두 원에서

(1) 중심으로부터 같은 거리에 있는 현의 길이는 같다.

➡ $\overline{OM}=\overline{ON}$이면 $\overline{AB}=\overline{CD}$

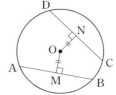

• 다음 그림과 같이 중심으로부터 같은 거리에 있는 두 현이 원주 위에서 만날 때, △ABC 는 $\overline{AB}=\overline{AC}$인 이등변삼각형 이 된다.

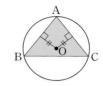

> 참고 △OAM과 △ODN에서
>
> ∠OMA=∠OND=90°
>
> $\overline{OA}=\overline{OD}$(반지름)
>
> $\overline{OM}=\overline{ON}$
>
> 이므로 △OAM≡△ODN(RHS 합동)
>
> 따라서 $\overline{AM}=\overline{DN}$이므로 $\overline{AB}=2\overline{AM}=2\overline{DN}=\overline{CD}$

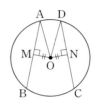

(2) 길이가 같은 두 현은 원의 중심으로부터 같은 거리에 있다.

➡ $\overline{AB}=\overline{CD}$이면 $\overline{OM}=\overline{ON}$

> 참고 $\overline{OM}$, $\overline{ON}$은 원의 중심에서 각각 $\overline{AB}$, $\overline{CD}$에 내린 수선이므로
>
> $\overline{AM}=\overline{BM}$, $\overline{CN}=\overline{DN}$
>
> 그런데 $\overline{AB}=\overline{CD}$이므로 $\overline{AM}=\overline{DN}$
>
> △OAM과 △ODN에서
>
> ∠OMA=∠OND=90°
>
> $\overline{OA}=\overline{OD}$(반지름)
>
> $\overline{AM}=\overline{DN}$
>
> 이므로 △OAM≡△ODN(RHS 합동)
>
> 따라서 $\overline{OM}=\overline{ON}$

개념 확인 문제 **3**

다음 그림에서 x의 값을 구하시오.

(1)

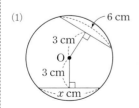

3 cm
6 cm
3 cm
x cm

(2)

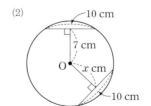

10 cm
7 cm
x cm
10 cm

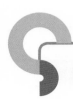

대표 예제

예제 1 원의 중심과 현의 수직이등분선(1)

오른쪽 그림과 같은 원 O에서 $\overline{AB}=8$ cm, $\overline{OH}=3$ cm일 때, 원 O의 둘레의 길이는?

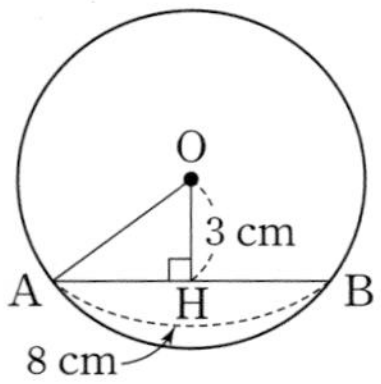

① 10 cm ② 12 cm
③ 5π cm ④ 10π cm
⑤ 12π cm

풀이 전략

$\overline{AH}$의 길이를 구한 후 피타고라스 정리를 이용하여 반지름의 길이를 구한다.

풀이

원 O의 반지름의 길이를 r cm라고 하면

$\overline{AH}=\frac{1}{2}\overline{AB}=4(\text{cm})$이므로

$\triangle$OAH에서 $r=\sqrt{4^2+3^2}=\sqrt{25}=5$

따라서 원 O의 둘레의 길이는 $2\pi\times5=10\pi(\text{cm})$

답 ④

유제 1 0302-0142

오른쪽 그림과 같은 원 O에서 $\overline{AB}\perp\overline{OH}$이고 $\overline{OA}=6$ cm, $\overline{OH}=2$ cm일 때, $\overline{AB}$의 길이는?

① $4\sqrt{2}$ cm ② $6\sqrt{2}$ cm
③ $8\sqrt{2}$ cm ④ $10\sqrt{2}$ cm
⑤ $12\sqrt{2}$ cm

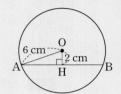

유제 2 0302-0143

반지름의 길이가 10 cm인 원의 중심에서 길이가 16 cm인 현까지의 거리를 구하시오.

예제 2 원의 중심과 현의 수직이등분선(2)

오른쪽 그림과 같이 반지름의 길이가 6 cm인 원 O에서 $\overline{AB}\perp\overline{OC}$, $\overline{OH}=\overline{HC}$일 때, $\overline{AB}$의 길이는?

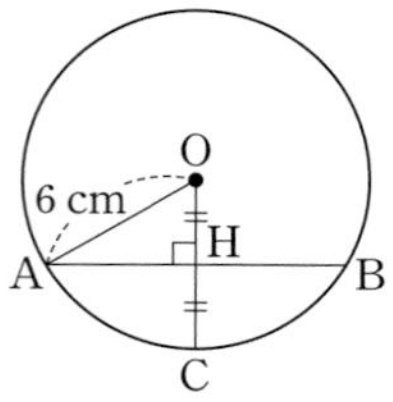

① $3\sqrt{3}$ cm ② $6\sqrt{3}$ cm
③ $8\sqrt{3}$ cm ④ $10\sqrt{3}$ cm
⑤ $12\sqrt{3}$ cm

풀이 전략

$\overline{OH}$의 길이를 구한 후 피타고라스 정리를 이용한다.

풀이

$\overline{OH}=\frac{1}{2}\overline{OC}=\frac{1}{2}\overline{OA}=3(\text{cm})$

$\triangle$OAH에서

$\overline{AH}=\sqrt{6^2-3^2}=\sqrt{27}=3\sqrt{3}(\text{cm})$

따라서 $\overline{AB}=2\overline{AH}=2\times3\sqrt{3}=6\sqrt{3}(\text{cm})$

답 ②

유제 3 0302-0144

오른쪽 그림과 같은 원 O에서 $\overline{AB}\perp\overline{OC}$이고 $\overline{OM}=3$ cm, $\overline{CM}=2$ cm일 때, $\overline{AB}$의 길이를 구하시오.

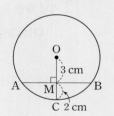

유제 4 0302-0145

오른쪽 그림과 같은 원 O에서 $\overline{AB}\perp\overline{OC}$이고 $\overline{AM}=12$ cm, $\overline{CM}=6$ cm일 때, 원 O의 반지름의 길이를 구하시오.

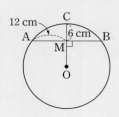

예제 3 원의 중심과 현의 수직이등분선(3)

오른쪽 그림에서 $\overset{\frown}{AB}$는 원의 일부분
이다. $\overline{CD}$가 $\overline{AB}$를 수직이등분하고
$\overline{AB}=6$ cm, $\overline{CD}=1$ cm일 때, 이
원의 반지름의 길이를 구하시오.

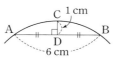

풀이 전략

원의 중심을 찾아 반지름의 길이를 r cm라 하고 피타고라스 정리를 이용한다.

풀이

오른쪽 그림에서 원의 중심을 O라 하고 반지름의
길이를 r cm라고 하면
$\overline{OD}=(r-1)$ cm
$\triangle AOD$에서
$r^2=(r-1)^2+3^2$
$2r=10$, $r=5$
따라서 원의 반지름의 길이는 5 cm이다.

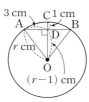

답 5 cm

유제 5   0302-0146

오른쪽 그림에서 $\overset{\frown}{AB}$는 반지름의 길
이가 5 cm인 원의 일부분이다.
$\overline{AB}\perp\overline{CD}$, $\overline{AD}=\overline{BD}$, $\overline{AB}=8$ cm
일 때, $\overline{CD}$의 길이를 구하시오.

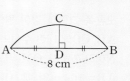

유제 6   0302-0147

오른쪽 그림에서 $\overset{\frown}{AB}$는 반지름의 길
이가 9 cm인 원의 일부분이다.
$\overline{AB}\perp\overline{HP}$, $\overline{AH}=\overline{BH}$이고
$\overline{HP}=3$ cm일 때, $\overline{AB}$의 길이를 구하시오.

예제 4 원의 중심과 현의 수직이등분선(4)

오른쪽 그림과 같이 원 O의 원주 위의
점 P를 원의 중심 O에 겹쳐지도록 접었
을 때, 접힌 현 AB의 길이가 $6\sqrt{2}$ cm
이다. 원 O의 반지름의 길이를 구하시
오.

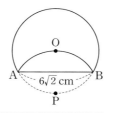

풀이 전략

원의 중심에서 현에 수선을 그어 피타고라스 정리를 이용한다.

풀이

$\overline{AB}$와 $\overline{OP}$의 교점을 M, $\overline{OA}=r$ cm라고 하면
$\overline{AM}=\dfrac{1}{2}\overline{AB}=3\sqrt{2}$ (cm)
$\overline{OM}=\overline{PM}=\dfrac{1}{2}\overline{OA}=\dfrac{r}{2}$ (cm)
직각삼각형 OAM에서
$r^2=(3\sqrt{2})^2+\left(\dfrac{r}{2}\right)^2$, $r^2=18+\dfrac{r^2}{4}$, $r^2=24$
$r>0$이므로 $r=2\sqrt{6}$
따라서 원 O의 반지름의 길이는 $2\sqrt{6}$ cm이다.

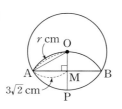

답 $2\sqrt{6}$ cm

유제 7   0302-0148

오른쪽 그림은 반지름의 길이가 10 cm인
원 O의 원주 위의 한 점이 원의 중심 O에
겹쳐지도록 $\overline{AB}$를 접는 선으로 하여 접은
것이다. $\overline{AB}$의 길이를 구하시오.

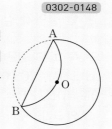

유제 8   0302-0149

오른쪽 그림과 같이 반지름의 길이가
6 cm인 원 O의 원주 위의 한 점이 원의
중심 O에 겹치도록 $\overline{AB}$를 접는 선으로
하여 접었을 때, $\angle AOB$의 크기를 구하
시오.

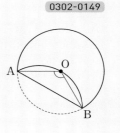

대표 예제

예제 5 원의 중심과 현의 길이

오른쪽 그림과 같이 원의 중심 O에서 $\overline{AB}$, $\overline{CD}$에 내린 수선의 발을 각각 M, N이라고 하자. $\overline{OM}=\overline{ON}=6$ cm, $\overline{AB}=16$ cm일 때, $\overline{OC}$의 길이를 구하시오.

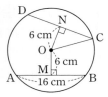

풀이 전략

중심으로부터 같은 거리에 있는 두 현의 길이는 서로 같다.

풀이

$\overline{OM}=\overline{ON}$이므로 $\overline{CD}=\overline{AB}=16$ cm

$\overline{CN}=\frac{1}{2}\overline{CD}=8$ (cm)

△OCN에서

$\overline{OC}=\sqrt{6^2+8^2}=\sqrt{100}=10$ (cm)

📖 10 cm

유제 9
0302-0150

오른쪽 그림과 같은 원 O에서 $\overline{AB}\perp\overline{OM}$, $\overline{CD}\perp\overline{ON}$이고, $\overline{AM}=\overline{DN}$이다. 다음 중 옳지 않은 것은?

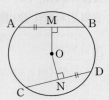

① $\overline{AB}=\overline{CD}$

② $\overline{OM}=\overline{ON}$

③ $\overparen{AB}=\overparen{CD}$

④ △OBA=△OCD

⑤ ∠AOC=∠BOD

유제 10
0302-0151

오른쪽 그림과 같이 원의 중심 O에서 $\overline{AB}$, $\overline{CD}$에 내린 수선의 발을 각각 M, N이라고 하자. $\overline{OA}=8$ cm, $\overline{OM}=\overline{ON}=4$ cm일 때, $\overline{CD}$의 길이를 구하시오.

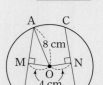

예제 6 길이가 같은 두 현이 만드는 삼각형

오른쪽 그림과 같은 원 O에서 $\overline{AB}\perp\overline{OM}$, $\overline{AC}\perp\overline{ON}$이고 $\overline{OM}=\overline{ON}$, ∠B=55°일 때, ∠A의 크기를 구하시오.

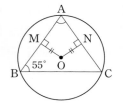

풀이 전략

$\overline{OM}=\overline{ON}$이면 $\overline{AB}=\overline{AC}$이므로 △ABC는 이등변삼각형이다.

풀이

$\overline{OM}=\overline{ON}$이므로 $\overline{AB}=\overline{AC}$

즉, △ABC는 이등변삼각형이므로

∠C=∠B=55°

따라서 ∠A=180°-(55°+55°)=70°

📖 70°

유제 11
0302-0152

오른쪽 그림과 같은 원 O에서 $\overline{AB}\perp\overline{OM}$, $\overline{AC}\perp\overline{ON}$이고 $\overline{OM}=\overline{ON}$, ∠A=50°일 때, ∠B의 크기를 구하시오.

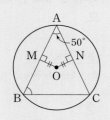

유제 12
0302-0153

오른쪽 그림과 같이 원의 중심 O에서 $\overline{AB}$, $\overline{BC}$, $\overline{AC}$에 내린 수선의 발을 각각 D, E, F라고 하자. $\overline{OD}=\overline{OF}$, ∠EOF=116°일 때, ∠A의 크기를 구하시오.

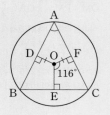

형성평가

01
0302-0154

오른쪽 그림과 같은 원 O에서 $\overline{AB}\perp\overline{OH}$이고 $\overline{AH}=9$ cm, $\overline{OB}=15$ cm일 때, $x+y$의 값은?

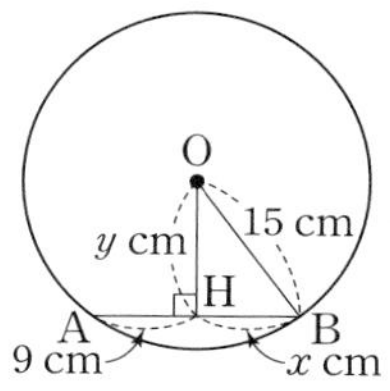

① 20　　　　② 21
③ 22　　　　④ 23
⑤ 24

02
0302-0155

반지름의 길이가 5 cm인 원의 중심에서 길이가 8 cm인 현까지의 거리는?

① 3 cm　　　② 4 cm　　　③ $3\sqrt{2}$ cm
④ 5 cm　　　⑤ $3\sqrt{3}$ cm

03
0302-0156

오른쪽 그림과 같은 원 O에서 $\overline{AB}\perp\overline{CO}$이고, $\overline{CD}=9$ cm, $\overline{BC}=15$ cm일 때, 원 O의 지름의 길이를 구하시오.

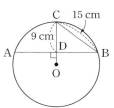

04
0302-0157

오른쪽 그림과 같이 중심이 같은 두 원에서 $\overline{AB}=18$ cm, $\overline{CD}=8$ cm일 때, $\overline{AC}$의 길이는?

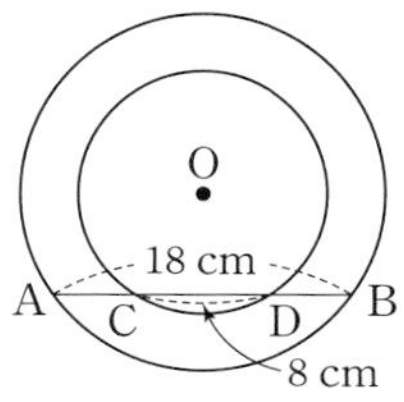

① 3 cm　　　② 3.5 cm
③ 4 cm　　　④ 4.5 cm
⑤ 5 cm

05
0302-0158

원 모양의 접시의 깨진 조각을 오른쪽 그림과 같이 측정하였다. 원래 원 모양의 접시의 넓이를 구하시오.

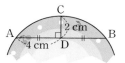

06
0302-0159

오른쪽 그림과 같은 원 O에서 $\overline{AB}\perp\overline{OM}$, $\overline{CD}\perp\overline{ON}$이고, $\overline{OM}=\overline{ON}$이다. $\overline{AM}=4$ cm일 때, $x+y$의 값은?

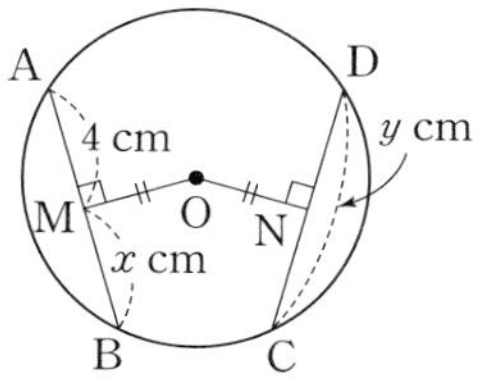

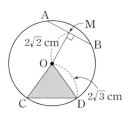

① 12　　　　② 13
③ 14　　　　④ 15
⑤ 16

07
0302-0160

오른쪽 그림과 같은 원 O에서 $\overline{AB}\perp\overline{OM}$이고 $\overline{AB}=\overline{CD}$이다. $\overline{OD}=2\sqrt{3}$ cm, $\overline{OM}=2\sqrt{2}$ cm일 때, $\triangle OCD$의 넓이는?

① $2\sqrt{2}$ cm^2　　　② $2\sqrt{3}$ cm^2
③ 4 cm^2　　　④ $4\sqrt{2}$ cm^2
⑤ $4\sqrt{3}$ cm^2

08
0302-0161

오른쪽 그림과 같이 원의 중심 O와 두 현 AB, AC 사이의 거리가 같고 $\overline{AB}=6$ cm, $\angle BAC=60°$일 때, $\overline{BC}$의 길이는?

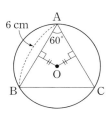

① 6 cm　　　② 6.5 cm
③ 7 cm　　　④ 7.5 cm
⑤ 8 cm

02 원의 접선

개념 1 접선과 반지름

(1) 원의 접선은 그 접점을 지나는 원의 반지름과 서로 수직이다.
$$\Rightarrow \overline{OT} \perp l$$
(2) 반지름과 원이 만나는 점에서 반지름에 수직으로 그은 직선은 그 원의 접선이다.

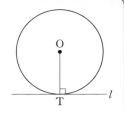

• 접선(接線) : 원에 접하는 선, 원과 한 점에서 만나는 직선.
• 할선(割線) : 원을 분할하는 선, 원과 두 점에서 만나는 직선

개념 확인 문제 1

다음 그림에서 $\overrightarrow{PA}$가 원 O의 접선일 때, $\angle x$의 크기를 구하시오.

(1)
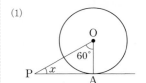

(2)
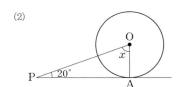

개념 2 접선의 길이

(1) 원 밖의 한 점 P에서 원 O에 그을 수 있는 접선은 2개이며, 그 두 접점을 각각 A, B라고 할 때, $\overline{PA}$, $\overline{PB}$의 길이를 점 P에서 원 O에 그은 접선의 길이라고 한다.
(2) 원 밖의 한 점에서 그 원에 그은 두 접선의 길이는 같다.
$$\Rightarrow \overline{PA} = \overline{PB}$$

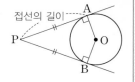

• 원 O 밖의 한 점 P에서 원 O에 그은 두 접선의 접점을 각각 A, B라고 하면
$$\triangle APO \equiv \triangle BPO(\text{RHS 합동})$$

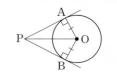

개념 확인 문제 2

오른쪽 그림에서 두 점 A, B는 반지름의 길이가 5 cm인 원 O의 접점이다. $\overline{PC}=5$ cm일 때, 다음 길이를 구하시오.

(1) $\overline{PO}$
(2) $\overline{PA}$
(3) $\overline{PB}$

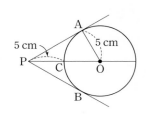

개념 **3** 삼각형의 내접원

원 O가 △ABC에 내접하고 세 점 D, E, F는 그 접점이다.
△ABC의 세 변의 길이가 a, b, c이고 내접원의 반지름의 길이
가 r일 때,

(1) $\overline{AD}=\overline{AF}$, $\overline{BD}=\overline{BE}$, $\overline{CE}=\overline{CF}$

(2) △ABC의 둘레의 길이

$a+b+c=2(x+y+z)$

(3) △ABC의 넓이

$$\triangle ABC=\frac{1}{2}r(a+b+c)$$

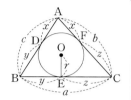

• △ABC
$=\triangle ABO+\triangle BCO+\triangle CAO$
$=\frac{1}{2}cr+\frac{1}{2}ar+\frac{1}{2}br$
$=\frac{1}{2}r(a+b+c)$

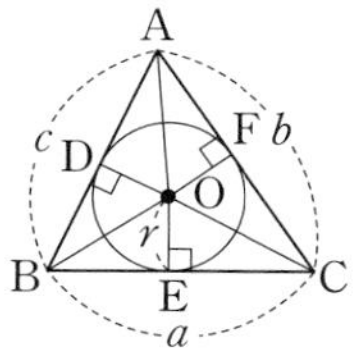

개념 확인 문제 **3**

오른쪽 그림에서 원 O는 △ABC의 내접원이고 세 점 D, E, F는 각각 원 O의 접점일 때, 다음 길
이를 구하시오.

(1) $\overline{AF}$

(2) $\overline{CE}$

(3) $\overline{BE}$

(4) $\overline{BD}$

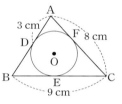

개념 **4** 원에 외접하는 사각형의 성질

원에 외접하는 사각형의 두 쌍의 대변의 길이의 합은 서로 같다.

➡ $\overline{AB}+\overline{CD}=\overline{AD}+\overline{BC}$

참고 $\overline{AB}+\overline{CD}=(\overline{AP}+\overline{BP})+(\overline{CR}+\overline{DR})$
$=(\overline{AS}+\overline{BQ})+(\overline{CQ}+\overline{DS})$
$=(\overline{AS}+\overline{DS})+(\overline{BQ}+\overline{CQ})$
$=\overline{AD}+\overline{BC}$

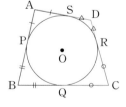

• 원 밖의 한 점에서 그은 두 접
선의 길이는 같으므로
$\overline{AP}=\overline{AS}$, $\overline{BP}=\overline{BQ}$
$\overline{CQ}=\overline{CR}$, $\overline{DR}=\overline{DS}$

개념 확인 문제 **4**

다음 그림에서 □ABCD가 원 O에 외접할 때, x의 값을 구하시오.

(1)
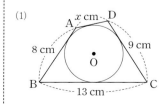

(2)
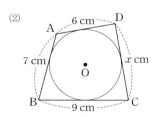

대표 예제

예제 1 원의 접선과 반지름

오른쪽 그림에서 $\overrightarrow{PA}$는 원 O의 접선이고 점 A는 그 접점이다. $\overline{OT}=3\text{ cm}$, $\overline{PT}=2\text{ cm}$일 때, $\overline{PA}$의 길이는?

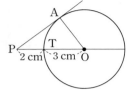

① 4 cm ② 4.5 cm

③ 5 cm ④ 5.5 cm

⑤ 6 cm

[풀이 전략]

원의 접선은 접점을 지나는 반지름과 수직이다.

[풀이]

$\angle OAP=90°$이고 $\overline{OA}=\overline{OT}=3\text{ cm}$, $\overline{PO}=5\text{ cm}$이므로

△APO에서

$\overline{PA}=\sqrt{5^2-3^2}=\sqrt{16}=4(\text{cm})$

답 ①

유제 1 0302-0162

오른쪽 그림에서 두 점 A, B는 점 P에서 원 O에 그은 두 접선의 접점이다. $\angle AOB=145°$일 때, $\angle APB$의 크기는?

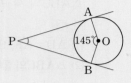

① 30° ② 35° ③ 40°

④ 45° ⑤ 60°

유제 2 0302-0163

오른쪽 그림에서 두 점 A, B는 점 P에서 원 O에 그은 두 접선의 접점이다. $\angle AOB=110°$일 때, $\angle APO$의 크기를 구하시오.

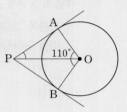

예제 2 원의 접선의 성질

오른쪽 그림에서 두 점 A, B는 점 P에서 원 O에 그은 두 접선의 접점이다. $\angle APB=50°$일 때, $\angle PAB$의 크기는?

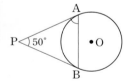

① 50° ② 55°

③ 60° ④ 65°

⑤ 70°

[풀이 전략]

원 밖의 한 점에서 원에 그은 두 접선의 길이는 같다.

[풀이]

△PBA는 $\overline{PA}=\overline{PB}$인 이등변삼각형이므로

$\angle PAB=\angle PBA=\dfrac{1}{2}\times(180°-50°)=65°$

답 ④

유제 3 0302-0164

오른쪽 그림에서 $\overrightarrow{PA}$, $\overrightarrow{PB}$는 원 O의 접선이고 두 점 A, B는 그 접점이다. $\angle P=40°$일 때, $\angle OBA$의 크기를 구하시오.

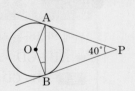

유제 4 0302-0165

오른쪽 그림과 같이 원 밖의 점 P에서 원 O에 그은 두 접선은 각각 점 A, B에서 접한다. $\angle AOB=120°$, $\overline{OA}=6\text{ cm}$일 때, 다음 중 옳지 <u>않은</u> 것은?

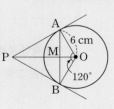

① $\angle APB=60°$ ② $\angle APO=\angle OAM=30°$

③ $\overline{AB}=10\text{ cm}$ ④ $\overline{PO}=12\text{ cm}$

⑤ $\overline{PA}=6\sqrt{3}\text{ cm}$

예제 3 원의 접선의 성질의 활용(1)

오른쪽 그림에서 $\overrightarrow{AD}$, $\overrightarrow{AF}$, $\overrightarrow{BC}$는 각각 세 점 D, F, E를 접점으로 하는 원 O의 접선이다.
$\overline{AD}=12$ cm일 때, △ABC의 둘레의 길이를 구하시오.

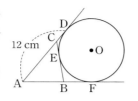

(풀이 전략)

세 점 D, E, F가 접점일 때, $\overline{BF}=\overline{BE}$, $\overline{CD}=\overline{CE}$이다.

(풀이)

$$
\begin{aligned}
(\triangle ABC의\ 둘레의\ 길이) &= \overline{AB}+\overline{BC}+\overline{CA} \\
&= \overline{AB}+(\overline{BE}+\overline{CE})+\overline{CA} \\
&= \overline{AB}+(\overline{BF}+\overline{CD})+\overline{CA} \\
&= (\overline{AB}+\overline{BF})+(\overline{CD}+\overline{CA}) \\
&= \overline{AF}+\overline{AD} \\
&= 2\overline{AD} \\
&= 2\times 12 = 24(cm)
\end{aligned}
$$

답 24 cm

유제 5

0302-0166

오른쪽 그림에서 $\overrightarrow{BC}$, $\overrightarrow{AE}$, $\overrightarrow{AF}$는 각각 세 점 D, E, F를 접점으로 하는 원 O의 접선이다. 다음 중 옳지 않은 것은?

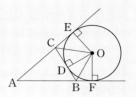

① $\overline{AE}=\overline{AF}$ ② $\overline{BD}=\overline{BF}$
③ $\overline{CD}=\overline{CE}$ ④ $\angle OCD=\angle OCE$
⑤ $\triangle OCE \equiv \triangle OBD$

유제 6

0302-0167

오른쪽 그림에서 선분 AD, BC, AF는 원 O의 접선이고 세 점 D, E, F는 그 접점이다. $\overline{AB}=12$ cm, $\overline{AC}=10$ cm, $\overline{BC}=8$ cm일 때, $\overline{CF}$의 길이를 구하시오.

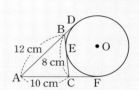

예제 4 원의 접선의 성질의 활용(2)

오른쪽 그림에서 $\overline{AD}$는 반원 O의 지름이고 $\overline{AB}$, $\overline{BC}$, $\overline{CD}$는 반원 O에 접하고 있다. $\overline{AB}=4$ cm, $\overline{CD}=10$ cm일 때, $\overline{BC}$의 길이는?

① 11 cm ② 12 cm
③ 13 cm ④ 14 cm
⑤ 15 cm

(풀이 전략)

원의 접선의 성질에 의하여 $\overline{BA}=\overline{BT}$, $\overline{CD}=\overline{CT}$이다.

(풀이)

$\overline{BT}=\overline{BA}=4$ cm, $\overline{CT}=\overline{CD}=10$ cm
따라서 $\overline{BC}=\overline{BT}+\overline{CT}=4+10=14(cm)$

답 ④

유제 7

0302-0168

오른쪽 그림과 같이 $\overline{AB}$를 지름으로 하는 반원 O에서 $\overline{AD}$, $\overline{BC}$, $\overline{CD}$는 반원 O의 접선이고 세 점 A, B, E는 그 접점이다. $\overline{AD}=1$ cm, $\overline{BC}=9$ cm일 때, 반원 O의 반지름의 길이는?

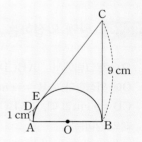

① 2 cm ② 3 cm
③ 4 cm ④ 5 cm
⑤ 6 cm

유제 8

0302-0169

오른쪽 그림에서 $\overline{AB}$는 반원 O의 지름이고, $\overline{AD}$, $\overline{DC}$, $\overline{BC}$는 반원 O의 접선이다. $\overline{AD}=4$ cm, $\overline{BC}=2$ cm일 때, □ABCD의 넓이를 구하시오.

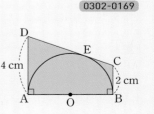

대표 예제

예제 5 삼각형의 내접원

오른쪽 그림에서 원 O는 △ABC의 내접원이고 세 점 D, E, F는 각각 원 O의 접점이다. $\overline{AB}=5$ cm, $\overline{BC}=6$ cm, $\overline{CA}=4$ cm일 때, $\overline{BD}$의 길이는?

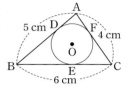

① 2 cm   ② 2.5 cm

③ 3 cm   ④ 3.5 cm

⑤ 4 cm

[풀이 전략]

삼각형의 내접원이 주어지면 길이가 같은 선분을 모두 찾아본다.

[풀이]

$\overline{BD}=x$ cm라고 하면 $\overline{BE}=\overline{BD}=x$ cm이므로

$\overline{AF}=\overline{AD}=(5-x)$ cm, $\overline{CF}=\overline{CE}=(6-x)$ cm

$\overline{AC}=\overline{AF}+\overline{CF}$이므로

$4=(5-x)+(6-x)$, $2x=7$, $x=3.5$

따라서 $\overline{BD}=3.5$(cm)

답 ④

유제 9   0302-0170

오른쪽 그림에서 원 O는 △ABC의 내접원이고 세 점 D, E, F는 각각 원 O의 접점이다. △ABC의 둘레의 길이가 42 cm일 때, $\overline{AD}$의 길이를 구하시오.

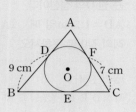

유제 10   0302-0171

오른쪽 그림과 같이 ∠B=90°이고, $\overline{AB}=15$ cm, $\overline{BC}=8$ cm, $\overline{AC}=17$ cm인 직각삼각형 ABC에 원 O가 내접할 때, 원 O의 반지름의 길이는?

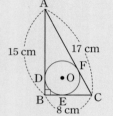

① 2 cm   ② 3 cm

③ 4 cm   ④ 5 cm

⑤ 6 cm

예제 6 원에 외접하는 사각형의 성질

오른쪽 그림에서 □ABCD는 원 O에 외접한다. $\overline{AB}=8$ cm, $\overline{CD}=9$ cm일 때, □ABCD의 둘레의 길이는?

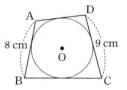

① 25 cm   ② 28 cm

③ 30 cm   ④ 32 cm

⑤ 34 cm

[풀이 전략]

원에 외접하는 사각형의 두 쌍의 대변의 길이의 합은 서로 같다.

[풀이]

$\overline{AB}+\overline{CD}=\overline{AD}+\overline{BC}$이고

$\overline{AB}+\overline{CD}=8+9=17$(cm)이므로

(□ABCD의 둘레의 길이)$=2\times17=34$(cm)

답 ⑤

유제 11   0302-0172

오른쪽 그림과 같이 □ABCD가 원 O에 외접할 때, $\overline{CD}$의 길이는?

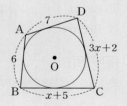

① 8   ② 9

③ 10   ④ 11

⑤ 12

유제 12   0302-0173

오른쪽 그림과 같이 □ABCD는 원 O에 외접하고 두 점 P, Q는 원 O의 접점이다. $\overline{AP}=\overline{BQ}=4$ cm, $\overline{CD}=10$ cm일 때, □ABCD의 둘레의 길이를 구하시오.

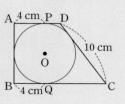

형성평가

01
0302-0174

오른쪽 그림에서 $\overline{\text{PT}}$는 반원 O의 접선이고 점 T는 그 접점이다. $\overline{\text{PQ}}=\overline{\text{OQ}}$이고 $\overline{\text{OT}}=3$ cm일 때, $\overline{\text{PT}}$의 길이는?

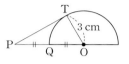

① $3\sqrt{2}$ cm   ② $2\sqrt{5}$ cm   ③ 5 cm
④ $3\sqrt{3}$ cm   ⑤ $4\sqrt{2}$ cm

02
0302-0175

오른쪽 그림과 같이 반지름의 길이가 각각 6 cm, 10 cm이고 중심이 같은 두 원에서 작은 원에 접하는 직선이 큰 원과 만나는 두 점을 A, B라고 하자. $\overline{\text{AB}}$의 길이를 구하시오.

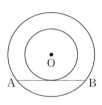

03
0302-0176

오른쪽 그림에서 두 점 A, B는 원 밖의 점 P에서 원 O에 그은 접선의 접점이다. $\angle\text{APB}=45°$, $\overline{\text{OA}}=4$ cm일 때, $\overparen{\text{AB}}$의 길이는?

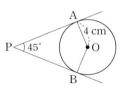

① 2.5π cm   ② 3π cm   ③ 3.5π cm
④ 4π cm   ⑤ 4.5π cm

04
0302-0177

오른쪽 그림에서 $\overline{\text{PA}}$, $\overline{\text{PB}}$는 원 O의 접선이고 두 점 A, B는 그 접점이다. $\overline{\text{OA}}=5$ cm, $\overline{\text{PQ}}=8$ cm일 때, $\overline{\text{PB}}$의 길이는?

① 10 cm   ② 10.5 cm   ③ 11 cm
④ 11.5 cm   ⑤ 12 cm

05
0302-0178

오른쪽 그림에서 $\overline{\text{AT}}$, $\overline{\text{AT}'}$, $\overline{\text{BC}}$는 원 O의 접선이고 세 점 T, T', S는 그 접점이다. $\overline{\text{AO}}=12$ cm, 반지름의 길이가 6 cm일 때, $\triangle\text{ABC}$의 둘레의 길이를 구하시오.

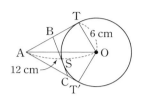

06
0302-0179

오른쪽 그림과 같이 원 O 위의 한 점 T에서 그은 접선이 지름 AB의 양 끝 점에서 그은 접선과 만나는 점을 각각 C, D라고 하자. $\overline{\text{AC}}=4$ cm, $\overline{\text{BD}}=9$ cm일 때, 원 O의 반지름의 길이는?

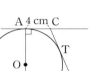

① 5 cm   ② 6 cm   ③ $5\sqrt{2}$ cm
④ $5\sqrt{3}$ cm   ⑤ 8 cm

07
0302-0180

오른쪽 그림에서 원 O는 직각삼각형 ABC의 내접원이고 세 점 D, E, F는 각각 원 O의 접점이다. $\overline{\text{BC}}=10$ cm, $\overline{\text{OD}}=2$ cm일 때, $\triangle\text{ABC}$의 둘레의 길이를 구하시오.

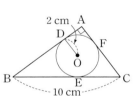

08
0302-0181

오른쪽 그림과 같이 □ABCD는 원 O에 외접하고 네 점 E, F, G, H는 각각 원 O의 접점이다. $\overline{\text{AB}}=10$ cm, $\overline{\text{CG}}=4$ cm, $\overline{\text{DH}}=3$ cm일 때, □ABCD의 둘레의 길이는?

① 28 cm   ② 30 cm   ③ 32 cm
④ 34 cm   ⑤ 35 cm

중단원 마무리

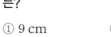

01

0302-0182

오른쪽 그림과 같이 반지름의 길이가 5 cm인 원 O에서 $\overline{AB} \perp \overline{OM}$이고 $\overline{OM} = 4$ cm일 때, $\overline{AB}$의 길이는?

① 5 cm   ② 6 cm

③ 7 cm   ④ 8 cm

⑤ 9 cm

02

0302-0183

오른쪽 그림과 같은 원 O에서 $\overline{AB} \perp \overline{OC}$이고 $\overline{AD} = 8$ cm, $\overline{CD} = 2$ cm일 때, $\overline{OB}$의 길이는?

① 9 cm   ② 11 cm

③ 13 cm   ④ 15 cm

⑤ 17 cm

03 중요

0302-0184

오른쪽 그림과 같이 원의 중심 O에서 두 현 AB, CD에 내린 수선의 발을 각각 M, N이라고 하자. $\overline{AB} = 10$ cm, $\overline{OM} = \overline{ON} = 5$ cm일 때, $\overline{OC}$의 길이는?

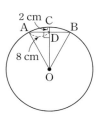

① $5\sqrt{2}$ cm   ② $5\sqrt{3}$ cm

③ 6 cm   ④ $6\sqrt{2}$ cm

⑤ $6\sqrt{3}$ cm

04 중요

0302-0185

오른쪽 그림과 같이 점 T는 원 밖의 점 P에서 원 O에 그은 접선의 접점이다. $\overline{OA} = 2$ cm, $\overline{PA} = 5$ cm일 때, $\overline{PT}$의 길이는?

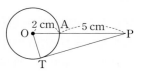

① $4\sqrt{2}$ cm   ② 6 cm   ③ $2\sqrt{10}$ cm

④ $3\sqrt{5}$ cm   ⑤ $4\sqrt{3}$ cm

05

0302-0186

오른쪽 그림에서 두 점 A, B는 점 P에서 원 O에 그은 두 접선의 접점이다. $\angle APB = 70°$일 때, $\angle x$의 크기를 구하시오.

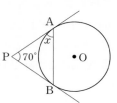

06

0302-0187

오른쪽 그림에서 원 O는 △ABC의 내접원이고 세 점 D, E, F는 각각 원 O의 접점이다. $\overline{AD} = 3$ cm, $\overline{BE} = 5$ cm, $\overline{CF} = 3$ cm일 때, △ABC의 둘레의 길이를 구하시오.

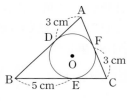

07

0302-0188

오른쪽 그림에서 □ABCD는 원 O에 외접한다. $\overline{AD} = 9$ cm, $\overline{BC} = 13$ cm, $\overline{CD} = 10$ cm일 때, $\overline{AB}$의 길이는?

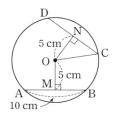

① 11 cm   ② 12 cm

③ 13 cm   ④ 14 cm

⑤ 15 cm

Level 2

08

0302-0189

오른쪽 그림에서 $\overline{AB}$는 원 O의 지름이다. $\overline{OA}=6$ cm, $\overline{CD}=4$ cm일 때, △ODC의 넓이는?

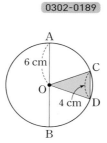

① 8 cm²   ② 16 cm²

③ $8\sqrt{2}$ cm²   ④ $8\sqrt{3}$ cm²

⑤ $16\sqrt{2}$ cm²

09

0302-0190

오른쪽 그림과 같이 지름의 길이가 12 cm인 원 O에서 $\overline{AB}\perp\overline{CD}$이고 $\overline{CM}=2$ cm일 때, 현 AB의 길이는?

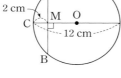

① $3\sqrt{3}$ cm   ② $4\sqrt{2}$ cm

③ $4\sqrt{3}$ cm   ④ $4\sqrt{5}$ cm

⑤ $5\sqrt{5}$ cm

10

0302-0191

오른쪽 그림과 같은 원 O에서 ∠AOB=120°, $\overparen{AB}=8\pi$ cm일 때, $\overline{AB}$의 길이는?

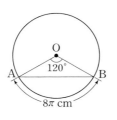

① $4\sqrt{3}$ cm   ② $6\sqrt{3}$ cm

③ $8\sqrt{3}$ cm   ④ $10\sqrt{3}$ cm

⑤ $12\sqrt{3}$ cm

11

0302-0192

오른쪽 그림의 원 O에서 $\overline{AB}\perp\overline{OD}$이고 $\overline{OC}=8$ cm, $\overline{CD}=9$ cm일 때, $\overline{AB}$의 길이는?

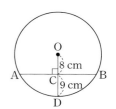

① 28 cm   ② 30 cm

③ 32 cm   ④ 34 cm

⑤ 36 cm

12 중요

0302-0193

오른쪽 그림은 원 모양의 접시의 일부분이다. 이 접시의 반지름의 길이를 구하시오.

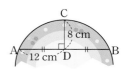

13

0302-0194

오른쪽 그림에서 $\overparen{AB}$는 반지름의 길이가 5 cm인 원의 일부분이다. $\overline{AB}\perp\overline{HP}$, $\overline{AH}=\overline{BH}$이고 $\overline{HP}=2$ cm일 때, △APB의 넓이는?

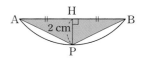

① 8 cm²   ② 8.5 cm²   ③ 9 cm²

④ 9.5 cm²   ⑤ 10 cm²

14

0302-0195

오른쪽 그림과 같이 원 위의 점 P를 원의 중심 O에 겹쳐지도록 접었을 때 생기는 현 AB의 길이가 6 cm이다. 원 O의 반지름의 길이는?

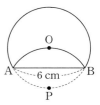

① 4 cm   ② $2\sqrt{3}$ cm

③ 5 cm   ④ $3\sqrt{2}$ cm

⑤ $4\sqrt{3}$ cm

중단원 마무리

15

0302-0196

오른쪽 그림과 같은 원 O에서 $\overline{AB}=\overline{CD}$이
고 $\overline{CD}\perp\overline{OM}$이다. $\overline{OA}=4\sqrt{2}$ cm,
$\overline{OM}=4$ cm일 때, $\triangle OBA$의 넓이는?

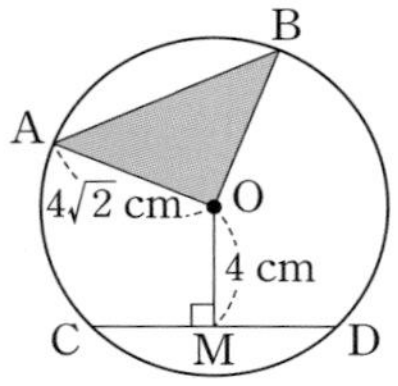

① 10 cm²   ② 12 cm²

③ 14 cm²   ④ 15 cm²

⑤ 16 cm²

16

0302-0197

오른쪽 그림과 같은 원 O에서 $\overline{OM}=\overline{ON}$이
고 $\overline{AM}=4$ cm, $\angle MON=120°$일 때,
$\overline{BC}$의 길이는?

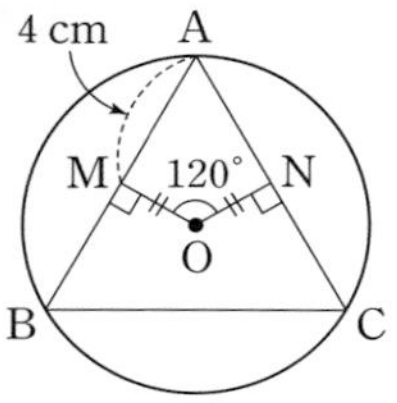

① 6 cm   ② 6.5 cm

③ 7 cm   ④ 7.5 cm

⑤ 8 cm

17

0302-0198

오른쪽 그림에서 $\overrightarrow{PT}$는 원 O의 접선이
고 점 T는 그 접점이다. $\overline{PT}=\sqrt{6}$ cm,
$\angle POT=60°$일 때, $\overline{PA}$의 길이는?

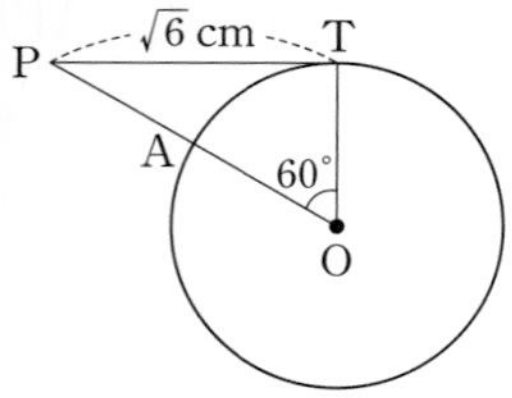

① 1 cm   ② $\sqrt{2}$ cm

③ $\sqrt{3}$ cm   ④ 2 cm

⑤ 2.5 cm

18

0302-0199

오른쪽 그림에서 $\overrightarrow{PA}$는 반원 O의
접선이고 점 A는 그 접점이다.
$\angle ABC=25°$일 때, $\angle P$의 크기를
구하시오.

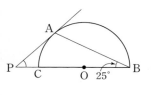

19

0302-0200

오른쪽 그림에서 $\overline{PT}$, $\overline{PT'}$은 반지름
의 길이가 6 cm인 원 O의 접선이고
두 점 T, T'은 각각 그 접점이다.
$\angle TPT'=50°$일 때 색칠한 부분의 넓
이는?

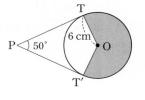

① 23π cm²   ② 24π cm²   ③ 25π cm²

④ 26π cm²   ⑤ 27π cm²

20 중요

0302-0201

오른쪽 그림에서 두 점 A, B는 점 P에
서 원 O에 그은 접선의 접점이다.
$\overline{PA}=10$ cm일 때, 다음 중 옳지 않은
것은?

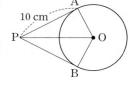

① $\angle PAO=\angle PBO$

② $\angle APB=2\angle APO$

③ $\overline{PB}=10$ cm

④ $\overline{OA}=5$ cm

⑤ $\angle APB+\angle AOB=180°$

21

0302-0202

오른쪽 그림에서 $\overrightarrow{AF}$, $\overrightarrow{AE}$, $\overline{BC}$는 세 점
F, E, D에서 각각 원 O와 접한다.
$\overline{AF}\perp\overline{BC}$, $\overline{AB}=4$ cm, $\overline{BC}=3$ cm일
때, $\overline{BF}$의 길이는?

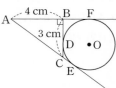

① 1 cm   ② 2 cm

③ 3 cm   ④ 4 cm

⑤ 5 cm

22 ⭐중요

0302-0203

오른쪽 그림에서 원 O는 ∠C=90°인 직각삼각형 ABC의 내접원이고 세 점 P, Q, R는 그 접점이다. $\overline{AP}$=4 cm, $\overline{BP}$=6 cm일 때, 원 O의 반지름의 길이는?

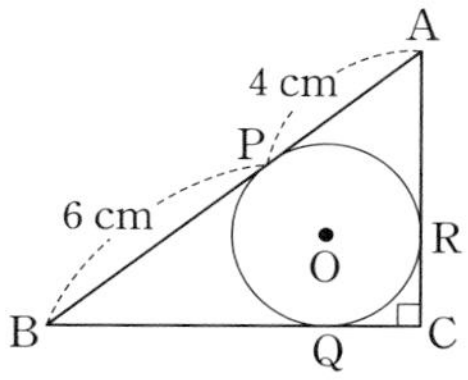

① 1 cm   ② 1.5 cm   ③ 2 cm

④ 2.5 cm   ⑤ 3 cm

23

0302-0204

오른쪽 그림에서 □ABCD는 반지름의 길이가 5 cm인 원 O에 외접하고 ∠B=90°, $\overline{BC}$=12 cm, $\overline{CD}$=11 cm 이다. $\overline{AD}$와 원 O의 접점을 P라고 할 때, 선분 PD의 길이는?

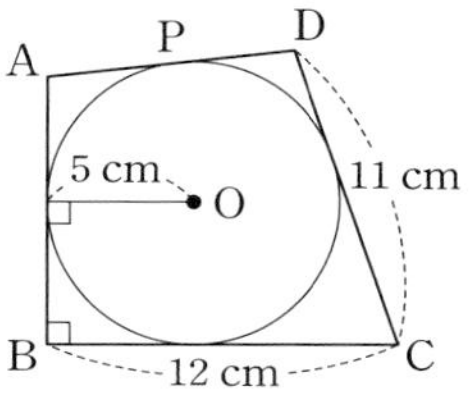

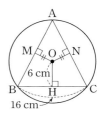

① 2.5 cm   ② 3 cm

③ 3.5 cm   ④ 4 cm   ⑤ 4.5 cm

24

0302-0205

오른쪽 그림과 같이 □ABCD는 원 O에 외접한다. $\overline{AD}$=6 cm, $\overline{BC}$=15 cm이고 $\overline{AB}$: $\overline{CD}$=4 : 3일 때, $\overline{AB}$의 길이를 구하시오.

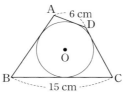

Level 3

25

0302-0206

오른쪽 그림과 같은 원 O에서 길이가 4 cm인 현을 원을 따라 한 바퀴 돌렸을 때, 현이 지나간 부분의 넓이를 구하시오.

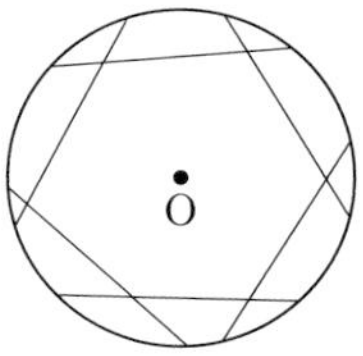

26

0302-0207

오른쪽 그림에서 △ABC는 원 O에 내접한다. $\overline{OM}$=$\overline{ON}$, $\overline{OH}$=6 cm, $\overline{BC}$=16 cm 일 때, $\overline{OM}$의 길이를 구하시오.

27

0302-0208

오른쪽 그림과 같이 원 O는 직사각형 ABCD의 세 변과 $\overline{DI}$에 접하고 네 점 E, F, G, H는 그 접점이다. $\overline{DI}$=10 cm, $\overline{CD}$=8 cm일 때, $\overline{GI}$의 길이를 구하시오.

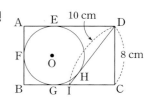

서술형으로 중단원 마무리

0302-0209

서술형 예제

오른쪽 그림에서 $\overline{AB}$는 반원 O의 지름이고, $\overline{AD}$, $\overline{BC}$, $\overline{CD}$는 반원 O의 접선이다. $\overline{AD}=4$ cm, $\overline{BC}=8$ cm일 때, $\overline{AB}$의 길이를 구하시오.

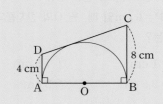

풀이

반원 O와 $\overline{DC}$의 접점을 E라고 하면

$\overline{DE}=\boxed{}$ cm

$\overline{CE}=\boxed{}$ cm이므로

$\overline{DC}=\overline{DE}+\overline{CE}=\boxed{}$ cm

꼭짓점 D에서 $\overline{BC}$에 내린 수선의 발을 H라고 하면

△CDH에서 $\overline{CH}=8-4=4$(cm)

따라서 $\overline{AB}=\overline{DH}=\sqrt{\boxed{}^2-4^2}=\sqrt{\boxed{}}=\boxed{}\sqrt{2}$(cm)

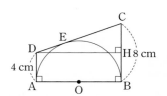

0302-0210

서술형 유제

오른쪽 그림에서 $\overline{BC}$는 원 O의 지름이고 $\overline{AB}$, $\overline{AD}$, $\overline{DC}$는 원 O의 접선이다. $\overline{AB}=8$ cm, $\overline{CD}=5$ cm일 때, 원 O의 넓이를 구하시오.

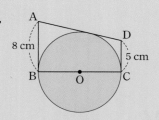

풀이

1

0302-0211

오른쪽 그림과 같이 중심이 같은 두 원에서 작은 원의 접선이 큰 원과 두 점 A, B에서 만난다. $\overline{AB}=10\ cm$일 때, 색칠한 부분의 넓이를 구하시오.

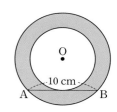

2

0302-0212

오른쪽 그림과 같이 원 밖의 점 P에서 원 O에 그은 접선의 접점을 T라고 하자. $\overline{OA}=2\ cm$, $\overline{PA}=4\ cm$일 때, $\triangle OTP$의 넓이를 구하시오.

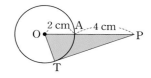

3

0302-0213

오른쪽 그림에서 $\overline{PT}$는 원 O의 접선이고 $\overline{PB}$는 원의 중심 O를 지난다. 원 O의 지름의 길이가 $2\sqrt{6}\ cm$이고 $\angle PBT=30°$일 때, $\overline{PT}$의 길이를 구하시오.

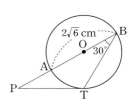

4

0302-0214

오른쪽 그림과 같이 $\overleftrightarrow{AB}$, $\overleftrightarrow{PQ}$는 두 원 O, O′의 공통인 접선이고, 점 A, B, Q는 그 접점이다. $\angle PBQ=40°$일 때, $\angle PAQ$의 크기를 구하시오.

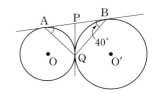

01 원주각

개념 1 　원주각과 중심각의 크기

(1) **원주각**: 원 O에서 호 AB를 제외한 원 위의 점 P에 대하여
　　∠APB를 호 AB에 대한 원주각이라고 한다.

(2) **원주각과 중심각의 크기**: 한 원에서 한 호에 대한 원주각의 크기는
그 호에 대한 중심각의 크기의 $\frac{1}{2}$이다.

　➡ $\angle \text{APB} = \frac{1}{2} \angle \text{AOB}$

- 호 AB에 대한 중심각은 한 개 이지만 호 AB에 대한 원주각 은 무수히 많다.

개념 확인 문제 1

다음 그림에서 ∠x의 크기를 구하시오.

(1)
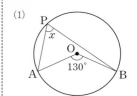

(2)
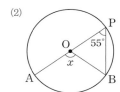

개념 2 　원주각의 성질

(1) 한 원에서 한 호에 대한 원주각의 크기는 모두 같다.
　➡ $\angle \text{APB} = \angle \text{AQB} = \angle \text{ARB}$

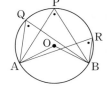

(2) 반원에 대한 원주각의 크기는 90°이다.
즉, $\overline{\text{AB}}$가 원 O의 지름이면
　➡ $\angle \text{APB} = \angle \text{AQB} = \angle \text{ARB} = 90°$

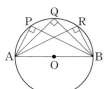

- 원 O에서 $\widehat{\text{AB}}$가 정해지면 이 호에 대한 원주각 ∠APB의 크기는 점 P의 위치와 관계없 이 항상 일정하다.
- 반원에 대한 중심각의 크기는 180°이므로
(반원에 대한 원주각의 크기)
$= \frac{1}{2} \times 180° = 90°$

개념 확인 문제 2

다음 그림에서 ∠x의 크기를 구하시오.

(1)
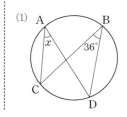

(2)
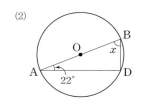

정답과 풀이 ⊙ 28쪽

개념 3 원주각의 크기와 호의 길이

한 원에서

(1) 길이가 같은 호에 대한 원주각의 크기는 서로 같다.

➡ $\overarc{AB}=\overarc{CD}$이면 $\angle APB=\angle CQD$

(2) 크기가 같은 원주각에 대한 호의 길이는 서로 같다.

➡ $\angle APB=\angle CQD$이면 $\overarc{AB}=\overarc{CD}$

(3) 원주각의 크기와 호의 길이는 정비례한다.

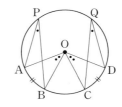

• 한 원에서 호의 길이는 그 호에 대한 중심각의 크기에 정비례하므로 호의 길이와 그 호에 대한 원주각의 크기도 정비례한다.

개념 확인 문제 3

다음 그림에서 x의 값을 구하시오.

(1)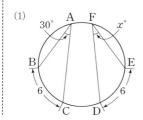

(2)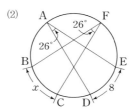

개념 4 네 점이 한 원 위에 있을 조건

두 점 C, D가 직선 AB에 대하여 같은 쪽에 있을 때,

$\angle ACB=\angle ADB$이면 네 점 A, B, C, D는 한 원 위에 있다.

참고 네 점 A, B, C, D가 한 원 위에 있다.

➡ □ABDC는 원에 내접하는 사각형이다.

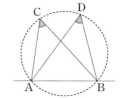

• 직선 AB에 대하여 두 점 C, D가 다른 방향에 있으면 네 점 A, B, C, D는 한 원 위에 있다고 할 수 없다.

개념 확인 문제 4

다음 그림에서 네 점 A, B, C, D가 한 원에 위에 있으면 ○표, 그렇지 않으면 ×표를 하시오.

(1)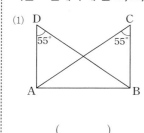

(   )

(2)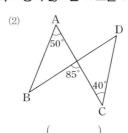

(   )

대표 예제

예제 1 원주각과 중심각의 크기

오른쪽 그림과 같은 원 O에서
$\angle APB=40°$, $\angle BQC=25°$일 때,
$\angle AOC$의 크기는?

① 100° ② 110°
③ 120° ④ 130°
⑤ 150°

풀이 전략

한 호에 대한 (중심각의 크기)=2×(원주각의 크기)

풀이

$\overline{OB}$를 그으면
$\angle AOC=\angle AOB+\angle BOC$
$\qquad\quad =2\angle APB+2\angle BQC$
$\qquad\quad =2×40°+2×25°$
$\qquad\quad =80°+50°$
$\qquad\quad =130°$

답 ④

유제 1
0302-0215

오른쪽 그림과 같은 원 O에서
$\angle BOD=150°$일 때, $\angle x+\angle y$의 크기는?

① 160° ② 165°
③ 170° ④ 175°
⑤ 180°

유제 2
0302-0216

오른쪽 그림에서 $\overrightarrow{PA}$, $\overrightarrow{PB}$가 원
O의 접선이고 두 점 A, B는 그
접점이다. $\angle ACB=72°$일 때,
$\angle APB$의 크기를 구하시오.

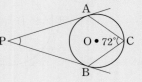

예제 2 한 호에 대한 원주각의 크기

오른쪽 그림과 같은 원 O에서 $\overline{QB}$가
지름이고 $\angle APB=35°$일 때,
$\angle x+\angle y$의 크기는?

① 100° ② 105°
③ 110° ④ 115°
⑤ 120°

풀이 전략

원에서 한 호에 대한 원주각의 크기는 모두 같다.

풀이

$\angle x=\angle APB=35°$ ($\overarc{AB}$에 대한 원주각)
$\angle y=2\angle APB=2×35°=70°$
따라서 $\angle x+\angle y=35°+70°=105°$

답 ②

유제 3
0302-0217

오른쪽 그림에서 $\angle PAQ=55°$,
$\angle AQB=35°$일 때, $\angle PRQ$의 크기는?

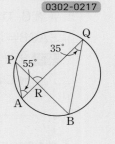

① 90° ② 95°
③ 100° ④ 105°
⑤ 110°

유제 4
0302-0218

오른쪽 그림에서 $\angle AEB=36°$,
$\angle BAE=30°$일 때, $\angle x$의 크기는?

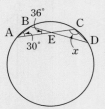

① 110° ② 112°
③ 114° ④ 115°
⑤ 116°

예제 3 반원에 대한 원주각의 크기

오른쪽 그림에서 $\overline{AB}$는 반원 O 의 지름이다. $\angle ABD=32°$일 때, $\angle x$의 크기는?

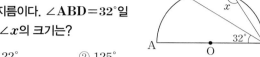

① $122°$ ② $125°$

③ $126°$ ④ $130°$

⑤ $135°$

[풀이 전략]

반원에 대한 원주각의 크기는 $90°$이다.

[풀이]

$\overline{AC}$를 그으면 $\overline{AB}$가 원 O의 지름이므로

$\angle ACB=90°$

$\angle ACD=\angle ABD=32°(\overset{\frown}{AD}$에 대한 원주각)

따라서

$\angle x=\angle ACB+\angle ACD=90°+32°=122°$

답 ①

유제 5   0302-0219

오른쪽 그림에서 $\overline{AB}$는 원 O의 지름이 다. $\angle BAC=35°$일 때, $\angle x$의 크기를 구하시오.

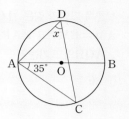

유제 6   0302-0220

오른쪽 그림에서 $\overline{AB}$는 원 O의 지름이 다. $\angle BED=55°$일 때, $\angle x$의 크기는?

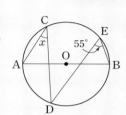

① $30°$ ② $35°$

③ $40°$ ④ $45°$

⑤ $50°$

예제 4 원주각의 크기와 호의 길이(1)

오른쪽 그림에서 $\overset{\frown}{AB}=\overset{\frown}{BC}$이고 $\angle ADB=28°$, $\angle CAD=40°$일 때, $\angle x$의 크기를 구하시오.

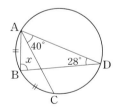

[풀이 전략]

한 원에서 길이가 같은 호에 대한 원주각의 크기는 서로 같다.

[풀이]

$\overset{\frown}{AB}=\overset{\frown}{BC}$이므로 $\angle BAC=\angle ADB=28°$

$\triangle ABD$에서

$\angle x=180°-(28°+40°+28°)=84°$

답 $84°$

유제 7   0302-0221

오른쪽 그림에서 $\overset{\frown}{AB}=\overset{\frown}{CD}$이고 $\angle ACB=25°$일 때, $\angle DPC$의 크기는?

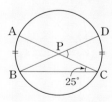

① $45°$ ② $50°$

③ $55°$ ④ $60°$

⑤ $65°$

유제 8   0302-0222

오른쪽 그림에서 $\overset{\frown}{AB}=\overset{\frown}{BC}$이고 $\angle ABD=58°$, $\angle CAD=42°$일 때, $\angle BDC$의 크기를 구하시오.

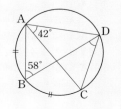

정답과 풀이 ⊙ 28쪽

예제 5　원주각의 크기와 호의 길이(2)

오른쪽 그림과 같은 원 O에서
$\overset{\frown}{AM}=\overset{\frown}{BM}$이고 ∠APM=30°일 때,
∠AQB의 크기는?

① 30°　　② 45°

③ 60°　　④ 70°

⑤ 75°

[풀이 전략]

한 원에서 호의 길이는 그 호에 대한 원주각의 크기에 정비례한다.

[풀이]

$\overset{\frown}{AB}=2\overset{\frown}{AM}$이므로

∠AQB=2∠APM=2×30°=60°

답 ③

예제 6　네 점이 한 원 위에 있을 조건

다음 중 네 점 A, B, C, D가 한 원 위에 있지 <u>않은</u> 것은?

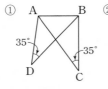 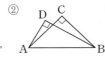 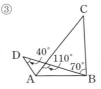

[풀이 전략]

∠ACB=∠ADB이면 네 점 A, B, C, D는 한 원 위에 있다.

[풀이]

③ ∠ACB=110°−70°=40°
　즉 ∠ACB=∠ADB=40°이므로 네 점 A, B, C, D는 한 원 위에 있다.

④ ∠ACB, ∠ADB의 크기를 알 수 없으므로 네 점 A, B, C, D가 한 원 위에 있는지 알 수 없다.

⑤ △ABD에서 ∠D=180°−(40°+60°+40°)=40°
　즉 ∠ACB=∠ADB=40°이므로 네 점 A, B, C, D는 한 원 위에 있다.

답 ④

유제 9　0302-0223

오른쪽 그림에서 $\overline{AB}$는 원 O의 지름이다. $\overset{\frown}{PA}:\overset{\frown}{PB}=1:2$일 때 ∠PAB의 크기를 구하시오.

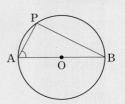

유제 10　0302-0224

오른쪽 그림에서 점 P는 두 현 AD, BC의 교점이다. $\overset{\frown}{AB}=6$ cm, ∠ACB=20°, ∠CPD=70°일 때, $\overset{\frown}{CD}$의 길이를 구하시오.

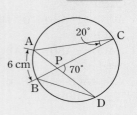

유제 11　0302-0225

오른쪽 그림에서 네 점 A, B, C, D가 한 원 위에 있을 때, ∠ACD의 크기를 구하시오.

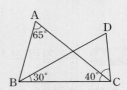

유제 12　0302-0226

오른쪽 그림에서 네 점 A, B, C, D가 한 원 위에 있을 때, ∠APB의 크기는?

① 30°　　② 45°

③ 50°　　④ 60°

⑤ 80°

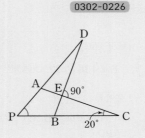

66 ● EBS 중학 뉴런 수학 3(하) 개념책

형성평가

01
0302-0227

오른쪽 그림과 같은 원 O에서
∠APB=115°일 때, ∠x의 크기는?

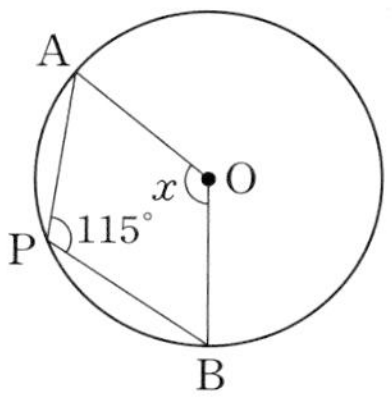

① 130° ② 135°
③ 140° ④ 145°
⑤ 150°

02
0302-0228

오른쪽 그림과 같은 원 O에서
∠APB=50°일 때, ∠OAB의 크기는?

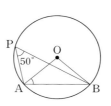

① 30° ② 35°
③ 40° ④ 45°
⑤ 50°

03
0302-0229

오른쪽 그림과 같은 원 O에서 점 P는
두 현 AB, CD의 연장선의 교점이다.
∠AOC=110°, ∠BOD=26°일 때,
∠BPD의 크기를 구하시오.

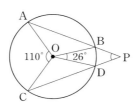

04
0302-0230

오른쪽 그림에서 ∠AQB=23°,
∠BRC=35°일 때, ∠APC의 크기를 구
하시오.

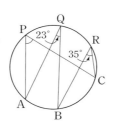

05
0302-0231

오른쪽 그림에서 $\overline{AB}$는 원 O의 지름이다.
점 P는 $\overline{AB}$와 $\overline{CD}$의 교점이고,
∠DCB=25°, ∠CDB=40°일 때,
∠CPB의 크기는?

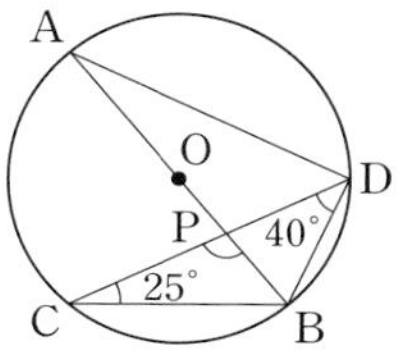

① 100° ② 105°
③ 110° ④ 115°
⑤ 120°

06
0302-0232

오른쪽 그림에서 $\overline{AD}$는 원 O의 지름이
다. $\widehat{AB}=\widehat{BC}=\widehat{CD}$일 때, ∠BEC의 크
기는?

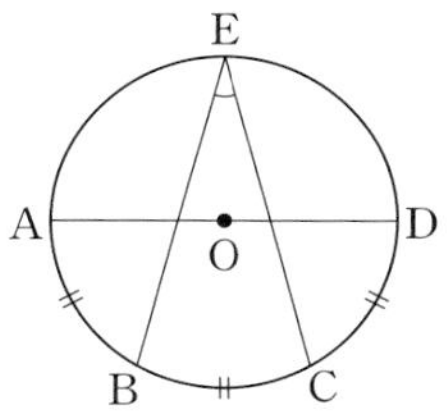

① 30° ② 32°
③ 35° ④ 40°
⑤ 45°

07
0302-0233

오른쪽 그림에서 $\widehat{AB}:\widehat{CD}=3:1$이
고 ∠E=36°일 때, ∠x의 크기를 구
하시오.

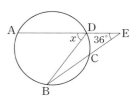

08
0302-0234

오른쪽 그림에서 네 점 A, B, C, D가 한
원 위에 있을 때, ∠x, ∠y의 크기를 각
각 구하시오.

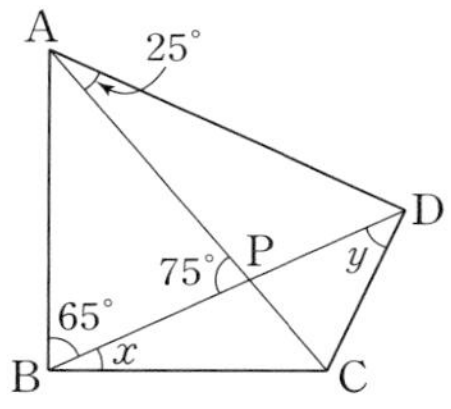

개념 **1**   **원에 내접하는 사각형의 성질**(1)

원에 내접하는 사각형의 한 쌍의 대각의 크기의 합은 180°이다.
➡ $\angle A + \angle C = \angle B + \angle D = 180°$

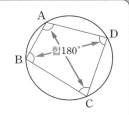

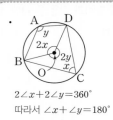

$2\angle x + 2\angle y = 360°$
따라서 $\angle x + \angle y = 180°$

개념 확인 문제 1

다음 그림에서 $\angle x$의 크기를 구하시오.

(1)

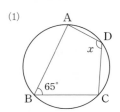

(2)

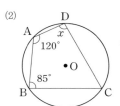

개념 **2**   **원에 내접하는 사각형의 성질**(2)

원에 내접하는 사각형에서 한 외각의 크기는 그 외각에 이웃한
내각에 대한 대각의 크기와 같다.
➡ $\angle A = \angle DCE$

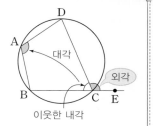

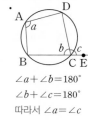

$\angle a + \angle b = 180°$
$\angle b + \angle c = 180°$
따라서 $\angle a = \angle c$

개념 확인 문제 2

다음 그림에서 $\angle x$의 크기를 구하시오.

(1)

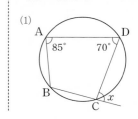

(2)

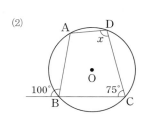

개념 3 접선과 현이 이루는 각

원의 접선과 그 접점에서 그은 현이 이루는 각의 크기는 이 각의 내부에 있는 호에 대한 원주각의 크기와 같다.

➡ $\angle BAT = \angle BPA$, $\angle PAT' = \angle PBA$

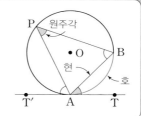

• 원 O에서 $\angle BAT = \angle BPA$ 이면 $\overleftrightarrow{AT}$는 원 O의 접선이다.

개념 확인 문제 3

다음 그림에서 직선 PT가 원 O의 접선일 때, $\angle x$의 크기를 구하시오.

(1)

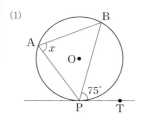

(2)

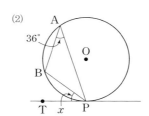

개념 4 두 원에서 접선과 현이 이루는 각

다음 그림에서 $\overleftrightarrow{PQ}$가 두 원 O, O'의 공통인 접선이고 점 T는 접점일 때

$$\overline{AB} /\!/ \overline{CD}$$

(1)

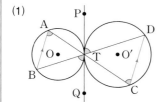

(2)

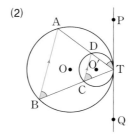

• 동위각 또는 엇각의 크기가 같은 두 직선은 서로 평행하다.

개념 확인 문제 4

다음은 오른쪽 그림과 같이 $\overleftrightarrow{PQ}$가 두 원 O, O'의 공통인 접선이고 점 T가 그 접점일 때, $\overline{AB} /\!/ \overline{CD}$임을 설명하는 과정이다. □ 안에 알맞은 것을 써넣으시오.

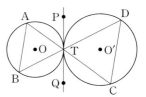

$$\angle BAT = \angle \boxed{} = \angle DTP(\text{맞꼭지각})$$
$$= \angle \boxed{}$$

따라서 엇각의 크기가 서로 같으므로
$$\overline{AB} /\!/ \overline{CD}$$

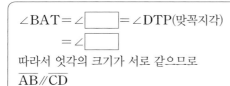

대표 예제

예제 1 원에 내접하는 사각형의 성질(1)

오른쪽 그림에서 $\overline{AB}$는 원 O의 지름이다. $\angle ABD=18°$, $\angle BDC=25°$일 때, $\angle CBD$의 크기는?

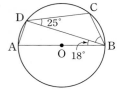

① 37°　　② 45°
③ 47°　　④ 50°
⑤ 53°

풀이 전략

원에 내접하는 사각형의 한 쌍의 대각의 크기의 합은 180°이다.

풀이

$\overline{AB}$는 원 O의 지름이므로 $\angle ADB=90°$
□ABCD는 원에 내접하므로
$\angle ADC+\angle ABC=180°$
$(25°+90°)+(18°+\angle CBD)=180°$
따라서 $\angle CBD=47°$

답 ③

예제 2 원에 내접하는 사각형의 성질(2)

오른쪽 그림과 같이 □ABCD가 원 O에 내접할 때, $\angle x-\angle y$의 크기는?

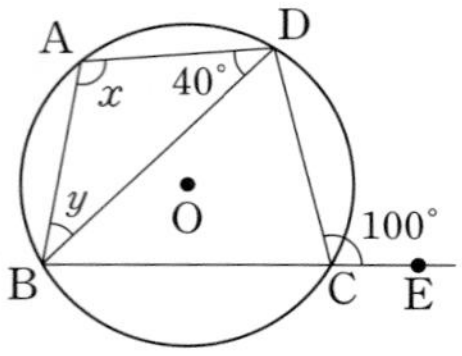

① 40°　　② 45°
③ 50°　　④ 55°
⑤ 60°

풀이 전략

원에 내접하는 사각형에서 한 외각의 크기는 그 외각에 이웃한 내각에 대한 대각의 크기와 같다.

풀이

□ABCD가 원 O에 내접하므로
$\angle x=\angle DCE=100°$
△ABD에서
$\angle y=180°-(\angle x+40°)=180°-(100°+40°)=40°$
따라서 $\angle x-\angle y=100°-40°=60°$

답 ⑤

유제 1　　0302-0235

오른쪽 그림에서 □ABCD는 원 O에 내접한다. $\angle BCA=45°$, $\angle ADC=80°$일 때, $\angle BAC$의 크기는?

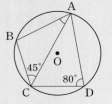

① 25°　　② 30°
③ 35°　　④ 40°
⑤ 45°

유제 2　　0302-0236

오른쪽 그림에서 □APBC는 원 O에 내접한다. $\overline{AB}=\overline{AC}$, $\angle BAC=58°$일 때, $\angle APB$의 크기를 구하시오.

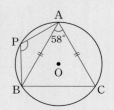

유제 3　　0302-0237

오른쪽 그림과 같이 원 O에 내접하는 □ABCD에서 $\overline{AD}$와 $\overline{BC}$의 연장선의 교점을 P라고 하자. $\angle P=32°$, $\angle BCD=80°$일 때, $\angle ABP$의 크기를 구하시오.

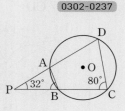

유제 4　　0302-0238

오른쪽 그림에서 □ABCD는 원 O에 내접한다. $\angle BAC=65°$, $\angle ADB=45°$일 때, $\angle ABE$의 크기는?

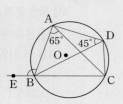

① 90°　　② 95°
③ 100°　　④ 105°
⑤ 110°

예제 3 원에 내접하는 사각형의 성질의 활용

오른쪽 그림에서 □ABCD는 원에 내접한다. $\overline{AB}$와 $\overline{CD}$의 연장선의 교점을 E, $\overline{AD}$와 $\overline{BC}$의 연장선의 교점을 F라고 하자. ∠ABC=55°, ∠AED=32°일 때, ∠x의 크기를 구하시오.

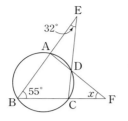

풀이 전략

원에 내접하는 사각형의 성질과 삼각형의 외각의 성질을 이용하여 ∠CDF와 ∠DCF의 크기를 먼저 구한다.

풀이

□ABCD가 원에 내접하므로
∠CDF=∠ABC=55°
△BCE에서 ∠ECF=55°+32°=87°
따라서 △DCF에서
∠x=180°−(∠DCF+∠CDF)
   =180°−(87°+55°)=38°

답 38°

유제 5   0302-0239

오른쪽 그림과 같이 육각형 ABCDEF가 원에 내접할 때, ∠B+∠D+∠F의 크기는?

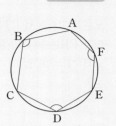

① 280°   ② 300°
③ 320°   ④ 340°
⑤ 360°

유제 6   0302-0240

오른쪽 그림과 같이 두 원 O, O′이 두 점 P, Q에서 만난다. ∠D=95°일 때, ∠BOP의 크기를 구하시오.

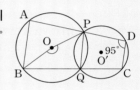

예제 4 접선과 현이 이루는 각

오른쪽 그림에서 직선 AT가 원 O의 접선이고 점 A는 그 접점이다. ∠BAT=72°, ∠CBA=36°일 때, ∠x의 크기는?

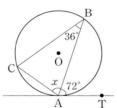

① 62°   ② 65°
③ 68°   ④ 70°
⑤ 72°

풀이 전략

접선과 현이 이루는 각의 성질을 이용하여 ∠ACB의 크기를 먼저 구한다.

풀이

직선 AT는 원 O의 접선이므로
∠ACB=∠BAT=72°
△ABC에서
∠x=180°−(72°+36°)=72°

답 ⑤

유제 7   0302-0241

오른쪽 그림에서 직선 AT는 원 O의 접선이다. ∠BAT=80°일 때, ∠AOB의 크기는?

① 150°   ② 155°
③ 160°   ④ 165°
⑤ 170°

유제 8   0302-0242

오른쪽 그림에서 직선 AT는 원 O의 접선이고 현 CD가 원의 중심 O를 지난다. ∠ABC=120°일 때, ∠ACD의 크기는?

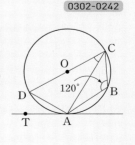

① 20°   ② 25°
③ 30°   ④ 35°
⑤ 40°

대표 예제

예제 5 접선과 현이 이루는 각의 활용

오른쪽 그림에서 $\overrightarrow{PT}$는 원 O의 접선
이고 $\overline{PB}$는 원 O의 중심을 지난다.
∠BPT=36°일 때, ∠BTC의 크기
는?

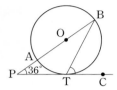

① 60°   ② 61°

③ 62°   ④ 63°

⑤ 64°

풀이 전략

$\overline{PB}$가 원의 중심을 지나므로 ∠ATB=90°이다.

풀이

$\overline{AT}$를 긋고 ∠BTC=∠x라고 하면 ∠BAT=∠BTC=∠x
△ATB에서 ∠ATB=90°, ∠ABT=90°−∠x
△BPT에서
∠x=36°+(90°−∠x), 2∠x=126°
따라서 ∠x=63°

답 ④

유제 9
0302-0243

오른쪽 그림에서 $\overrightarrow{PQ}$는 원 O의 접선이
고 $\overline{PB}$는 원 O의 중심을 지난다.
∠BAQ=70°일 때, ∠x의 크기를 구
하시오.

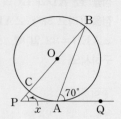

유제 10
0302-0244

오른쪽 그림에서 $\overrightarrow{PT}$는 원의 접선이
다. ∠C=94°이고, ∠P=50°일 때,
∠ATB의 크기는?

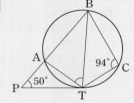

① 52°   ② 54°

③ 56°   ④ 58°

⑤ 60°

예제 6 두 원에서 접선과 현이 이루는 각

오른쪽 그림에서 $\overleftrightarrow{ST}$는 점 P에서
접하는 두 원의 공통인 접선이다.
∠CAP=45°, ∠BDP=65°일
때, ∠BPD의 크기는?

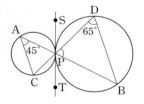

① 50°   ② 55°

③ 60°   ④ 65°

⑤ 70°

풀이 전략

접선과 현이 이루는 각의 성질을 이용하여 ∠CPT, ∠BPT의 크기를 먼저
구한다.

풀이

직선 ST가 접선이므로
∠BPT=∠BDP=65°, ∠CPT=∠CAP=45°
따라서
∠BPD=180°−(∠BPT+∠CPT)
　　　=180°−(65°+45°)=70°

답 ⑤

유제 11
0302-0245

오른쪽 그림에서 직선 PQ는 두 원
에 공통으로 접하는 직선이고 점 T
가 접점일 때, ∠x, ∠y의 크기를
각각 구하시오.

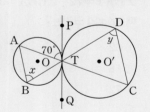

유제 12
0302-0246

오른쪽 그림과 같이 직선 PT가 원
O의 접선이고 ∠ACD=66°,
∠BDC=72°일 때, ∠ATP의 크
기를 구하시오.

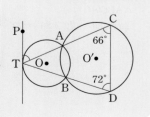

형성평가

01
0302-0247

오른쪽 그림과 같이 원에 내접하는 □ABCD 에서 ∠A : ∠C=3 : 2일 때, ∠A의 크기 는?

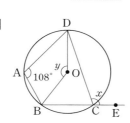

① 92°   ② 96°

③ 100°   ④ 102°

⑤ 108°

02
0302-0248

오른쪽 그림과 같이 □ABCD는 원 O에 내접하고 ∠DAB=108°일 때, ∠x+∠y의 크기를 구하시오.

03
0302-0249

오른쪽 그림과 같이 원 O에 내접하는 오 각형 ABCDE에서 ∠E=100°, ∠COD=60°일 때, ∠B의 크기는?

① 95°   ② 100°

③ 105°   ④ 110°

⑤ 115°

04
0302-0250

오른쪽 그림에서 □ABCD는 원에 내접 하고 ∠BQC=20°, ∠APB=36°일 때, ∠x의 크기는?

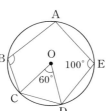

① 60°   ② 62°

③ 65°   ④ 68°

⑤ 70°

05
0302-0251

오른쪽 그림에서 $\overrightarrow{PA}$는 원 O의 접선이 고 점 A는 접점이다. ∠BPA=35°, ∠BCA=75°일 때, ∠x의 크기는?

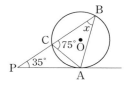

① 40°   ② 45°

③ 50°   ④ 55°

⑤ 60°

06
0302-0252

오른쪽 그림에서 직선 TT′은 원의 접선 이고 점 A는 접점이다. ∠DAT′=45°, ∠BPA=108°일 때, ∠BDC의 크기를 구하시오.

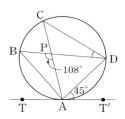

07
0302-0253

오른쪽 그림에서 원 O는 △ABC의 내 접원이면서 △DEF의 외접원이다. ∠B=54°, ∠DFE=70°일 때, ∠x 의 크기를 구하시오.

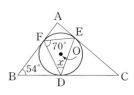

08
0302-0254

오른쪽 그림에서 $\overrightarrow{PQ}$는 점 T에서 접 하는 두 원의 공통인 접선이다. ∠TDC=60°, ∠DTC=80°일 때, ∠BAT의 크기는?

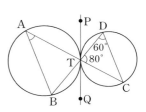

① 40°   ② 45°

③ 50°   ④ 55°

⑤ 60°

Level 1

01
0302-0255

오른쪽 그림과 같은 원 O에서 ∠BOD=120°일 때, ∠x-∠y의 크기는?

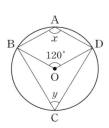

① 60° ② 65°
③ 70° ④ 75°
⑤ 80°

02 중요
0302-0256

오른쪽 그림에서 $\overline{AB}$는 원 O의 지름이고 ∠ABC=25°일 때, ∠x의 크기는?

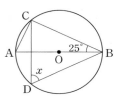

① 50° ② 55°
③ 60° ④ 65°
⑤ 70°

03
0302-0257

오른쪽 그림에서 $\overparen{AB}=\overparen{BC}$이고 ∠ABE=50°, ∠EDC=45°일 때, ∠x의 크기를 구하시오.

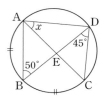

04
0302-0258

오른쪽 그림에서 점 P는 두 현 AB, CD의 교점이고 $\overparen{BC}=18\pi$, ∠ACD=20°, ∠BPC=65°일 때, $\overparen{AD}$의 길이를 구하시오.

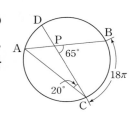

05
0302-0259

오른쪽 그림과 같이 □ABCD가 원에 내접할 때, ∠x, ∠y의 크기를 각각 구하시오.

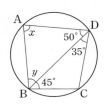

06
0302-0260

오른쪽 그림과 같이 □ABCD는 원에 내접한다. ∠ABD=45°, ∠ADB=55°일 때, ∠DCE의 크기는?

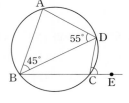

① 60° ② 65°
③ 70° ④ 75°
⑤ 80°

07
0302-0261

오른쪽 그림에서 $\overrightarrow{AT}$가 원 O의 접선이고 점 A는 그 접점이다. $\overline{BC}$는 원 O의 지름이고 ∠CBA=34°일 때, ∠x의 크기는?

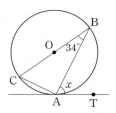

① 54° ② 56°
③ 60° ④ 62°
⑤ 64°

08 중요
0302-0262

오른쪽 그림에서 두 직선 AT, BT′은 원의 접선이고 두 점 A, B는 그 접점이다. ∠BAT=65°, ∠ABC=45°일 때, ∠x의 크기를 구하시오.

Level 2

09
0302-0263

오른쪽 그림과 같은 원 O에서 ∠PAO=16°,
∠PBO=34°일 때, ∠x의 크기는?

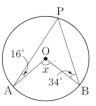

① 100°　　② 105°

③ 110°　　④ 115°

⑤ 120°

10
0302-0264

오른쪽 그림과 같이 반지름의 길이가 6인 원
O에서 ∠BAC=75°일 때, $\overparen{BC}$의 길이는?

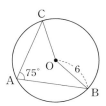

① 4π　　② 5π

③ 6π　　④ 8π

⑤ 10π

11
0302-0265

오른쪽 그림에서 점 Q는 두 현 AB,
CD의 연장선의 교점이다.
∠BCD=28°, ∠AQD=35°일 때,
∠APC의 크기는?

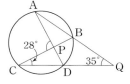

① 90°　　② 91°

③ 92°　　④ 93°

⑤ 94°

12
0302-0266

오른쪽 그림에서 $\overline{AB}$는 원 O의 지름이다.
∠ABD=38°일 때, ∠BCD의 크기는?

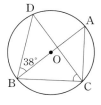

① 50°　　② 52°

③ 54°　　④ 56°

⑤ 58°

13
0302-0267

오른쪽 그림과 같이 $\overline{AB}$를 지름으로 하는
원 O에서 $\overline{CE}$는 ∠ACB의 이등분선이
다. ∠AOD=56°일 때, ∠DCE의 크기
는?

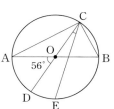

① 14°　　② 15°

③ 16°　　④ 17°

⑤ 18°

14 ⭐중요
0302-0268

오른쪽 그림과 같이 원 O에 내접하는
△ABC에서 $\tan A = 2\sqrt{3}$,
$\overline{BC} = 2\sqrt{3}$ cm일 때, 원 O의 지름의 길이
를 구하시오.

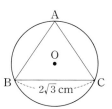

15
0302-0269

오른쪽 그림에서 $\overparen{AM}=\overparen{BM}$, $\overparen{BN}=\overparen{CN}$
이고 ∠ABC=30°일 때, ∠MPN의 크
기는?

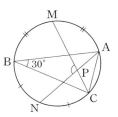

① 105°　　② 110°

③ 115°　　④ 120°

⑤ 125°

16

0302-0270

오른쪽 그림과 같은 원 O에서
∠AOB=120°이고 $\overset{\frown}{PA} : \overset{\frown}{PB}=2 : 1$일
때, ∠PAB의 크기는?

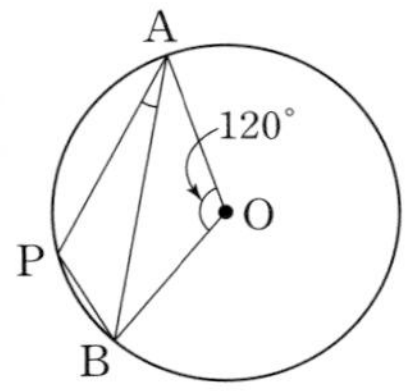

① 10° ② 15°
③ 20° ④ 25°
⑤ 30°

17

0302-0271

오른쪽 그림에서 ∠CAD=20°,
∠BCD=88°이고, 네 점 A, B, C, D
가 한 원 위에 있을 때, ∠x의 크기는?

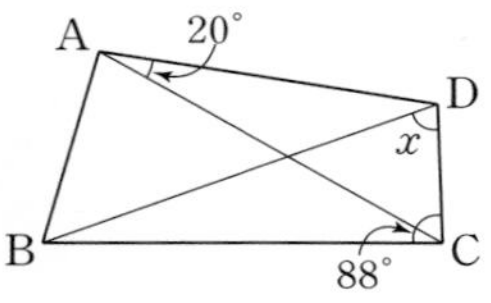

① 70° ② 72°
③ 76° ④ 78°
⑤ 80°

18

0302-0272

오른쪽 그림과 같이 □ABCD와
□ABCE가 원 O에 내접하고
∠DAF=25°, ∠AFC=125°일 때,
∠x의 크기를 구하시오.

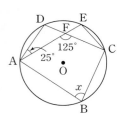

19

0302-0273

오른쪽 그림에서 □ABCD가 원에 내접
하고 ∠BAC=65°, ∠ADB=60°일
때, ∠ABE의 크기를 구하시오.

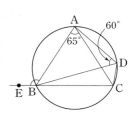

20

0302-0274

오른쪽 그림에서 ∠BAC=40°,
∠CED=20°, ∠DCE=50°일 때,
∠BCE의 크기는?

① 50° ② 55°
③ 60° ④ 65°
⑤ 70°

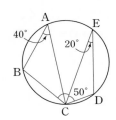

21 ⭐ 중요

0302-0275

오른쪽 그림에서 □ABCD는 원에 내접한
다. $\overline{AB}$, $\overline{CD}$의 연장선의 교점을 P, $\overline{AD}$,
$\overline{BC}$의 연장선의 교점을 Q라고 할 때, ∠x
의 크기는?

① 120° ② 121°
③ 122° ④ 123°
⑤ 124°

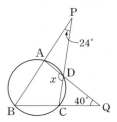

22

0302-0276

오른쪽 그림과 같이 육각형 ABCDEF가
원에 내접하고 ∠CDE=120°,
∠AFE=110°일 때, ∠x의 크기는?

① 110° ② 115°
③ 120° ④ 125°
⑤ 130°

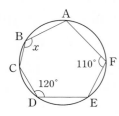

23

0302-0277

오른쪽 그림에서 $\overline{TP}$는 원의 접선이고,
점 T는 그 접점이다. ∠BPT=40°,
$\overline{BT}=\overline{BP}$일 때, ∠ATB의 크기는?

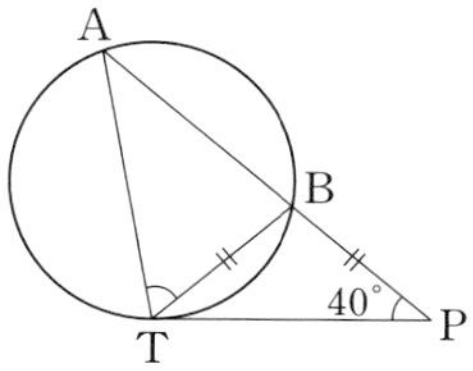

① 60°   ② 65°

③ 70°   ④ 72°

⑤ 75°

24

0302-0278

오른쪽 그림과 같이 $\overline{AB}$, $\overline{BC}$를 각각
지름으로 하는 두 반원이 있다. $\overline{AD}$는
작은 반원의 접선이고 점 P는 그 접점
이다. ∠ABP=30°일 때, ∠DBP의
크기는?

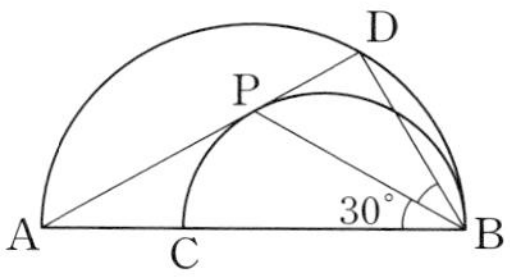

① 25°   ② 30°   ③ 35°

④ 40°   ⑤ 45°

25

0302-0279

오른쪽 그림과 같이 직선 PQ는 두 원
O, O′의 공통인 접선이고 점 T는 그
접점일 때, 다음 중 옳지 <u>않은</u> 것은?

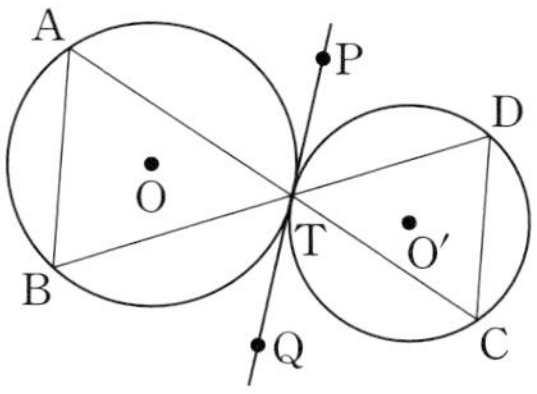

① ∠BTQ=∠DTP

② ∠BAT=∠BTQ

③ ∠BAT=∠DCT

④ ∠DCT=∠ABT

⑤ $\overline{AB}/\!/\overline{CD}$

26

0302-0280

오른쪽 그림과 같은 정사각형 ABCD의 내
부에 있는 임의의 점 P에 대하여 △ABP
가 예각삼각형일 확률을 구하시오.

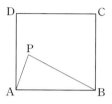

27

0302-0281

오른쪽 그림과 같은 원 O에서
∠APB=60°이고, $\overset{\frown}{AB}=3\pi$ cm,
$\overset{\frown}{CD}=\pi$ cm일 때, 원 O의 반지름
의 길이를 구하시오.

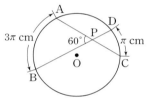

28

0302-0282

오른쪽 그림과 같이 합동인 두 원 O,
O′이 두 점 P, Q에서 만난다.
4∠PCQ=5∠PAQ일 때, ∠PAQ
의 크기를 구하시오.

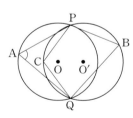

29

0302-0283

오른쪽 그림과 같이 원 O의 지름 BC의
연장선 위에 점 P를 잡고, 점 P에서 원
O에 접선 PT를 그어 그 접점을 A라고
하자. $\overline{AB}=\overline{AP}$일 때, ∠BAT의 크기
를 구하시오.

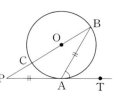

서술형으로 중단원 마무리

0302-0284

서술형 예제

오른쪽 그림과 같은 원 O에서 $\overline{AD}$, $\overline{BE}$의 연장선의 교점을 C라고 하자. $\overline{AB}$는 원 O의 지름이고, $\angle DOE=40°$일 때, $\angle x$의 크기를 구하시오.

풀이

$\overline{AE}$를 그으면

$\angle DAE=\dfrac{1}{2}\angle DOE=\dfrac{1}{2}\times \boxed{}° = \boxed{}°$

$\overline{AB}$가 원 O의 지름이므로 $\angle AEB=\boxed{}°$

$\triangle CAE$에서

$90°=\boxed{}°+\angle x$

따라서 $\angle x=\boxed{}°$

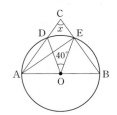

0302-0285

서술형 유제

오른쪽 그림과 같은 원 O에서 $\overline{AC}$, $\overline{BD}$의 연장선의 교점을 P라고 하자. $\overline{AB}$는 원 O의 지름이고, $\angle APB=62°$일 때, $\angle x$의 크기를 구하시오.

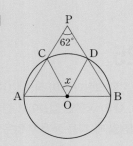

풀이

1

0302-0286

오른쪽 그림에서 $\overline{AB}$는 원 O의 지름이다. $\overset{\frown}{AD}=\overset{\frown}{BF}$, $\angle ACD=25°$일 때, $\angle DEF$의 크기를 구하시오.

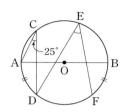

2

0302-0287

오른쪽 그림과 같은 원 O에서 $\angle ACD=30°$, $\angle BPC=75°$, $\overset{\frown}{BC}=4\pi$일 때, 원 O의 넓이를 구하시오.

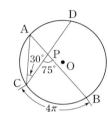

3

0302-0288

오른쪽 그림에서 오각형 ABCDE가 원 O에 내접하고 $\angle AED=88°$, $\angle BCD=152°$일 때, $\angle x$의 크기를 구하시오.

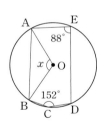

4

0302-0289

오른쪽 그림에서 $\overrightarrow{PT}$는 반지름의 길이가 6 cm인 원 O의 접선이다. $\overline{PB}$가 원의 중심을 지나고 $\angle PTA=30°$일 때, $\triangle ATB$의 넓이를 구하시오.

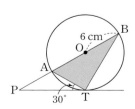

VII 통계

1

대푯값과 산포도

2

상관관계

01 대푯값

개념 1 대푯값

(1) **대푯값**: 자료의 중심적인 경향이나 특징을 대표적으로 나타내는 값
(2) **대푯값의 종류**: 평균, 중앙값, 최빈값 등

참고 줄기와 잎 그림, 도수분포다각형 등은 표나 그래프로 자료의 분포 특성을 한 눈에 알아볼 수 있게 하는 반면, 대푯값은 주로 하나의 값으로 그 중심적인 특징을 쉽게 알 수 있게 한다.

• 평균(mean)
  중앙값(median)
  최빈값(mode)

개념 확인 문제 1

다음 중 대푯값인 것을 모두 고르시오.

(1) 계급　　　(2) 평균　　　(3) 중앙값　　　(4) 최빈값

개념 2 평균

평균: 변량의 총합을 변량의 개수로 나눈 값

$$(평균)=\frac{(변량의 총합)}{(변량의 개수)}$$

예 자료 2, 3, 4, 5의 평균은 $\frac{2+3+4+5}{4}=\frac{14}{4}=3.5$이다.

참고 평균은 변량 중에서 그 값이 매우 크거나 매우 작은 값의 영향을 받는다.

예 자료 2, 3, 4, 51의 평균은 $\frac{2+3+4+51}{4}=\frac{60}{4}=15$이다.

• 평균이 대푯값으로 가장 많이 쓰인다.

개념 확인 문제 2

다음은 현수의 4회에 걸친 수학 수행평가 성적 82점, 92점, 86점, 88점의 평균을 구한 것이다. □ 안에 알맞은 수를 써넣으시오.

$$(평균)=\frac{82+92+86+88}{\square}=\boxed{}(점)$$

개념 확인 문제 3

다음은 어느 소방서에서 5일 동안 소방차가 화재 현장에 도착하기까지 걸린 시간을 조사하여 나타낸 것이다. 물음에 답하시오.

(단위: 분)

| 3 | 2 | 2 | 3 | 15 |

(1) 평균을 구하시오.
(2) 변량 15를 제외한 나머지 변량들의 평균을 구하시오.

개념 3 중앙값

중앙값: 자료의 변량을 크기순으로 나열할 때 중앙에 위치한 값

(1) 변량의 개수가 홀수인 경우 중앙에 위치하는 값

(2) 변량의 개수가 짝수인 경우 중앙에 위치하는 두 변량의 평균

> **예** 자료 $\underbrace{3, 5, 2, 7, 8}_{5개}$ $\xrightarrow[\text{크기순}]{}$ 2, 3, ⑤, 7, 8 $\longrightarrow$ 중앙값은 5
>
> 자료 $\underbrace{3, 5, 2, 7, 8, 9}_{6개}$ $\xrightarrow[\text{크기순}]{}$ 2, 3, ⑤, ⑦, 8, 9 $\longrightarrow$ 중앙값은 $\dfrac{5+7}{2}=6$

> **참고** 변량 중에서 극단적인 값이 있는 경우에는 자료의 중심적인 경향을 나타내는 대푯값으로 평균보다 중앙값이 더 적절하다.

- 변량을 크기순으로 나열할 때 크기가 큰 값부터 나열해도 중앙값은 같다.
- 크기순으로 나열된 n개의 자료의 중앙값
  ① n이 홀수 → $\dfrac{n+1}{2}$번째 값
  ② n이 짝수 → $\dfrac{n}{2}$번째 값과 $\left(\dfrac{n}{2}+1\right)$번째 값의 평균

개념 확인 문제 4

다음 자료의 중앙값을 구하시오.

(1) 12, 45, 11, 8, 33

(2) 101, 271, 129, 65, 338, 827

개념 4 최빈값

최빈값: 자료의 변량 중에서 가장 많이 나타나는 값

(1) 최빈값은 자료에 따라 두 개 이상일 수도 있다.

(2) 최빈값은 자료가 수치로 주어지지 않은 경우에도 사용할 수 있다.

- 최빈값은 보통 선호도를 조사할 때 유용하나 자료의 개수가 적으면 자료 전체의 특징을 잘 반영하지 못할 수도 있다는 단점이 있다.

개념 확인 문제 5

다음 자료의 최빈값을 구하시오.

(1) 3, 7, 8, 3, 5, 7, 3

(2) 40, 20, 10, 50, 20, 60, 10

대표 예제

예제 **1** 평균이 주어질 때, 변량 구하기

다음 표는 독서 동아리 학생 5명이 1학기 동안 읽은 책의 수를 조사하여 나타낸 것이다. 평균이 12권일 때, 학생 D가 1학기 동안 읽은 책의 수는?

학생	A	B	C	D	E
책의 수(권)	13	7	14		16

① 10권   ② 11권   ③ 12권
④ 13권   ⑤ 14권

풀이 전략

$(평균) = \dfrac{(변량의 총합)}{(변량의 개수)}$

풀이

학생 D가 1학기 동안 읽은 책의 수를 x권이라고 하면

$\dfrac{13+7+14+x+16}{5} = 12$

$50+x=60,\ x=10$

따라서 학생 D가 1학기 동안 읽은 책은 10권이다.

📋 ①

유제 **1**   0302-0290

다음 표는 우리나라 주요 도시 A, B, C, D의 7월 평균 기온을 조사하여 나타낸 것이다. 4개 도시의 7월 평균 기온의 평균이 28 ℃일 때, x의 값은?

도시	A	B	C	D
기온(℃)	27	x	26	29

① 27   ② 28   ③ 29
④ 30   ⑤ 31

유제 **2**   0302-0291

다음은 어느 학생의 다섯 차례에 걸친 턱걸이 기록이다. 평균이 9회일 때, x의 값은?

(단위: 회)

7	10	9	x	9

① 7   ② 8   ③ 9
④ 10   ⑤ 11

예제 **2** 평균이 주어질 때, 다른 자료의 평균 구하기

세 개의 변량 a, b, c의 평균이 8일 때, 다섯 개의 변량 a, b, c, 6, 15의 평균은?

① 8   ② 8.5   ③ 9
④ 9.5   ⑤ 10

풀이 전략

$(평균) = \dfrac{(변량의 총합)}{(변량의 개수)}$

풀이

a, b, c의 평균이 8이므로

$\dfrac{a+b+c}{3} = 8$

즉, $a+b+c=24$

따라서 a, b, c, 6, 15의 평균은

$\dfrac{a+b+c+6+15}{5} = \dfrac{24+6+15}{5} = \dfrac{45}{5} = 9$

📋 ③

유제 **3**   0302-0292

다섯 개의 변량 a, b, c, d, e의 평균이 54일 때, 여섯 개의 변량 a, b, c, d, e, 66의 평균은?

① 56   ② 58   ③ 60
④ 62   ⑤ 64

유제 **4**   0302-0293

네 개의 변량 a, b, c, d의 평균이 12일 때, 네 개의 변량 $a-2$, $b-2$, $c-2$, $d-2$의 평균은?

① 8   ② 9   ③ 10
④ 11   ⑤ 12

예제 3 중앙값이 주어질 때, 변량 구하기

다음은 6개의 변량을 작은 것부터 크기순으로 나열한 것이다. 중앙값이 15일 때, x의 값을 구하시오.

| 5 | 9 | x | 17 | 18 | 22 |

풀이 전략

변량의 개수가 짝수이면 중앙값은 중앙에 위치하는 두 변량의 평균이다.

풀이

6개의 변량을 작은 것부터 크기순으로 나열한 것이므로 중앙값은 x와 17의 평균이다.

즉, $\dfrac{x+17}{2}=15$에서 $x=13$

답 13

유제 5 0302-0294

다음은 8개의 변량을 작은 것부터 크기순으로 나열한 것이다. 중앙값이 17일 때, x의 값은?

| 8 | 10 | 15 | 16 | x | 25 | 26 | 28 |

① 17   ② 18   ③ 19
④ 20   ⑤ 21

유제 6 0302-0295

작은 것부터 크기순으로 나열한 4개의 변량 7, 14, x, $x+6$의 중앙값이 15일 때, x의 값은?

① 14   ② 15   ③ 16
④ 17   ⑤ 18

예제 4 최빈값이 주어질 때, 변량 구하기

다음은 어느 농구 경기에서 선수들의 득점을 나타낸 것이다. 평균과 최빈값이 같을 때, x의 값을 구하시오.

선수	A	B	C	D	E	F	G
득점(점)	14	9	x	7	9	3	9

풀이 전략

최빈값은 변량 중에서 가장 많이 나타나는 값이다.

풀이

x를 제외한 자료에서 변량 9가 세 번 나타나므로 x를 포함한 자료에서도 최빈값은 9점이다.

따라서 평균이 9점이므로

$\dfrac{14+9+x+7+9+3+9}{7}=9$

$\dfrac{x+51}{7}=9$이므로 $x=12$

답 12

유제 7 0302-0296

다음 자료의 평균과 최빈값이 같을 때, x의 값은?

| 8 | 7 | x | 8 | 12 | 5 | 8 |

① 6   ② 7   ③ 8
④ 9   ⑤ 10

유제 8 0302-0297

다음 자료의 평균은 최빈값보다 1이 작다. 이때 x의 값은?

| 10 | 7 | x | 10 | 8 |

① 10   ② 11   ③ 13
④ 14   ⑤ 15

대표 예제

예제 5 대푯값 구하기

오른쪽 줄기와 잎 그림은 어느 학교의 스포츠클럽 동아리 활동에 소속된 학생 수를 조사하여 나타낸 것이다. 이 자료의 평균, 중앙값, 최빈값을 각각 구하시오.

(0 | 6은 6명)

줄기	잎
0	6 7
1	3 4 4 7
2	1 8

풀이 전략

줄기와 잎 그림은 변량이 작은 값부터 크기순으로 정리되어 있다.

풀이

$(평균) = \dfrac{6+7+13+14+14+17+21+28}{8} = \dfrac{120}{8} = 15(명)$

$(중앙값) = \dfrac{14+14}{2} = 14(명)$

$(최빈값) = 14(명)$

🖉 평균: 15명, 중앙값: 14명, 최빈값: 14명

예제 6 적절한 대푯값 찾기

다음은 1인 방송 운영자 10명의 월 수익을 나타낸 것이다. 평균, 중앙값, 최빈값 중 적절한 대푯값은 어느 것인지 말하고 그 값을 구하시오.

(단위: 만 원)

62	31	8	2500	120
80	27	105	2	152

풀이 전략

자료에서 극단적인 변량이 있는지, 또는 자주 나타나는 변량이 있는지 등을 살펴본다.

풀이

주어진 자료에서 2500, 2는 극단적인 값이므로 평균은 대푯값으로 적절하지 않다.
또한 변량이 모두 다르므로 최빈값도 대푯값으로 적절하지 않다.
따라서 적절한 대푯값은 중앙값이다.
자료를 작은 것부터 크기순으로 나열하면
2, 8, 27, 31, 62, 80, 105, 120, 152, 2500
따라서 $(중앙값) = \dfrac{62+80}{2} = 71(만 원)$

🖉 71만 원

유제 9 0302-0298

오른쪽 줄기와 잎 그림은 어느 캠핑 동호회 회원의 나이를 조사하여 나타낸 것이다. 회원 나이의 평균, 중앙값, 최빈값을 각각 구하시오.

(1 | 8은 18세)

줄기	잎
1	8 8 9
2	1 4 5 5
3	4

유제 10 0302-0299

다음 자료의 평균, 중앙값, 최빈값을 각각 구하시오.

5	7	10	9	7	7	6	12	8	6

유제 11 0302-0300

다음 자료의 대푯값으로 평균, 중앙값, 최빈값 중에서 가장 적절한 것을 말하시오.

10	11	290	9	12

유제 12 0302-0301

다음은 어느 신발 가게 주인이 실내화를 추가로 주문하기 위해 하루 동안 판매한 실내화의 크기를 조사하여 나타낸 것이다.

(단위: mm)

235	240	220	260	255
230	260	270	235	250

(1) 평균, 중앙값, 최빈값 중 적절한 대푯값은 어느 것인지 말하고 그 이유를 설명하시오.

(2) 가게 주인이 추가로 실내화를 주문한다고 할 때, 몇 mm인 실내화를 가장 많이 주문해야 하는지 구하고 그 이유는 무엇인지 말하시오.

형성평가

01
`0302-0302`

다음 중 옳지 <u>않은</u> 것은?

① 대푯값은 자료의 중심적인 경향이나 특징을 대표하는 값이다.
② 평균은 극단적인 값에 의해 영향을 받는다.
③ 중앙값은 존재하지 않을 수도 있다.
④ 최빈값은 변량 중에서 가장 많이 나타나는 값이다.
⑤ 평균, 중앙값, 최빈값이 모두 같은 경우도 있다.

02
`0302-0303`

오른쪽 표는 윤재네 학급 남
학생, 여학생의 체육 수행평
가 점수의 평균을 각각 조사
하여 나타낸 것이다. 윤재네
학급 전체 학생의 체육 수행평가 점수의 평균은?

	학생 수(명)	평균(점)
남학생	11	23
여학생	9	21

① 21.5점   ② 22점   ③ 22.1점
④ 22.5점   ⑤ 23점

03
`0302-0304`

5개의 변량 a, b, c, d, e의 평균이 7일 때, 다음 5개의 변량의 평균을 구하시오.

$$a-2 \quad b+1 \quad c-3 \quad d+5 \quad e+2$$

04
`0302-0305`

오른쪽 막대그래프는 새롬이네
반 학생들의 봉사활동 시간을
조사하여 나타낸 것이다. 이 자
료의 중앙값과 최빈값을 각각
a시간, b시간이라고 할 때,
$a+b$의 값을 구하시오.

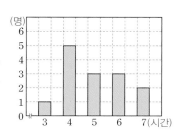

05
`0302-0306`

다음 조건을 모두 만족하는 자연수 a의 값이 될 수 <u>없는</u> 것은?

> (가) 변량 4, 7, a의 중앙값이 7이다.
> (나) 변량 12, 17, a의 중앙값이 12이다.

① 5   ② 7   ③ 8
④ 11   ⑤ 12

06
`0302-0307`

다솜이네 학급 학생들이 좋아하는 급식 메뉴를 조사하였다. 다음
중 다솜이네 학급 학생들이 가장 좋아하는 급식 메뉴를 쉽게 알 수
있는 것은?

① 평균   ② 계급의 크기   ③ 중앙값
④ 최빈값   ⑤ 도수분포표

07
`0302-0308`

다음 자료의 평균과 최빈값이 모두 1일 때, ab의 값을 구하시오.
(단, $a<b$)

$$-3 \quad -2 \quad a \quad 5 \quad b \quad 1$$

08
`0302-0309`

다음 세 자료 A, B, C에 대한 설명으로 옳지 <u>않은</u> 것을 모두 고르
면? (정답 2개)

A	1 2 3 4 5 6 7 8
B	2 3 5 7 7 8 500
C	4 5 5 7 7 7 8 8

① 자료 A는 평균이나 중앙값이 대푯값으로 적절하다.
② 자료 B는 평균이 대푯값으로 적절하다.
③ 자료 A는 평균과 중앙값이 서로 같다.
④ 자료 B는 평균과 최빈값이 서로 같다.
⑤ 자료 C는 중앙값과 최빈값이 서로 같다.

02 산포도

개념 1 산포도

(1) **산포도**: 자료의 분포 상태를 알아보기 위하여 변량들이 흩어져 있는 정도를 하나의 수로 나타낸 값

(2) **산포도의 종류**: 분산, 표준편차 등

참고 자료의 변량들이 대푯값을 중심으로 모여 있으면 산포도가 작고, 변량들이 대푯값을 중심으로 멀리 흩어져 있으면 산포도가 크다.

예 오른쪽 표의 자료 A와 자료 B에서 평균은 모두 3으로 같지만 변량들이 흩어져 있는 정도는 다르다.

자료 A	2 3 3 3 4
자료 B	1 2 3 4 5

• 일반적으로 평균을 대푯값으로 할 때의 산포도를 주로 사용한다.
• 산포도(measure of dispersion)

개념 확인 문제 1

오른쪽 그림은 자료 A, B를 막대그래프로 나타낸 것이다. 두 자료의 평균이 각각 3일 때, 자료 A, B 중 산포도가 더 작은 것을 말하시오.

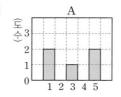
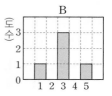

개념 2 편차

(1) **편차**: 자료의 각 변량에서 평균을 뺀 값

$$(편차) = (변량) - (평균)$$

(2) **편차의 성질**

① 편차의 총합은 항상 0이다.

② (변량) > (평균)이면 (편차) > 0
(변량) < (평균)이면 (편차) < 0

③ 편차의 절댓값이 클수록 그 변량은 평균에서 멀리 떨어져 있고 편차의 절댓값이 작을수록 그 변량은 평균 가까이에 있다.

• 편차의 단위는 변량의 단위와 같다.
• 편차(deviation)

개념 확인 문제 2

다음 자료에 대하여 물음에 답하시오.

$$8 \quad 7 \quad 8 \quad 10 \quad 12$$

(1) 평균을 구하시오.

(2) 각 변량의 편차의 합을 구하시오.

개념 **3**　분산과 표준편차

(1) **분산**: 어떤 자료에서 각 편차의 제곱의 평균

$$(분산) = \frac{\{(편차)^2의\ 총합\}}{(변량의\ 개수)}$$

(2) **표준편차**: 분산의 음이 아닌 제곱근

$$(표준편차) = \sqrt{(분산)}$$

(3) **표준편차를 구하는 순서**

① 평균 구하기
② 편차 구하기
③ (편차)² 구하기
④ 분산 구하기
⑤ 표준편차 구하기

예 자료 1, 2, 3, 4, 5의 표준편차 구하기

$$(평균) = \frac{1+2+3+4+5}{5} = 3$$

변량	1	2	3	4	5
편차	−2	−1	0	1	2
(편차)²	4	1	0	1	4

$$(분산) = \frac{4+1+0+1+4}{5} = 2$$

$$(표준편차) = \sqrt{2}$$

참고 분산 또는 표준편차가 작을수록 각 변량이 평균을 중심으로 모여 있는데 이를 '자료의 분포가 고르다.'라고 한다.

참고 어떤 자료의 모든 변량에 일정한 상수를 더하거나 빼도 각 변량의 편차는 변함이 없기 때문에 분산과 표준편차는 변하지 않는다.

• 분산에는 단위를 붙이지 않으며 표준편차의 단위는 변량의 단위와 같다.
• 분산(variance)
• 표준편차
　(standard deviation)

개념 확인 문제 **3**

다음은 자료 1, 3, 5, 7, 9의 분산을 구하는 과정이다. ☐ 안에 알맞은 수를 써넣으시오.

$$(평균) = \frac{1+3+5+7+9}{5} = \boxed{}$$

각 변량의 편차, (편차)²을 구한다.

변량	1	3	5	7	9
편차	−4	−2	☐	☐	4
(편차)²	16	☐	☐	☐	16

따라서 $(분산) = \dfrac{16 + \boxed{} + \boxed{} + \boxed{} + 16}{5} = \boxed{}$

대표 예제

예제 1 편차를 이용하여 변량 구하기

다음은 한 상자에 들어 있는 복숭아 5개의 무게에 대한 편차를 조사하여 나타낸 것이다. 평균이 330 g일 때, 편차가 x g인 복숭아의 무게는?

(단위: g)

$$-12 \quad 20 \quad -8 \quad 15 \quad x$$

① 310 g   ② 315 g   ③ 320 g
④ 328 g   ⑤ 335 g

[풀이 전략]

편차의 총합은 항상 0임을 이용한다.

[풀이]

편차의 총합은 0이므로
$(-12)+20+(-8)+15+x=0$에서 $x=-15$
평균이 330 g이므로 편차가 -15 g인 복숭아의 무게는
$330-15=315(g)$

답 ②

유제 1

0302-0310

다음 표는 5명의 학생 A, B, C, D, E의 영어 성적의 편차를 나타낸 것이다. 5명의 영어 성적의 평균이 75점일 때, D의 영어 성적은?

학생	A	B	C	D	E
편차(점)	-3	5	1	x	-7

① 70점   ② 72점   ③ 74점
④ 79점   ⑤ 81점

유제 2

0302-0311

다음 표는 다섯 개의 변량 a, b, c, d, e의 편차를 나타낸 것이다. 평균이 17일 때, 변량 c의 값을 구하시오.

변량	a	b	c	d	e
편차	12	-10	x	-8	11

예제 2 분산과 표준편차 구하기

다음은 재원이가 5회에 걸쳐 실시한 윗몸 말아올리기 개수를 나타낸 것이다. 윗몸 말아올리기 개수의 표준편차는?

회	1	2	3	4	5
개수(개)	25	27	21	24	23

① $\sqrt{2}$개   ② $\sqrt{3}$개   ③ 2개
④ $\sqrt{7}$개   ⑤ 3개

[풀이 전략]

다음 순서로 표준편차를 구한다.
(평균) → (편차) → (분산) → (표준편차)

[풀이]

$(평균)=\dfrac{25+27+21+24+23}{5}=\dfrac{120}{5}=24(개)$

각각의 편차는 1, 3, -3, 0, -1이므로

$(분산)=\dfrac{1^2+3^2+(-3)^2+0^2+(-1)^2}{5}=\dfrac{20}{5}=4$

따라서 $(표준편차)=\sqrt{4}=2(개)$

답 ③

유제 3

0302-0312

다음은 양궁 선수가 6회까지의 연습 경기에서 얻은 점수를 나타낸 표이다. 점수의 분산은?

회	1	2	3	4	5	6
점수(점)	6	8	10	8	9	7

① $\dfrac{6}{5}$ ② $\dfrac{5}{3}$ ③ 2
④ $\dfrac{5}{2}$ ⑤ 3

유제 4

0302-0313

다음은 5개의 변량의 편차를 나타낸 것이다. 이 자료의 표준편차를 구하시오.

$$-3 \quad 4 \quad -4 \quad 3 \quad 0$$

예제 3 평균과 분산이 주어질 때, 식의 값 구하기

다섯 개의 변량 4, x, 5, y, 6의 평균이 4이고 분산이 2일 때, x^2+y^2의 값은?

① 12 　　② 13 　　③ 14

④ 15 　　⑤ 16

(풀이 전략)

(분산)$=\dfrac{\{(편차)^2의\ 총합\}}{(변량의\ 개수)}$을 이용하여 x와 y에 대한 식을 세운다.

(풀이)

평균이 4이므로

$\dfrac{4+x+5+y+6}{5}=4$에서 $x+y=5$

분산이 2이므로

$\dfrac{0^2+(x-4)^2+1^2+(y-4)^2+2^2}{5}=2$

$x^2-8x+y^2-8y+37=10$

$x^2+y^2-8(x+y)=-27$

$x+y=5$이므로 $x^2+y^2-40=-27$

따라서 $x^2+y^2=13$

답 ②

유제 5　　0302-0314

다섯 개의 변량 x, 7, y, 9, 1의 평균이 5이고 분산이 8일 때, x^2+y^2의 값은?

① 20 　　② 27 　　③ 34

④ 36 　　⑤ 40

유제 6　　0302-0315

네 개의 변량 3, a, b, 7의 평균이 3이고 표준편차가 $\sqrt{6}$일 때, a^2+b^2의 값은?

① 2 　　② 3 　　③ 4

④ 5 　　⑤ 6

예제 4 변화된 변량의 평균, 분산 구하기

변량 a, b, c, d의 평균이 5이고 분산이 2일 때, 변량 $a+1$, $b+1$, $c+1$, $d+1$의 평균과 분산을 각각 구하시오.

(풀이 전략)

각 변량에 일정한 상수를 더하거나 빼어도 분산은 변하지 않는다.

(풀이)

변량 a, b, c, d의 평균이 5, 분산이 2이므로

$\dfrac{a+b+c+d}{4}=5$, $\dfrac{(a-5)^2+(b-5)^2+(c-5)^2+(d-5)^2}{4}=2$

변량 $a+1$, $b+1$, $c+1$, $d+1$의 평균은

$\dfrac{a+1+b+1+c+1+d+1}{4}=\dfrac{a+b+c+d}{4}+1=5+1=6$

변량 $a+1$, $b+1$, $c+1$, $d+1$의 분산은

$\dfrac{(a+1-6)^2+(b+1-6)^2+(c+1-6)^2+(d+1-6)^2}{4}$

$=\dfrac{(a-5)^2+(b-5)^2+(c-5)^2+(d-5)^2}{4}=2$

답 평균: 6, 분산: 2

유제 7　　0302-0316

변량 a, b, c, d의 평균이 6이고 분산이 4일 때, 변량 $a-1$, $b-1$, $c-1$, $d-1$의 평균과 분산을 각각 구하시오.

유제 8　　0302-0317

변량 a, b, c, d, e의 평균이 3이고 표준편차가 $\sqrt{2}$이다. 변량 $a+2$, $b+2$, $c+2$, $d+2$, $e+2$의 평균을 x, 분산을 y라고 할 때, $x+y$의 값은?

① 4 　　② 5 　　③ 6

④ 7 　　⑤ 8

대표 예제

예제 5 자료의 산포도 비교하기(1)

다음 표는 네 반 A, B, C, D의 수학 성적의 평균과 표준편차를 나타낸 것이다. 성적이 가장 높은 반과 성적이 가장 고른 반을 차례로 구한 것은?

반	A	B	C	D
평균(점)	71	75	73	72
표준편차(점)	3	8	2	5

① A, B   ② A, C   ③ B, B
④ B, C   ⑤ B, D

풀이 전략
자료의 표준편차가 작을수록 분포가 고르다.

풀이
성적이 가장 높은 반은 평균이 가장 높은 반이므로 B이다. 성적이 가장 고른 반은 표준편차가 가장 작은 반이므로 C이다.

             답 ④

유제 9   0302-0318

다음은 중학교 A, B, C, D의 국어 교과 국가수준 성취도 평가의 평균과 표준편차를 나타낸 것이다. 물음에 답하시오.

중학교	A	B	C	D
평균(점)	78	80	82	76
표준편차(점)	4	6	9	7

(1) 성적이 가장 높은 학교
(2) 성적이 가장 고른 학교

유제 10   0302-0319

다음 표는 학생 A, B, C, D, E의 기말고사 교과성적의 평균과 표준편차를 나타낸 것이다. 기말고사 교과성적이 가장 고른 학생은?

학생	A	B	C	D	E
평균(점)	72	90	85	88	70
표준편차(점)	10	5	8	7	7

① A   ② B   ③ C
④ D   ⑤ E

예제 6 자료의 산포도 비교하기(2)

다음 자료 중에서 표준편차가 가장 큰 것은?

① 3, 4, 5, 6, 7   ② 3, 3, 4, 4, 5
③ 4, 4, 4, 4, 4   ④ 2, 4, 6, 8, 10
⑤ 1, 4, 7, 10, 13

풀이 전략
자료의 각 변량 간의 차가 클수록 표준편차가 크다.

풀이
자료의 변량 간의 차가 가장 큰 것은 ⑤이다.

             답 ⑤

유제 11   0302-0320

다음 자료 중에서 표준편차가 가장 큰 것은?

① 2, 4, 6, 8, 10   ② 3, 4, 5, 6, 7   ③ 2, 2, 4, 4, 4
④ 3, 4, 3, 4, 3   ⑤ 4, 4, 4, 4, 4

유제 12   0302-0321

다음 자료 중에서 표준편차가 가장 작은 것은?

① $a-2, a-1, a, a+1, a+2$

② $a-1, a-1, a, a+1, a+1$

③ $a-2, a-2, a, a+2, a+2$

④ $a-3, a-1, a, a+1, a+3$

⑤ $a-5, a-5, a+5, a+5, a+5$

형성평가

01
0302-0322

서훈이네 반 학생들의 음악 성적의 평균은 73점이다. 서훈이의 음악 성적의 편차가 4점일 때, 서훈이의 음악 성적은?

① 61점   ② 69점   ③ 71점
④ 77점   ⑤ 79점

02
0302-0323

다음 표는 A, B, C, D 지역의 연 강수량의 편차를 나타낸 것이다. A, B, C, D 지역의 연 강수량의 평균이 1200 mm일 때, 연 강수량에 대한 설명 중 옳지 <u>않은</u> 것은?

지역	A	B	C	D
편차(mm)	-400	100	-200	x

① D지역의 연 강수량은 1700 mm이다.
② 연 강수량이 가장 많은 곳은 D지역이다.
③ A지역과 B지역의 연 강수량의 차는 300 mm이다.
④ 연 강수량이 가장 적은 곳은 A지역이다.
⑤ 연 강수량은 지역에 따라 900 mm까지 차이가 난다.

03
0302-0324

다음 자료의 표준편차를 구하시오.

$$x-4 \quad x-2 \quad x \quad x+2 \quad x+4$$

04
0302-0325

오른쪽 줄기와 잎 그림은 나현이네 모둠이 일주일 동안 인터넷에 접속한 시간을 조사하여 나타낸 것이다. 이 자료의 분산은?

(0 | 8은 8시간)

줄기	잎
0	8 9
1	0 2 2 5 7
2	1 3 3

① 28.1   ② 29.6
③ 30.5   ④ 31.6
⑤ 32.1

05
0302-0326

다섯 개의 변량 a, 2, b, 8, 6의 평균이 5이고 표준편차가 2일 때, a^2+b^2의 값을 구하시오.

06
0302-0327

네 개의 변량 a, b, c, d의 평균이 7이고 분산이 6일 때, $3a$, $3b$, $3c$, $3d$의 평균과 분산을 각각 구하시오.

07
0302-0328

다음 표는 축구선수 A, B, C, D의 최근 5년 동안 연간 득점 평균과 표준편차를 조사하여 나타낸 것이다. 설명 중 옳은 것을 모두 고르면? (정답 2개)

선수	A	B	C	D
평균(점)	10	8	9	7
표준편차(점)	$\sqrt{10}$	2	$\sqrt{5}$	1

① 올해 A선수가 가장 득점을 많이 했다.
② 최근 5년 동안 누적 득점이 가장 적은 선수는 D이다.
③ 최근 5년 동안 연간 득점이 가장 고른 선수는 D이다.
④ 최근 5년 동안 1년에 11점 이상 득점한 선수는 없다.
⑤ 선수 B보다는 선수 C의 연간 득점이 고르다.

08
0302-0329

다음 막대그래프 중 자료의 분포가 가장 고른 것은?

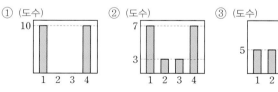
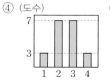
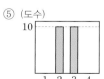

Level 1

01
0302-0330

다음 설명 중 옳은 것을 모두 고르면? (정답 2개)

① 대푯값으로 자료의 분포를 알 수 있다.
② 극단적인 변량이 있는 자료의 대푯값으로 평균이 가장 적절하다.
③ 편차가 클수록 그 변량은 평균에 가깝다.
④ 분산은 편차의 제곱의 평균이다.
⑤ 편차의 총합은 항상 0이다.

02
0302-0331

다음 자료의 대푯값으로 중앙값이 가장 적절한 것은?

① 30, 30, 40, 40, 40, 40
② 7, 9, 5, 4, 8, 89
③ 12, 12, 12, 12, 12, 12
④ 5, 10, 5, 10, 10, 10
⑤ 사과, 배, 사과, 사과, 배, 사과

03 중요
0302-0332

다음 자료의 최빈값이 한 개뿐일 때, a의 값이 될 수 없는 것은?

| 4 | 8 | 10 | 10 | 11 | 12 | 13 | 13 | 13 | 14 | a |

① 4
② 8
③ 10
④ 12
⑤ 13

04
0302-0333

오른쪽 표는 어느 중학교 3학년 학생들을 대상으로 희망 직업을 조사하여 나타낸 것이다. 이 자료의 최빈값은?

희망 직업	학생 수
요리사	48
경찰	12
운동선수	27
방송인	39
디자이너	31

① 요리사
② 경찰
③ 운동선수
④ 방송인
⑤ 디자이너

05
0302-0334

다음 자료에 대한 설명 중 옳지 않은 것은?

| 3 | 5 | 4 | 3 | 7 | 6 | 7 |

① 평균은 5이다.
② 중앙값은 5이다.
③ 최빈값은 3이다.
④ 분산은 $\dfrac{18}{7}$이다.
⑤ 표준편차는 $\dfrac{3\sqrt{14}}{7}$이다.

06
0302-0335

다음은 다섯 개의 도시에서 봄철에 관측된 황사가 발생한 일 수를 조사하여 편차를 나타낸 것이다. $x+y$의 값을 구하시오.

도시	A	B	C	D	E
편차(일)	-4	x	5	y	-1

07
0302-0336

다음은 어느 자료의 편차를 나타낸 것이다. 이 자료의 분산을 구하시오.

| -2 | 3 | 0 | -3 | 4 | 1 | -5 | 4 | -2 | 0 |

08
0302-0337

다음은 다섯 개의 회사 A, B, C, D, E의 직원 임금을 조사하여 표준편차를 나타낸 것이다. 임금 격차가 가장 작은 회사는?

회사	A	B	C	D	E
표준편차(만 원)	37	45	28	56	40

① A
② B
③ C
④ D
⑤ E

Level 2

09

0302-0338

다음 표는 여섯 학생의 영어 성적의 편차를 나타낸 것이다. 민정, 혜림, 유나 3명의 영어 성적의 평균과 은정, 지영, 유미 3명의 영어 성적의 평균의 차를 구하시오.

학생	민정	혜림	유나	은정	지영	유미
편차(점)	4	-2	10	-3	-5	-4

10

0302-0339

3개의 변량 a, b, c의 평균이 4일 때, $a+1$, $b+2$, $c+3$의 평균은?

① 3   ② 4   ③ 5
④ 6   ⑤ 7

11

0302-0340

4개의 변량 x, 8, 10, 17의 중앙값이 11일 때, x의 값은?

① 9   ② 10   ③ 11
④ 12   ⑤ 13

12

0302-0341

다음 두 조건을 모두 만족하는 a, b의 값이 될 수 있는 것은?

(가) 5, 7, 15, 18, a의 중앙값은 7이다.
(나) 1, 13, 17, a, b의 중앙값은 11이다.

① $a=5$, $b=11$ ② $a=8$, $b=11$
③ $a=5$, $b=12$ ④ $a=8$, $b=12$
⑤ $a=9$, $b=11$

13

0302-0342

다음 자료의 평균이 8일 때, 최빈값은?

| 2 | 11 | 10 | 3 | x | 12 |

① 4   ② 10   ③ 11
④ 12   ⑤ 11과 12

14

0302-0343

다음 자료의 최빈값은 7이다. 평균과 중앙값을 각각 a, b라고 할 때, $a+b$의 값은?

| 7 | 5 | x | 7 | 3 | 3 | 10 |

① 13   ② 14   ③ 15
④ 16   ⑤ 17

15 중요

0302-0344

다음 자료의 평균이 6이고 $a-b=2$일 때, 최빈값은?

| 3 | a | b | 0 | 8 | 10 | 4 | 7 |

① 3   ② 4   ③ 7
④ 8   ⑤ 10

16

0302-0345

오른쪽 표는 민진이네 반 학생들의 휴대폰에 설치한 애플리케이션의 개수를 조사하여 나타낸 줄기와 잎 그림이다. 애플리케이션의 개수의 평균을 a개, 중앙값을 b개, 최빈값을 c개라고 할 때, 다음 중 옳은 것은?

(0 | 8은 8개)

줄기	잎
0	8
1	0 4 7 8 8
2	1 3 5 6 7
3	1

① $a<b<c$ ② $a=b<c$ ③ $b<a<c$
④ $b<a=c$ ⑤ $c<b<a$

17 _{중요}

0302-0346

다음은 6명의 학생에 대한 시력의 편차를 조사하여 나타낸 표이다. 학생 A의 시력이 1.2일 때, 학생 C의 시력은?

학생	A	B	C	D	E	F
편차	0.4	-0.5	x	0.7	-0.3	-0.1

① 0.6   ② 0.7   ③ 0.8
④ 0.9   ⑤ 1.0

18

0302-0347

다음은 예슬이네 반 학생들의 농구 자유투 성공 횟수를 조사하여 나타낸 표이다. x의 값은?

편차(회)	-4	-3	-2	x	4	5
도수(명)	2	2	3	1	3	1

① -1 ② 0   ③ 1
④ 2   ⑤ 3

19

0302-0348

다섯 개의 수 10, 6, 7, 4, x의 평균이 8일 때, 분산은?

① 3   ② 3.7   ③ 4.8
④ 6   ⑤ 10

20

0302-0349

100개의 변량의 총합이 200, 편차의 제곱의 총합이 400일 때, 이 변량의 평균과 표준편차를 각각 a, b라고 하자. 이때 ab의 값은?

① 3   ② 4   ③ 6
④ 8   ⑤ 10

21

0302-0350

직원이 50명인 어느 회사에서 전 직원의 월급을 10만 원씩 올렸다. 다음 설명 중 옳은 것은?

① 평균은 10만 원이 올라가고 표준편차는 $\sqrt{10}$만 원이 올라간다.
② 평균은 10만 원이 올라가고 표준편차는 변함이 없다.
③ 평균은 변함이 없고 표준편차는 $\sqrt{10}$만 원이 올라간다.
④ 평균은 변함이 없고 표준편차는 10만 원이 올라간다.
⑤ 평균과 표준편차 모두 변함이 없다.

22

0302-0351

연속하는 네 개의 홀수의 분산을 구하시오.

23 _{중요}

0302-0352

오른쪽 그림은 1학기 동안 체험학습을 한 학생들의 체험학습 일 수를 조사하여 나타낸 막대그래프이다. 이 자료의 표준편차는?

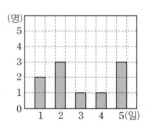

① 2.4일   ② 1.1일
③ 0.8일   ④ $\sqrt{0.8}$일
⑤ $\sqrt{2.4}$일

24

0302-0353

다음은 A, B 두 반의 1학기 봉사활동 시간의 평균과 분산을 나타낸 것이다. 물음에 답하시오.

	학생 수(명)	평균(시간)	분산
A반	24	15	90
B반	21	15	75

(1) 두 반 전체 학생의 봉사활동 시간의 평균과 분산을 각각 구하시오.
(2) B반에 봉사활동 시간이 15시간인 학생이 3명 추가되었다고 할 때, 두 반 전체 학생의 봉사활동 시간의 평균과 분산을 각각 구하고 (1)과 비교하시오.

25

0302-0354

세 수 $6-a$, 6, $a+6$의 분산이 6일 때, 양수 a의 값은?

① 2   ② 3   ③ 4
④ 5   ⑤ 6

26

0302-0355

다음 세 자료 A, B, C의 표준편차를 각각 a, b, c라고 할 때, a, b, c의 크기를 옳게 비교한 것은?

> A: 1부터 5까지의 자연수
> B: 1부터 10까지의 짝수
> C: 1부터 10까지의 홀수

① $a<b<c$ ② $a<b=c$ ③ $a=b<c$
④ $b<c<a$ ⑤ $b=c<a$

27

0302-0356

그림은 A, B, C 세 반 학생들이 책 바꿔 읽기 행사에 기증한 책의 수를 조사하여 나타낸 꺾은선그래프이다. 다음 설명 중 옳지 <u>않은</u> 것을 모두 고르면? (정답 2개)

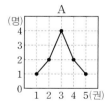 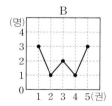 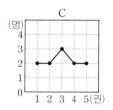

① 세 반의 평균은 같다.
② 세 반의 중앙값은 같다.
③ 세 반의 최빈값은 같다.
④ C반의 자료가 가장 고르다.
⑤ A반의 표준편차가 가장 작다.

Level 3

28

0302-0357

현수를 포함한 농구부 선수 5명의 몸무게의 평균은 78 kg, 최빈값은 76 kg이라고 한다. 그런데 현수가 다른 학교로 전학을 가고 우식이가 농구부에 새로 들어온 후 농구부 선수 5명의 몸무게의 평균이 77 kg이 되었다고 한다. 우식이의 몸무게가 76 kg이라고 할 때, 우식이가 농구부에 새로 들어온 후 농구부 선수 5명의 몸무게의 중앙값을 구하시오.

29

0302-0358

변량 a, b, c, d, e의 평균이 7이고 분산이 10일 때, 변량 $2a-1$, $2b-1$, $2c-1$, $2d-1$, $2e-1$의 평균과 분산을 각각 구하시오.

30

0302-0359

4개의 변량 5, -1, a, b의 평균이 2이고 분산이 5일 때, a, b의 값을 각각 구하시오. (단, $a<b$)

서술형으로 중단원 마무리

0302-0360

서술형 예제

다음 표는 어느 학급 대표 농구 선수 5명의 한 달 동안의 농구 연습 시간을 조사하여 편차를 나타낸 것이다. 분산이 8일 때, 물음에 답하시오.

농구 선수	A	B	C	D	E
편차(시간)	1	x	-2	y	5

(1) $x+y$의 값을 구하시오.

(2) x^2+y^2의 값을 구하시오.

(3) xy의 값을 구하시오.

풀이

(1) 편차의 총합은 $\boxed{}$이므로 $1+x-2+y+5=\boxed{}$

따라서 $x+y=\boxed{}$

(2) 분산이 8이므로 $\dfrac{1^2+x^2+(-2)^2+y^2+5^2}{5}=\boxed{}$

따라서 $x^2+y^2=\boxed{}$

(3) $(x+y)^2=x^2+y^2+2xy$이므로 $\left(\boxed{}\right)^2=\boxed{}+2xy$

따라서 $xy=\boxed{}$

0302-0361

서술형 유제

다음 표는 어느 지하철역 A, B, C, D, E의 소음을 1주일 동안 조사하여 편차를 나타낸 것이다. 분산이 12일 때, xy의 값을 구하시오.

지하철역	A	B	C	D	E
편차(dB)	-4	x	y	3	-1

풀이

1

0302-0362

오른쪽 그림은 보경이네 반 학생 20명이 월요일부터 금요일까지 5일 중에서 복습한 일 수를 조사하여 나타낸 꺾은선그래프의 일부이다. 학생 20명의 복습한 일 수의 평균이 3일일 때, 5일 모두 복습한 학생은 몇 명인지 구하시오.

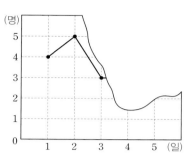

2

0302-0363

오른쪽은 서현이네 학교 앞 문구점에서 판매하는 8종류의 필통 가격을 조사하여 나타낸 것이다. 이 자료의 평균이 2500원일 때, 중앙값과 최빈값을 각각 구하시오.

(단위: 원)

1000	a	2000	1000
2000	3000	3000	5000

3

0302-0364

다음은 2008년부터 2018년까지 11년 동안 한반도에 영향을 준 태풍의 개수를 조사하여 나타낸 표이다. 이 자료의 분산을 구하시오. (단, 분산은 반올림하여 소수점 아래 첫째 자리까지 나타낸다.)

연도	2008	2009	2010	2011	2012	2013	2014	2015	2016	2017	2018
태풍의 개수(개)	1	0	3	3	5	3	4	4	2	3	5

4

0302-0365

다음 그림과 같은 과녁에 A, B, C 세 사람이 5발의 화살을 쏘았다. 세 사람이 쏜 화살이 맞힌 점수의 평균이 모두 8점일 때, 점수가 가장 고른 사람을 말하시오.

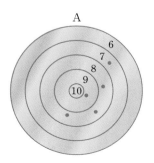
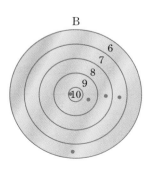
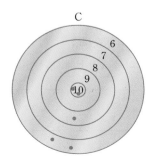

01 산점도

개념 1 산점도

(1) **산점도**: 두 변량 x, y가 어떤 관련성이 있는가를 알아보기 위하여 순서쌍 (x, y)를 좌표평면에 나타낸 그래프

(2) **산점도 그리기**

① 산점도의 좌표평면은 제1사분면으로 생각한다.

② 주어진 자료의 두 변량 x, y를 순서쌍 (x, y)로 나타낸다.

③ 좌표평면의 x축과 y축의 좌표를 확인하여 순서쌍 (x, y)를 점으로 찍는다.

예 다음은 학생 10명의 좌·우 시력을 조사하여 나타낸 표와 이를 산점도로 나타낸 것이다.

시력 / 번호	좌	우
1	1.0	1.0
2	0.8	1.0
3	1.5	1.2
4	1.2	1.2
5	1.5	1.5
6	0.5	0.4
7	0.3	0.4
8	1.2	1.0
9	0.9	0.8
10	0.7	0.8

순서쌍 →

(좌, 우)
(1.0, 1.0)
(0.8, 1.0)
(1.5, 1.2)
(1.2, 1.2)
(1.5, 1.5)
(0.5, 0.4)
(0.3, 0.4)
(1.2, 1.0)
(0.9, 0.8)
(0.7, 0.8)

산점도 →

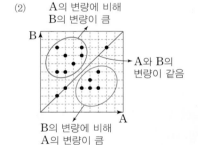

참고 A와 B에 대한 산점도에서

(1) A는 변량이 작으나 B는 변량이 큼 / A, B 모두 변량이 큼

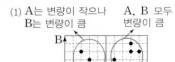

A, B 모두 변량이 작음 / A는 변량이 크나 B는 변량이 작음

(2) A의 변량에 비해 B의 변량이 큼 / A와 B의 변량이 같음 / B의 변량에 비해 A의 변량이 큼

· 좌표평면의 원점은 순서쌍 $(0, 0)$인데 산점도에서는 $(0, 0)$에서 시작하지 않는 경우도 있다.

· 산점도는 두 변량의 분포를 한눈에 쉽게 알아볼 수 있는 장점이 있으나 같은 변량이 여러 개인 경우, 점을 같은 위치에 여러 번 나타낼 수 없다는 단점이 있다.

개념 확인 문제 1

다음 A와 B에 대한 변량을 나타낸 표를 보고 산점도를 완성하시오.

A	2	5	1	3	4	3	4
B	1	4	1	3	3	4	5

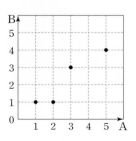

대표 예제

예제 1 산점도 이해하기

오른쪽 그림은 학생 16명의 수학과 과학 성적에 대한 산점도이다. A보다 과학 성적이 높은 학생은 전체의 몇 %인가?

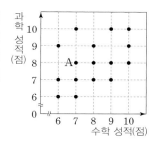

① 30 % ② 32.5 %
③ 35 % ④ 37.5 %
⑤ 56.25 %

[풀이 전략]

A의 과학 성적을 확인한다.

[풀이]

A의 과학 성적은 8점이므로 A보다 과학 성적이 높은 학생은 6명이다.

따라서 A보다 과학 성적이 높은 학생은 전체의 $\frac{6}{16} \times 100 = 37.5$(%)이다.

답 ④

유제 1
0302-0366

오른쪽 그림은 학생 16명의 영어 말하기 평가와 영어 듣기 평가 점수에 대한 산점도이다. 영어 말하기 평가와 영어 듣기 평가 점수가 같은 학생 수는?

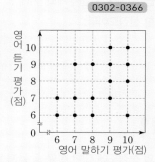

① 3명 ② 4명
③ 5명 ④ 6명
⑤ 7명

유제 2
0302-0367

위의 유제 1 에서 영어 듣기 평가 점수가 영어 말하기 평가 점수보다 높은 학생은 전체의 몇 %인가?

① 18 % ② 20 % ③ 25 %
④ 30 % ⑤ 32 %

예제 2 산점도에서 평균 구하기

오른쪽 그림은 학생 20명의 국어 성적과 1학기 동안 읽은 책의 수에 대한 산점도이다. 책을 4권 이상 읽은 학생의 국어 성적의 평균은?

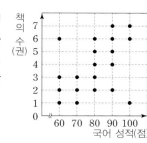

① 80점 ② 82점
③ 85점 ④ 86점
⑤ 88점

[풀이 전략]

$$(\text{구하는 평균}) = \frac{(\text{4권 이상 읽은 학생의 국어 성적의 총합})}{(\text{4권 이상 읽은 학생 수})}$$

[풀이]

책을 4권 이상 읽은 학생은 10명이다.

$$(\text{평균}) = \frac{60 + 80 \times 3 + 90 \times 4 + 100 \times 2}{10} = \frac{860}{10} = 86(\text{점})$$

답 ④

유제 3
0302-0368

오른쪽 그림은 어느 중학교 운동부 학생 20명의 팔굽혀펴기와 턱걸이 횟수에 대한 산점도이다. 팔굽혀펴기를 3회 한 학생들의 턱걸이 횟수의 평균은?

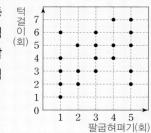

① 3회 ② 3.5회
③ 4회 ④ 4.5회
⑤ 5회

유제 4
0302-0369

위의 유제 3 에서 턱걸이 횟수가 4회 미만인 학생들의 팔굽혀펴기 횟수의 평균은?

① 2.5회 ② 2.7회 ③ 3회
④ 3.2회 ⑤ 3.5회

[01~02] 오른쪽 그림은 어느 학급 학생들의 몸무게와 키에 대한 산점도이다.

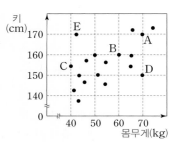

01

0302-0370

위의 산점도에 대한 설명 중 옳지 않은 것은?

① A, B, C 모두 키가 150 cm 이상이다.
② A, D는 모두 몸무게가 70 kg이다.
③ E는 D보다 키가 작다.
④ C는 몸무게가 가장 적다.
⑤ A, B, C, D, E 중 E가 가장 마른 편이다.

02

0302-0371

위의 산점도에서 학생 A, B, C, D, E 중 키에 비해 몸무게가 많이 나가는 학생을 말하시오.

[03~04] 오른쪽 그림은 학생 20명의 중간고사와 기말고사 성적에 대한 산점도이다.

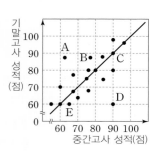

03

0302-0372

다음 설명 중 옳은 것을 모두 고르면? (정답 2개)

① A, B, C 모두 기말고사 성적이 중간고사 성적보다 더 높다.
② 중간고사 성적이 높은 학생이 대체로 기말고사 성적도 높다.
③ 중간고사 성적이 더 높은 학생이 기말고사 성적이 더 높은 학생보다 더 많다.
④ 중간고사와 기말고사 성적이 모두 70점 미만인 학생은 6명이다.
⑤ D는 기말고사에서 성적이 30점 떨어졌다.

04

0302-0373

기말고사 성적이 중간고사 성적보다 높은 학생은 전체의 몇 %인가?

① 25 %   ② 30 %   ③ 35 %
④ 40 %   ⑤ 45 %

[05~06] 오른쪽 그림은 학생 10명의 왼손과 오른손의 쥐는 힘에 대한 산점도이다.

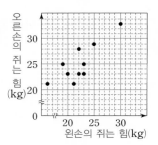

05

0302-0374

오른손의 쥐는 힘이 더 쎈 학생 수는?

① 4명   ② 5명   ③ 6명
④ 7명   ⑤ 8명

06

0302-0375

오른손의 쥐는 힘이 25 kg인 학생들의 왼손의 쥐는 힘의 평균은?

① 17 kg   ② 18 kg   ③ 19 kg
④ 20 kg   ⑤ 21 kg

07

0302-0376

오른쪽 그림은 어느 학급 학생들의 영어 성적과 수학 성적에 대한 산점도이다. 다음 중 영어 성적과 수학 성적의 차가 가장 큰 학생은?

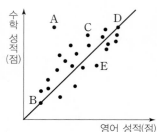

① A   ② B
③ C   ④ D
⑤ E

02 상관관계

개념 1 상관관계

상관관계: 두 변량 x, y 사이의 관계

(1) **양의 상관관계:** x의 값이 증가함에 따라 y의 값도 대체로 증가하는 경향이 있는 상관관계

(2) **음의 상관관계:** x의 값이 증가함에 따라 y의 값이 대체로 감소하는 경향이 있는 상관관계

(3) **상관관계가 없는 경우:** x의 값이 커짐에 따라 y의 값이 커지는지 작아지는지 그 관계가 분명하지 않은 경우

	[강한 양의 상관관계]	[약한 양의 상관관계]
양의 상관관계		

	[강한 음의 상관관계]	[약한 음의 상관관계]
음의 상관관계		

상관관계가 없다.			

• 상관관계가 있는 산점도에서 점들이 한 직선 주위에 가까이 모여 있으면 강한 상관관계를 나타내고 넓은 범위에 흩어져 있으면 약한 상관관계를 나타낸다.

〈일차함수의 그래프에서 기울기의 부호와 상관관계의 비교〉
$y = ax + b \ (a \neq 0)$에서

$a > 0$일 때 　　 $a < 0$일 때

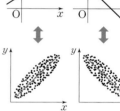

양의 상관관계　음의 상관관계

개념 확인 문제 1

오른쪽 그림은 어느 중학교 학생들의 통학 거리와 소요 시간의 관계를 나타낸 것이다. 통학 거리와 소요 시간 사이에는 어떤 상관관계가 있는지 구하시오.

소요 시간(분)

통학 거리(m)

대표 예제

예제 1 상관관계 구분하기(1)

다음 중 두 변량 x, y 사이에 음의 상관관계가 있는 것은?

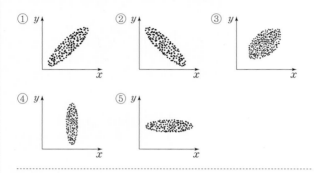

풀이 전략

x의 값이 증가할 때, y의 값이 대체로 감소하는 것을 찾는다.

풀이

음의 상관관계는 x의 값이 증가할 때, y의 값이 대체로 감소하는 관계이므로 ②이다.

답 ②

유제 1   0302-0377

다음 중 두 변량 x, y 사이의 관계가 양의 상관관계인 것은?

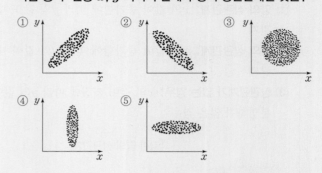

유제 2   0302-0378

위의 **유제 1** 보기의 산점도 중에서 상관관계가 없는 것을 모두 고르시오. (정답 3개)

예제 2 상관관계 구분하기(2)

다음 중 오른쪽 산점도의 두 변량 x, y 사이의 관계로 적절한 것을 모두 고르면? (정답 2개)

① 밤의 길이와 낮의 길이
② 산의 높이와 기온
③ 인구와 식량 소비량
④ 키와 앉은키
⑤ 핸드폰 사용 시간과 학습 시간

풀이 전략

양의 상관관계인 것을 찾는다.

풀이

산점도는 양의 상관관계를 나타내므로 한 변량이 증가할 때 다른 변량도 대체로 증가하는 것을 찾으면 '인구와 식량 소비량', '키와 앉은키'이다.

답 ③, ④

유제 3   0302-0379

다음 중 오른쪽 산점도의 두 변량 x, y 사이의 관계로 적절한 것은?

① 키와 신발 크기
② 인구와 교통량
③ 지능 지수와 턱걸이 횟수
④ 통학 거리와 소요 시간
⑤ 농산물의 가격과 판매량

유제 4   0302-0380

다음 두 변량 사이의 관계가 양의 상관관계라고 할 수 없는 것은?

① 키와 몸무게
② 여름철 기온과 빙과류 판매량
③ 인구 수와 강우량
④ 수박의 무게와 가격
⑤ 자동차 등록 대수와 대기 오염도

형성평가

01
0302-0381

다음 중 양파의 생산량(x)과 양파 가격(y)에 대한 산점도로 가장 적절한 것은?

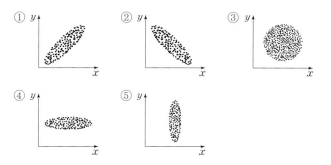

02
0302-0382

다음 중 두 변량 사이의 관계가 양의 상관관계가 있다고 할 수 있는 것을 모두 고르면? (정답 2개)

① 나무의 높이와 둘레의 길이
② 동물의 몸무게와 발바닥의 넓이
③ 독서량과 시력
④ 키와 지능 지수
⑤ 성적과 체력

03
0302-0383

다음 보기에서 두 변량의 상관관계가 음의 상관관계인 것을 모두 고른 것은?

┌ 보기 ├─────────────────────
ㄱ. 허리둘레와 내장지방지수
ㄴ. 근무 시간과 휴식 시간
ㄷ. 지면으로부터의 높이와 산소량
ㄹ. 경기 관중 수와 쓰레기양
└───────────────────────

① ㄱ, ㄴ   ② ㄱ, ㄷ   ③ ㄴ, ㄷ
④ ㄴ, ㄹ   ⑤ ㄱ, ㄴ, ㄹ

04
0302-0384

오른쪽 그림과 같은 산점도를 나타내는 두 변량으로 가장 적절한 것은?

① 키와 보폭
② 강우량과 우산 판매량
③ 나이와 기억력
④ 윗몸일으키기 횟수와 국어 성적
⑤ 수입과 지출

05
0302-0385

다음 중 성적과 학습량의 상관관계와 같은 상관관계인 것은?

① 기상 시간과 독서량
② 상품의 공급량과 가격
③ 수학 성적과 달리기 기록
④ 여름철 실외 기온과 냉방비
⑤ 머리카락의 길이와 지능지수

06
0302-0386

다음 보기에서 두 변량 사이의 관계와 산점도를 옳게 짝지은 것은?

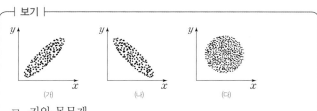

ㄱ. 키와 몸무게
ㄴ. 자동차 주행 속력과 소요 시간
ㄷ. 시력과 턱걸이 횟수
ㄹ. 식물의 잎의 너비와 길이

	(가)	(나)	(다)
①	ㄱ, ㄹ	ㄴ	ㄷ
②	ㄱ	ㄴ, ㄹ	ㄷ
③	ㄴ	ㄷ	ㄱ, ㄹ
④	ㄴ	ㄷ, ㄹ	ㄱ
⑤	ㄷ	ㄹ	ㄱ, ㄴ

중단원 마무리

Level 1

[01~03] 오른쪽 그림은 민호네 반 학생 20명의 수학 성적과 영어 성적에 대한 산점도이다.

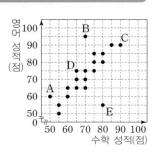

01
0302-0387

A, B, C, D, E 5명의 학생 중 수학 성적이 가장 높은 학생은?

① A ② B ③ C
④ D ⑤ E

02
0302-0388

학생 D의 수학 성적과 영어 성적의 평균을 구하시오.

03
0302-0389

수학 성적과 영어 성적 사이에는 어떤 상관관계가 있는지 구하시오.

04
0302-0390

다음은 어느 학급 A, B, C, D, E의 학생들의 책가방의 무게와 성적에 대한 산점도이다. 책가방이 무거울수록 성적이 높아지는 경향이 가장 뚜렷한 학급은?

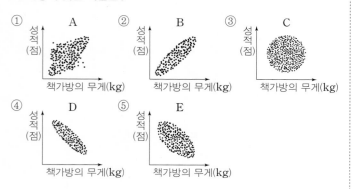

Level 2

05 중요
0302-0391

오른쪽 그림은 어느 회사 직원들의 지난달 소득과 저축을 조사하여 나타낸 산점도이다. A, B, C, D, E 5명의 직원 중 소득에 비해 비교적 저축을 많이 한 사람은 누구인가?

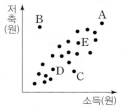

① A ② B ③ C
④ D ⑤ E

[06~08] 오른쪽 그림은 다은이네 반 20명의 중간고사 성적과 기말고사 성적에 대한 산점도이다.

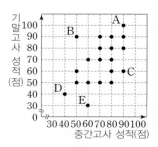

06
0302-0392

중간고사 성적이 60점인 학생의 기말고사 성적의 평균은?

① 40점 ② 42점 ③ 45점
④ 50점 ⑤ 52점

07
0302-0393

A, B, C, D, E 5명의 학생 중 중간고사와 기말고사 성적의 차이가 가장 큰 학생은?

① A ② B ③ C
④ D ⑤ E

08 중요
0302-0394

기말고사에서 성적이 향상된 학생은 전체의 몇 %인가?

① 35 % ② 38 % ③ 40 %
④ 42 % ⑤ 45 %

09

0302-0395

오른쪽 그림은 학생 15명의 영어 수행평가 쓰기 성적과 말하기 성적에 대한 산점도이다. 다음 설명 중 옳지 **않은** 것은?

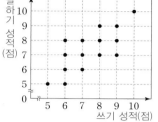

① 두 성적이 같은 학생은 6명이다.

② 쓰기 성적보다 말하기 성적이 높은 학생은 4명이다.

③ 두 성적의 합이 15점 이하인 학생은 전체의 50 %이다.

④ 두 성적의 평균이 8점 이상인 학생은 6명이다.

⑤ 영어 수행평가 쓰기 성적과 말하기 성적은 양의 상관관계가 있다.

10

0302-0396

다음 중 두 변량 사이에 음의 상관관계가 있다고 볼 수 있는 것은?

① 선박의 크기와 무게

② 겨울철 기온과 난방비

③ 시력과 몸무게

④ 멀리뛰기 기록과 국어 성적

⑤ 지방 섭취량과 몸무게

11

0302-0397

다음 중 오른쪽 산점도의 두 변량 x, y 사이의 관계로 적절한 것은?

① 상품 가격과 판매량

② 독서 시간과 게임 시간

③ 통화 시간과 전화 요금

④ 시력과 오른손의 쥐는 힘

⑤ 50 m 달리기 기록과 수학 성적

Level 3

[12~13] 오른쪽 그림은 유민이네 반 학생 20명의 국어 성적과 수학 성적에 대한 산점도이다.

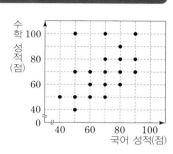

12

0302-0398

국어 성적과 수학 성적의 차이가 20점 이상인 학생은 전체의 몇 %인가?

① 10 %　　② 15 %　　③ 20 %

④ 25 %　　⑤ 30 %

13 중요

0302-0399

국어 성적이 60점 이상 80점 이하인 학생들의 수학 성적의 평균과 분산을 각각 구하시오. (단, 분산은 반올림하여 소수점 아래 첫째 자리까지 나타낸다.)

14

0302-0400

오른쪽 그림은 은채네 반 학생 20명의 핸드폰 사용 시간과 역사 성적에 대한 산점도이다. 다음 설명 중 옳은 것은?

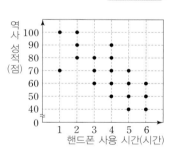

① 양의 상관관계이다.

② 역사 성적이 70점 이상인 학생들의 핸드폰 사용 시간의 평균은 2시간이다.

③ 핸드폰을 4시간 이상 사용하는 학생들의 역사 성적의 평균은 60점이다.

④ 핸드폰을 5시간 이상 사용하고 성적이 60점 이하인 학생은 전체의 25 %이다.

⑤ 핸드폰을 4시간 사용하는 학생들의 역사 성적의 차이는 최대 50점이다.

서술형으로 중단원 마무리

0302-0401

서술형 예제

오른쪽 그림은 진영이네 반 학생 20명의 수학 성적과 과학 성적에 대한 산점도이다. 성적의 차가 1점 이하인 학생은 전체의 몇 %인지 구하시오.

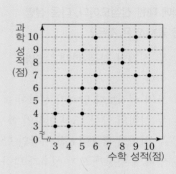

풀이

성적의 차가 0점인 학생의 성적은

$(3, 3)$, $(\boxed{}, \boxed{})$, $(8, 8)$, $(10, 10)$

성적의 차가 1점인 학생은

$(3, 4)$, $(4, 3)$, $(4, 5)$, $(5, 4)$, $(5, 6)$, $(6, 7)$, $(7, 6)$, $(\boxed{}, \boxed{})$, $(8, 9)$, $(9, 10)$, $(10, 9)$

따라서 성적의 차가 1점 이하인 학생은 전체의 $\dfrac{4+\boxed{}}{20} \times 100 = \boxed{}$ (%)이다.

0302-0402

서술형 유제

오른쪽 그림은 학생 20명의 1, 2차에 걸친 멀리뛰기 평가 성적에 대한 산점도이다. 두 평가 성적의 합이 15점 이상인 학생은 전체의 몇 %인지 구하시오.

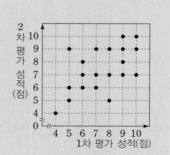

풀이

1

0302-0403

오른쪽 그림은 학생 20명의 국어 성적과 영어 성적에 대한 산점도이다. 국어 성적이 80점 이상인 학생들의 영어 성적의 평균을 구하시오.

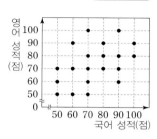

2

0302-0404

오른쪽 그림은 학생 15명이 두 차례에 걸쳐 던진 다트가 맞힌 점수에 대한 산점도이다. 1, 2차 점수의 합이 12점 이상인 학생은 전체의 몇 %인지 구하시오.

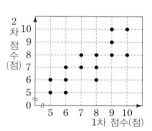

3

0302-0405

오른쪽 그림은 학생 12명의 한 달 동안의 저축과 지출에 대한 산점도이다. 저축과 지출 사이에는 어떤 상관관계가 있는지 구하고, 저축은 6만 원 이상이고 지출은 5만 원 이하인 학생은 몇 명인지 구하시오.

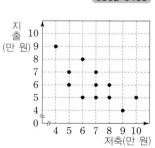

삼각비의 표

각	sin	cos	tan
0°	0.0000	1.0000	0.0000
1°	0.0175	0.9998	0.0175
2°	0.0349	0.9994	0.0349
3°	0.0523	0.9986	0.0524
4°	0.0698	0.9976	0.0699
5°	0.0872	0.9962	0.0875
6°	0.1045	0.9945	0.1051
7°	0.1219	0.9925	0.1228
8°	0.1392	0.9903	0.1405
9°	0.1564	0.9877	0.1584
10°	0.1736	0.9848	0.1763
11°	0.1908	0.9816	0.1944
12°	0.2079	0.9781	0.2126
13°	0.2250	0.9744	0.2309
14°	0.2419	0.9703	0.2493
15°	0.2588	0.9659	0.2679
16°	0.2756	0.9613	0.2867
17°	0.2924	0.9563	0.3057
18°	0.3090	0.9511	0.3249
19°	0.3256	0.9455	0.3443
20°	0.3420	0.9397	0.3640
21°	0.3584	0.9336	0.3839
22°	0.3746	0.9272	0.4040
23°	0.3907	0.9205	0.4245
24°	0.4067	0.9135	0.4452
25°	0.4226	0.9063	0.4663
26°	0.4384	0.8988	0.4877
27°	0.4540	0.8910	0.5095
28°	0.4695	0.8829	0.5317
29°	0.4848	0.8746	0.5543
30°	0.5000	0.8660	0.5774
31°	0.5150	0.8572	0.6009
32°	0.5299	0.8480	0.6249
33°	0.5446	0.8387	0.6494
34°	0.5592	0.8290	0.6745
35°	0.5736	0.8192	0.7002
36°	0.5878	0.8090	0.7265
37°	0.6018	0.7986	0.7536
38°	0.6157	0.7880	0.7813
39°	0.6293	0.7771	0.8098
40°	0.6428	0.7660	0.8391
41°	0.6561	0.7547	0.8693
42°	0.6691	0.7431	0.9004
43°	0.6820	0.7314	0.9325
44°	0.6947	0.7193	0.9657
45°	0.7071	0.7071	1.0000

각	sin	cos	tan
45°	0.7071	0.7071	1.0000
46°	0.7193	0.6947	1.0355
47°	0.7314	0.6820	1.0724
48°	0.7431	0.6691	1.1106
49°	0.7547	0.6561	1.1504
50°	0.7660	0.6428	1.1918
51°	0.7771	0.6293	1.2349
52°	0.7880	0.6157	1.2799
53°	0.7986	0.6018	1.3270
54°	0.8090	0.5878	1.3764
55°	0.8192	0.5736	1.4281
56°	0.8290	0.5592	1.4826
57°	0.8387	0.5446	1.5399
58°	0.8480	0.5299	1.6003
59°	0.8572	0.5150	1.6643
60°	0.8660	0.5000	1.7321
61°	0.8746	0.4848	1.8040
62°	0.8829	0.4695	1.8807
63°	0.8910	0.4540	1.9626
64°	0.8988	0.4384	2.0503
65°	0.9063	0.4226	2.1445
66°	0.9135	0.4067	2.2460
67°	0.9205	0.3907	2.3559
68°	0.9272	0.3746	2.4751
69°	0.9336	0.3584	2.6051
70°	0.9397	0.3420	2.7475
71°	0.9455	0.3256	2.9042
72°	0.9511	0.3090	3.0777
73°	0.9563	0.2924	3.2709
74°	0.9613	0.2756	3.4874
75°	0.9659	0.2588	3.7321
76°	0.9703	0.2419	4.0108
77°	0.9744	0.2250	4.3315
78°	0.9781	0.2079	4.7046
79°	0.9816	0.1908	5.1446
80°	0.9848	0.1736	5.6713
81°	0.9877	0.1564	6.3138
82°	0.9903	0.1392	7.1154
83°	0.9925	0.1219	8.1443
84°	0.9945	0.1045	9.5144
85°	0.9962	0.0872	11.4301
86°	0.9976	0.0698	14.3007
87°	0.9986	0.0523	19.0811
88°	0.9994	0.0349	28.6363
89°	0.9998	0.0175	57.2900
90°	1.0000	0.0000	

Memo

Memo

EBS 중학

뉴런

| 수학 3(하) |

실전책

| 기획 및 개발 |

최다인 이소민 정혜은(개발총괄위원)

| 집필 및 검토 |

강해기(배재중) 이은영(대원국제중) 한혜정(금호여중)

| 검토 |

김민정 박성복 변태호 임상현 정란

2022 개정 교육과정 적용

시작이 반!
제대로 시작하자

고등 예비과정
ENTER

고 등
입문서 **고등**
NO.1 **예비**
과정

○ **모든 교과서를 한 권에 담아** 단숨에!

○ **고1 내신을 위한 교과 핵심 내용**을 빠르고 쉽게!

○ **EBS 무료강의 & AI 푸리봇**으로 학습 효율을 최대로!

▶ 공통국어/공통수학/공통영어/한국사/통합사회/통합과학 발간

EBS 중학

뉴런

| 수학 3(하) |

실전책

Application 이 책의 효과적인 활용법

① 방송 시청을 생활화

방송 강의의 특성상 시청 시간을 한두 번 놓치면 계속 학습할 의욕을 잃게 되기 마련입니다. 강의를 방송 시간에 시청할 수 없을 경우에는 EBS 홈페이지의 무료 VOD 서비스를 활용하도록 하세요.

② 철저한 예습은 필수

방송 강의는 마법이 아닙니다. 자신의 노력 없이 단순히 강의만 열심히 들으면 실력이 저절로 향상될 것이라고 믿으면 오산! 예습을 통해 학습할 내용과 자신의 약한 부분을 파악하고, 강의를 들을 때 이 부분에 중점을 두어 학습하도록 합니다.

③ 적극적이고 능동적으로 강의에 참여

수동적으로 강의를 듣기만 하는 것이 아니라 직접 강의에 참여하는 자세가 중요합니다. 중요한 내용이나 의문 사항을 메모하는 습관은 학습 내용의 이해와 복습을 위해 필수입니다.

④ 자신의 약점을 파악한 후 선택적으로 집중 복습

자신이 약한 부분과 개념, 문항들을 점검하여 집중 복습함으로써 확실한 자기 지식으로 만드는 과정이 더해진다면, 어느 날 실력이 눈부시게 발전한 자신과 마주하게 될 것입니다.

- EBS 홈페이지(http://mid.ebs.co.kr)로 들어오셔서 회원으로 등록하세요.
- 본 방송교재의 프로그램 내용은 EBS 1인터넷 방송을 통해 동영상(VOD)으로 다시 보실 수 있습니다.

Contents 이 책의 차례

교재 및 강의 내용에 대한 문의는 EBS 홈페이지(mid.ebs.co.kr)의 Q&A 서비스를 활용하시기 바랍니다.

01

0302-0406

오른쪽 그림과 같이 $\overline{AB}=6$, $\overline{AC}=3$
인 직각삼각형 ABC에서 $\tan B$의 값
은? [3점]

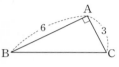

① $\dfrac{1}{3}$　　② $\dfrac{1}{2}$　　③ $\dfrac{2}{3}$

④ $\dfrac{4}{5}$　　⑤ $\dfrac{5}{6}$

02

0302-0407

오른쪽 그림과 같이 $\overline{AB}=5$, $\overline{AC}=3$인
직각삼각형 ABC에서 $\overline{BC}$의 중점을 D,
$\angle DAC=\angle x$라고 할 때, $\sin x$의 값은?
[4점]

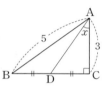

① $\dfrac{2\sqrt{13}}{13}$　　② $\dfrac{3\sqrt{13}}{13}$　　③ $\dfrac{4\sqrt{13}}{13}$

④ $\dfrac{5\sqrt{13}}{13}$　　⑤ $\dfrac{6\sqrt{13}}{13}$

03

0302-0408

$\angle C=90°$인 직각삼각형 ABC에서 $\overline{AC}:\overline{BC}=4:3$일 때,
$3\cos B+\sin B$의 값은? [4점]

① $\dfrac{3}{2}$　　② 2　　③ $\dfrac{13}{5}$

④ 3　　⑤ $\dfrac{10}{3}$

04

0302-0409

오른쪽 그림과 같이 일차함수
$y=-\dfrac{3}{4}x+3$의 그래프가 x축과
이루는 예각의 크기를 $\angle a$라고 할 때,
$\sin a$의 값은? [4점]

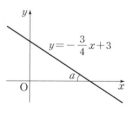

① $\dfrac{1}{2}$　　② $\dfrac{3}{5}$

③ $\dfrac{2}{3}$　　④ $\dfrac{3}{4}$　　⑤ $\dfrac{4}{5}$

05

0302-0410

오른쪽 그림에서 □ABCD는 정사각형
이고 점 E, F는 각각 $\overline{AD}$, $\overline{CD}$의 중점이
다. $\angle EBF=\angle x$라고 할 때, $\sin x$의
값은? [5점]

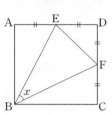

① $\dfrac{\sqrt{2}}{5}$　　② $\dfrac{\sqrt{3}}{5}$

③ $\dfrac{\sqrt{5}}{5}$　　④ $\dfrac{3}{5}$　　⑤ $\dfrac{4}{5}$

06

0302-0411

오른쪽 그림과 같은 직각삼각형 ABC에서
$\overline{AB}=6$, $\sin B=\dfrac{2}{3}$일 때, $\overline{AC}$의 길이
는? [3점]

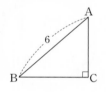

① $\sqrt{5}$　　② $2\sqrt{2}$

③ 4　　④ $3\sqrt{2}$

⑤ $2\sqrt{5}$

07

0302-0412

$\cos A=\dfrac{5}{13}$일 때, $65(\tan A-\sin A)$의 값은?

(단, $0°<\angle A<90°$) [4점]

① 96　　② 97　　③ 98

④ 99　　⑤ 100

08

0302-0413

오른쪽 그림과 같이 $\angle C = 90°$인 직각삼각형 ABC에서 $\overline{AB} \perp \overline{CD}$이고 $\overline{AB} = 10$, $\overline{AC} = 7$이다. $\angle BCD = \angle x$라고 할 때, $\cos x$의 값은? [3점]

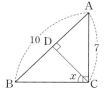

① $\dfrac{\sqrt{7}}{14}$

② $\dfrac{\sqrt{7}}{10}$

③ $\dfrac{\sqrt{51}}{14}$

④ $\dfrac{7}{10}$

⑤ $\dfrac{7\sqrt{51}}{51}$

09

0302-0414

다음 중 계산 결과가 가장 큰 것은? [3점]

① $\cos 45° + \sin 45°$

② $\sin 30° + \sin 60°$

③ $\tan 45° \times \cos 30°$

④ $\cos 60° + \tan 45°$

⑤ $\tan 30° \times \dfrac{1}{\tan 60°}$

10

0302-0415

$a = \sin 30° + \cos 30°$일 때, x에 대한 일차방정식 $2ax + 1 = 0$의 해는? [4점]

① $x = \dfrac{1 - \sqrt{3}}{2}$

② $x = \dfrac{1 - \sqrt{2}}{2}$

③ $x = \dfrac{1}{2}$

④ $x = \dfrac{1 + \sqrt{2}}{2}$

⑤ $x = \dfrac{1 + \sqrt{3}}{2}$

11

0302-0416

삼각형의 세 내각의 크기의 비가 $9 : 10 : 17$이고 세 각 중 가장 작은 각의 크기를 $\angle A$라고 할 때, $\sin A : \cos A : \tan A$는? [4점]

① $1 : 1 : \sqrt{2}$

② $\sqrt{3} : 1 : 2\sqrt{3}$

③ $3 : 3\sqrt{3} : 2\sqrt{2}$

④ $\sqrt{3} : 3 : 2$

⑤ $3 : 1 : 2\sqrt{3}$

12

0302-0417

$\angle C = 90°$인 직각삼각형 ABC에서 $\sin A = \dfrac{1}{2}$일 때, $\tan (90° - A)$의 값은? [3점]

① $\dfrac{\sqrt{3}}{6}$

② $\dfrac{\sqrt{3}}{3}$

③ $\dfrac{\sqrt{3}}{2}$

④ 1

⑤ $\sqrt{3}$

13

0302-0418

이차방정식 $x^2 - 2x + \dfrac{3}{4} = 0$의 한 근이 $\cos A$일 때, $\angle A$의 크기는? (단, $0° < \angle A < 90°$) [5점]

① $15°$

② $30°$

③ $45°$

④ $60°$

⑤ $75°$

14

0302-0419

오른쪽 그림과 같은 직각삼각형 ABD에서 $\overline{AD} = 2$, $\angle BAC = 15°$, $\angle B = 30°$일 때, $\overline{BC}$의 길이는? [5점]

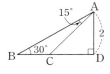

① $2(\sqrt{2} - 1)$

② $2(\sqrt{3} - 1)$

③ $2(\sqrt{5} - 2)$

④ $2(\sqrt{2} + 1)$

⑤ $3(\sqrt{2} + 1)$

15

0302-0420

오른쪽 그림과 같이 원점 O를 중심으로 하고 반지름의 길이가 1인 사분원에서

$\sin 48° - \cos 48°$의 값은?

[3점]

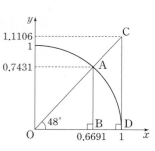

① 0.0740　　② 0.2569
③ 0.3309　　④ 0.3675
⑤ 0.4415

16

0302-0421

$0° \leq \angle A \leq 90°$일 때, 다음 중 옳지 않은 것을 모두 고르면?

(정답 2개) [4점]

① $\sin A$의 최솟값은 0, 최댓값은 1이다.
② $\cos A$의 최솟값은 0, 최댓값은 1이다.
③ $\tan A$의 최솟값은 0, 최댓값은 1이다.
④ $\angle A$의 크기가 커지면 $\sin A$의 값도 커진다.
⑤ $\angle A$의 크기가 커지면 $\cos A$의 값도 커진다.

17

0302-0422

오른쪽 그림과 같이 좌표평면 위의 원점 O를 중심으로 하고 반지름의 길이가 1인 사분원에서 다음 삼각비의 표를 이용하여 $\overline{BD}$의 길이를 구하면? [4점]

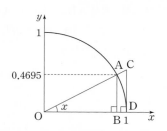

각도	사인(sin)	코사인(cos)	탄젠트(tan)
28°	0.4695	0.8829	0.5317
29°	0.4848	0.8746	0.5543
30°	0.5000	0.8660	0.5774

① 0.1171　　② 0.1172　　③ 0.1173
④ 0.1174　　⑤ 0.1175

주관식

18

0302-0423

오른쪽 그림과 같은 직각삼각형 ABC에서 $\overline{AB} = 4\sqrt{3}$, $\overline{AC} = 6$일 때, $\sin B$의 값을 구하시오. [3점]

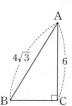

19

0302-0424

오른쪽 그림과 같이 한 모서리의 길이가 2 cm인 정육면체에서 $\angle BHF = \angle x$일 때, $\cos x$의 값을 구하시오. [5점]

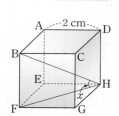

20

0302-0425

$2 \cos 30° + \sqrt{2} \sin 45° - \tan 60°$의 값을 구하시오. [3점]

21

0302-0426

다음 그림과 같은 △ABF에서 $\overline{AC} = \overline{AD} = \overline{BC} = \overline{CD} = \overline{DE} = 1$
이고 ∠ADE=90°일 때, $\overline{EF}$의 길이를 구하시오. [6점]

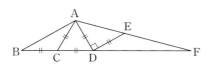

22

0302-0427

오른쪽 그림과 같이 반지름의 길이가 1인
부채꼴에서 $\overline{CD} \perp \overline{AB}$, ∠A=55°일 때,
$\overline{BD}$의 길이를 구하시오.
(단, sin 55°=0.82, cos 55°=0.57,
tan 55°=1.43으로 계산한다.) [5점]

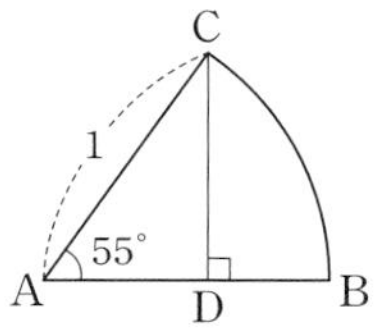

23 서술형

0302-0428

오른쪽 그림과 같은 직사각형 ABCD의
꼭짓점 A에서 $\overline{BD}$에 내린 수선의 발을
H, ∠BAH=∠x라고 할 때, cos x의
값을 구하시오. [4점]

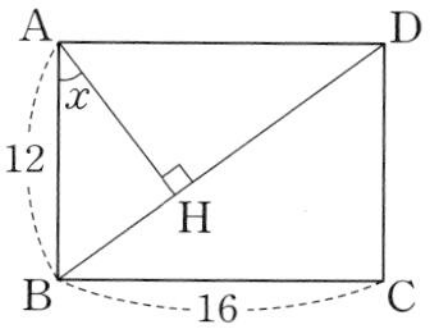

24 서술형

0302-0429

$\sqrt{(\sin x + \cos x)^2} + \sqrt{(\sin x - \cos x)^2} = \dfrac{30}{17}$일 때, sin x의
값을 구하시오. (단, 0°<∠x<45°) [5점]

25 서술형

0302-0430

sin x=0.2079, tan y=0.2493일 때, 다음 삼각비의 표를 이
용하여 cos $\dfrac{x+y}{2}$의 값을 구하시오. [4점]

각도	사인(sin)	코사인(cos)	탄젠트(tan)
12°	0.2079	0.9781	0.2126
13°	0.2250	0.9744	0.2309
14°	0.2419	0.9703	0.2493

01

0302-0431

오른쪽 그림과 같은 직각삼각형 ABC에서 다음 중 옳은 것은? [3점]

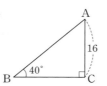

① $\overline{AB} = \dfrac{16}{\sin 50°}$ ② $\overline{AB} = \dfrac{16}{\cos 40°}$

③ $\overline{AB} = \dfrac{16}{\cos 50°}$ ④ $\overline{BC} = 16 \tan 40°$

⑤ $\overline{BC} = \dfrac{16}{\tan 50°}$

02

0302-0432

오른쪽 그림과 같이 $\overline{AB} = 1.5$ m, $\overline{BC} = 4$ m, ∠ABC = 135°인 가로등의 높이는? (단, 가로등의 높이는 지면에서 A지점까지의 거리이다.) [4점]

① 5 m   ② $\left(4 + \dfrac{3\sqrt{2}}{4}\right)$ m

③ $(4 + \sqrt{2})$ m   ④ $\dfrac{11}{2}$ m

⑤ $\left(4 + \dfrac{3\sqrt{2}}{2}\right)$ m

03

0302-0433

오른쪽 그림의 △ABC에서 $\overline{AB} = 2\sqrt{6}$ cm, $\overline{AC} = 4$ cm, ∠C = 60°일 때, $\overline{BC}$의 길이는? [3점]

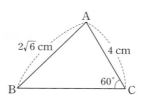

① $(\sqrt{3} + 2)$ cm   ② $2(\sqrt{2} + 1)$ cm   ③ $2(\sqrt{3} + 1)$ cm
④ $3(\sqrt{2} + 1)$ cm   ⑤ $4\sqrt{3}$ cm

04

0302-0434

수면으로부터 120 m의 높이에 떠 있는 열기구 위에서 호수의 양쪽 끝을 바라보았더니 각각 눈높이와 이루는 각의 크기가 45°, 30°이었을 때, 이 호수의 양쪽 끝 사이의 거리는? [5점]

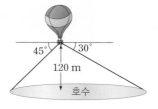

① $120(1 + \sqrt{2})$ m   ② $150(1 + \sqrt{2})$ m
③ $120(1 + \sqrt{3})$ m   ④ $150(1 + \sqrt{3})$ m
⑤ $120(\sqrt{2} + \sqrt{3})$ m

05

0302-0435

연못의 두 지점 A, C 사이의 거리를 구하기 위하여 B지점에서 측량하였더니 $\overline{AB} = 40\sqrt{2}$ m, $\overline{BC} = 70$ m, ∠B = 45°이었을 때, A지점에서 배를 타고 C지점을 향해 매분 300 m의 속력으로 직선 거리로 이동했을 때 걸리는 시간은? [5점]

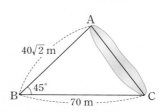

① 8초   ② 8.5초   ③ 9초
④ 9.5초   ⑤ 10초

06

0302-0436

오른쪽 그림과 같이 공원의 양쪽 지점 B, C에 큰 나무가 있다. 두 나무 사이의 거리를 구하기 위하여 공원의 바깥쪽 A지점에서 측량하였더니 $\overline{AB} = 12$ m, ∠B = 75°, ∠C = 60°이었을 때, $\overline{BC}$의 길이는? [4점]

① $3\sqrt{7}$ m   ② $5\sqrt{3}$ m   ③ $4\sqrt{5}$ m
④ $4\sqrt{6}$ m   ⑤ $4\sqrt{7}$ m

07

0302-0437

오른쪽 그림과 같은 △ABC에서 $\angle CAB=40^\circ$, $\angle CBD=70^\circ$, $\overline{AB}=20$ cm일 때, $\overline{CD}$의 길이는? (단, $\tan 20^\circ=0.4$, $\tan 50^\circ=1.2$로 계산한다.) [4점]

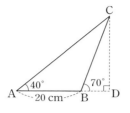

① 21 cm ② 22 cm ③ 23 cm
④ 24 cm ⑤ 25 cm

08

0302-0438

오른쪽 그림과 같은 △ABC에서 $\angle B=30^\circ$, $\angle C=60^\circ$이고 $\overline{BC}=24$일 때, $\overline{AH}$의 길이는? [3점]

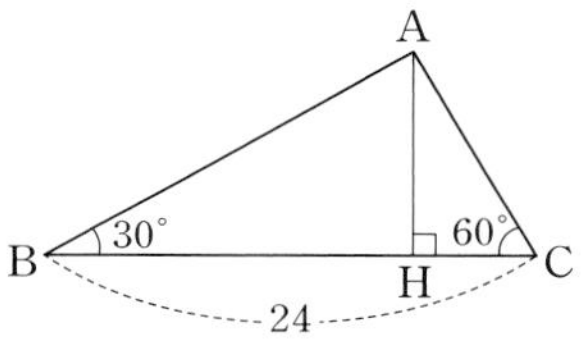

① 10 ② $6\sqrt{2}$ ③ $6\sqrt{3}$
④ $6\sqrt{5}$ ⑤ $6\sqrt{6}$

09

0302-0439

오른쪽 그림과 같이 $\overline{AB}=4\sqrt{2}$, $\overline{AC}=7$인 △ABC에서 $\tan A=1$일 때, 삼각형 ABC에 내접하는 원 O의 반지름의 길이인 r의 값은? (단, $0^\circ<\angle A<90^\circ$) [6점]

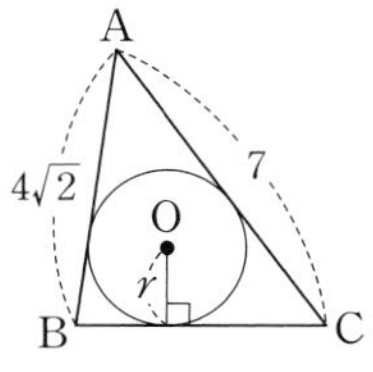

① $\sqrt{2}-1$ ② $\sqrt{3}-1$ ③ $2\sqrt{2}-2$
④ $3-\sqrt{2}$ ⑤ $4-\sqrt{3}$

10

0302-0440

오른쪽 그림과 같은 □ABCD에서 $\overline{AB}=8$ cm, $\angle B=60^\circ$이고, $\overline{BE}=15$ cm, $\overline{AC}\,/\!/\,\overline{DE}$일 때, □ABCD의 넓이는? [5점]

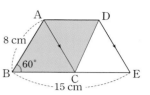

① $30\sqrt{3}$ cm^2 ② $32\sqrt{3}$ cm^2 ③ $34\sqrt{3}$ cm^2
④ $36\sqrt{3}$ cm^2 ⑤ $38\sqrt{3}$ cm^2

11

0302-0441

오른쪽 그림과 같이 $\overline{AB}=8$ cm, $\overline{BC}=10$ cm인 △ABC의 넓이가 20 cm^{2}일 때, ∠B의 크기는? (단, $0^\circ<\angle B<90^\circ$) [3점]

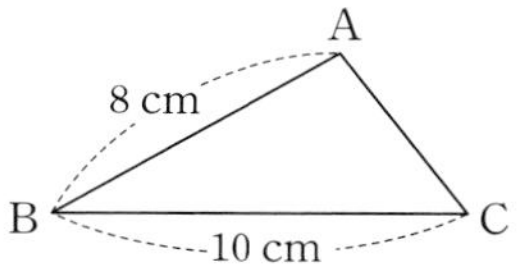

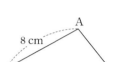

① 15° ② 30° ③ 45°
④ 60° ⑤ 75°

12

0302-0442

다음 그림과 같은 △ABC에서 $\overline{BC}=6\sqrt{3}$ cm, $\overline{AC}=9$ cm이고, $\angle BCD=30^\circ$, $\angle ACD=120^\circ$일 때, $\overline{CD}$의 길이는? [5점]

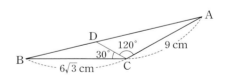

① 3 cm ② 3.1 cm ③ 3.3 cm
④ 3.6 cm ⑤ 4 cm

13

0302-0443

오른쪽 그림과 같은 □ABCD의 넓이는? [4점]

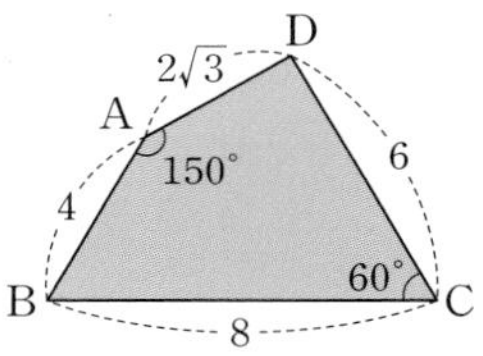

① $14\sqrt{2}$ ② $14\sqrt{3}$
③ $15\sqrt{2}$ ④ $15\sqrt{3}$
⑤ $16\sqrt{2}$

14

0302-0444

오른쪽 그림의 평행사변형 ABCD에서 $\overline{AE}=\overline{EC}$, $\overline{AB}=24$, $\angle BAD=120°$이고 $\triangle ABE$의 넓이는 $84\sqrt{3}$일 때, $\overline{AD}$의 길이는? [4점]

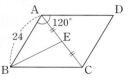

① 26　　　② 27　　　③ 28
④ 29　　　⑤ 30

15

0302-0445

오른쪽 그림과 같이 $\overline{AD}/\!/\overline{BC}$인 사다리꼴 ABCD에서 $\angle ABC=\angle DCB$, $\overline{AB}=\overline{CD}$이다. $\square ABCD$의 넓이가 $36\sqrt{3}\ \text{cm}^2$이고 두 대각선이 이루는 각의 크기가 $120°$일 때, $\overline{AC}$의 길이는? [3점]

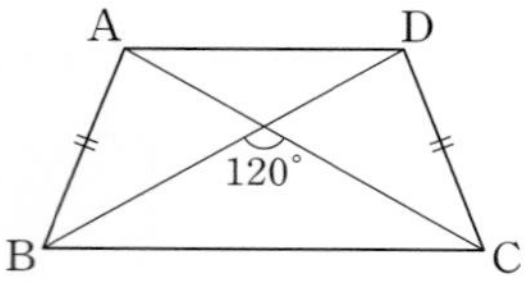

① 11 cm　　　② 12 cm　　　③ 13 cm
④ 14 cm　　　⑤ 15 cm

16

0302-0446

오른쪽 그림과 같이 $\overline{AC}=18\ \text{cm}$, $\overline{BD}=16\ \text{cm}$, $\angle DBC=50°$, $\angle ACB=70°$일 때, $\square ABCD$의 넓이는? [3점]

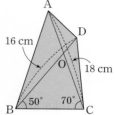

① $72\sqrt{3}\ \text{cm}^2$　　　② $75\sqrt{3}\ \text{cm}^2$
③ $80\sqrt{2}\ \text{cm}^2$　　　④ $84\sqrt{6}\ \text{cm}^2$
⑤ $90\sqrt{2}\ \text{cm}^2$

17

0302-0447

오른쪽 그림과 같이 한 변의 길이가 1 m인 정육각형 모양의 탁자가 있을 때, 이 탁자의 넓이는? [3점]

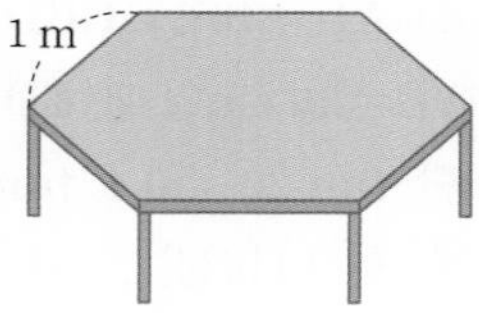

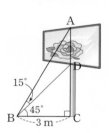

① $\dfrac{3\sqrt{3}}{2}\ \text{m}^2$　　　② $2\sqrt{3}\ \text{m}^2$

③ $\dfrac{5\sqrt{3}}{2}\ \text{m}^2$　　　④ $3\sqrt{3}\ \text{m}^2$

⑤ $\dfrac{7\sqrt{3}}{2}\ \text{m}^2$

주관식

18

0302-0448

오른쪽 그림은 기둥에 설치되어 있는 직사각형 모양의 스크린의 세로의 길이를 알아보기 위하여 3 m 앞에서 측량한 결과이다. 스크린의 세로의 길이인 $\overline{AD}$의 길이를 구하시오. [4점]

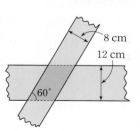

19

0302-0449

폭이 각각 8 cm, 12 cm인 두 종이 테이프가 오른쪽 그림과 같이 겹쳐 있을 때, 겹쳐진 부분의 넓이를 구하시오. [4점]

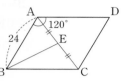

20
0302-0450

오른쪽 그림과 같이 가윤이 네 집에서 학교까지의 거리는 500 m이고 건혁이네 집에서 학교까지의 거리는 700 m일 때, 가윤이네 집에서 건혁이네 집까지의 거리를 구하시오.

(단, cos 32°=0.85, cos 66°=0.41로 계산한다.) [4점]

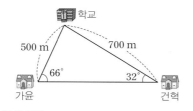

21
0302-0451

다음 그림과 같이 ∠C=150°, $\overline{BC}$=10 cm인 △ABC의 넓이가 30 cm²일 때, $\overline{AC}$의 길이를 구하시오. [3점]

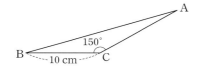

22
0302-0452

오른쪽 그림과 같이 $\overline{AB}$=12, $\overline{AC}$=18인 △ABC에서 ∠A의 이등분선이 $\overline{BC}$와 만나는 점을 D라고 하자. ∠BAC=60°일 때, △ABD의 넓이를 구하시오. [5점]

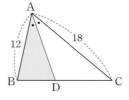

23
서술형

0302-0453

오른쪽 그림과 같은 삼각기둥에서 $\overline{BC}$=10 cm, ∠ABC=105°, ∠BCA=30°이고, ∠ABD=∠a라고 할 때, tan a=$\sqrt{3}$이다. 이 삼각기둥의 높이를 구하시오. [6점]

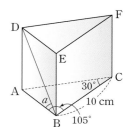

24
서술형

0302-0454

오른쪽 그림과 같은 평행사변형 ABCD에서 $\overline{AB}$의 길이는 25 % 줄이고, $\overline{AD}$의 길이는 10 % 늘여서 새로운 평행사변형 AB′C′D′을 만들었을 때, 평행사변형 AB′C′D′의 넓이는 평행사변형 ABCD의 넓이의 몇 배인지 구하시오. [4점]

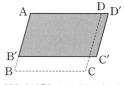

25
서술형

0302-0455

오른쪽 그림과 같은 직사각형 ABCD의 넓이가 $4\sqrt{3}$ cm²일 때, ∠AOB의 크기를 구하시오.

(단, 0°<∠AOB<90°) [3점]

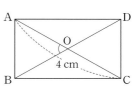

01
0302-0456

오른쪽 그림과 같은 원 O에서 $\overline{OM}\perp\overline{AB}$ 이고 $\overline{OA}=6$ cm, $\overline{OM}=3$ cm일 때, $\overline{AB}$ 의 길이는? [3점]

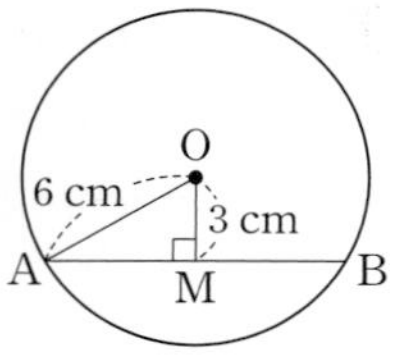

① 4 cm   ② $4\sqrt{3}$ cm
③ $6\sqrt{3}$ cm   ④ $4\sqrt{6}$ cm
⑤ $6\sqrt{6}$ cm

02
0302-0457

오른쪽 그림과 같이 지름의 길이가 12 cm 인 원 O에서 $\overline{AB}\perp\overline{CD}$, $\overline{CM}=2$ cm일 때, $\overline{AB}$의 길이는? [3점]

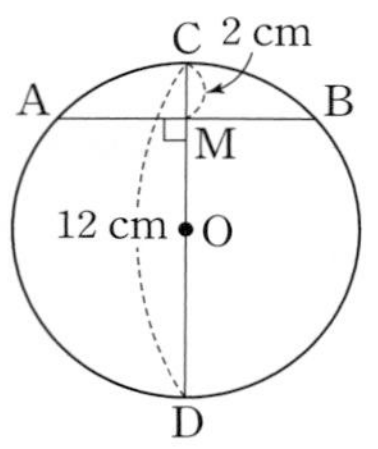

① $3\sqrt{3}$ cm   ② $4\sqrt{2}$ cm
③ $4\sqrt{3}$ cm   ④ $4\sqrt{5}$ cm
⑤ $6\sqrt{5}$ cm

03
0302-0458

오른쪽 그림과 같이 반지름의 길이가 8 cm인 원 O에서 $\overline{AB}\perp\overline{OC}$, $\overline{OM}=\overline{CM}$ 일 때, $\overline{AB}$의 길이는? [3점]

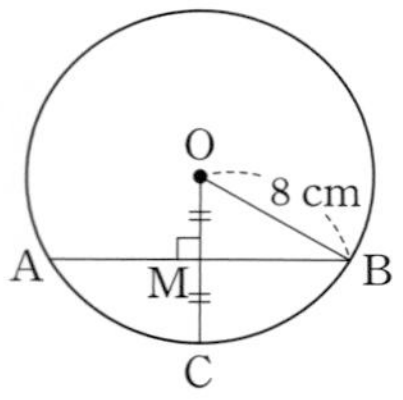

① 12 cm   ② $4\sqrt{10}$ cm
③ $6\sqrt{5}$ cm   ④ $8\sqrt{3}$ cm
⑤ $9\sqrt{3}$ cm

04
0302-0459

오른쪽 그림은 어떤 원의 일부분이다. $\overline{AB}\perp\overline{MH}$, $\overline{AH}=\overline{BH}$이고 $\overline{AB}=6\sqrt{3}$ cm, $\overline{MH}=2$ cm일 때, 이 원의 반지름의 길이는? [4점]

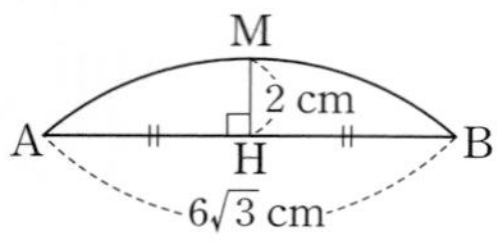

① 8 cm   ② $\dfrac{31}{4}$ cm   ③ $\dfrac{29}{4}$ cm
④ 7 cm   ⑤ 6 cm

05
0302-0460

오른쪽 그림과 같은 원 O에서 $\overline{AB}\perp\overline{OM}$, $\overline{CD}\perp\overline{ON}$이다. $\overline{AB}=\overline{CD}=9$ cm이고 $\overline{ON}=5$ cm일 때, $\overline{OM}$의 길이는? [3점]

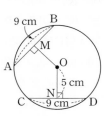

① 4.5 cm   ② 5 cm
③ 5.5 cm   ④ 6 cm
⑤ 6.5 cm

06
0302-0461

오른쪽 그림과 같은 원 O에서 $\overline{AB}\perp\overline{OM}$, $\overline{CD}\perp\overline{ON}$이다. $\overline{OM}=\overline{ON}=3$일 때, $\overline{OC}$ 의 길이는? [3점]

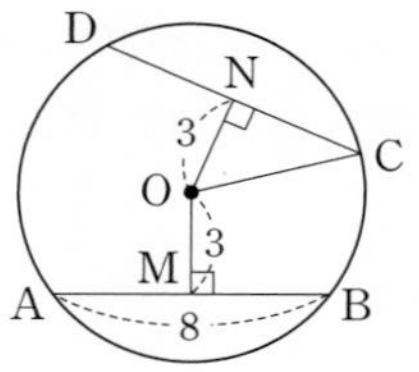

① 5   ② 6
③ 8   ④ 9
⑤ 10

07
0302-0462

오른쪽 그림과 같이 원 O의 중심에서 두 현 $\overline{AB}$, $\overline{AC}$에 내린 수선의 발을 각각 M, N이 라고 하자. $\overline{OM}=\overline{ON}$, $\angle A=48°$일 때, $\angle B$의 크기는? [3점]

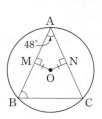

① 66°   ② 68°
③ 70°   ④ 72°
⑤ 74°

08

0302-0463

오른쪽 그림과 같이 중심이 같은 두 원의 반지름의 길이가 각각 6 cm, 8 cm이다. 작은 원의 접선이 큰 원과 만나는 점을 각각 A, B라고 할 때, $\overline{AB}$의 길이는? [4점]

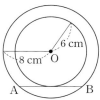

① 10 cm
② $6\sqrt{3}$ cm
③ $4\sqrt{7}$ cm
④ 12 cm
⑤ 14 cm

09

0302-0464

오른쪽 그림과 같이 원 밖의 한 점 P에서 원 O에 그은 접선의 접점을 A, B라고 하자. ∠AOB = 140°일 때, ∠APB의 크기는? [3점]

① 20°
② 25°
③ 30°
④ 35°
⑤ 40°

10

0302-0465

오른쪽 그림과 같이 $\overrightarrow{PA}$가 원 O에 접하고 접점 A에서 $\overline{PO}$에 내린 수선의 발을 H라고 하자. $\overline{PH}=9$ cm, $\overline{OH}=3$ cm일 때, 원 O의 반지름의 길이는? [5점]

① $4\sqrt{2}$ cm
② 6 cm
③ $2\sqrt{10}$ cm
④ $\sqrt{42}$ cm
⑤ $3\sqrt{5}$ cm

11

0302-0466

오른쪽 그림에서 $\overline{AE}$, $\overline{AF}$, $\overline{BC}$는 원 O의 접선이고 세 점 E, F, D는 원 O의 접점이다. $\overline{AB}=4$ cm, $\overline{BC}=6$ cm, $\overline{CA}=8$ cm일 때, $\overline{BE}$의 길이는? [3점]

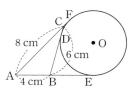

① 3 cm
② 3.5 cm
③ 4 cm
④ 4.5 cm
⑤ 5 cm

12

0302-0467

오른쪽 그림과 같이 $\overline{AB}$, $\overline{AC}$, $\overline{DE}$는 원 O의 접선이고 세 점 B, C, F는 원 O의 접점이다. $\overline{AB}=9$ cm일 때, △ADE의 둘레의 길이는? [4점]

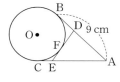

① 18 cm
② 20 cm
③ 22 cm
④ 24 cm
⑤ 26 cm

13

0302-0468

오른쪽 그림과 같이 $\overline{AB}$를 지름으로 하는 반원 O에서 $\overline{AD}$, $\overline{BC}$, $\overline{CD}$는 접선이고 세 점 A, B, E는 각각 그 접점이다. $\overline{AB}=6$ cm, $\overline{BC}=1$ cm일 때, $\overline{CD}$의 길이는? [4점]

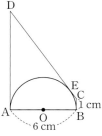

① 9 cm
② 9.5 cm
③ 10 cm
④ 10.5 cm
⑤ 11 cm

14

0302-0469

오른쪽 그림에서 세 점 D, E, F는
△ABC의 내접원의 접점이고,
$\overline{AF}=2$ cm, $\overline{BF}=7$ cm,
$\overline{AC}=5$ cm일 때, $\overline{BC}$의 길이는?

[3점]

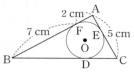

① 8 cm   ② 9 cm   ③ 10 cm
④ 11 cm   ⑤ 12 cm

15

0302-0470

오른쪽 그림과 같이 □ABCD가 원 O
에 외접할 때, □ABCD의 둘레의 길
이는?   [4점]

① 16   ② 18
③ 20   ④ 22
⑤ 24

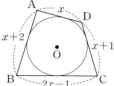

16

0302-0471

오른쪽 그림에서 $\overleftrightarrow{AB}$, $\overleftrightarrow{CP}$는 두 원
O, O′의 공통인 접선이고 점 A,
B, P는 그 접점이다. $\overline{AB}=8$ cm
일 때, $\overline{CP}$의 길이는?   [4점]

① 4 cm   ② 4.5 cm   ③ 5 cm
④ 5.5 cm   ⑤ 6 cm

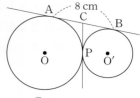

17

0302-0472

오른쪽 그림에서 □ABCD는 한 변의
길이가 10인 정사각형이다. $\overline{DE}$가 $\overline{BC}$
를 지름으로 하는 반원 O와 점 P에서 접
할 때, $\overline{DE}$의 길이는? [5점]

① 10   ② 11
③ 11.5   ④ 12
⑤ 12.5

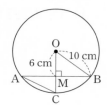

주관식

18

0302-0473

오른쪽 그림에서 $\overline{AB}\perp\overline{OC}$, $\overline{OB}=10$ cm,
$\overline{OM}=6$ cm일 때, $\overline{AC}$의 길이를 구하시오.

[4점]

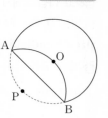

19

0302-0474

오른쪽 그림과 같이 반지름의 길이가
4 cm인 원 위의 한 점 P를 원의 중심 O
에 겹치도록 접었을 때, $\overline{AB}$의 길이를 구
하시오.   [4점]

20

0302-0475

오른쪽 그림에서 두 점 A, B는 점 P에서 원 O에 그은 접선의 접점이고 $\overline{AC}$는 원 O의 지름이다. ∠APB=46°일 때, ∠BAC의 크기를 구하시오. [4점]

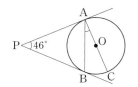

21

0302-0476

오른쪽 그림에서 원 O는 △ABC의 내접원이고 △DEF의 외접원이다. ∠B=75°, ∠C=45°일 때, ∠ADF의 크기를 구하시오. [5점]

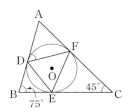

22

0302-0477

오른쪽 그림에서 원 O는 □ABCD의 내접원이고 원 O의 반지름의 길이는 6 cm이다. ∠A=∠B=90°이고 $\overline{BC}$=18 cm, $\overline{CD}$=15 cm일 때, □ABCD의 넓이를 구하시오. [5점]

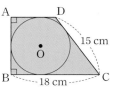

23 서술형

0302-0478

오른쪽 그림과 같이 두 현 AD, BC는 원의 중심 O로 부터 같은 거리에 있다. ∠ODA=30°, $\overline{BC}$=6 cm일 때, 원 O의 둘레의 길이를 구하시오. [5점]

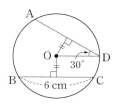

24 서술형

0302-0479

오른쪽 그림에서 $\overline{PE}=\overline{PF}$, $\overline{OE}\perp\overline{AP}$, $\overline{OF}\perp\overline{CP}$이고 $\overline{CF}$=4 cm일 때, $\overline{AB}$의 길이를 구하시오. [6점]

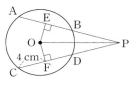

25 서술형

0302-0480

오른쪽 그림과 같이 ∠C=90°인 직각삼각형 ABC에 원 O가 내접한다. $\overline{AD}$=4 cm, $\overline{BE}$=6 cm일 때, 원 O의 넓이를 구하시오. [6점]

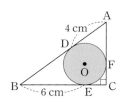

01

0302-0481

오른쪽 그림과 같은 원 O에서 ∠BAC=50°
일 때, ∠x의 크기는? [3점]

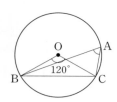

① 20°   ② 25°

③ 30°   ④ 35°

⑤ 40°

02

0302-0482

오른쪽 그림에서 원 O는 △ABC의 외접
원이다. ∠BOC=120°일 때, sin A의
값은? [4점]

① $\dfrac{1}{3}$ ② $\dfrac{1}{2}$

③ $\dfrac{\sqrt{2}}{2}$ ④ $\dfrac{\sqrt{3}}{3}$

⑤ $\dfrac{\sqrt{3}}{2}$

03

0302-0483

오른쪽 그림과 같이 원 O 위의 두 점
A, B에서 각각 그은 접선의 교점을 P
라고 한다. ∠APB=70°일 때,
∠AQB의 크기는? [3점]

① 105°   ② 110°

③ 115°   ④ 120°

⑤ 125°

04

0302-0484

오른쪽 그림에서 ∠BAD=25°,
∠AEC=80°일 때, ∠x의 크기는? [3점]

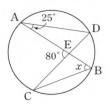

① 50°   ② 55°

③ 60°   ④ 65°

⑤ 70°

05

0302-0485

오른쪽 그림에서 $\overline{AB}$가 원 O의 지름이고
∠BAD=50°일 때, ∠x의 크기는? [3점]

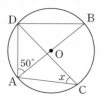

① 40°   ② 45°

③ 50°   ④ 55°

⑤ 60°

06

0302-0486

오른쪽 그림과 같은 원 O에서
∠ADC=65°, ∠BOC=50°일 때,
∠AEB의 크기는? [4점]

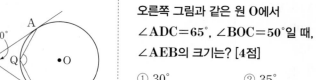

① 30°   ② 35°

③ 40°   ④ 45°

⑤ 50°

07

0302-0487

오른쪽 그림에서 $\overset{\frown}{AB}=3\overset{\frown}{CD}$이고
$\angle ADB=57°$일 때, $\angle x$의 크기는?

[5점]

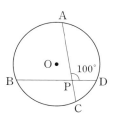

① 38°　　　② 40°

③ 42°　　　④ 44°

⑤ 46°

08

0302-0488

오른쪽 그림과 같이 반지름의 길이가
9 cm인 원 O에서 $\angle APD=100°$일 때,
$\overset{\frown}{AB}+\overset{\frown}{CD}$의 길이는? [6점]

① 7π cm　　　② 8π cm

③ 9π cm　　　④ 10π cm

⑤ 11π cm

09

0302-0489

오른쪽 그림에서 네 점 A, B, C, D가
한 원 위에 있을 때, $\angle ADB$의 크기
는? [4점]

① 20°　　　② 30°

③ 40°　　　④ 50°

⑤ 60°

10

0302-0490

오른쪽 그림과 같이 □ABCD가 원에 내
접하고 $\angle ADB=40°$, $\angle ABD=24°$일
때, $\angle x$의 크기는? [3점]

① 60°　　　② 64°

③ 68°　　　④ 72°

⑤ 76°

11

0302-0491

오른쪽 그림에서 □ABCD와 □ABCE
는 원에 내접한다. $\angle APC=112°$,
$\angle ABC=102°$일 때, $\angle x-\angle y$의 크기
는? [4점]

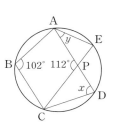

① 34°　　　② 38°

③ 44°　　　④ 48°

⑤ 52°

12

0302-0492

오른쪽 그림과 같이 원 O에 내접하는 오각
형 ABCDE에서 $\angle AOE=80°$,
$\angle CDE=100°$일 때, $\angle x$의 크기는?

[3점]

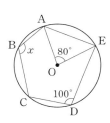

① 105°　　　② 110°

③ 115°　　　④ 120°

⑤ 125°

13

0302-0493

오른쪽 그림에서 □AQBP는 원 O에 내
접하는 사각형이다. $\angle BQR=55°$일 때,
$\angle AOB$의 크기는? [3점]

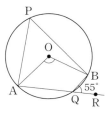

① 100°　　　② 105°

③ 110°　　　④ 115°

⑤ 120°

14

0302-0494

오른쪽 그림에서 직선 AT가 원 O의 접선이고 점 A는 접점이다. $\overline{BC}$는 원 O의 지름이고 ∠ABC=28°일 때, ∠x의 크기는? [3점]

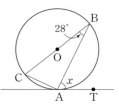

① 60°   ② 62°
③ 64°   ④ 68°
⑤ 72°

15

0302-0495

오른쪽 그림에서 직선 EC는 원 O의 접선이고 점 C는 접점이다. $\overline{BD}$는 지름이고 $\overline{AD}/\!/\overline{EC}$, ∠BCE=25°일 때, ∠CBD+∠APD의 크기는? [6점]

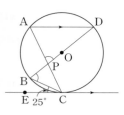

① 140°   ② 145°
③ 150°   ④ 155°
⑤ 160°

16

0302-0496

오른쪽 그림에서 $\overline{PC}$는 원 O의 접선이고 점 C는 접점이다. ∠ADC=120°, ∠BAC=35°일 때, ∠x의 크기는? [4점]

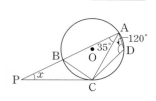

① 15°   ② 20°   ③ 25°
④ 30°   ⑤ 35°

17

0302-0497

오른쪽 그림에서 직선 TT′은 두 원 O, O′의 공통인 접선이고 접점 P를 지나는 두 직선이 두 원과 각각 A, B, C, D에서 만난다. 다음 중 ∠CAP와 크기가 같은 각을 모두 고르면?

(정답 2개) [4점]

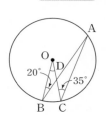

① ∠APT   ② ∠ACP   ③ ∠DBP
④ ∠DPT   ⑤ ∠BDP

주관식

18

0302-0498

오른쪽 그림과 같은 원 O에서 ∠ABO=20°, ∠ACO=35°일 때, ∠BOC의 크기를 구하시오. [4점]

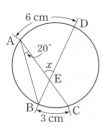

19

0302-0499

오른쪽 그림과 같은 원에서 ∠BAC=20°이고 $\overparen{AD}$=6 cm, $\overparen{BC}$=3 cm일 때, ∠x의 크기를 구하시오. [4점]

20

0302-0500

오른쪽 그림과 같이 두 원 O, O′이 두 점 P, Q에서 만난다. 점 P를 지나는 직선과 점 Q를 지나는 직선이 두 원과 만나는 점을 각각 A, B와 C, D라고 하자. ∠PAC=100°일 때, ∠PBD의 크기를 구하시오. [3점]

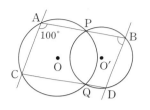

23 서술형

0302-0503

오른쪽 그림에서 Ａ다. ⌢AE=2⌢EB, ∠ADС̇O의 지름이 ∠x+∠y의 크기를 구하시오. 때,

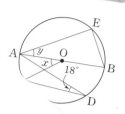

21

0302-0501

오른쪽 그림에서 □ABCD가 원에 내접하고 AB, CD의 연장선의 교점을 P, BC, AD의 연장선의 교점을 Q라고 하자. ∠BPC=26°, ∠ABC=120°일 때, ∠x의 크기를 구하시오. [5점]

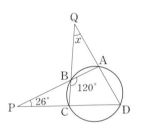

24 서술형

0302-0504

오른쪽 그림에서 ⌢ADC의 길이는 원주의 $\frac{2}{3}$이고, ⌢BCD의 길이는 원주의 $\frac{3}{5}$일 때, ∠ADC와 ∠DCE의 크기의 합을 구하시오. [5점]

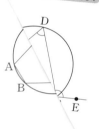

22

0302-0502

그림에서 PA와 PC는 원의 접 A, C는 각각 그 접점이다. 때, ∠x의 크기를 구하시

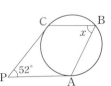

25 서술형

0302-0505

오른쪽 그림에서 PT는 점 T에서 원에 접하고 ⌢TC=⌢CB이다. ∠BPT=34°, ∠BTC=28°일 때, ∠ABT의 크기를 구하시오. [6점]

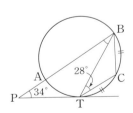

01
0302-0506

다음 설명 중 옳은 것은 고르면? (정답 2개) [3점]

어진 정도를 나타낸다.

① 대푯값은 0이다.
② ~은 극단적인 값에 영향을 받는다.
③ 빈값은 두 개 이상일 수도 있다.
⑤ 편차의 제곱의 평균은 표준편차이다.

02
0302-0507

다음 자료의 ~ 9일 때, x의 값은? [3점]

| 10 | 7 | 12 | 13 | 8 | 7 | x |

② 8   ③ 9
⑤ 11

03
0302-0508

다음은 남학생 10명의 턱걸이 횟수를 조사하여 나타낸 것이다. 중앙값과 최빈값을 차례대로 구한 것은? [3점]

(단위: 회)

| 2 | 6 | 3 | 10 | 8 | 7 | 6 | 8 | 11 | 5 |

	중앙값	최빈값
①	6회	6회
②	6회	6회, 8회
③	6.5회	6회
④	6.5회	6회, 8회
⑤	7회	8회

04
0302-0509

변량 2, 5, a의 중앙값이 5이고, 변량 8, 12, a의 중앙값이 8일 때, 다음 중 a의 값이 될 수 없는 것은? [3점]

① 5   ② 6   ③ 7
④ 8   ⑤ 9

05
0302-0510

다음 자료의 평균과 최빈값이 모두 15일 때, $\dfrac{a}{b}$의 값은?

(단, $a>b$) [4점]

| 21 | 17 | a | 13 | b | 19 | 15 |

① 1   ② $\dfrac{3}{2}$ ③ 2
④ 3   ⑤ $\dfrac{7}{3}$

06

아현이네 반 학생 20명의 기말고사 과학 점수~
80점인 아현이의 점수를 잘못 보고 계~
다. 잘못 본 아현이의 점수는? [4~

① 60점   ②
④ 75점

20

0302-0500

오른쪽 그림과 같이 두 원 O, O'이 두 점 P, Q에서 만난다. 점 P를 지나는 직선과 점 Q를 지나는 직선이 두 원과 만나는 점을 각각 A, B와 C, D라고 하자. ∠PAC=100°일 때, ∠PBD의 크기를 구하시오. [3점]

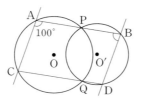

23 서술형

0302-0503

오른쪽 그림에서 $\overparen{AB}$는 원 O의 지름이다. $\overparen{AE}=2\overparen{EB}$, ∠ADC=18°일 때, ∠$x$+∠$y$의 크기를 구하시오. [4점]

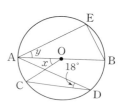

21

0302-0501

오른쪽 그림에서 □ABCD가 원에 내접하고 $\overline{AB}$, $\overline{CD}$의 연장선의 교점을 P, $\overline{BC}$, $\overline{AD}$의 연장선의 교점을 Q라고 하자. ∠BPC=26°, ∠ABC=120°일 때, ∠x의 크기를 구하시오. [5점]

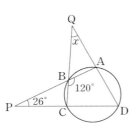

24 서술형

0302-0504

오른쪽 그림에서 $\overparen{ADC}$의 길이는 원주의 $\frac{2}{3}$이고, $\overparen{BCD}$의 길이는 원주의 $\frac{3}{5}$일 때, ∠ADC와 ∠DCE의 크기의 합을 구하시오. [5점]

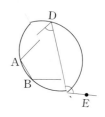

22

0302-0502

오른쪽 그림에서 $\overline{PA}$와 $\overline{PC}$는 원의 접선이고 점 A, C는 각각 그 접점이다. ∠P=52°일 때, ∠x의 크기를 구하시오. [4점]

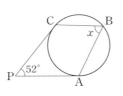

25 서술형

0302-0505

오른쪽 그림에서 $\overrightarrow{PT}$는 점 T에서 원에 접하고 $\overparen{TC}=\overparen{CB}$이다. ∠BPT=34°, ∠BTC=28°일 때, ∠ABT의 크기를 구하시오. [6점]

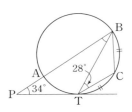

01

0302-0506

다음 설명 중 옳은 것을 모두 고르면? (정답 2개) [3점]

① 대푯값은 자료의 흩어져 있는 정도를 나타낸다.
② 편차의 총합은 0이다.
③ 중앙값은 극단적인 값에 영향을 받는다.
④ 최빈값은 두 개 이상일 수도 있다.
⑤ 편차의 제곱의 평균은 표준편차이다.

02

0302-0507

다음 자료의 평균이 9일 때, x의 값은? [3점]

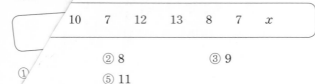

| 10 | 7 | 12 | 13 | 8 | 7 | x |

① ② 8 ③ 9
⑤ 11

03

0302-0508

다음은 남학생 10명의 턱걸이 횟수를 조사하여 나타낸 것이다. 중앙값과 최빈값을 차례대로 구한 것은? [3점]

(단위: 회)

| 2 | 6 | 3 | 10 | 8 | 7 | 6 | 8 | 11 | 5 |

	중앙값	최빈값
①	6회	6회
②	6회	6회, 8회
③	6.5회	6회
④	6.5회	6회, 8회
⑤	7회	8회

04

0302-0509

변량 2, 5, a의 중앙값이 5이고, 변량 8, 12, a의 중앙값이 8일 때, 다음 중 a의 값이 될 수 없는 것은? [3점]

① 5 ② 6 ③ 7
④ 8 ⑤ 9

05

0302-0510

다음 자료의 평균과 최빈값이 모두 15일 때, $\dfrac{a}{b}$의 값은?

(단, $a>b$) [4점]

| 21 | 17 | a | 13 | b | 19 | 15 |

① 1 ② $\dfrac{3}{2}$ ③ 2
④ 3 ⑤ $\dfrac{7}{3}$

06

0302-0511

아현이네 반 학생 20명의 기말고사 과학 점수의 평균을 구하는데 80점인 아현이의 점수를 잘못 보고 계산하여 평균이 1점 낮아졌다. 잘못 본 아현이의 점수는? [4점]

① 60점 ② 65점 ③ 70점
④ 75점 ⑤ 80점

07

0302-0512

오른쪽 그림은 두 학급 A, B의 국어 수행평가 점수를 조사하여 나타낸 꺾은선그래프이다. 다음 설명 중 옳지 <u>않은</u> 것을 모두 고르면? (정답 2개) [4점]

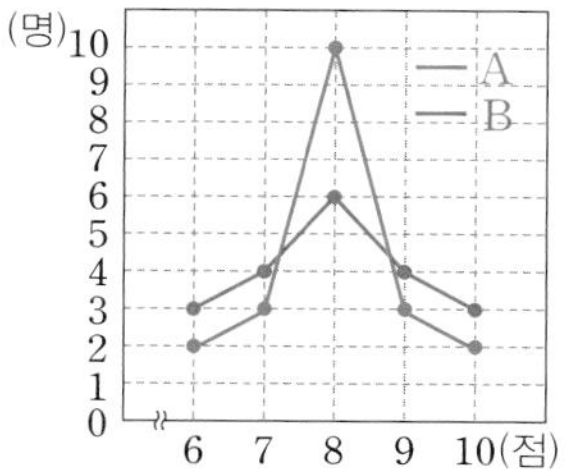

① 평균은 A반이 더 높다.
② 두 학급의 중앙값은 같다.
③ 두 학급의 최빈값은 같다.
④ B학급의 점수가 A학급의 점수보다 더 고르다.
⑤ 7점 이하인 학생 수는 B학급이 A학급보다 더 많다.

08

0302-0513

다음 표는 영화동호회 회원 18명이 한 달 동안 본 영화 편 수를 조사하여 나타낸 것이다. 〈보기〉의 설명 중 옳은 것을 모두 고른 것은? [3점]

편 수(편)	1	2	3	4	5	48
회원 수(명)	2	5	x	7	1	1

┤ 보기 ├
ㄱ. x의 값은 3이다.
ㄴ. 평균은 대푯값으로 적절하지 않다.
ㄷ. 중앙값은 4편이다.
ㄹ. 최빈값은 4편이다.
ㅁ. 편차가 가장 큰 변량에 대한 회원 수는 1명이다.

① ㄱ, ㄴ   ② ㄷ, ㄹ   ③ ㄴ, ㄷ, ㄹ
④ ㄴ, ㄹ, ㅁ   ⑤ ㄷ, ㄹ, ㅁ

09

0302-0514

다음은 5개의 변량의 편차를 나타낸 것이다. 이 자료의 분산은? [3점]

변량	A	B	C	D	E
편차	5	−3	2	x	−4

① 10.2   ② 10.8   ③ 11.2
④ 11.6   ⑤ 11.8

10

0302-0515

오른쪽 줄기와 잎 그림은 어느 모둠의 사회 수행평가 점수를 조사하여 나타낸 것이다. 이 자료의 표준편차는? [4점]

(0|8은 8점)

줄기	잎
0	8 9
1	0 3 4 5
2	1 2 2 6

① 5.2점   ② $\sqrt{33}$점   ③ $\sqrt{34.5}$점
④ $\sqrt{35.7}$점   ⑤ 6점

11

0302-0516

변량 3, x, y, 4, 5의 평균이 3이고 표준편차가 $\sqrt{2}$일 때, x^2+y^2의 값은? [4점]

① 2   ② 5   ③ 6
④ 8   ⑤ 10

12

0302-0517

변량 a, b, c의 평균이 4이고 표준편차가 $\sqrt{6}$일 때, 변량 $2a$, $2b$, $2c$의 평균과 표준편차를 차례대로 구한 것은? [4점]

① 4, $\sqrt{6}$ ② 4, $2\sqrt{6}$ ③ 8, $\sqrt{6}$
④ 8, $2\sqrt{6}$ ⑤ 8, 6

13
0302-0518

양수 a에 대하여 변량 a, $2a-1$, $3a-2$의 표준편차가 $\sqrt{6}$일 때, 이 자료의 평균은? [4점]

① 3   ② 4   ③ 5
④ 6   ⑤ 7

14
0302-0519

다음 자료의 평균이 5이고 최빈값이 4일 때, 이 자료의 분산은?

(단, $a>b$) [4점]

a	b	4	7	8

① 4   ② 4.8   ③ 5.2
④ 5.6   ⑤ 6

15
0302-0520

길이가 a cm, b cm, c cm, d cm인 4개의 철사로 각각 4개의 정사각형을 만들었다. 4개의 철사의 길이의 평균이 20 cm, 표준편차가 $4\sqrt{2}$ cm일 때, 4개의 정사각형의 넓이의 평균은? [4점]

① 23 cm²   ② 24 cm²   ③ 25 cm²
④ 26 cm²   ⑤ 27 cm²

16
0302-0521

다음 자료 중에서 표준편차가 가장 큰 것은? [3점]

① 1, 3, 5, 7, 9   ② 7, 7, 7, 7, 7   ③ 3, 4, 5, 6, 7
④ 5, 6, 7, 8, 9   ⑤ 2, 5, 8, 11, 14

17
0302-0522

다음은 A, B 두 중학교 3학년 학생들의 수학 성적에 대한 평균과 표준편차를 조사하여 나타낸 것이다. 다음 설명 중 옳지 <u>않은</u> 것은? [3점]

학교	A	B
평균(점)	71	71
표준편차(점)	4.8	5.5

① B중학교의 수학 성적이 더 우수하다.
② 두 중학교 전체의 수학 성적의 평균은 71점이다.
③ A중학교의 수학 성적이 더 고르다.
④ 두 중학교의 수학 성적의 분포는 다르다.
⑤ 두 중학교에서 수학 성적의 최고 점수는 알 수 없다.

주관식

18
0302-0523

다음 자료의 평균, 중앙값, 최빈값을 각각 a, b, c라고 할 때, a, b, c의 크기를 비교하시오. [4점]

6	7	10	4	8	5	9	8	8	5

19

0302-0524

다음 자료의 중앙값은 4, 최빈값은 7이라고 할 때, 이 자료의 평균을 구하시오. (단, $a \leq b \leq c$) [4점]

| 3 | 0 | 0 | 4 | 7 | a | b | c |

20

0302-0525

다음은 수연이네 반 학생 5명의 줄넘기 기록에 대한 편차를 조사하여 나타낸 표이다. 줄넘기 횟수의 평균이 240회일 때, 가장 많이 줄넘기를 한 학생의 줄넘기 횟수를 구하시오. [4점]

학생	A	B	C	D	E
편차(회)	-82	x	25	70	-105

21

0302-0526

다음은 학생 A, B, C, D, E의 키의 편차를 나타낸 것이다. 1년 후 5명의 학생 모두 키가 5 cm씩 자랐다고 할 때, 1년 후 학생 키의 표준편차를 구하시오. [5점]

학생	A	B	C	D	E
편차(cm)	-2	0	x	-2	3

22

0302-0527

어느 학급의 정보 시험 결과 남학생 6명과 여학생 4명의 평균은 같고 분산이 각각 9, 4이었다. 전체 10명의 정보 점수의 분산을 구하시오. [6점]

23 서술형

0302-0528

다음 자료의 평균이 17이고 $a - b = 4$일 때, 중앙값을 구하시오. [5점]

| 9 | 18 | a | b | 14 |

24 서술형

0302-0529

오른쪽 막대그래프는 어느 학급의 체육 수행평가 점수를 조사하여 나타낸 것이다. 분산을 구하시오. [6점]

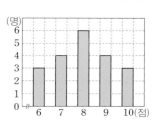

25 서술형

0302-0530

3개의 변량 a, b, c의 평균이 1, 표준편차가 $\sqrt{2}$일 때, 6개의 변량 a, b, c, 2, 4, 3의 평균과 표준편차를 각각 구하시오. [6점]

[01~03] 오른쪽 그림은 다정이 네 반 학생 20명의 수학 1차 형성평가 성적과 2차 형성평가 성적에 대한 산점도이다.

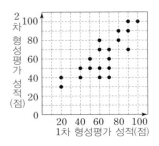

01
0302-0531

2차 형성평가 성적이 1차 형성평가 성적보다 향상된 학생 수는?

[7점]

① 4명 ② 5명 ③ 6명
④ 7명 ⑤ 8명

02
0302-0532

두 형성평가 중 적어도 한 번의 성적이 80점 이상인 학생은 전체의 몇 %인가? [9점]

① 20 % ② 25 % ③ 30 %
④ 35 % ⑤ 40 %

03
0302-0533

1차 형성평가 성적이 70점인 학생들의 2차 형성평가 성적의 평균은? [9점]

① 50점 ② 55점 ③ 60점
④ 65점 ⑤ 70점

[04~05] 오른쪽 그림은 어느 학급 학생 20명의 국어와 영어 성적에 대한 산점도이다.

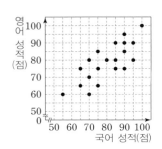

04
0302-0534

국어 성적과 영어 성적이 같은 학생은 몇 명인가? [5점]

① 4명 ② 5명 ③ 6명
④ 7명 ⑤ 8명

05
0302-0535

국어 성적과 영어 성적의 차가 가장 많이 나는 학생의 점수 차는?

[8점]

① 5점 ② 10점 ③ 15점
④ 20점 ⑤ 25점

06
0302-0536

오른쪽 그림은 경호네 반 학생들의 키와 몸무게에 대한 산점도이다. 다음 설명 중 옳지 않은 것은? [8점]

① A는 키에 비해 몸무게가 많이 나간다.
② B는 키도 크고 몸무게도 많이 나간다.
③ C는 키와 몸무게가 보통이다.
④ 가장 몸무게가 적게 나가는 학생은 E이다.
⑤ 가장 비만 위험이 큰 학생은 D이다.

07
0302-0537

다음 중 오른쪽 산점도의 두 변량 x, y 사이의 관계로 적절한 것은? [8점]

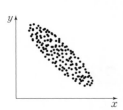

① 가족 수와 생활비
② 충치 개수와 키
③ 해발고도와 공기 중 산소의 양
④ 학습량과 성적
⑤ 몸무게와 허리둘레

08
0302-0538

다음 중 강한 양의 상관관계를 나타내는 것은? [5점]

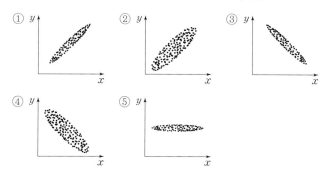

주관식

[09~11] 오른쪽 그림은 시영
이네 반 학생 20명의 수학 성적
과 전과목 평균 성적에 대한 산
점도이다.

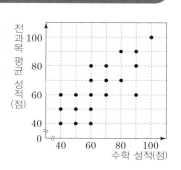

09
0302-0539

수학 성적보다 전과목 평균 성적이 더 높은 학생 수를 구하시오.
[6점]

10 서술형
0302-0540

수학 성적이 70점 이상인 학생 중에서 전과목 평균 성적이 70점
이상인 학생은 몇 %인지 구하시오.
(단, 반올림하여 소수점 아래 첫째 자리까지 나타낸다.) [10점]

11
0302-0541

수학 성적과 전과목 평균 성적 사이에는 어떤 상관관계가 있는지
구하시오. [5점]

[12~13] 오른쪽 그림은 현
우네 반 학생 16명의 1학년,
2학년 때의 봉사 활동 시수
에 대한 산점도이다.

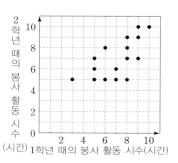

12
0302-0542

1학년 때의 봉사 활동 시수와 2학년 때의 봉사 활동 시수의 평균이
7시간 이상인 학생은 전체의 몇 %인지 구하시오. [10점]

13 서술형
0302-0543

1학년 때의 봉사 활동 시수가 5시간 이상 8시간 미만인 학생들의
2학년 때의 봉사 활동 시수의 평균을 구하시오. [10점]

Level 1

01
0302-0544

$13 \sin A - 5 = 0$일 때, $\cos A$의 값을 구하시오.

(단, $0° < \angle A < 90°$)

풀이 과정

$13 \sin A - 5 = 0$에서 $\sin A = \dfrac{\boxed{}}{13}$

따라서 오른쪽 그림과 같이
$\angle B = 90°$, $\overline{AC} = 13$,
$\overline{BC} = 5$인 직각삼각형 ABC를
생각할 수 있다.

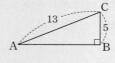

이때 $\overline{AB} = \sqrt{13^2 - 5^2} = \sqrt{\boxed{}} = \boxed{}$이므로

$\cos A = \dfrac{\boxed{}}{13}$

02
0302-0545

오른쪽 그림과 같은 직각삼각형
ABC에서
$\overline{BC} = 12$ cm, $\tan A = \sqrt{3}$일 때,
$\triangle ABC$의 넓이를 구하시오.

풀이 과정

$\tan A = \dfrac{\overline{BC}}{\overline{AB}}$이므로 $\dfrac{\boxed{}}{\overline{AB}} = \sqrt{3}$

$\sqrt{3}\,\overline{AB} = \boxed{}$에서 $\overline{AB} = \dfrac{\boxed{}}{\sqrt{3}} = \boxed{}$(cm)

따라서 $\triangle ABC$의 넓이는

$\dfrac{1}{2} \times 12 \times \boxed{} = \boxed{}$(cm²)

03
0302-0546

$\sin(x + 60°) = 1$일 때,

$\cos \dfrac{3x}{2} - \tan(x + 15°)$의 값을 구하시오.

(단, $0° \leq \angle x \leq 30°$)

풀이 과정

$\sin(x + 60°) = 1$이므로 $\angle x = \boxed{}$

$\cos \dfrac{3x}{2} = \cos \boxed{} = \boxed{}$

$\tan(x + 15°) = \tan \boxed{} = \boxed{}$

따라서 $\cos \dfrac{3x}{2} - \tan(x + 15°) = \dfrac{\boxed{} - \boxed{}}{2}$

04
0302-0547

오른쪽 그림과 같은 삼각형 ABC
에서 다음 삼각비의 표를 이용하
여 $y - x$의 값을 구하시오.

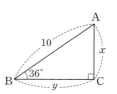

각도	사인(sin)	코사인(cos)	탄젠트(tan)
51°	0.7771	0.6293	1.2349
52°	0.7880	0.6157	1.2799
53°	0.7986	0.6018	1.3270
54°	0.8090	0.5878	1.3764

풀이 과정

$\angle A = 180° - (90° + \boxed{}) = \boxed{}$이므로

$\cos \boxed{} = \dfrac{\boxed{}}{10} = 0.5878$에서 $x = \boxed{}$

$\sin \boxed{} = \dfrac{\boxed{}}{10} = 0.8090$에서 $y = \boxed{}$

따라서 $y - x = \boxed{}$

Level 2

05
0302-0548

오른쪽 그림과 같이 $\angle C = 90°$인 직각
삼각형 ABC가 원 O에 내접하고,
$\overline{OA} = 5$, $\overline{AC} = 8$일 때,
$\sin A \times \tan B$의 값을 구하시오.

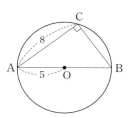

06
0302-0549

오른쪽 그림과 같이 $\angle B = 90°$인 직각삼각형
ABC에서 $c = \sqrt{5}a$일 때, $\sin A + \cos A$의 값을
구하시오.

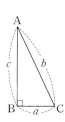

07
0302-0550

오른쪽 그림과 같이 직선
$2x - 3y + 6 = 0$이 x축과 이루는
예각의 크기를 $\angle a$라고 할 때,
$\sin a$의 값을 구하시오.

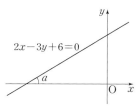

08
0302-0551

오른쪽 그림과 같이 한 모서리의 길이가
1인 정육면체에서 $\angle ACE = \angle x$라고
할 때, $\sin x \times \tan x$의 값을 구하시오.

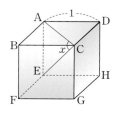

09
0302-0552

$\angle B = 90°$인 직각삼각형 ABC에서 $\sin(90° - A) = \dfrac{15}{17}$일 때,
$\tan A$의 값을 구하시오.

10
0302-0553

오른쪽 그림에서 $\angle ABC = \angle BCD = 90°$,
$\angle BAC = 30°$, $\angle BDC = 45°$이고, $\overline{AB} = 6$
일 때, $\overline{BD}$의 길이를 구하시오.

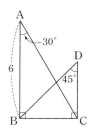

11

0302-0554

오른쪽 그림에서 △ABC,
△BCD는 모두 직각삼각형이다.
$\overline{EF}\perp\overline{BC}$이고 ∠DBC=45°,
∠ACB=30°, $\overline{AB}$=6일 때,
△EBC의 넓이를 구하시오.

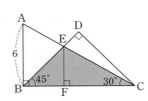

12

0302-0555

오른쪽 그림과 같이 ∠C=90°인 직각삼각형 ABC
에서 ∠ABC=60°, $\overline{BC}$=2이다. $\overline{AC}$의 연장선 위
에 $\overline{AB}=\overline{AD}$가 되도록 점 D를 잡았을 때,
tan 15°의 값을 구하시오.

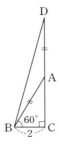

13

0302-0556

직선 $\sin 45°\times x-\cos 60°\times y=-\sqrt{2}$가 x축과 이루는 예각의
크기를 ∠a라고 할 때, cos a의 값을 구하시오.

14

0302-0557

45°≤∠A≤90°이고
$\sqrt{(\sin A-\cos A)^2}+\sqrt{(\sin A+\cos A)^2}=\sqrt{2}$일 때, tan A의
값을 구하시오.

15

0302-0558

오른쪽 그림은 좌표평면 위의 원점 O를 중
심으로 하고 반지름의 길이가 1인 사분원을
그린 것이다. 점 B의 x좌표가 $\frac{1}{2}$이고 점
D와 점 C의 y좌표를 각각 a, b라고 할 때,
$b-a$의 값을 구하시오.

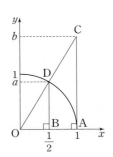

16

0302-0559

오른쪽 그림과 같이 좌표평면 위의 원점
O를 중심으로 하고 반지름의 길이가 1
인 사분원에서 다음 삼각비의 표를 이용
하여 $\overline{AB}+\overline{CD}$의 값을 구하시오.

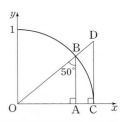

각도	사인(sin)	코사인(cos)	탄젠트(tan)
40°	0.6428	0.7660	0.8391
41°	0.6561	0.7547	0.8693
42°	0.6691	0.7431	0.9004

Level ③

17

오른쪽 그림에서 직각삼각형 ABC의 넓이가 두 직선 DE, FG에 의해 삼등분된다. $\sin C = \dfrac{\sqrt{2}}{2}$, $\overline{AB}=10$ cm일 때, $\overline{EG}$의 길이를 구하시오.

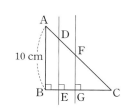

18

오른쪽 그림과 같이 한 모서리의 길이가 10인 정육면체의 점 D에서 $\overline{BH}$에 내린 수선의 발을 I라 하고 ∠IDH＝∠x라고 할 때, $\cos x + \tan x$의 값을 구하시오.

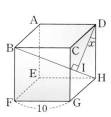

19

다음 그림에서 일차함수 $y=ax+b$의 그래프와 x축, y축의 교점이 각각 A, B이고 $\overline{AB} \perp \overline{OC}$, $\overline{OC}=12$이다. △AOB에서 $\tan B = \dfrac{12}{5}$일 때, 점 B의 y좌표를 구하시오. (단, a, b는 상수이다.)

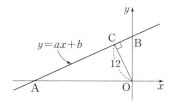

20

다음 그림과 같은 직각삼각형 ABC에서 $\overline{AC}=\overline{BD}=\overline{DE}=\overline{EC}=1$, ∠ABC＝∠$x$, ∠ADC＝∠$y$일 때, $\sin(x+y)$의 값을 구하시오.

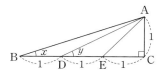

21

$\sin A = \dfrac{2x}{1+4x^2}$, $\tan A = \dfrac{\sqrt{3}}{3}$일 때, x의 값을 구하시오.

(단, $0° < ∠A < 90°$)

22

오른쪽 그림과 같이 $\overline{BC}=2\overline{AB}$인 직사각형 ABCD에서 $\overline{BC}=\overline{BE}$가 되도록 $\overline{AD}$ 위에 점 E를 잡았다. ∠ABE＝∠x, ∠BEC＝∠y일 때, ∠x와 ∠y의 크기의 차를 구하시오.

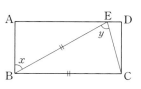

Level 1

01
0302-0566

오른쪽 그림과 같이 키가 1.6 m인 학생이 나무로부터 10 m 떨어진 지점에서 나무를 올려다본 각의 크기가 48°일 때, 나무의 높이를 구하시오. (단, $\tan 48° = 1.11$로 계산한다.)

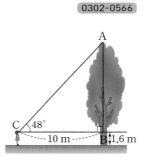

풀이 과정 △ACB에서

$\tan 48° = \dfrac{\overline{AB}}{\overline{BC}} = \dfrac{\overline{AB}}{\boxed{}} = \boxed{}$, $\overline{AB} = \boxed{}$ (m)

따라서 (나무의 높이) $= \overline{AB} + \boxed{} = \boxed{}$ (m)

02
0302-0567

호수 위의 열기구 안에서 호수의 양쪽 끝을 내려다본 각의 크기가 각각 20°, 55°이었다. 열기구가 수면으로부터 50 m 떠 있을 때, 이 호수의 양쪽 끝 사이의 거리를 구하시오. (단, $\tan 70° = 2.75$, $\tan 35° = 0.70$으로 계산한다.)

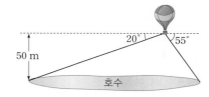

풀이 과정

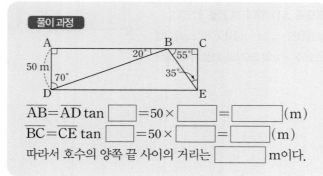

$\overline{AB} = \overline{AD} \tan \boxed{} = 50 \times \boxed{} = \boxed{}$ (m)

$\overline{BC} = \overline{CE} \tan \boxed{} = 50 \times \boxed{} = \boxed{}$ (m)

따라서 호수의 양쪽 끝 사이의 거리는 $\boxed{}$ m이다.

03
0302-0568

오른쪽 그림과 같이 한 변의 길이가 20 cm인 정삼각형 ABC에 정삼각형 DEF가 내접해 있다. △DEF의 넓이를 구하시오.

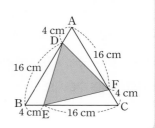

풀이 과정

$\triangle ABC = \dfrac{1}{2} \times 20 \times \boxed{} \times \sin \boxed{} = \boxed{}$ (cm²)

$\triangle ADF \equiv \triangle BED \equiv \triangle CFE$ (SAS 합동)이고,

$\triangle ADF = \dfrac{1}{2} \times \boxed{} \times 16 \times \sin 60° = \boxed{}$ (cm²)

따라서 $\triangle DEF = \triangle ABC - \boxed{} \times \triangle ADF$

$= \boxed{} - 3 \times \boxed{} = \boxed{}$ (cm²)

04
0302-0569

오른쪽 그림과 같은 평행사변형 ABCD에서 $\dfrac{\overline{BD}}{\overline{AC}} = \dfrac{3}{2}$, $\angle BOC = 120°$이고, △BOC의 넓이가 $\dfrac{15\sqrt{3}}{4}$ cm²일 때, $\overline{AC}$의 길이를 구하시오.

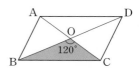

풀이 과정

평행사변형 ABCD에서 $\dfrac{\overline{BD}}{\overline{AC}} = \dfrac{3}{2}$이므로 $a > 0$에 대하여 $\overline{AC} = 2a$ cm, $\overline{BD} = 3a$ cm라고 하자.

$\square ABCD = \dfrac{1}{2} \times \boxed{} \times \boxed{} \times \sin(180° - 120°)$

$= \boxed{}$ (cm²)

$\square ABCD = \boxed{} \times \triangle BOC = \boxed{} \times \dfrac{15\sqrt{3}}{4}$

$= \boxed{}$ (cm²)

따라서 $\overline{AC} = 2a = \boxed{}$ (cm)이다.

Level 2

05

0302-0570

오른쪽 그림과 같이 받침대 위에 수직으로 세워진 조각상에 대하여 $\overline{BD}=6\sqrt{2}$ m, $\overline{CD}=5$ m, $\angle ACD=60°$일 때, 조각상의 높이인 $\overline{AB}$의 길이를 구하시오.

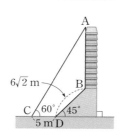

06

0302-0571

오른쪽 그림과 같은 두 직각삼각형 ABC와 DBC에서 $\angle ACB=45°$, $\angle BDC=60°$, $\overline{CD}=10$일 때, $\triangle EBC$의 넓이를 구하시오.

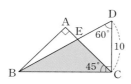

07

0302-0572

오른쪽 그림과 같이 모선의 길이가 $2\sqrt{3}$ cm인 원뿔이 있다. 모선과 밑면이 이루는 각의 크기가 $60°$일 때, 이 원뿔의 부피를 구하시오.

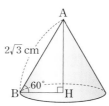

08

0302-0573

오른쪽 그림의 $\triangle ABC$에서 $\overline{AB}=6$, $\overline{AC}=8$, $\cos B=\dfrac{1}{2}$일 때, $\sin C$의 값을 구하시오.

(단, $0° < \angle B < 90°$)

09

0302-0574

오른쪽 그림과 같이 산의 A지점과 C 지점을 직선으로 연결하는 터널을 만들려고 한다. 터널의 길이를 구하기 위하여 B지점에서 측량하였더니 $\overline{AB}=10$ km, $\overline{BC}=8\sqrt{3}$ km, $\angle B=30°$이었을 때, 터널의 길이인 $\overline{AC}$의 길이를 구하시오.

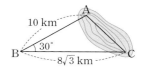

10

0302-0575

오른쪽 그림의 $\triangle ABC$에서 $\angle BAC=105°$, $\angle C=45°$, $\overline{BC}=50$일 때, $\overline{AH}$의 길이를 구하시오.

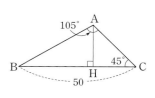

11

0302-0576

오른쪽 그림과 같은 △ABC에서
∠ABC=45°, ∠BAC=15°, $\overline{BC}$=4
일 때, $\overline{AC}$의 길이를 구하시오.

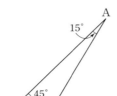

12

0302-0577

오른쪽 그림과 같은 △ABC에서
$\overline{AB}$=9 cm, $\overline{BC}$=16 cm,
∠ABC=60°이고, 점 G가 무게중
심일 때, 색칠한 부분의 넓이를 구하
시오.

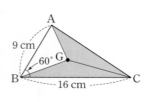

13

0302-0578

오른쪽 그림과 같이 반지름의 길이가
10 cm인 원 O 위의 세 점 A, B, C에 대
하여 $\overset{\frown}{AB}$: $\overset{\frown}{BC}$: $\overset{\frown}{CA}$=5 : 3 : 4일 때,
△ABC의 넓이를 구하시오.

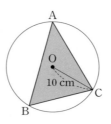

14

0302-0579

오른쪽 그림과 같이 폭이 6 cm
로 일정한 종이테이프를 $\overline{BC}$를
접는 선으로 하여 접었을 때,
△ABC의 넓이를 구하시오.

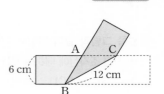

15

0302-0580

오른쪽 그림과 같이 ∠B=45°인 마
름모 ABCD의 넓이가 $18\sqrt{2}$ cm²
일 때, 마름모 ABCD의 둘레의 길
이를 구하시오.

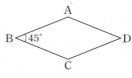

16

0302-0581

오른쪽 그림과 같은 사각형 ABCD에서
두 대각선이 이루는 각의 크기는 120°이
고 $\overline{AC}$: $\overline{BD}$=4 : 5이다. □ABCD의
넓이가 $20\sqrt{3}$ cm²일 때, $\overline{BD}$의 길이를
구하시오.

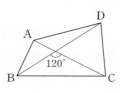

Level 3

17

0302-0582

오른쪽 그림과 같이 A지점과 B지점에서 피라미드의 꼭대기인 C지점을 올려다본 각의 크기는 각각 $20°$, $40°$이고, 두 지점 A, B 사이의 거리는 225 m일 때, 이 피라미드의 높이를 구하시오. (단, $\tan 50° = 1.2$, $\tan 70° = 2.7$로 계산한다.)

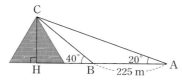

18

0302-0583

오른쪽 그림과 같이 가원이가 서하가 있는 곳에서부터 동쪽으로 200 m 떨어진 지점에서 $60°$의 방향으로 매초 2 m의 일정한 속력으로 걸어가려고 한다. 서하는 원래의 자리에 계속 머물러 있을 때, 가원이와 서하가 가장 가까워지는 것은 가원이가 걷기 시작한 지 몇 초 후인지 구하시오.

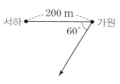

19

0302-0584

오른쪽 그림과 같이 시계 반대 방향으로 10초에 $22.5°$씩 회전하는 놀이기구가 있다. 서로 반대쪽에 있는 A칸과 B칸 사이의 거리가 40 m일 때, 지면과 평행한 때부터 20초 후에 둘 중 어느 칸이 얼마나 더 높은 곳에 있는지 구하시오.

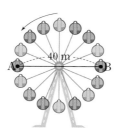

20

0302-0585

오른쪽 그림과 같은 △ABC에서 $\overline{AD} : \overline{BD} = 5 : 4$, $\overline{AE} : \overline{CE} = 4 : 1$이 되도록 점 D, E를 잡았다. △ADE의 넓이를 S, □DBCE의 넓이를 T라고 할 때, $T \div S$의 값을 구하시오.

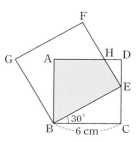

21

0302-0586

오른쪽 그림과 같이 점 E가 $\overline{CD}$ 위에 오도록 두 정사각형 ABCD와 BEFG를 겹쳐놓았더니 $\angle EBC = 30°$이었다. $\overline{BC} = 6$ cm일 때, 겹쳐진 부분인 □ABEH의 넓이를 구하시오.

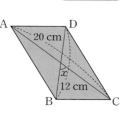

22

0302-0587

오른쪽 그림과 같이 두 대각선의 길이가 각각 20 cm, 12 cm인 □ABCD의 넓이의 최댓값과 이때 두 대각선이 이루는 $\angle x$의 크기를 구하시오.

(단, $0° < \angle x \leq 90°$)

Level 1

01
0302-0588

오른쪽 그림은 원 모양 접시의 일부분이다. 이 접시의 둘레의 길이를 구하시오.

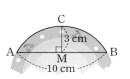

풀이 과정

원 모양 접시의 중심을 O, 반지름의 길이를 r cm라고 하면

$\overline{AM}=\dfrac{1}{2}\overline{AB}=\boxed{}(cm)$

$\overline{OM}=\overline{OC}-\overline{MC}=r-3(cm)$

$\triangle AMO$에서

$\boxed{}^2+(r-3)^2=r^2$, $6r=\boxed{}$, $r=\boxed{}$

따라서 원 모양 접시의 둘레의 길이는

$2\pi\times\boxed{}=\boxed{}(cm)$

02
0302-0589

오른쪽 그림과 같은 원 O에서 $\overline{AB}\perp\overline{OM}$이고 $\overline{AB}=\overline{CD}$이다. $\overline{OD}=13$ cm, $\overline{OM}=12$ cm일 때, $\triangle OCD$의 넓이를 구하시오.

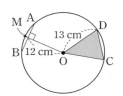

풀이 과정

원의 중심 O에서 $\overline{CD}$에 내린 수선의 발을 N이라고 하면

$\overline{AB}=\overline{CD}$이므로

$\overline{ON}=\overline{OM}=\boxed{}$ cm

직각삼각형 OND에서

$\overline{DN}=\sqrt{13^2-12^2}=\boxed{}(cm)$

따라서 $\overline{CD}=2\overline{DN}=\boxed{}(cm)$이므로

$\triangle OCD=\boxed{}(cm^2)$

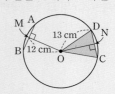

03
0302-0590

오른쪽 그림에서 $\overline{PT}$, $\overline{PT'}$은 각각 T, T'을 접점으로 하는 원 O의 접선이다. $\angle TPT'=80°$, $\overline{OT}=6$ cm일 때, 색칠한 부분의 넓이를 구하시오.

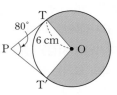

풀이 과정

$\overline{PT}$와 $\overline{PT'}$은 원 O의 접선이므로

$\angle PTO=\angle PT'O=\boxed{}°$

$\angle TOT'=360°-(90°+90°+\boxed{}°)=\boxed{}°$

따라서 색칠한 부분의 넓이는

$\pi\times6^2\times\dfrac{360-\boxed{}}{360}=\boxed{}\pi(cm^2)$

04
0302-0591

오른쪽 그림에서 $\overline{AB}$는 반원 O의 지름이고 $\overline{AC}$, $\overline{CD}$, $\overline{BD}$는 접선이다. $\overline{AC}=5$ cm, $\overline{BD}=4$ cm일 때, $\overline{AB}$의 길이를 구하시오.

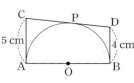

풀이 과정

$\overline{CP}=\overline{CA}=\boxed{}$ cm,

$\overline{DP}=\overline{DB}=\boxed{}$ cm이므로

$\overline{CD}=\boxed{}(cm)$

점 D에서 $\overline{CA}$에 내린 수선의 발을 H라고 하면

$\triangle CHD$에서

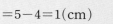

$\overline{CH}=\overline{CA}-\overline{AH}$
$\quad=\overline{CA}-\overline{DB}$
$\quad=5-4=1(cm)$

$\overline{DH}=\sqrt{\boxed{}^2-1^2}=\boxed{}\sqrt{5}(cm)$

따라서 $\overline{AB}=\overline{DH}=\boxed{}$ cm

Level ②

05

0302-0592

오른쪽 그림과 같은 원 O에서 $\overline{AB} \perp \overline{OH}$이고 $\overline{AH}=5$ cm, $\overline{OB}=13$ cm일 때, $x+y$의 값을 구하시오.

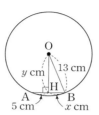

06

0302-0593

오른쪽 그림과 같이 반지름의 길이가 10 cm인 원 O에서 $\overline{AB} \perp \overline{OC}$, $\overline{CH}=\overline{OH}$일 때, $\overline{AB}$의 길이를 구하시오.

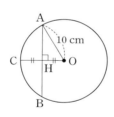

07

0302-0594

오른쪽 그림과 같이 반지름의 길이가 5 cm인 원 O에서 $\overline{AB} \perp \overline{ON}$, $\overline{AB}=8$ cm일 때, $\overline{MN}$의 길이를 구하시오.

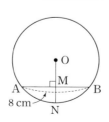

08

0302-0595

오른쪽 그림과 같이 반지름의 길이가 6 cm인 원 O의 원주 위의 한 점이 원의 중심에 겹쳐지도록 접었을 때, 현 AB의 길이를 구하시오.

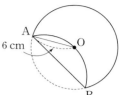

09

0302-0596

오른쪽 그림과 같은 원 O에서 $\overline{AB} \perp \overline{OM}$, $\overline{CD} \perp \overline{ON}$이고 $\overline{OM}=\overline{ON}$이다. $\angle AOM=60°$, $\overline{CD}=18$ cm일 때, 원 O의 넓이를 구하시오.

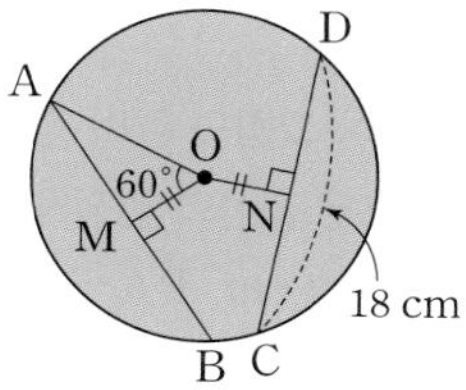

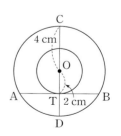

10

0302-0597

오른쪽 그림과 같이 점 O를 중심으로 하고 반지름의 길이가 각각 4 cm, 2 cm인 두 원이 있다. 작은 원에 접하는 큰 원의 현 AB의 길이를 구하시오.

11

0302-0598

오른쪽 그림에서 두 점 A, B는 점 P에서 원 O에 그은 접선의 접점이다. ∠APB=45°, $\overline{OA}$=6 cm일 때, $\widehat{AB}$의 길이를 구하시오.

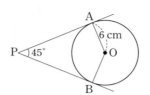

12

0302-0599

오른쪽 그림과 같이 점 P에서 원 O에 그은 접선의 접점을 T라고 하자. $\overline{OA}$=2 cm, $\overline{PA}$=5 cm일 때, △OTP의 넓이를 구하시오.

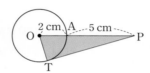

13

0302-0600

오른쪽 그림에서 $\overrightarrow{PA}$, $\overrightarrow{PB}$는 반지름의 길이가 6 cm인 원 O의 접선이고 두 점 A, B는 각각 그 접점이다. $\overline{AB}\perp\overline{PO}$, $\overline{PO}$=10 cm일 때, $\overline{AB}$의 길이를 구하시오.

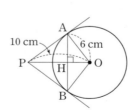

14

0302-0601

오른쪽 그림에서 원 O는 직각삼각형 ABC의 내접원이고 세 점 P, Q, R는 각각 그 접점이다. $\overline{AP}$=9 cm, $\overline{BP}$=6 cm일 때, △ABC의 넓이를 구하시오.

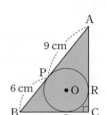

15

0302-0602

오른쪽 그림에서 원 O는 △ABC의 내접원이고 $\overline{DE}$는 원 O에 접한다. $\overline{AB}$=9 cm, $\overline{BC}$=8 cm, $\overline{AC}$=6 cm일 때, △BED의 둘레의 길이를 구하시오.

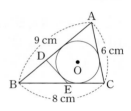

16

0302-0603

오른쪽 그림과 같이 원 O는 직사각형 ABED의 세 변과 $\overline{DE}$에 접하고 네 점 P, Q, R, S는 각각 원 O의 접점이다. $\overline{AB}$=6 cm, $\overline{AD}$=8 cm일 때, △CDE의 둘레의 길이를 구하시오.

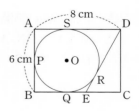

중단원 서술형 대비

Level ③

17

0302-0604

오른쪽 그림과 같이 두 현 AB와 CD는
수직으로 만난다. $\overline{AP}=6$ cm,
$\overline{BP}=16$ cm, $\overline{CP}=8$ cm,
$\overline{DP}=12$ cm일 때, 이 원의 반지름의
길이를 구하시오.

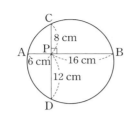

18

0302-0605

오른쪽 그림과 같이 반지름의 길이가
4 cm인 원의 중심 O에서 △ABC의 두
변 AB, AC에 내린 수선의 발을 각각 M,
N이라고 하자. $\overline{OM}=\overline{ON}$이고
∠MON=120°일 때, △ABC의 둘레의
길이를 구하시오.

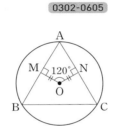

19

0302-0606

반지름의 길이가 10 cm인 원의 내부에 원의 중심으로부터 거리가
8 cm만큼 떨어져 있는 점 P가 있다. 이 점 P를 지나고 길이가 정
수인 현은 모두 몇 개인지 구하시오.

20

0302-0607

오른쪽 그림과 같이 직선
$12x-5y+60=0$이 x축, y축과
만나는 교점을 각각 A, B라고 하자.
원 I는 △AOB의 내접원이고 세 점
P, Q, R는 접점일 때, 원 I의 반지름
의 길이를 구하시오.

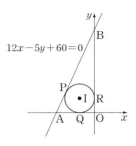

21

0302-0608

오른쪽 그림에서 $\overrightarrow{AE}$, $\overrightarrow{AG}$, $\overline{BC}$는 원
O′의 접선이고, 원 O는 세 점 D, Q, F
에서 △ABC에 내접하고 있다.
$\overline{AB}=9$ cm, $\overline{BC}=7$ cm, $\overline{CA}=6$ cm
일 때, $\overline{PQ}$의 길이를 구하시오.

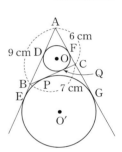

22

0302-0609

오른쪽 그림과 같이 한 변의 길이가
8 cm인 정사각형 ABCD가 있다.
$\overline{AP}=2$ cm일 때, □ABCP의 세 변
AB, BC, CP에 접하는 원 O의 반지
름의 길이를 구하시오.

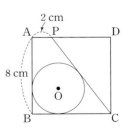

Level ①

01

`0302-0610`

오른쪽 그림에서 ∠BDC=22°,
∠APD=68°일 때, ∠y−∠x의
크기를 구하시오.

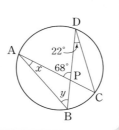

풀이 과정

∠x=∠◻=◻°(BC⌢에 대한 원주각)

△ABP에서 ∠A+∠B=∠APD이므로

◻°+∠y=68°, ∠y=◻°

따라서 ∠y−∠x=◻°

02

`0302-0611`

오른쪽 그림에서 AB는 원 O의
지름이고 AD⌢=DE⌢=BE⌢,
AC⌢=$\frac{2}{3}$BC⌢일 때, ∠BPD의
크기를 구하시오.

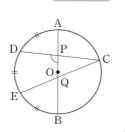

풀이 과정

AB가 원 O의 지름이므로

∠ACB=◻°

AD⌢=DE⌢=BE⌢이므로

∠ACD=∠DCE=∠ECB

=◻°

AC⌢=$\frac{2}{3}$BC⌢에서 AC⌢ : BC⌢=2 : 3이므로

∠CAB=◻°

△APC에서

∠APC=180°−(◻°+◻°)=◻°

따라서 ∠BPD=∠APC=◻°

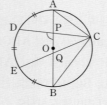

03

`0302-0612`

오른쪽 그림과 같이 육각형
ABCDEF가 원에 내접하고
∠A=115°, ∠E=122°일 때,
∠C의 크기를 구하시오.

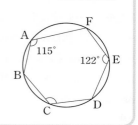

풀이 과정

AD를 그으면

◻ADEF는 원에 내접하므로

◻°+∠DAF=180°

∠DAF=◻°

∠BAD=◻°

◻ABCD가 원에 내접하므로

◻°+∠C=180°

따라서 ∠C=◻°

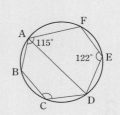

04

`0302-0613`

오른쪽 그림에서 PT⃗는 원의 접
선이고 점 T는 그 접점이다.
∠P=45°, ∠ATP=36°일 때,
∠x의 크기를 구하시오.

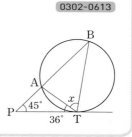

풀이 과정

접선과 현이 이루는 각의 성질에 의하여

∠ABT=∠◻=◻°

△PTB에서

45°+(∠x+◻°)+◻°=180°

따라서 ∠x=◻°

Level 2

05
0302-0614

오른쪽 그림과 같이 원 모양의 공연장에 무대가 있다. 공연장의 경계 위의 한 지점 B에서 공연장 무대의 양 끝 A, C 지점을 바라본 각의 크기가 30°이다. 두 지점 A, C 사이의 거리가 20 m일 때, 이 공연장의 반지름의 길이를 구하시오.

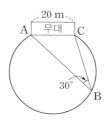

06
0302-0615

오른쪽 그림에서 $\overrightarrow{PA}$, $\overrightarrow{PB}$는 원 O의 접선이고 두 점 A, B는 그 접점이다. ∠AQB=110°일 때, ∠P의 크기를 구하시오.

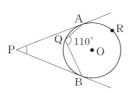

07
0302-0616

오른쪽 그림에서 $\overline{AB}$는 원 O의 지름이고, 점 C는 $\overline{AD}$, $\overline{BE}$의 연장선의 교점이다. ∠DOE=36°일 때, ∠x의 크기를 구하시오.

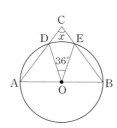

08
0302-0617

오른쪽 그림과 같이 원 O에 내접하는 정오각형 ABCDE에서 ∠x+∠y의 크기를 구하시오.

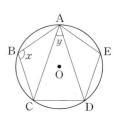

09
0302-0618

오른쪽 그림과 같은 원의 중심 O에서 $\overline{AB}$, $\overline{AC}$에 내린 수선의 발을 각각 M, N이라고 하자. $\overline{OM}=\overline{ON}$이고 ∠B=72°, $\overset{\frown}{AC}=14\pi$일 때, $\overset{\frown}{BC}$의 길이를 구하시오.

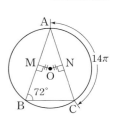

10
0302-0619

오른쪽 그림에서 □ABCD는 원 O에 내접한다. ∠BAD=130°일 때, ∠x+∠y의 크기를 구하시오.

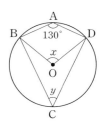

11

0302-0620

오른쪽 그림에서 □ABCD는 원에 내접하고 $\overline{AB}=\overline{AC}$, ∠BAC=42°일 때, ∠ADC의 크기를 구하시오.

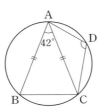

12

0302-0621

오른쪽 그림과 같이 두 현 AD, BC의 연장선의 교점을 P라고 한다. $\overline{AB}=4$ cm, $\overline{CD}=12$ cm, $\overline{PB}=6$ cm일 때, $\overline{PD}$의 길이를 구하시오.

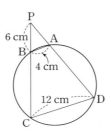

13

0302-0622

오른쪽 그림과 같이 두 원이 두 점 P, Q에서 만나고 ∠PEC=86°일 때, ∠ADP의 크기를 구하시오.

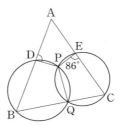

14

0302-0623

오른쪽 그림에서 □ABCD는 원 O에 내접하고 직선 BT는 접선이다. 점 B는 접점이고 $\widehat{AB}=\widehat{AD}$, ∠ABT=42°일 때, ∠DAB의 크기를 구하시오.

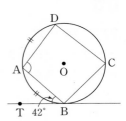

15

0302-0624

오른쪽 그림에서 $\overrightarrow{PB}$가 원 O의 접선이고 점 B는 접점이다. $\overline{AC}$는 원의 지름이고 ∠BAC=25°일 때, ∠x+∠y의 크기를 구하시오.

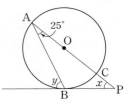

16

0302-0625

오른쪽 그림에서 $\overrightarrow{PA}$, $\overrightarrow{PB}$는 원의 접선이다. ∠APB=44°이고 $\widehat{AQ}:\widehat{QB}=4:3$일 때, ∠ABQ의 크기를 구하시오.

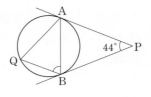

Level 3

17

0302-0626

오른쪽 그림과 같이 반지름의 길이가 4 cm인 원 O에서 $\overline{AH} \perp \overline{BC}$이고 $\overline{AB}=5$ cm, $\overline{AC}=3$ cm일 때, $\overline{AH}$의 길이를 구하시오.

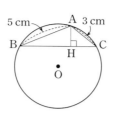

18

0302-0627

오른쪽 그림에서 $\overparen{BP}=\overparen{BQ}$이고 $\angle A=80°$일 때, $\angle BSQ$의 크기를 구하시오.

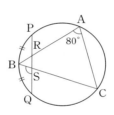

19

0302-0628

오른쪽 그림에서 세 점 P, Q, R는 지름의 길이가 6인 반원 O의 호의 길이를 4등분하는 점이다.
$\overline{AP}^2 + \overline{AQ}^2 + \overline{AR}^2$의 값을 구하시오.

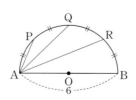

20

0302-0629

오른쪽 그림과 같이 두 점 C, F에서 만나는 두 원이 있다. $\angle P=85°$일 때, $\angle ACD$의 크기를 구하시오.

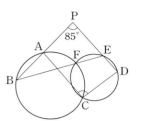

21

0302-0630

오른쪽 그림에서 $\overline{AB}$는 원 O의 지름이고 직선 HT는 원 O의 접선이다. 점 T가 접점이고 $\overline{AH} \perp \overline{HT}$, $\overline{AB}=12$ cm, $\overline{AH}=3$ cm일 때, $\overline{HT}$의 길이를 구하시오.

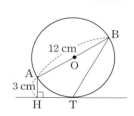

22

0302-0631

오른쪽 그림과 같이 원 O 위의 점 C를 지나는 접선과 지름 BD의 연장선이 만나는 점을 P라고 하자. $\angle CAD=62°$일 때, $\angle BPC$의 크기를 구하시오.

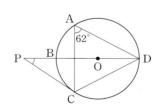

Level ①

01

0302-0632

다음 자료의 평균, 중앙값, 최빈값을 각각 구하시오.

$$
\boxed{\quad 2 \quad 3 \quad 4 \quad 3 \quad 6 \quad 3 \quad 7 \quad}
$$

풀이 과정

$(\text{평균}) = \dfrac{2+3+4+3+6+3+7}{7} = \boxed{}$

자료를 작은 것부터 크기순으로 나열하면

2, 3, 3, $\boxed{}$, $\boxed{}$, 6, 7

중앙값은 4번째 변량이므로 $\boxed{}$이다.

최빈값은 가장 많이 나타난 변량이므로 $\boxed{}$이다.

02

0302-0633

다음은 여학생 5명의 왕복오래달리기 기록을 조사하여 나타낸 것이다. 평균이 16회일 때, 중앙값을 구하시오.

(단위: 회)

$$
\boxed{\quad 9 \quad 20 \quad 17 \quad 12 \quad x \quad}
$$

풀이 과정

평균이 16회이므로

$\dfrac{9+20+17+12+x}{\boxed{}} = \boxed{}$

즉, $\dfrac{58+x}{\boxed{}} = \boxed{}$

따라서 $x = \boxed{}$

자료를 작은 것부터 크기순으로 나열하면

9, 12, 17, 20, $\boxed{}$

중앙값은 3번째 변량이므로 $\boxed{}$회이다.

03

0302-0634

다음 표는 요일별 급식 이용 학생 수를 조사하여 편차를 나타낸 것이다. 분산을 구하시오.

요일	월	화	수	목	금
편차(명)	-12		23	-15	7

풀이 과정

화요일 급식 이용 학생 수의 편차를 x명이라고 하자.

편차의 총합은 $\boxed{}$이므로

$-12+x+23-15+7 = \boxed{}$에서 $x = \boxed{}$

따라서

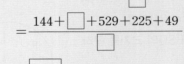

$(\text{분산}) = \dfrac{(-12)^2+(\boxed{})^2+23^2+(-15)^2+7^2}{\boxed{}}$

$= \dfrac{144+\boxed{}+529+225+49}{\boxed{}}$

$= \boxed{}$

04

0302-0635

다음은 평균이 4인 10개의 변량을 나타낸 것이다. 이 자료의 표준편차를 구하시오.

$$
\boxed{\quad 2 \quad 9 \quad 3 \quad 4 \quad 7 \quad 5 \quad 8 \quad 0 \quad 2 \quad x \quad}
$$

풀이 과정

평균이 4이므로

$\dfrac{2+9+3+4+7+5+8+0+2+x}{\boxed{}} = \boxed{}$

에서 $x = \boxed{}$

분산은 편차의 제곱의 평균이므로

$\dfrac{(-2)^2+5^2+(-1)^2+0^2+3^2+1^2+4^2+(-4)^2+(-2)^2+(\boxed{})^2}{\boxed{}}$

$= \boxed{}$

따라서 표준편차는 $\boxed{}$이다.

Level 2

05
0302-0636

다음은 학생 20명의 음악 수행평가 점수를 조사하여 나타낸 것이다. 이 음악 수행평가 점수의 평균을 구하시오.

점수(점)	7	8	9	10
학생 수(명)	2	8	6	x

06
0302-0637

지호네 학교 국어 성적의 평균이 1반은 73점, 2반은 68점이다. 1반, 2반 전체의 평균이 71점일 때, 1반과 2반의 학생 수의 비를 구하시오.

07
0302-0638

다음 자료의 평균이 14일 때, 중앙값과 최빈값을 각각 구하시오.

> 12 20 20 x 19 9 15

08
0302-0639

오른쪽 줄기와 잎 그림은 수영 강좌를 신청한 사람들의 나이를 조사하여 나타낸 것이다. 수영 강좌를 신청한 사람들의 나이의 평균, 중앙값, 최빈값의 크기를 비교하시오.

(0|7은 7세)

줄기	잎
0	7 9
1	0 3 5 8
2	2 2 6
3	4

09
0302-0640

자료 8, x, 11, 13, y의 중앙값이 12이고 최빈값이 13일 때, $x+y$의 값을 구하시오. (단, $x>y$)

10
0302-0641

다음 자료는 학생 5명의 키를 조사하여 편차를 나타낸 것이다. 이 자료의 분산을 구하시오.

(단위: cm)

> -3 5 x 1 -1

11
0302-0642

다음 자료의 평균과 최빈값이 같을 때, 물음에 답하시오.

$$8 \quad 5 \quad x \quad 8 \quad 10 \quad 8$$

(1) x의 값을 구하시오.

(2) 분산을 구하시오.

12
0302-0643

오른쪽 막대그래프는 10개 도시에서 7월 한 달 동안 미세먼지가 $80\mu\mathrm{g/m^3}$ 이상인 일 수를 조사하여 나타낸 것이다. 미세먼지가 $80\mu\mathrm{g/m^3}$ 이상인 일 수의 분산을 구하시오.

13
0302-0644

세 변량 $2-a$, 2, $2+a$의 표준편차가 $\sqrt{6}$일 때, 양수 a의 값을 구하시오.

14
0302-0645

다음은 8개의 변량에 대한 편차이다. 표준편차가 $\sqrt{7}$일 때, xy의 값을 구하시오.

$$1 \quad -2 \quad -3 \quad x \quad 0 \quad y \quad -2 \quad -2$$

15
0302-0646

오른쪽 표는 두 학급 A, B의 기말고사 성적의 평균과 분산을 조사하여 나타낸 것이다. 두 학급 전체 학생들의 기말고사 성적의 평균과 분산을 각각 구하시오.

학급	A	B
학생 수(명)	21	19
평균(점)	8	8
분산	10	8

16
0302-0647

다음은 어느 날 A, B 두 지역의 시간대별 기온을 조사하여 나타낸 것이다. A, B 두 지역의 시간대별 기온의 분산을 구하고 어느 지역의 기온이 더 고른지 말하시오.

시각(시)	4	8	12	16	20	24
A지역의 기온(℃)	2	6	7	5	2	2
B지역의 기온(℃)	7	9	9	8	8	7

Level **3**

17

0302-0648

어느 중학교 유도 동아리 학생 30명의 몸무게의 평균은 62 kg이었다. 그런데 한 학생이 동아리를 탈퇴하여 몸무게의 평균은 62.5 kg이 되었다. 탈퇴한 학생의 몸무게를 구하시오.

18

0302-0649

다음 자료는 학생 5명의 수면 시간을 나타낸 것이다. 이 자료의 평균과 중앙값이 같을 때, 자연수 x의 값을 모두 구하시오.

(단위: 시간)

6	x	11	9	8

19

0302-0650

다음 8개의 변량의 중앙값은 8, 최빈값은 7일 때, $a+b+c$의 값을 구하시오.

6	10	7	10	13	a	b	c

20

0302-0651

변량 $2a+3$, $2b+3$, $2c+3$의 평균은 1, 표준편차는 $\sqrt{2}$일 때, 변량 a, b, c의 평균과 표준편차를 각각 구하시오.

21

0302-0652

다섯 개의 변량 x, $9-x$, 2, 9, 10의 분산이 9.2일 때, x의 값을 모두 구하시오.

22

0302-0653

오른쪽 그림은 양궁 선수가 6점부터 10점까지의 점수가 적혀 있는 과녁을 쏘아서 맞힌 결과를 나타낸 꺾은선그래프인데 일부가 보이지 않는다. 이 자료의 평균이 8점, 표준편차가 $\sqrt{1.2}$점일 때, 8점을 맞힌 횟수를 구하시오.

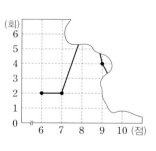

중단원 서술형 대비

Level 1

01
0302-0654

오른쪽 그림은 어느 학급 학생 17명의 미술 판화 성적과 수채화 성적에 대한 산점도이다. 판화 성적과 수채화 성적이 모두 7점 이상인 학생의 비율을 구하시오.

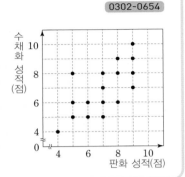

풀이 과정

판화 성적과 수채화 성적이 모두 7점 이상인 학생의 성적은 $(7, 7)$, $(7, 8)$, $(8, 8)$, $(8, 9)$, $(9, 7)$, $(9, 8)$, $(9, 9)$, $(9, 10)$이므로 해당 학생 수는 ☐명이다.
전체 학생 수는 ☐명이므로 판화 성적과 수채화 성적이 모두 7점 이상인 학생의 비율은 $\dfrac{☐}{☐}$이다.

02
0302-0655

오른쪽 그림은 준희네 반 학생 16명의 하루 동안 컴퓨터 사용 시간과 잠자는 시간에 대한 산점도이다. 컴퓨터를 4시간 이상 사용한 학생들의 잠자는 시간의 평균을 구하시오.

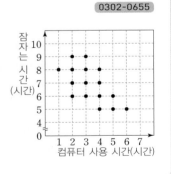

풀이 과정

컴퓨터를 4시간 이상 사용한 학생들의 변량은 $(4, 5)$, $(4, 6)$, $(4, 7)$, $(4, 8)$, $(5, 5)$, $(5, 6)$, $(6, 5)$이므로 잠자는 시간의 평균은

$$\dfrac{5+6+7+8+5+☐+☐}{☐}=☐(시간)$$

Level 2

[03~05] 오른쪽 그림은 양궁 동아리 회원들의 두 차례에 걸친 양궁 점수에 대한 산점도이다.

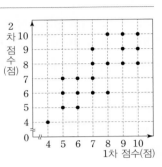

03
0302-0656

1차 점수가 더 좋은 회원과 2차 점수가 더 좋은 회원의 수를 각각 구하고 이를 비교하시오.

04
0302-0657

1차 점수가 8점인 회원들의 2차 점수의 표준편차를 구하시오.

05
0302-0658

1차와 2차 점수의 합이 15점 이상인 회원 수를 구하시오.

[06~07] 오른쪽 그림은 예지 네 반 학생 16명의 사회와 역사 성적에 대한 산점도이다.

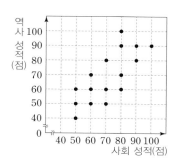

06

0302-0659

사회 성적과 역사 성적의 평균이 75점 이하인 학생은 전체의 몇 %인지 구하시오.

07

0302-0660

사회 성적이 60점 이상 80점 이하인 학생들의 역사 성적의 평균을 구하시오.

08

0302-0661

다음 두 변량에 대하여 물음에 답하시오.

> 어느 지역의 녹지 면적과 건물 수

(1) 두 변량은 어떤 상관관계에 있는지 구하시오.
(2) (1)의 이유를 설명하시오.
(3) (1)의 상관관계에 알맞은 산점도를 그리시오.

Level 3

[09~11] 오른쪽 그림은 영어 쓰기와 영어 듣기를 각각 10점 만점으로 평가하는 영어능력시험에 응시한 20명의 점수에 대한 산점도이다.

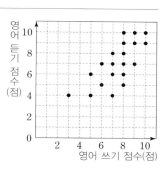

09

0302-0662

영어 쓰기 점수의 중앙값과 영어 듣기 점수의 중앙값을 각각 구하고 이를 비교하시오.

10

0302-0663

영어 쓰기 점수와 영어 듣기 점수가 모두 8점 이상인 사람을 합격시킨다고 할 때, 합격자는 전체 응시자의 몇 %인지 구하시오.

11

0302-0664

영어 쓰기 점수가 상위 25 %인 응시자들의 영어 듣기 점수의 분산을 구하시오.

01

0302-0665

오른쪽 그림과 같은 직각삼각형 ABC에서 $\angle C = 90°$, $\overline{AB} = 17$, $\overline{BC} = 15$일 때, $\sin A$의 값은?

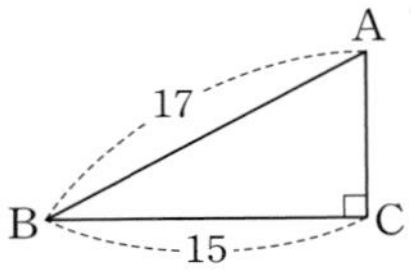

① $\dfrac{5}{17}$　　　② $\dfrac{8}{17}$

③ $\dfrac{8}{15}$　　　④ $\dfrac{15}{17}$　　　⑤ $\dfrac{15}{8}$

02

0302-0666

$\tan A = \dfrac{3}{4}$일 때, $\cos A - \sin A$의 값은? (단, $0° < \angle A < 90°$)

① $\dfrac{1}{10}$　　　② $\dfrac{1}{8}$　　　③ $\dfrac{1}{5}$

④ $\dfrac{1}{3}$　　　⑤ $\dfrac{1}{2}$

03 발전

0302-0667

오른쪽 그림의 △ABC에서 $\overline{AC}$가 원 O의 중심을 지나고 $\angle BAC = 45°$이다. $\overline{OA} = 4$ cm, $\overline{OC} = 6$ cm일 때, $\cos C$의 값을 구하시오.

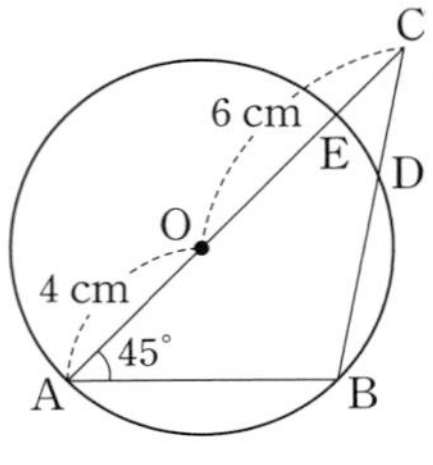

04

0302-0668

오른쪽 그림과 같이 $\angle A = 90°$인 직각삼각형 ABC에서 $\overline{AD} \perp \overline{BC}$, $\overline{AB} = 6$ cm이고, $\tan x = \sqrt{2}$일 때, $\overline{AC}$의 길이는?

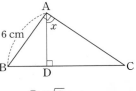

① $3\sqrt{2}$ cm　　　② $4\sqrt{3}$ cm　　　③ $5\sqrt{3}$ cm

④ $6\sqrt{2}$ cm　　　⑤ $6\sqrt{3}$ cm

05

0302-0669

오른쪽 그림과 같이 $\angle C = 90°$인 직각삼각형 ABC에서 $\overline{AB} = 20$, $\overline{BC} = 16$, $\angle ABC = \angle x$, $\angle ADC = \angle y$이고 $\sin x = \cos y$일 때, $\overline{BD}$의 길이는?

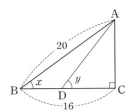

① 5　　　② 7

③ 9　　　④ 10

⑤ 11

06 발전

0302-0670

오른쪽 그림과 같이 모든 모서리의 길이가 10인 정사각뿔 V−ABCD에서 $\overline{VA}$, $\overline{VB}$의 중점을 각각 M, N이라 하고 $\angle NCD = \angle a$라고 할 때, $\cos a$의 값을 구하시오.

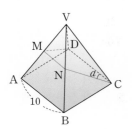

07 서술형 ▶ 0302-0671

오른쪽 그림과 같이 직선
$3x+5y-15=0$이 x축과 이루는
예각의 크기를 $\angle a$라고 할 때,
$\sin a + \cos a$의 값을 구하시오.

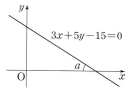

08 0302-0672

$\sin 45° \times \tan 60° - \cos 30° \times \tan 45°$의 값은?

① $\dfrac{\sqrt{6}-\sqrt{3}}{2}$ ② $\dfrac{\sqrt{6}-\sqrt{2}}{2}$ ③ $\dfrac{\sqrt{6}-1}{2}$

④ $\dfrac{3-\sqrt{3}}{2}$ ⑤ $\dfrac{3-\sqrt{2}}{2}$

09 서술형 ▶ 0302-0673

오른쪽 그림의 직각삼각형 ABC
에서 $\overline{AD}\perp\overline{BC}$, $\overline{AC}\perp\overline{DE}$이고,
$\overline{BC}=16$, $\angle B=60°$일 때,
$\overline{AE}$의 길이를 구하시오.

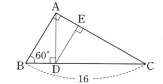

10 0302-0674

$45°<\angle A<90°$일 때, 다음 중 옳은 것은?

① $\sin A < \cos A < \tan A$
② $\sin A < \tan A < \cos A$
③ $\cos A < \sin A < \tan A$
④ $\cos A < \tan A < \sin A$
⑤ $\tan A < \sin A < \cos A$

11 0302-0675

오른쪽 그림은 점 A를 중심으로 하고 반지
름의 길이가 1인 사분원이다. $\angle x$의 크기가
0°에 가까워질 때, 다음 중 옳지 <u>않은</u> 것은?

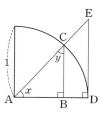

① $\angle y$의 크기는 90°에 가까워진다.
② $\sin x$의 값은 점점 커져서 1에 가까
워진다.
③ $\cos x$의 값은 점점 커져서 1에 가까워진다.
④ $\tan x$의 값은 점점 작아져서 0에 가까워진다.
⑤ 점 C에서 $\overline{AD}$에 내린 수선 BC의 길이는 점점 짧아진다.

12 0302-0676

오른쪽 그림과 같이 좌표평면 위의 원점
0를 중심으로 하고 반지름의 길이가 1
인 사분원에서
$\tan 55° + \sin 35° - \cos 55°$의 값은?

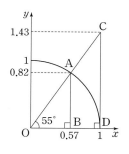

① 1.43 ② 1.58
③ 1.72 ④ 1.93
⑤ 2

대단원 실전 테스트

[13~14] 다음 삼각비의 표를 보고, 물음에 답하시오.

각도	사인(sin)	코사인(cos)	탄젠트(tan)
41°	0.6561	0.7547	0.8693
42°	0.6691	0.7431	0.9004
43°	0.6820	0.7314	0.9325
44°	0.6947	0.7193	0.9657

13

0302-0677

$\tan x = 0.8693$, $\cos y = 0.7314$일 때, $\sin \dfrac{x+y}{2}$의 값을 구하시오.

14

0302-0678

오른쪽 그림과 같이 $\angle A = 90°$인 직각삼각형 ABC에서 $\angle B = 43°$, $\overline{BC} = 10$일 때, $\overline{AC}$의 길이를 구하시오.

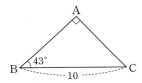

15

0302-0679

안전보건공단에서 제공한 이동식 사다리 설치기준에 따르면 사다리의 설치각도는 지면과의 각도가 75° 이하이어야 한다. 길이가 10 m인 사다리로 가장 높이 오를 수 있는 높이는?

(단, $\sin 75° = 0.97$, $\cos 75° = 0.26$, $\tan 75° = 3.73$으로 계산하며, 사다리를 내민 거리는 생각하지 않는다.)

① 2.6 m ② 5.2 m ③ 8.5 m
④ 9.7 m ⑤ 37.3 m

16

0302-0680

오른쪽 그림과 같이 형과 동생은 집을 동시에 출발하여 각각 학교와 도서관으로 향했다. 형은 시속 12 km로, 동생은 시속 9 km로 자전거를 타고 일정한 속력으로 간다고 할 때, 집에서 출발한 지 20분 후의 두 사람 사이의 거리는?

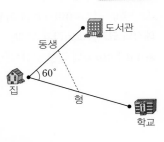

① 3 km ② $\sqrt{10}$ km ③ $\sqrt{11}$ km
④ $2\sqrt{3}$ km ⑤ $\sqrt{13}$ km

17

0302-0681

다음 그림의 △ABC에서 $\angle C = 150°$이고 $\overline{AC} = 4$ cm, $\overline{BC} = 5\sqrt{3}$ cm일 때, $\overline{AB}$의 길이는?

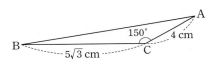

① $\sqrt{151}$ cm ② $2\sqrt{38}$ cm ③ $3\sqrt{17}$ cm
④ $\sqrt{154}$ cm ⑤ $\sqrt{155}$ cm

18

0302-0682

오른쪽 그림은 200 m 떨어진 두 지점 B, C에서 강 건너편의 A지점을 바라본 것이다. 두 지점 A, C 사이의 거리는?

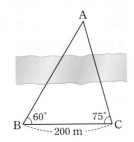

① 100 m ② $100\sqrt{2}$ m
③ $100\sqrt{3}$ m ④ $100\sqrt{5}$ m
⑤ $100\sqrt{6}$ m

19

0302-0683

오른쪽 그림과 같이 $\overline{AB}=\overline{AC}$
인 이등변삼각형 ABC에서
$\overline{AB}=6\ cm$, $\angle B=30°$일 때,
$\triangle ABC$의 넓이는?

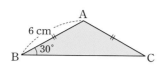

① $6\ cm^2$　　② $6\sqrt{3}\ cm^2$　　③ $9\ cm^2$

④ $9\sqrt{2}\ cm^2$　　⑤ $9\sqrt{3}\ cm^2$

20

0302-0684

오른쪽 그림과 같이 반지름의 길이가 $4\ cm$
인 원 O에 내접하는 정팔각형의 넓이는?

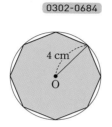

① $32\ cm^2$　　② $32\sqrt{2}\ cm^2$

③ $32\sqrt{3}\ cm^2$　　④ $34\sqrt{2}\ cm^2$

⑤ $34\sqrt{3}\ cm^2$

21

0302-0685

오른쪽 그림과 같이 지름의 길이가
$12\ cm$인 원 O에 내접하는 $\triangle ABC$에
서 $\angle CAB=30°$일 때, 색칠한 부분의
넓이를 구하시오.

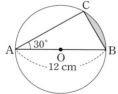

22

0302-0686

오른쪽 그림과 같이 $\overline{AD}\parallel\overline{BC}$인
사다리꼴 ABCD에서
$\overline{AB}=\overline{CD}=5\sqrt{2}\ cm$,
$\overline{AD}=13\ cm$, $\angle A=\angle D=45°$
일 때, $\square ABCD$의 넓이는?

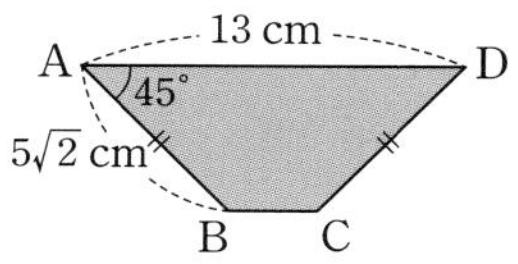

① $40\ cm^2$　　② $41\ cm^2$　　③ $42\ cm^2$

④ $43\ cm^2$　　⑤ $44\ cm^2$

23

0302-0687

오른쪽 그림과 같은 평행사변형
ABCD의 넓이가 $24\sqrt{3}\ cm^2$일 때,
$\overline{AB}$의 길이는?

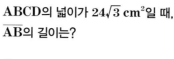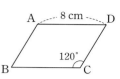

① $4\ cm$　　② $5\ cm$　　③ $6\ cm$

④ $7\ cm$　　⑤ $8\ cm$

24 　발전

0302-0688

오른쪽 그림과 같은 $\square ABCD$에서
$\overline{AB}=2\ cm$, $\overline{BC}=6\ cm$,
$\overline{CD}=4\ cm$, $\angle B=\angle C=60°$일
때, $\square ABCD$의 넓이를 구하시오.

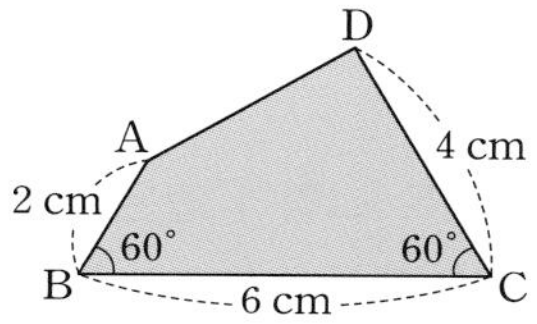

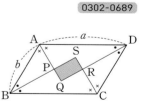

25

0302-0689

오른쪽 그림과 같은 평행사변형
ABCD에서 $\overline{AD}=a$,
$\overline{AB}=b\ (a>b)$이고 이웃하는 두
내각의 크기의 비는 $2:1$이다. 이
때 네 각의 이등분선이 만드는 $\square PQRS$의 넓이는?

① $\dfrac{\sqrt{3}}{4}(a-b)^2$　　② $\dfrac{\sqrt{3}}{4}(a+b)^2$　　③ $\dfrac{\sqrt{3}}{2}(a-b)^2$

④ $\dfrac{\sqrt{3}}{2}(a+b)^2$　　⑤ $\sqrt{3}(a+b)^2$

대단원 실전 테스트

01

0302-0690

오른쪽 그림과 같이 ∠C=90°인 직각삼각형 ABC에서 다음 중 항상 옳은 것은?

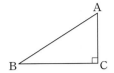

① $\sin A = \cos A$
② $\sin B = \cos A$
③ $\cos B = \sin B$
④ $\tan A = \sin B$
⑤ $\tan B = \cos B$

02

0302-0691

오른쪽 그림과 같은 직각삼각형 ABC에서 $\overline{AD}=6$, $\overline{DE}=8$이고 ∠ADE=∠ACB일 때, $\sin B$의 값은?

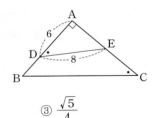

① $\dfrac{1}{4}$
② $\dfrac{1}{2}$
③ $\dfrac{\sqrt{5}}{4}$
④ $\dfrac{\sqrt{7}}{4}$
⑤ $\dfrac{3}{4}$

03

0302-0692

오른쪽 그림과 같이 ∠A=90°인 직각삼각형 ABC에서 $\overline{BC}=6$, $\sin B = \dfrac{\sqrt{5}}{3}$일 때, △ABC의 넓이는?

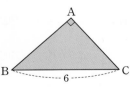

① $4\sqrt{2}$
② $4\sqrt{3}$
③ $4\sqrt{5}$
④ $8\sqrt{3}$
⑤ $8\sqrt{5}$

04

0302-0693

오른쪽 그림과 같은 △ABC에서 $\overline{AH}\perp\overline{BC}$이고 $\overline{BH}=7$, $\overline{CH}=3$일 때, $\dfrac{\tan B}{\tan C}$의 값은?

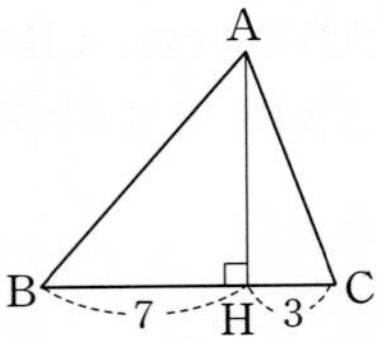

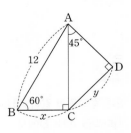

① $\dfrac{1}{7}$
② $\dfrac{1}{3}$
③ $\dfrac{3}{7}$
④ $\dfrac{7}{3}$
⑤ $\dfrac{10}{3}$

05

0302-0694

$\tan A=2$일 때, $\cos A \div \sin A$의 값은? (단, $0° < \angle A < 90°$)

① $\dfrac{1}{10}$
② $\dfrac{1}{5}$
③ $\dfrac{3}{10}$
④ $\dfrac{2}{5}$
⑤ $\dfrac{1}{2}$

06

0302-0695

오른쪽 그림의 두 직각삼각형 ABC, ACD에서 ∠B=60°, ∠CAD=45°, $\overline{AB}=12$이고 $\overline{BC}=x$, $\overline{CD}=y$라고 할 때, xy의 값은?

① $8\sqrt{6}$
② $12\sqrt{3}$
③ $18\sqrt{6}$
④ $20\sqrt{3}$
⑤ $36\sqrt{2}$

07 발전
0302-0696

오른쪽 그림에서 $\overline{AF}=32$일 때, $\overline{AB}$의 길이를 구하시오.

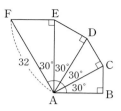

08
0302-0697

다음을 계산하시오.

$$\cos 0° \times (1+\tan 60°)+\sin 90° \times \cos 30° \\ +(1+\sin 60°)(1-\cos 30°)$$

09
0302-0698

이차방정식 $x^2-x+\dfrac{1}{4}=0$의 한 근을 $\cos a$라고 할 때, $\angle a$의 크기는? (단, $0°<\angle a<90°$)

① $15°$ ② $30°$ ③ $45°$
④ $60°$ ⑤ $75°$

10
0302-0699

오른쪽 그림과 같이 좌표평면 위의 원점 O를 중심으로 하고 반지름의 길이가 1인 사분원에서 점 B의 좌표는?

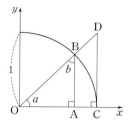

① $(\sin a,\ \sin b)$
② $(\cos a,\ \sin b)$
③ $(\sin b,\ \cos b)$
④ $(\cos a,\ \tan a)$
⑤ $(\cos b,\ \tan b)$

11
0302-0700

$\sin x=0.2079$, $\cos y=0.9903$일 때, 다음 삼각비의 표를 이용하여 $\tan \dfrac{2x-y}{2}$의 값을 구하면?

각도	사인(sin)	코사인(cos)	탄젠트(tan)
$4°$	0.0698	0.9976	0.0699
$6°$	0.1045	0.9945	0.1051
$8°$	0.1392	0.9903	0.1405
$10°$	0.1736	0.9848	0.1763
$12°$	0.2079	0.9781	0.2126

① 0.0699   ② 0.1051   ③ 0.1405
④ 0.1763   ⑤ 0.2126

12
0302-0701

오른쪽 그림과 같이 $\angle C=90°$인 직각삼각형 ABC에서 $\angle A=55°$일 때, 다음 중 $\overline{AB}$의 길이를 구하는 식으로 옳은 것은?

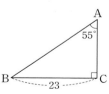

① $\dfrac{23}{\sin 35°}$ ② $23\cos 35°$
③ $\dfrac{23}{\cos 35°}$ ④ $23\tan 55°$ ⑤ $\dfrac{23}{\tan 55°}$

13

0302-0702

오른쪽 그림과 같이 ∠C=90°인 직각삼각형 ABC에서 ∠B의 이등분선과 $\overline{AC}$의 교점을 D라고 하자. ∠BAC=∠ABD, $\overline{AD}$=4 cm일 때, △ABC의 넓이는?

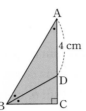

① $5\sqrt{3}$ cm²   ② $6\sqrt{3}$ cm²
③ $7\sqrt{3}$ cm²   ④ $8\sqrt{3}$ cm²
⑤ $9\sqrt{3}$ cm²

14 발전

0302-0703

오른쪽 그림과 같이 $\overline{AC}=\overline{DE}$인 두 직각삼각형 ABC, DBE가 겹쳐져 있을 때, $\overline{AC}$와 $\overline{BD}$의 교점을 F라고 하자. ∠ABC=45°, ∠DBE=30°, $\overline{CE}$=6 cm일 때, $\overline{CF}$의 길이는?

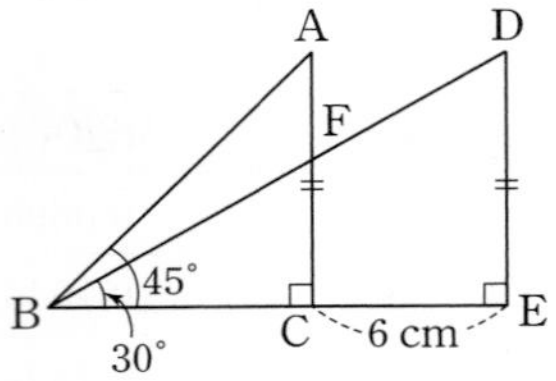

① 3 cm   ② 4 cm   ③ $(3+\sqrt{2})$ cm
④ $(3+\sqrt{3})$ cm   ⑤ $(3+\sqrt{5})$ cm

15 서술형

0302-0704

오른쪽 그림과 같이 한 변의 길이가 12인 정사각형 ABCD의 변 AD를 빗변으로 하는 직각삼각형 ADE에서 ∠EAD=60°일 때, △CDE의 넓이를 구하시오.

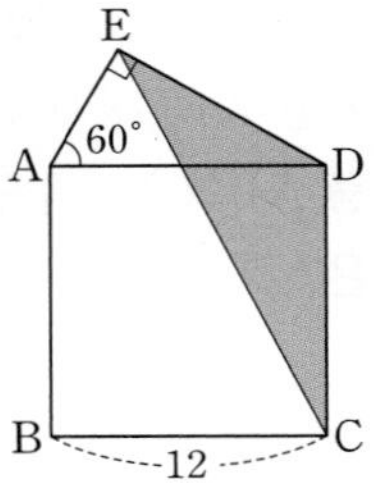

16

0302-0705

육지에서 섬까지의 거리를 구하기 위하여 측량을 하였더니 오른쪽 그림과 같았다. 이때 육지에서 섬까지의 가장 짧은 거리는?

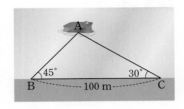

① $50\sqrt{2}$ m   ② $50(\sqrt{3}+1)$ m
③ $50(\sqrt{3}-1)$ m   ④ $100(\sqrt{3}+1)$ m
⑤ $100(\sqrt{3}-1)$ m

17

0302-0706

오른쪽 그림의 △ABC에서 ∠ABC=32°, ∠ACH=59°, $\overline{BC}$=100일 때, $\overline{AH}$의 길이는? (단, tan 31°=0.6, tan 58°=1.6으로 계산한다.)

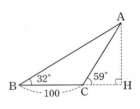

① 100   ② 104   ③ 108
④ 112   ⑤ 116

18

0302-0707

오른쪽 그림과 같은 △ABC에서 ∠A=60°, $\overline{AB}$=26, $\cos B=\dfrac{4}{5}$일 때, $\overline{CH}$의 길이는?

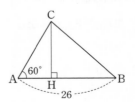

① $4(3-\sqrt{3})$ ② $5(3-\sqrt{3})$
③ $5(4-\sqrt{3})$ ④ $6(4-\sqrt{3})$
⑤ $10(2-\sqrt{2})$

19 서술형 ▶

0302-0708

오른쪽 그림에서 $\dfrac{\overline{CE}}{\overline{BC}}=2$,

$\dfrac{\overline{AC}}{\overline{CD}}=\dfrac{7}{2}$ 이다. △EDC의 넓이를

S, △ACB의 넓이를 T라고 할 때,

$T \div S$의 값을 구하시오.

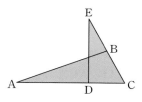

20 발전 ▶

0302-0709

오른쪽 그림과 같이 한 변의 길이가 8 cm인 정사각형 ABCD의 내부의 한 점 P에 대하여 △BCP가 정삼각형일 때, △PBD의 넓이를 구하시오.

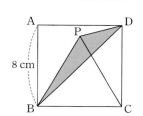

21

0302-0710

다음 그림과 같은 △ABC에서 ∠BAD=30°, ∠DAC=120°이고 $\overline{AB}=4$ cm, $\overline{AC}=4\sqrt{3}$ cm일 때, $\overline{AD}$의 길이는?

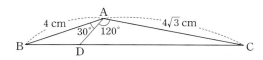

① $\dfrac{\sqrt{3}}{2}$ cm ② 1 cm ③ $\sqrt{3}$ cm

④ 2 cm ⑤ $2\sqrt{3}$ cm

22

0302-0711

오른쪽 그림과 같은 □ABCD에서 $\overline{AB}=\overline{AD}=4$ cm, $\overline{BC}=\overline{CD}=4\sqrt{3}$ cm, ∠A=120°, ∠C=60°일 때, □ABCD의 넓이는?

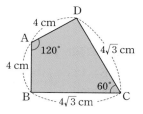

① $15\sqrt{3}$ cm² ② $\dfrac{31\sqrt{3}}{2}$ cm² ③ $16\sqrt{3}$ cm²

④ $\dfrac{33\sqrt{3}}{2}$ cm² ⑤ $17\sqrt{3}$ cm²

23 서술형 ▶

0302-0712

오른쪽 그림과 같은 평행사변형 ABCD에서 $\overline{BC}$, $\overline{CD}$의 중점을 각각 M, N이라 하고, $\overline{AB}=3$ cm, $\overline{AD}=4$ cm, ∠B=45°일 때, △AMN의 넓이를 구하시오.

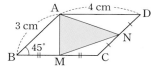

24

0302-0713

오른쪽 그림과 같이 □ABCD의 두 대각선의 교점을 P라고 하자. $\overline{PA}=10$ cm, $\overline{PC}=4$ cm, $\overline{PD}=9$ cm, ∠APB=60°이고 □ABCD의 넓이가 $49\sqrt{3}$ cm²일 때, $\overline{PB}$의 길이를 구하시오.

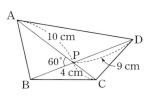

01
0302-0714

오른쪽 그림과 같이 원 O에서 $\overline{AB}\perp\overline{OH}$이고 $\overline{AB}=12$ cm, $\overline{OH}=6$ cm일 때, 원 O의 둘레의 길이는?

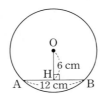

① $6\sqrt{2}\pi$ cm
② $6\sqrt{3}\pi$ cm
③ $8\sqrt{2}\pi$ cm
④ $12\sqrt{2}\pi$ cm
⑤ $12\sqrt{3}\pi$ cm

02
0302-0715

오른쪽 그림과 같이 반지름의 길이가 7 cm인 원 O에서 $\overline{AB}\perp\overline{OC}$이고 $\overline{CH}=2$ cm일 때, △ABC의 넓이는?

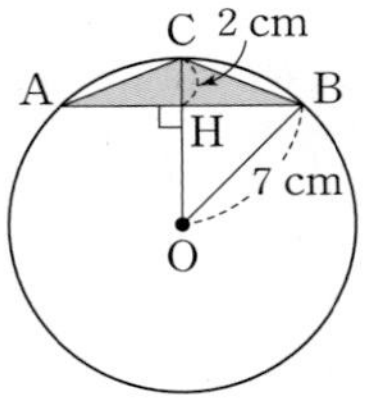

① 4 cm²
② $4\sqrt{2}$ cm²
③ $4\sqrt{3}$ cm²
④ 8 cm²
⑤ $4\sqrt{6}$ cm²

03
0302-0716

오른쪽 그림에서 $\overarc{AB}$는 원의 일부분이다. $\overline{CD}$가 $\overline{AB}$를 수직이등분하고 $\overline{AD}=9$ cm, $\overline{CD}=3$ cm일 때, 이 원의 반지름의 길이를 구하시오.

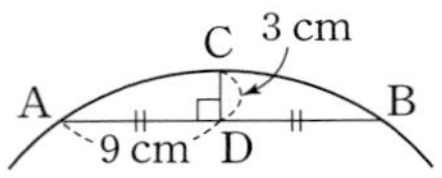

04
0302-0717

오른쪽 그림과 같이 원의 중심 O에서 $\overline{AB}$, $\overline{CD}$에 내린 수선의 발을 각각 M, N이라고 하자. $\overline{OM}=\overline{ON}=6$ cm, $\overline{AB}=16$ cm일 때, $\overline{OC}$의 길이는?

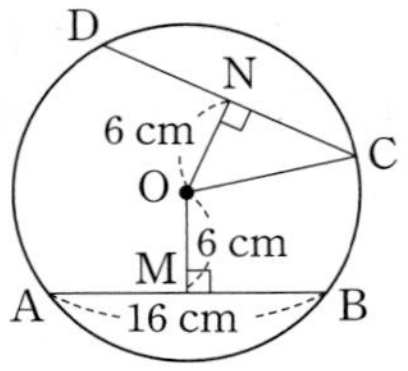

① 8 cm
② 9 cm
③ 10 cm
④ 12 cm
⑤ 13 cm

05
0302-0718

오른쪽 그림과 같이 원의 중심 O에서 두 현 AB, AC에 내린 수선의 발을 각각 M, N이라고 하자. $\overline{OM}=\overline{ON}$이고 ∠MON=100°일 때, ∠C의 크기는?

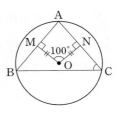

① $40°$
② $45°$
③ $50°$
④ $55°$
⑤ $60°$

06
0302-0719

오른쪽 그림에서 $\overrightarrow{PA}$는 원 O의 접선이고 점 A는 그 접점이다. $\overline{OT}=6$ cm, $\overline{PT}=4$ cm일 때, $\overline{PA}$의 길이는?

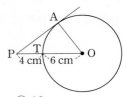

① 8 cm
② 9 cm
③ 10 cm
④ 11 cm
⑤ 12 cm

07 서술형
0302-0720

오른쪽 그림에서 $\overrightarrow{PA}$, $\overrightarrow{PB}$는 원 O의 접선이고 두 점 A, B는 그 접점이다. $\overline{PA}=6$ cm, ∠APB=60°일 때, △APB의 넓이를 구하시오.

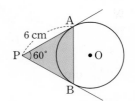

08

0302-0721

오른쪽 그림에서 원 O는 △ABC의 내접원이고 세 점 D, E, F는 접점이다. ∠B=50°, ∠C=72°일 때, ∠x의 크기를 구하시오.

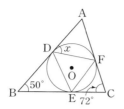

09 발전

0302-0722

오른쪽 그림과 같은 원 O에서 길이가 2인 현을 원을 따라 한 바퀴 돌렸을 때, 현이 지나간 부분의 넓이는?

① π ② $\dfrac{3}{2}\pi$

③ 2π ④ $\dfrac{5}{2}\pi$

⑤ 3π

10

0302-0723

오른쪽 그림과 같이 □ABCD가 원 O에 외접할 때, $\overline{\text{AD}}$의 길이는?

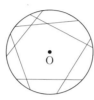

① 8 cm   ② 8.5 cm

③ 9 cm   ④ 9.5 cm

⑤ 9 cm

11

0302-0724

오른쪽 그림에서 원 O는 △ABC의 내접원이고, 세 점 D, E, F는 접점이다. $\overline{\text{BF}}$=7 cm, $\overline{\text{CE}}$=3 cm이고, △ABC의 둘레의 길이가 24 cm일 때, $\overline{\text{AC}}$의 길이는?

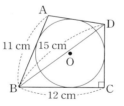

① 4 cm   ② 4.5 cm   ③ 5 cm

④ 5.5 cm   ⑤ 6 cm

12 서술형

0302-0725

오른쪽 그림에서 $\overline{\text{AB}}$는 반원 O의 지름이고 $\overline{\text{AD}}$, $\overline{\text{BC}}$, $\overline{\text{CD}}$는 반원에 접한다. $\overline{\text{AD}}$=3 cm, $\overline{\text{BC}}$=7 cm일 때, 반원 O의 지름의 길이를 구하시오.

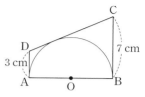

13

0302-0726

오른쪽 그림과 같은 원 O에서 ∠APB=110°일 때, ∠x의 크기는?

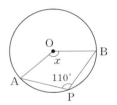

① 120°   ② 130°

③ 135°   ④ 140°

⑤ 150°

14

0302-0727

오른쪽 그림과 같은 원 O에서 ∠APB=45°, ∠BQC=20°일 때, ∠AOC의 크기는?

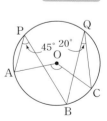

① 65°   ② 100°

③ 120°   ④ 130°

⑤ 150°

15
0302-0728

오른쪽 그림에서 점 Q는 두 현 AB, CD의 연장선의 교점이다. ∠BCD=25°, ∠AQD=40°일 때, ∠CDP의 크기를 구하시오.

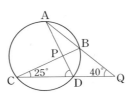

16
0302-0729

오른쪽 그림에서 $\overline{BD}$는 원 O의 지름이고 ∠BAC=36°일 때, ∠x의 크기는?

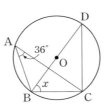

① 36°　　② 40°

③ 44°　　④ 50°

⑤ 54°

17
0302-0730

오른쪽 그림에서 $\overarc{BC}=3\overarc{AD}$, ∠BPC=80°일 때, ∠$x$의 크기는?

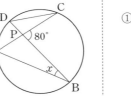

① 20°　　② 22°

③ 25°　　④ 28°

⑤ 30°

18 발전
0302-0731

오른쪽 그림에서 $\overarc{AP}=\overarc{BP}$, $\overarc{BQ}=\overarc{CQ}$, $\overarc{CR}=\overarc{AR}$이고 ∠BAC=68°일 때, ∠PQR의 크기는?

① 50°　　② 56°

③ 60°　　④ 65°

⑤ 68°

19
0302-0732

오른쪽 그림과 같이 $\overline{AB}$를 지름으로 하는 반원 O에서 $\overarc{AP}=\overarc{CP}$이다. ∠ABP=25°일 때, ∠CDB의 크기를 구하시오.

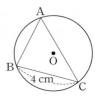

20 서술형
0302-0733

오른쪽 그림과 같이 원 O에 내접하는 △ABC에서 $\overline{BC}$=4 cm이고, $\tan A=\sqrt{2}$일 때, 원 O의 반지름의 길이를 구하시오.

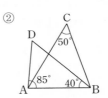

21
0302-0734

다음 중 네 점 A, B, C, D가 한 원 위에 있는 것을 모두 고르면?

(정답 2개)

①
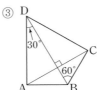

②
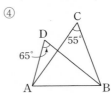

③

④
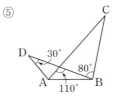

⑤

22

0302-0735

오른쪽 그림과 같이 원 O에 내접하는
□ABCD에서 ∠BAD=50°일 때,
∠x+∠y의 크기는?

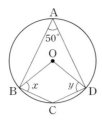

① 110° ② 115°

③ 120° ④ 125°

⑤ 130°

23

0302-0736

오른쪽 그림과 같이 □ABCD 가 원 O에
내접하고 ∠DCE=100°일 때, ∠x의
크기는?

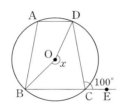

① 190° ② 200°

③ 205° ④ 210°

⑤ 215°

24

0302-0737

오른쪽 그림에서 □ABCD는 원에 내
접하고 $\overline{AB}$와 $\overline{CD}$의 연장선의 교점을
E, $\overline{AD}$와 $\overline{BC}$의 연장선의 교점을 F
라고 한다. ∠ABC=56°,
∠AED=33°일 때, ∠x의 크기를
구하시오.

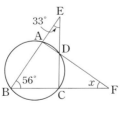

25

0302-0738

오른쪽 그림과 같이 원 O에 내접하는 오
각형 ABCDE에서 ∠E=105°,
∠COD=60°일 때, ∠B의 크기는?

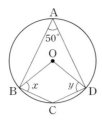

① 95° ② 100°

③ 105° ④ 110°

⑤ 115°

26

0302-0739

오른쪽 그림에서 직선 TT′은 원 O의
접선이고 점 P는 그 접점이다.
∠APB=∠BPT′, $\overline{PB}$=7 cm일 때,
$\overline{AB}$의 길이는?

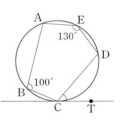

① 5 cm ② 5.5 cm

③ 6 cm ④ 6.5 cm

⑤ 7 cm

27

0302-0740

오른쪽 그림과 같이 원에 내접하는 오
각형 ABCDE에서 ∠B=100°,
∠E=130°이다. 직선 CT가 원의 접
선이고 점 C는 그 접점일 때, ∠DCT
의 크기를 구하시오.

28 발전

0302-0741

오른쪽 그림과 같이 두 원이 두 점 A,
B에서 만나고, 두 원에 공통으로 접
하는 접선이 두 원과 만나는 접점을
각각 C, D라고 할 때,
∠CAD+∠CBD의 크기를 구하시오.

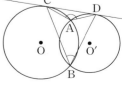

01

0302-0742

오른쪽 그림과 같이 반지름의 길이가 4 cm 인 원 O의 중심에서 현 AB에 내린 수선의 길이가 2 cm일 때, 현 AB의 길이는?

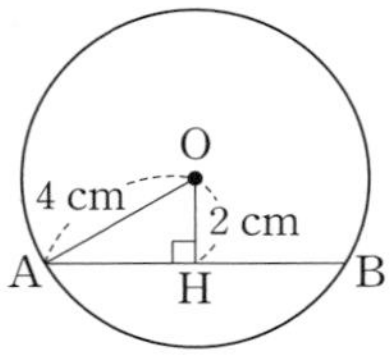

① 5 cm
② $6\sqrt{2}$ cm
③ $3\sqrt{3}$ cm
④ $4\sqrt{3}$ cm
⑤ $6\sqrt{3}$ cm

02

0302-0743

오른쪽 그림과 같은 원 O에서 $\overline{AB}\perp\overline{OC}$이고 $\overline{BM}=4\sqrt{5}$ cm, $\overline{CM}=4$ cm일 때, 원 O의 반지름의 길이는?

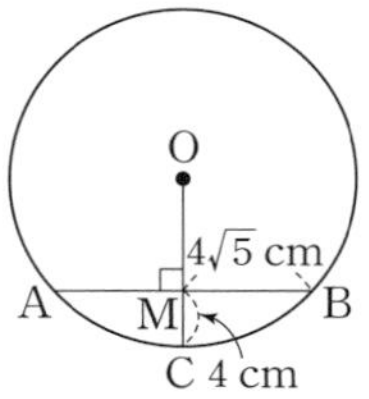

① 11 cm
② 12 cm
③ 13 cm
④ 14 cm
⑤ 15 cm

03

0302-0744

오른쪽 그림과 같은 원 O에서 △ABC는 $\overline{AB}=\overline{AC}=10$ cm인 이등변삼각형이다. $\overline{BC}=16$ cm일 때, 원 O의 반지름의 길이를 구하시오.

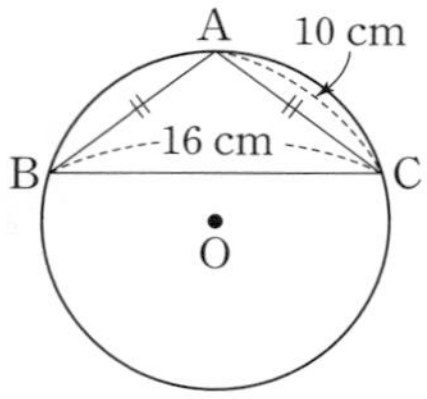

04

0302-0745

오른쪽 그림과 같이 반지름의 길이가 8 cm 인 원 O의 원주 위의 한 점이 원의 중심 O 에 겹쳐지도록 $\overline{AB}$를 접는 선으로 하여 접었을 때, $\overline{AB}$의 길이를 구하시오.

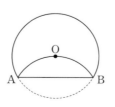

05

0302-0746

오른쪽 그림과 같은 원 O에서 $\overline{AC}\perp\overline{OD}$이고 $\overline{AB}=\overline{AC}=14$ cm, $\overline{OD}=3$ cm일 때, △ABO의 넓이는?

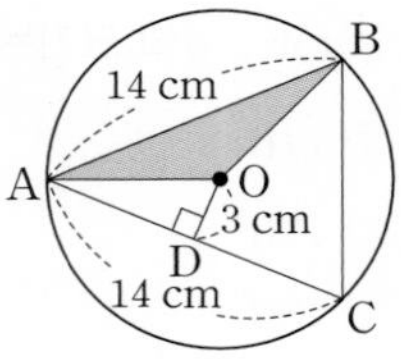

① 18 cm²
② 19 cm²
③ 22 cm²
④ 21 cm²
⑤ 22 cm²

06

0302-0747

오른쪽 그림과 같은 원 O에서 $\overline{AB}\perp\overline{OM}$, $\overline{AC}\perp\overline{ON}$이고 $\overline{OM}=\overline{ON}$, ∠B=65°일 때, ∠BAC의 크기는?

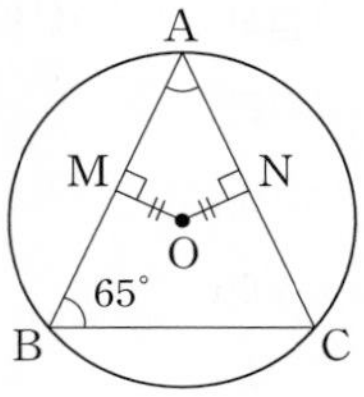

① 50°
② 55°
③ 60°
④ 65°
⑤ 70°

07

0302-0748

오른쪽 그림에서 $\overrightarrow{PA}$, $\overrightarrow{PB}$가 원 O의 접선이고 두 점 A, B가 그 접점이다. ∠AOP=46°일 때, ∠APB의 크기는?

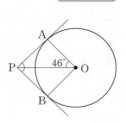

① 82°
② 84°
③ 86°
④ 88°
⑤ 92°

08

0302-0749

오른쪽 그림에서 $\overrightarrow{PA}$, $\overrightarrow{PB}$는 원 O의 접선이고, 두 점 A, B는 그 접점이다. $\overline{OB}=3$ cm, $\angle APB=60°$일 때, 다음 중 옳지 <u>않은</u> 것은?

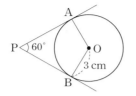

① $\angle PAO = \angle PBO$
② $\triangle PAO \equiv \triangle PBO$
③ $\angle APO + \angle POA = 90°$
④ $\overline{PA} = 4$ cm
⑤ $\overline{PO} = 6$ cm

09

0302-0750

오른쪽 그림과 같이 중심이 같은 두 원에서 작은 원의 접선과 큰 원의 교점을 각각 A, B라고 하자. $\overline{AB}=12$일 때 색칠한 부분의 넓이는? (단, 점 H는 접점이다.)

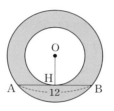

① 16π ② 25π
③ 36π ④ 49π
⑤ 64π

10

0302-0751

오른쪽 그림에서 원 O는 △ABC의 내접원이고 세 점 D, E, F는 접점이다. $\overline{AB}=8$ cm, $\overline{BC}=8$ cm, $\overline{CA}=9$ cm일 때, $\overline{AF}$의 길이는?

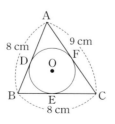

① 2.5 cm   ② 3 cm
③ 3.5 cm   ④ 4 cm
⑤ 4.5 cm

11 발전

0302-0752

오른쪽 그림에서 □ABCD가 원 O에 외접하고, 두 대각선이 직교한다. $\overline{BC}=8$, $\overline{CD}=4$일 때, xy의 값은?

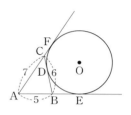

① 30   ② 32
③ 35   ④ 40
⑤ 42

12 서술형

0302-0753

오른쪽 그림에서 $\overrightarrow{AE}$, $\overrightarrow{AF}$, $\overrightarrow{BC}$는 원 O의 접선이고 세 점 E, F, D는 접점이다. $\overline{AB}=5$, $\overline{BC}=6$, $\overline{CA}=7$일 때, $\overline{BE}$의 길이를 구하시오.

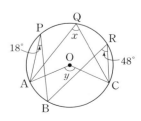

13

0302-0754

다음 중 $\angle x$의 크기가 가장 작은 것은?

① 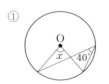   ②   ③

④ 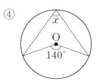   ⑤

14

0302-0755

오른쪽 그림과 같은 원 O에서 $\angle x + \angle y$의 크기는?

① 175°   ② 180°
③ 188°   ④ 196°
⑤ 198°

15

0302-0756

오른쪽 그림에서 ∠BAE=48°,
∠DCE=72°이고 ∠AEB=x일 때,
$\cos x$의 값은?

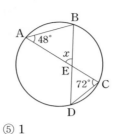

① $\dfrac{1}{2}$

② $\dfrac{\sqrt{2}}{2}$

③ $\dfrac{\sqrt{3}}{2}$

④ $\dfrac{2}{3}$

⑤ 1

16

0302-0757

오른쪽 그림에서 점 Q는 두 현 AB,
CD의 연장선의 교점이다.
∠BCD=27°, ∠AQD=34°일 때,
∠APB의 크기는?

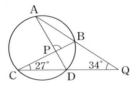

① 89°

② 90°

③ 91°

④ 92°

⑤ 93°

17

0302-0758

오른쪽 그림에서 $\overline{BC}$는 반원 O의 지
름이고 $\overarc{AB}:\overarc{AC}=1:2$이다. 이 때,
∠ABC의 크기를 구하시오.

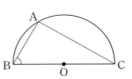

18

0302-0759

오른쪽 그림에서 $\overline{AB}$는 원 O의 지름이
고 $\overline{AD}=\overline{DC}$, ∠DBC=25°일 때,
∠CAB의 크기는?

① 40°

② 45°

③ 50°

④ 55°

⑤ 60°

19 서술형

0302-0760

오른쪽 그림에서 □AEDB와
□AEDC는 원 O에 내접하고
$\overarc{AB}=\overarc{BC}$, ∠BDE=70°일 때,
∠x의 크기를 구하시오.

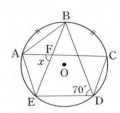

20 발전

0302-0761

오른쪽 그림에서 원 O의 두 현 AB와 CD
가 이루는 각의 크기는 90°이고
$\overarc{AD}=4\pi$, $\overarc{BC}=8\pi$일 때, 원 O의 반지름
의 길이는?

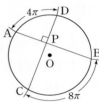

① 8

② 9

③ 10

④ 12

⑤ 15

21

0302-0762

오른쪽 그림에서 네 점 A, B, C, D
가 한 원 위에 있을 때, ∠x의 크기
는?

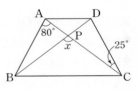

① 95°

② 100°

③ 105°

④ 110°

⑤ 115°

22

0302-0763

오른쪽 그림에서 □ABCD는 원에 내접하고 ∠A : ∠C = 2 : 1일 때, ∠A의 크기는?

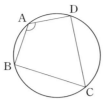

① 120°   ② 125°

③ 130°   ④ 135°

⑤ 150°

23 서술형

0302-0764

오른쪽 그림에서 □ABCD는 원 O에 내접하고 $\overline{BD}$는 원 O의 지름이다. ∠BDC=48°, ∠ABE=100°일 때, ∠x의 크기를 구하시오.

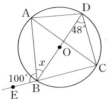

24

0302-0765

오른쪽 그림에서 두 점 P, Q는 두 원 O, O′의 교점이다. ∠PO′C=150°일 때, ∠BAP의 크기는?

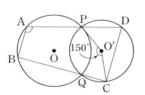

① 100°   ② 105°

③ 110°   ④ 115°

⑤ 120°

25

0302-0766

오른쪽 그림과 같이 □ABCD는 원 O에 내접하고 직선 TT′은 원 O의 접선이다. 점 A가 접점이고 ∠BCD=103°, ∠BAT′=72°일 때, ∠x의 크기는?

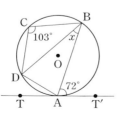

① 29°   ② 31°

③ 33°   ④ 35°

⑤ 37°

26

0302-0767

오른쪽 그림에서 $\overleftrightarrow{TA}$는 원 O의 접선이고 점 A는 접점이다. ∠ATB=25°, ∠CBA=70°일 때, ∠ACB의 크기는?

① 40°   ② 42°   ③ 45°

④ 48°   ⑤ 50°

27

0302-0768

오른쪽 그림에서 직선 PQ는 점 T에서 접하는 두 원의 공통인 접선이다. ∠TBA=40°, ∠TDC =60°일 때, ∠CTD의 크기는?

① 70°   ② 75°

③ 80°   ④ 85°

⑤ 90°

28 발전

0302-0769

오른쪽 그림과 같이 △ABC의 외접원 O에서 $\overline{AB}$의 연장선과 점 C에서 원에 그은 접선이 만나는 점을 D라 하고 ∠ADC의 이등분선이 $\overline{AC}$와 만나는 점을 E라고 한다. ∠ACB=48°일 때, ∠DEC의 크기를 구하시오.

01
0302-0770

다음 중 옳지 <u>않은</u> 것은?

① 평균, 중앙값, 최빈값은 대푯값이다.
② 산포도는 자료가 흩어져 있는 정도를 하나의 수로 나타낸 것이다.
③ 최빈값은 여러 개일 수도 있다.
④ 편차의 총합은 항상 0이다.
⑤ 평균보다 큰 변량에 대한 편차는 음수이다.

02
0302-0771

오른쪽 표는 은후네 학급의 남학생, 여학생의 수행평가 점수의 평균을 각각 조사하여 나타낸 것이다. 학급 전체의 수행평가 점수의 평균을 구하시오.

	학생 수 (명)	평균 (점)
남학생	8	8
여학생	12	9

03
0302-0772

다음 표는 어느 중학교 피구 동아리 학생 10명이 일주일 동안 피구를 연습한 시간을 조사하여 나타낸 것이다. 이 자료의 중앙값과 최빈값이 같을 때, x의 값은? (단, 최빈값은 1개이다.)

(단위: 시간)

5	x	3	8	9	8	9	2	3	12

① 3 　　② 5 　　③ 6
④ 8 　　⑤ 9

04
0302-0773

오른쪽 줄기와 잎 그림은 지윤이네 모둠 학생 10명이 하루 동안 브이로그를 시청한 횟수이다. 시청 횟수의 평균, 중앙값, 최빈값을 각각 구하시오.

(0|5는 5회)

줄기	잎
0	5 6 8 8
1	1 2 5 7
2	0 1

05
0302-0774

다음 자료의 중앙값은 25이고 최빈값은 30일 때, a의 값이 될 수 있는 것을 모두 고르면? (정답 2개)

25	30	17	a	18	30	12

① 18 　　② 21 　　③ 25
④ 29 　　⑤ 30

06
0302-0775

평균, 중앙값, 최빈값 중 다음 자료들의 대푯값으로 가장 적절한 것을 고르시오.

신발 치수, 티셔츠 사이즈, 관람 희망 영화

07
0302-0776

하은이의 기말고사 성적에서 국어를 제외한 **11**개 교과 성적의 평균은 **64**점이고, 국어를 포함한 **12**개 교과 성적의 평균은 **66.5**점이다. 하은이의 국어 성적은?

① 91점   ② 92점   ③ 93점
④ 94점   ⑤ 95점

08
0302-0777

다음은 계란 **10**개 각각의 무게에 대한 편차를 조사하여 나타낸 것이다. 평균이 **45 g**일 때, 편차가 x **g**인 계란의 무게는?

(단위: g)

-3	2	1	0	x	4	-1	-4	-2	2

① 46 g   ② 47 g   ③ 48 g
④ 49 g   ⑤ 50 g

09
0302-0778

다음 자료는 어느 교실의 실내 온도를 **9**시부터 매시간 측정한 변량의 편차이다. 이 자료의 분산은?

(단위: ℃)

-4	-2	-1	0	2	4	2	-1

① 5.5   ② 5.75   ③ 6
④ 6.25   ⑤ 6.5

10
0302-0779

다음 자료는 어느 지역의 **8**가구의 가족 수를 조사한 것이다. 이 자료의 표준편차는?

(단위: 명)

2	4	5	3	6	4	3	5

① $\sqrt{1.5}$명   ② 1.5명   ③ $\sqrt{2}$명
④ 2명   ⑤ $\sqrt{2.5}$명

11
0302-0780

다섯 개의 변량 x, y, **10**, **4**, **12**의 평균과 분산이 각각 **8**일 때, x^2+y^2의 값은?

① 50   ② 56   ③ 60
④ 80   ⑤ 100

12
0302-0781

다음 두 자료 A, B의 표준편차의 크기를 비교하시오.

자료 A : 1부터 10까지의 홀수
자료 B : 1부터 10까지의 짝수

13 서술형
0302-0782

오른쪽 막대그래프는 어느 학급 학생들이 농구 자유투를 10회 던져서 골인된 수를 나타낸 것이다. 평균과 분산을 각각 구하시오.

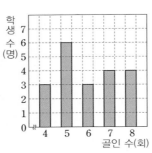

14
0302-0783

다음 표는 다빈이네 반 모둠별 수학 성적을 나타낸 것이다. 성적이 가장 고른 모둠은?

모둠	A	B	C	D	E
평균(점)	72	72	72	72	72
표준편차(점)	$\sqrt{10}$	$\sqrt{15}$	$2\sqrt{3}$	$3\sqrt{2}$	$\sqrt{11}$

① A   ② B   ③ C
④ D   ⑤ E

15 발전
0302-0784

3개의 변량 a, b, c의 평균이 7이고, 분산이 10일 때, $2a+1$, $2b+1$, $2c+1$의 평균과 분산을 각각 구하시오.

16 발전
0302-0785

다음 자료의 평균이 0이고, 중앙값이 1일 때, 이 자료의 분산을 구하시오. (단, $a<b$)

$$a \quad b \quad 2 \quad 3 \quad -2 \quad -3 \quad 5$$

[17~19] 오른쪽 그림은 다솜이네 모둠 학생 10명의 수학과 과학 성적에 대한 산점도이다.

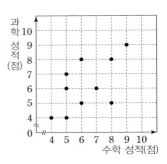

17
0302-0786

수학 성적과 과학 성적의 차가 2점 이상인 학생 수는?

① 1명   ② 2명   ③ 3명
④ 4명   ⑤ 5명

18
0302-0787

수학 성적이 과학 성적보다 높은 학생의 비율은?

① $\frac{1}{5}$ ② $\frac{3}{10}$ ③ $\frac{2}{5}$
④ $\frac{1}{2}$ ⑤ $\frac{3}{5}$

19 서술형 0302-0788

과학 성적이 6점 이상인 학생의 수학 성적의 평균을 구하시오.

[20~21] 오른쪽 그림은 어느 학급 학생 20명의 중간고사와 기말고사의 성적에 대한 산점도이다.

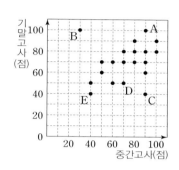

20 0302-0789

다음 설명 중 옳은 것을 모두 고르면? (정답 2개)

① 중간고사와 기말고사 성적이 같은 학생은 E로 1명이다.
② 대부분의 학생이 기말고사에서 성적이 향상되었다.
③ 학생 C는 기말고사에서 성적이 50점 떨어졌다.
④ 중간고사와 기말고사의 성적 차가 가장 많이 나는 학생은 B이다.
⑤ 학생 A와 D의 중간고사 성적의 평균은 75점이다.

21 0302-0790

중간고사와 기말고사 성적의 평균이 80점보다 큰 학생의 기말고사 성적의 분산을 구하시오.

22 0302-0791

다음 중 두 변량 사이의 관계가 음의 상관관계인 것은?

① 독서량과 국어 성적
② 강우량과 댐의 수위
③ 낮의 시간과 밤의 시간
④ 키와 신발 치수
⑤ 지능지수와 시력

23 0302-0792

다음 산점도 중에서 상관관계가 없는 것은?

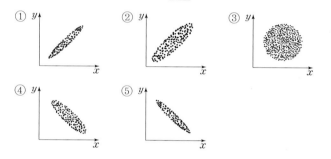

24 0302-0793

다음 중 오른쪽 산점도의 두 변량 x, y 사이의 관계로 적절한 것은?

① 산의 높이와 기온
② 주행 속력과 주행 시간
③ 운동량과 심장 박동수
④ TV 시청 시간과 학습량
⑤ 달리기 기록과 시력

대단원 실전 테스트

01

0302-0794

유경이가 3회에 걸쳐 본 시험 성적의 평균은 79점이었다. 시험을 한 번 더 보았더니 평균이 1점 올랐다. 마지막 시험 성적은?

① 80점   ② 81점   ③ 82점
④ 83점   ⑤ 84점

02

0302-0795

4개의 변량 a, b, c, d의 평균이 6점일 때, 다음 5개의 변량의 평균은?

(단위: 점)

| $a-1$ | b | $c+3$ | $d-2$ | 6 |

① 5.5점   ② 6점   ③ 6.5점
④ 7점   ⑤ 7.5점

03

0302-0796

다음은 윤서네 가족 5명의 키를 조사하여 분석한 결과이다. 윤서의 키를 구하시오.

(가) 윤서의 어머니의 키는 158 cm이다.
(나) 윤서의 키가 가장 작다.
(다) 평균은 165 cm이다.
(라) 중앙값은 168 cm이다.
(마) 최빈값은 173 cm로 1개이다.

04

0302-0797

다음 조건을 모두 만족하는 자연수 a의 값을 구하시오.

(가) 4개의 변량 20, 10, 33, a의 중앙값은 15이다.
(나) 5개의 변량 0, 5, 10, 15, a의 중앙값은 10이다.

05

0302-0798

오른쪽 그림은 현서네 모둠 10명의 봉사 활동 시수를 나타낸 막대 그래프이다. 10명의 봉사 활동 시수의 평균은?

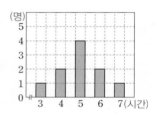

① 4시간   ② 4.5시간
③ 5시간   ④ 5.5시간
⑤ 6시간

06

0302-0799

다음 자료의 평균과 최빈값이 같을 때, a의 값을 구하시오.
(단, 최빈값은 1개이다.)

| a | 5 | 1 | 3 | 3 | 2 | 4 |

07

0302-0800

다음 표는 학생 15명의 PAPS 종합유연성 점수를 나타낸 것이다. 이 자료의 평균이 6점일 때, xy의 값은?

점수(점)	4	5	6	7	8
학생 수(명)	2	3	x	y	2

① 9　　　　　② 10　　　　　③ 12

④ 15　　　　　⑤ 16

08

0302-0801

다음 중 옳지 <u>않은</u> 것을 모두 고르면? (정답 2개)

① 편차는 평균에서 변량을 뺀 값이다.
② 편차의 절댓값이 작을수록 그 변량은 평균에 가깝다.
③ 분산과 표준편차는 모두 산포도이다.
④ 표준편차는 편차의 제곱의 평균이다.
⑤ 분산이 작을수록 자료가 고르게 분포되어 있다.

09 서술형

0302-0802

다음 표는 학생 A, B, C, D, E의 역사 수행평가 성적의 편차를 나타낸 것이다. A의 성적이 12점일 때, E의 성적을 구하시오.

학생	A	B	C	D	E
편차(점)	-2	-4	-1	3	

10

0302-0803

오른쪽 줄기와 잎 그림은 학생 8명을 대상으로 일주일 동안 사이버 학습센터에 로그인한 횟수를 조사한 것이다. 로그인한 횟수의 표준편차는?

(0│4는 4회)

줄기	잎
0	4　5　8
1	0　2　5
2	1　1

① $\sqrt{35}$회　　　　② $\sqrt{38}$회

③ $2\sqrt{10}$회　　　　④ $3\sqrt{5}$회

⑤ $5\sqrt{2}$회

11

0302-0804

농구 경기에서 5명의 선수들이 얻은 득점이 17점, 20점, 8점, 11점, a점이고 득점의 총합이 75점일 때, 5명의 득점의 분산은?

① 12　　　　　② 15　　　　　③ 18

④ 20　　　　　⑤ 22

12

0302-0805

수민이의 국어, 영어, 수학 세 교과 성적의 평균이 88점이고 표준편차는 5점이다. 각 교과 성적이 3점씩 오를 경우의 평균과 표준편차를 차례대로 구한 것은?

① 88점, 5점　　　　② 88점, $(5+\sqrt{3})$점

③ 91점, 5점　　　　④ 91점, $(5+\sqrt{3})$점

⑤ 91점, 8점

대단원 실전 테스트

13

0302-0806

오른쪽 그림은 예빈이네 반 학생 20명의 충치 수를 조사하여 꺾은선그래프로 나타낸 것이다. 충치 수의 표준편차는?

① $\sqrt{1.2}$개   ② $\sqrt{1.3}$개
③ $\sqrt{1.4}$개   ④ $\sqrt{1.5}$개
⑤ $\sqrt{1.6}$개

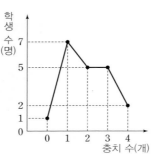

14 발전

0302-0807

4개의 변량 $3a+2, 3b+2, 3c+2, 3d+2$의 평균이 8이고 분산이 18일 때, 변량 a, b, c, d의 평균과 분산을 각각 구하시오.

15

0302-0808

아래 그림은 A, B 두 회사의 직원들의 소득을 조사하여 나타낸 그래프이다. 다음을 구하시오.

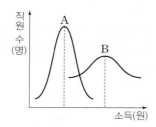

(1) 평균 소득이 더 높은 회사
(2) 소득 격차가 더 작은 회사

16

0302-0809

오른쪽 표는 A, B 두 조의 수학 수행평가 점수의 결과를 나타낸 것이다. A, B 두 조를 합한 전체의 수행평가 점수의 표준편차는?

	A조	B조
학생 수(명)	7	8
평균(점)	7	7
표준편차(점)	$\sqrt{5}$	$\sqrt{2}$

① $\sqrt{3.2}$점   ② $\sqrt{3.3}$점   ③ $\sqrt{3.4}$점
④ $\sqrt{3.5}$점   ⑤ $\sqrt{3.6}$점

[17~18] 오른쪽 그림은 어느 중학교 야구 선수 20명이 올해 상반기와 하반기에 친 홈런의 개수에 대한 산점도이다.

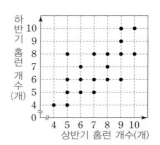

17

0302-0810

하반기에 홈런을 더 많이 친 선수의 비율은?

① $\frac{1}{5}$ ② $\frac{1}{4}$ ③ $\frac{2}{5}$
④ $\frac{1}{2}$ ⑤ $\frac{3}{5}$

18

0302-0811

올해 상반기와 하반기에 친 홈런의 개수의 합이 12개 미만인 선수의 수는?

① 2명   ② 3명   ③ 4명
④ 5명   ⑤ 6명

19

0302-0812

오른쪽 산점도는 어느 편의점에서 판매하는 우유의 가격과 용량을 조사하여 나타낸 것이다. A, B, C, D, E 중 어느 회사 제품을 선택하는 것이 경제적인가?

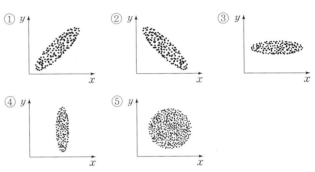

① A
② B
③ C
④ D
⑤ E

[20~22] 오른쪽 그림은 현수네 반 학생 20명의 국어와 사회 성적에 대한 산점도이다.

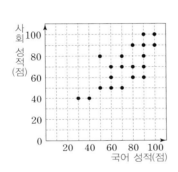

20

0302-0813

국어 성적이 80점 이상이고 사회 성적이 70점 이하인 학생은 전체의 몇 %인가?

① 20 %
② 25 %
③ 30 %
④ 35 %
⑤ 40 %

21

0302-0814

국어와 사회 성적의 평균이 55점 이하인 학생의 국어 성적의 평균을 구하시오.

22 서술형

0302-0815

국어 성적이 90점인 학생들의 사회 성적의 분산을 구하시오.

23

0302-0816

다음 산점도 중 음의 상관관계인 것은?

① y

② y

③ y

④ y

⑤ y

24

0302-0817

다음 중 오른쪽 산점도의 두 변량 x, y 사이의 관계로 적절한 것은?

① 키와 한 뼘의 길이
② 자동차 등록 대수와 대기 오염 지수
③ 농산물의 공급량과 가격
④ 인구수와 식량 소비량
⑤ 소득과 저축 금액

내용 체제

▍수와 연산

중1	중2	중3
소인수분해 정수와 유리수	유리수와 순환소수	제곱근과 실수

▍문자와 식

중1	중2	중3
문자의 사용과 식의 계산 일차방정식	식의 계산 일차부등식과 연립일차방정식	다항식의 곱셈과 인수분해 이차방정식

▍함수

중1	중2	중3
좌표평면과 그래프	일차함수와 그래프 일차함수와 일차방정식의 관계	이차함수와 그래프

▍기하

중1	중2	중3
기본도형 작도와 합동 평면도형의 성질 입체도형의 성질	삼각형과 사각형의 성질 도형의 닮음 피타고라스 정리	삼각비 원의 성질

▍확률과 통계

중1	중2	중3
자료의 정리와 해석	확률과 그 기본 성질	대푯값과 산포도 상관관계

EBS 중학

뉴런

| 수학 3(하) |

정답과 풀이 [개념책]

정답과 풀이

Ⅴ. 삼각비

1. 삼각비의 뜻

삼각비의 뜻

본문 8~10쪽

개념 확인 문제

1 (1) $\dfrac{\sqrt{2}}{2}$ (2) $\dfrac{\sqrt{2}}{2}$

2 (1) $\overline{BC}$, 8, 5 (2) $\overline{BC}$, 8, 4

유제 1

$\triangle ABC$에서 $\overline{BC}=\sqrt{6^2+(3\sqrt{5})^2}=\sqrt{81}=9$

따라서 $\cos C=\dfrac{\overline{AC}}{\overline{BC}}=\dfrac{3\sqrt{5}}{9}=\dfrac{\sqrt{5}}{3}$

답 $\dfrac{\sqrt{5}}{3}$

유제 2

$\triangle ABC$에서 $\overline{BC}=2\overline{BO}=20$이므로

$\overline{AC}=\sqrt{20^2-12^2}=\sqrt{256}=16$

따라서 $\tan B=\dfrac{\overline{AC}}{\overline{AB}}=\dfrac{16}{12}=\dfrac{4}{3}$

답 ④

유제 3

$\cos A=\dfrac{\overline{AB}}{\overline{AC}}=\dfrac{6}{\overline{AC}}=\dfrac{3}{7}$에서 $\overline{AC}=14$

답 14

유제 4

$\tan A=\dfrac{\overline{BC}}{\overline{AB}}=\dfrac{\overline{BC}}{8}=\dfrac{3}{2}$에서 $\overline{BC}=12$

따라서 $\overline{CM}=\dfrac{\overline{BC}}{2}=\dfrac{12}{2}=6$

답 6

유제 5

오른쪽 그림과 같이 $\angle B=90°$, $\overline{AB}=3$, $\overline{BC}=4$인 $\triangle ABC$를 생각할 수 있다.

$\overline{AC}=\sqrt{3^2+4^2}=\sqrt{25}=5$이므로

$\sin A+\cos A=\dfrac{4}{5}+\dfrac{3}{5}=\dfrac{7}{5}$

답 ③

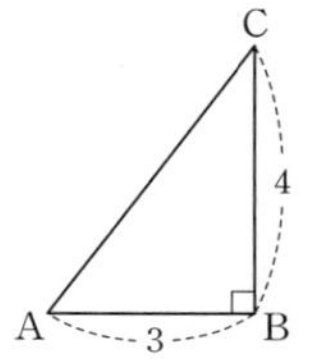

유제 6

오른쪽 그림과 같이 $\angle B=90°$, $\overline{AC}=7$, $\overline{AB}=5$인 $\triangle ABC$를 생각할 수 있다.

$\overline{BC}=\sqrt{7^2-5^2}=\sqrt{24}=2\sqrt{6}$이므로

$\sin A\times\tan C=\dfrac{2\sqrt{6}}{7}\times\dfrac{5}{2\sqrt{6}}=\dfrac{5}{7}$

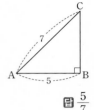

답 $\dfrac{5}{7}$

유제 7

$\triangle ACD\backsim\triangle ADE$(AA 닮음)이므로 $\angle ACD=\angle x$

$\overline{AC}=\sqrt{3^2+(\sqrt{3})^2}=\sqrt{12}=2\sqrt{3}$

따라서 $\cos x=\dfrac{\overline{CD}}{\overline{AC}}=\dfrac{\sqrt{3}}{2\sqrt{3}}=\dfrac{1}{2}$

답 ①

유제 8

$\triangle CBA\backsim\triangle DBE$(AA 닮음)이므로 $\angle BCA=\angle x$

$\overline{BC}=\sqrt{15^2+8^2}=\sqrt{289}=17$

따라서 $\sin x=\dfrac{\overline{AB}}{\overline{BC}}=\dfrac{15}{17}$

답 $\dfrac{15}{17}$

삼각비의 값

본문 11~16쪽

개념 확인 문제

1 (1) $\dfrac{1+\sqrt{2}}{2}$ (2) $\dfrac{3}{2}$

2 (1) $\overline{AB}$, 0.7193, 0.7193 (2) $\overline{OB}$, 0.6947, 0.6947

3 (1) 1 (2) 1 (3) 0

4 (1) 0.5878 (2) 0.8090 (3) 0.7265

유제 1

$\dfrac{2(\sin 45°+\cos 45°)}{\sqrt{3}\tan 30°}-\tan 60°$

$=2\times\left(\dfrac{\sqrt{2}}{2}+\dfrac{\sqrt{2}}{2}\right)\div\left(\sqrt{3}\times\dfrac{\sqrt{3}}{3}\right)-\sqrt{3}$

$=2\sqrt{2}-\sqrt{3}$

답 $2\sqrt{2}-\sqrt{3}$

유제 2

(가) $\sin 30° = \dfrac{1}{2}$, (나) $\cos 45° = \dfrac{\sqrt{2}}{2}$

(다) $\tan 60° = \sqrt{3}$

답 (가) $\dfrac{1}{2}$ (나) $\dfrac{\sqrt{2}}{2}$ (다) $\sqrt{3}$

유제 3

$\tan A = \dfrac{3\sqrt{2}}{3\sqrt{6}} = \dfrac{1}{\sqrt{3}} = \dfrac{\sqrt{3}}{3}$ 이고

$\tan 30° = \dfrac{\sqrt{3}}{3}$ 이므로 $\angle A = 30°$

답 ③

유제 4

$\sin 60° = \dfrac{\sqrt{3}}{2}$ 이므로 $3x + 15° = 60°$

$3x = 45°$ 이므로 $\angle x = 15°$

답 $15°$

유제 5

$\cos 60° = \dfrac{\overline{BC}}{\overline{AB}} = \dfrac{5}{\overline{AB}} = \dfrac{1}{2}$ 에서 $\overline{AB} = 10(\text{cm})$

답 10 cm

유제 6

$\tan 60° = \dfrac{\overline{AH}}{4} = \sqrt{3}$ 에서 $\overline{AH} = 4\sqrt{3}(\text{cm})$

$\tan 45° = \dfrac{\overline{AH}}{\overline{CH}} = \dfrac{4\sqrt{3}}{\overline{CH}} = 1$ 에서 $\overline{CH} = 4\sqrt{3}(\text{cm})$

답 $4\sqrt{3}$ cm

유제 7

$\cos 35° = \dfrac{\overline{OB}}{\overline{OA}} = \dfrac{0.8192}{1} = 0.8192$

답 0.8192

유제 8

$\overline{BA} /\!/ \overline{DC}$ 이므로

$\angle OBA = \angle ODC = \angle b$

$\overline{OA} = \cos a = \sin b$ 이므로

점 B의 x좌표를 나타내는 것은 $\cos a$, $\sin b$ 이다.

답 ②, ③

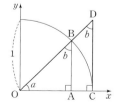

유제 9

$\sin 90° + \cos 90° = 1$ 이므로 $\tan 45°$ 와 값이 같다.

답 ④

유제 10

$\sin 90° = 1$ 에서 $\angle x = 90°$

따라서 $\cos(x - 30°) = \cos 60° = \dfrac{1}{2}$

답 ②

유제 11

④ $0° \le \angle x < 45°$ 일 때, $\sin x - \cos x < 0$

답 ④

유제 12

(1) $0° \le \angle A < 45°$ 일 때, $\sin A < \cos A$

(2) $\angle A = 45°$ 일 때, $\sin A = \cos A = \dfrac{\sqrt{2}}{2}$

(3) $45° < \angle A \le 90°$ 일 때, $\sin A > \cos A$

답 (1) < (2) = (3) >

유제 13

$\cos 42° = 0.7431$ 에서 $x = 0.7431$

$\tan 43° = 0.9325$ 에서 $y = 43$

따라서 $x + y = 0.7431 + 43 = 43.7431$

답 43.7431

유제 14

$\sin 41° = 0.6561$ 에서 $\angle x = 41°$

따라서 $\tan 41° = 0.8693$

답 0.8693

유제 15

(1) $\sin 46° = \dfrac{\overline{AC}}{100} = 0.7193$ 에서 $\overline{AC} = 71.93$

(2) $\cos 46° = \dfrac{\overline{BC}}{100} = 0.6947$ 에서 $\overline{BC} = 69.47$

답 (1) 71.93 (2) 69.47

형성평가 본문 17쪽

01 ③	02 5	03 136	04 $\dfrac{1}{2}$	05 ①	06 0
07 ⑤	08 ③				

01 오른쪽 그림과 같이 점 A에서 $\overline{BC}$에 내린 수선의 발을 H라고 하면
$\overline{BH}=15$
$\overline{AH}=\sqrt{17^2-15^2}=\sqrt{64}=8$

따라서 $\sin B=\dfrac{\overline{AH}}{\overline{AB}}=\dfrac{8}{17}$ ▢ ③

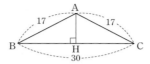

02 $\cos B=\dfrac{\overline{BC}}{\overline{AB}}=\dfrac{6}{\overline{AB}}=\dfrac{3}{5}$에서 $\overline{AB}=10$

따라서 $\overline{OB}=5$ ▢ 5

03 오른쪽 그림과 같이 $\angle B=90°$, $\overline{AC}=17$, $\overline{BC}=8$인 $\triangle ABC$를 생각할 수 있다.
$\overline{AB}=\sqrt{17^2-8^2}=\sqrt{225}=15$이므로

$289\cos A\times\tan A=289\times\dfrac{15}{17}\times\dfrac{8}{15}=136$ ▢ 136

04 $\triangle ACB\backsim\triangle ADE$(AA 닮음)이므로 $\angle B=\angle E$

따라서 $\cos B=\cos E=\dfrac{4}{8}=\dfrac{1}{2}$ ▢ $\dfrac{1}{2}$

05 $\triangle BCD$에서 $\sin 45°=\dfrac{\overline{BC}}{\overline{BD}}=\dfrac{\overline{BC}}{2\sqrt{6}}=\dfrac{\sqrt{2}}{2}$이므로

$\overline{BC}=2\sqrt{3}$

$\triangle ABC$에서 $\sin 60°=\dfrac{\overline{BC}}{\overline{AC}}=\dfrac{2\sqrt{3}}{\overline{AC}}=\dfrac{\sqrt{3}}{2}$

따라서 $\overline{AC}=4$ ▢ ①

06 $(\tan 0°+\sin 45°)\times\cos 90°=\left(0+\dfrac{\sqrt{2}}{2}\right)\times 0=0$ ▢ 0

07 $0°<\angle A<90°$일 때, $0<\cos A<1$
따라서
$\sqrt{(\cos A+1)^2}-\sqrt{(\cos A-1)^2}$
$=(\cos A+1)-(-\cos A+1)$
$=\cos A+1+\cos A-1$
$=2\cos A$ ▢ ⑤

08 $\triangle ABC$에서 $\angle A=180°-(90°+75°)=15°$이므로
$\sin 15°=\dfrac{\overline{BC}}{\overline{AB}}=\dfrac{\overline{BC}}{50}=0.2588$
따라서 $\overline{BC}=12.940$ ▢ ③

중단원 마무리
본문 18~21쪽

01 ③	**02** $\sqrt{2}$	**03** 30°	**04** ②	**05** 25°	**06** ⑤
07 ㄷ, ㄴ, ㄱ		**08** 1.3111	**09** ④	**10** $\dfrac{\sqrt{5}}{5}$	**11** ②
12 $\dfrac{3}{10}$	**13** ①	**14** $\dfrac{1}{2}$	**15** $\dfrac{\sqrt{3}}{3}$	**16** 45°	**17** $2\sqrt{3}$
18 $2+\sqrt{3}$	**19** $\dfrac{\sqrt{3}}{2}$	**20** ④	**21** ①	**22** $\dfrac{3}{2}$	**23** ③
24 ②	**25** $\dfrac{3\sqrt{10}}{10}$		**26** $\dfrac{4\sqrt{5}}{5}$	**27** $\dfrac{1}{3}$	
28 $8\sqrt{3}$ cm		**29** $\dfrac{128}{3}$ cm²		**30** ④	

01 $\cos A=\dfrac{\overline{AC}}{\overline{AB}}=\dfrac{12}{13}$ ▢ ③

02 $\cos B=\dfrac{\overline{BC}}{\sqrt{6}}=\dfrac{\sqrt{6}}{3}$에서 $\overline{BC}=2$
따라서 $\overline{AC}=\sqrt{(\sqrt{6})^2-2^2}=\sqrt{2}$ ▢ $\sqrt{2}$

03 $\cos A=\dfrac{2\sqrt{3}}{4}=\dfrac{\sqrt{3}}{2}$이고 $\cos 30°=\dfrac{\sqrt{3}}{2}$이므로
$\angle A=30°$ ▢ 30°

04 $(\sin 45°+1)(\cos 45°-1)=\left(\dfrac{\sqrt{2}}{2}+1\right)\left(\dfrac{\sqrt{2}}{2}-1\right)$
$=\left(\dfrac{\sqrt{2}}{2}\right)^2-1=\dfrac{1}{2}-1$
$=-\dfrac{1}{2}$ ▢ ②

05 $\tan 60°=\sqrt{3}$이므로 $3x-15°=60°$
따라서 $\angle x=25°$ ▢ 25°

06 ⑤ $\tan 48°=\dfrac{\overline{OC}}{\overline{CD}}=\dfrac{1}{0.90}=\dfrac{10}{9}$ ▢ ⑤

07 $\sin 40°<\sin 45°=\cos 45°<\cos 40°<1=\tan 45°$
따라서 큰 것부터 차례로 나열하면 ㄷ, ㄴ, ㄱ이다.
▢ ㄷ, ㄴ, ㄱ

08 $\tan 21°+\cos 22°=0.3839+0.9272=1.3111$
▢ 1.3111

09 오른쪽 그림과 같이 꼭짓점 A와 D에서 $\overline{BC}$에 내린 수선의 발을 각각 E, F라고 하면 $\overline{EF}=3$이고 $\triangle ABE \equiv \triangle DCF$(RHA 합동) 이므로 $\overline{BE}=\overline{FC}=2$

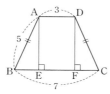

$\triangle ABE$에서

$\overline{AE}=\sqrt{5^2-2^2}=\sqrt{21}$

따라서

$\sin B+\tan B=\dfrac{\overline{AE}}{\overline{AB}}+\dfrac{\overline{AE}}{\overline{BE}}=\dfrac{\sqrt{21}}{5}+\dfrac{\sqrt{21}}{2}=\dfrac{7\sqrt{21}}{10}$

답 ④

10 오른쪽 그림에서 $\triangle ABC$는 $\angle C=90°$인 직각삼각형이다.

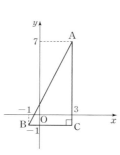

$\overline{AC}=7-(-1)=8$

$\overline{BC}=3-(-1)=4$

$\overline{AB}=\sqrt{4^2+8^2}=\sqrt{80}=4\sqrt{5}$

따라서

$\sin A=\dfrac{\overline{BC}}{\overline{AB}}=\dfrac{4}{4\sqrt{5}}=\dfrac{\sqrt{5}}{5}$

답 $\dfrac{\sqrt{5}}{5}$

11 $\overline{CD}=\overline{AD}=k(k>0)$라고 하면 $\triangle ABC$는 직각이등변삼각형이므로 $\overline{BC}=2k$

따라서 $\tan x=\dfrac{\overline{CD}}{\overline{BC}}=\dfrac{k}{2k}=\dfrac{1}{2}$

답 ②

12 오른쪽 그림과 같이 $\angle B=90°$, $\overline{AB}=1$, $\overline{BC}=3$인 직각삼각형 ABC를 생각할 수 있다.

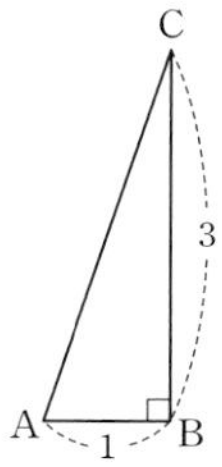

$\overline{AC}=\sqrt{1^2+3^2}=\sqrt{10}$이므로

$\sin A \times \cos A=\dfrac{3}{\sqrt{10}} \times \dfrac{1}{\sqrt{10}}=\dfrac{3}{10}$

답 $\dfrac{3}{10}$

13 $\triangle ADC$에서 $\sin 45°=\dfrac{\overline{AC}}{\sqrt{2}}=\dfrac{\sqrt{2}}{2}$에서 $\overline{AC}=1$

$\triangle ADC$는 직각이등변삼각형이므로 $\overline{DC}=\overline{AC}=1$

따라서

$\tan B=\dfrac{\overline{AC}}{\overline{BC}}=\dfrac{1}{\sqrt{2}+1}=\dfrac{\sqrt{2}-1}{(\sqrt{2}+1)(\sqrt{2}-1)}$

$=\sqrt{2}-1$

답 ①

14 $\triangle BAC \backsim \triangle ADC$(AA 닮음)이므로 $\angle ABC=\angle x$

$\triangle ABC$에서 $\overline{BC}=\sqrt{2^2+(2\sqrt{3})^2}=\sqrt{16}=4$

따라서 $\cos x=\dfrac{\overline{AB}}{\overline{BC}}=\dfrac{2}{4}=\dfrac{1}{2}$

답 $\dfrac{1}{2}$

15 오른쪽 그림과 같이 점 A에서 $\overline{MN}$에 내린 수선의 발을 H라고 하면

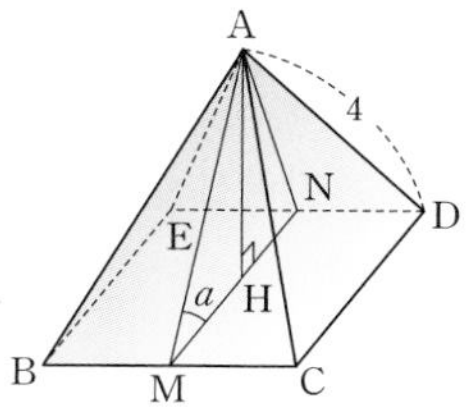

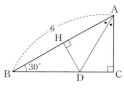

$\overline{AM}=\sqrt{4^2-2^2}=\sqrt{12}=2\sqrt{3}$

$\overline{MH}=2$

따라서

$\cos a=\dfrac{\overline{MH}}{\overline{AM}}=\dfrac{2}{2\sqrt{3}}$

$=\dfrac{1}{\sqrt{3}}=\dfrac{\sqrt{3}}{3}$

답 $\dfrac{\sqrt{3}}{3}$

16 $\cos C=\dfrac{5\sqrt{2}}{10}=\dfrac{\sqrt{2}}{2}$이고 $\cos 45°=\dfrac{\sqrt{2}}{2}$이므로

$\angle ACB=45°$

답 $45°$

17 $\angle DAB=\dfrac{1}{2} \times 60°=30°$이므로 $\triangle ABD$는 이등변삼각형이다.

오른쪽 그림과 같이 점 D에서 $\overline{AB}$에 내린 수선의 발을 H라고 하면

$\cos 30°=\dfrac{\overline{BH}}{\overline{BD}}=\dfrac{3}{\overline{BD}}$

$=\dfrac{\sqrt{3}}{2}$

따라서 $\overline{BD}=\dfrac{6}{\sqrt{3}}=2\sqrt{3}$

답 $2\sqrt{3}$

18 $\angle BAC=30°$이므로 $\angle BAD=180°-30°=150°$

$\overline{AB}=\overline{AD}$이므로

$\angle ABD=\angle ADB=\dfrac{1}{2} \times (180°-150°)=15°$

$\cos 60°=\dfrac{2}{\overline{AB}}=\dfrac{1}{2}$에서 $\overline{AB}=4$

$\overline{AD}=\overline{AB}=4$

$\sin 60°=\dfrac{\overline{AC}}{\overline{AB}}=\dfrac{\overline{AC}}{4}=\dfrac{\sqrt{3}}{2}$에서 $\overline{AC}=2\sqrt{3}$

$\angle DBC=15°+60°=75°$이므로

$\tan 75°=\dfrac{\overline{DC}}{\overline{BC}}=\dfrac{4+2\sqrt{3}}{2}=2+\sqrt{3}$

답 $2+\sqrt{3}$

19 오른쪽 그림과 같이 일차방정식 $\sqrt{3}x-y+6=0$의 그래프와 x축, y축의 교점을 각각 A, B라고 하면
점 A의 좌표는 A$(-2\sqrt{3},\ 0)$,
점 B의 좌표는 B$(0,\ 6)$

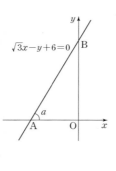

$\overline{AB}=\sqrt{(2\sqrt{3})^2+6^2}=\sqrt{48}=4\sqrt{3}$
따라서 $\sin a=\dfrac{\overline{BO}}{\overline{AB}}=\dfrac{6}{4\sqrt{3}}=\dfrac{\sqrt{3}}{2}$

답 $\dfrac{\sqrt{3}}{2}$

| 다른 풀이 |
$\tan a=\dfrac{\overline{BO}}{\overline{AO}}=\sqrt{3}$이므로 $\angle a=60°$
따라서 $\sin a=\sin 60°=\dfrac{\sqrt{3}}{2}$

20 ④ $\tan(90°-x)=\dfrac{\overline{OC}}{\overline{BC}}=\dfrac{1}{\overline{AF}}$
⑤ $\cos(90°-x)=\dfrac{\overline{BC}}{\overline{OB}}=\dfrac{\overline{BC}}{1}=\overline{BC}=\overline{OD}$

답 ④

21 $A=\sin 0°+\cos 0°=0+1=1$
$B=\sin 90°+\cos 90°=1+0=1$
따라서 $\dfrac{A+B}{2}=\dfrac{1+1}{2}=1$

답 ①

22 $\sin 45°=\dfrac{\sqrt{2}}{2}$이므로 $x+15°=45°$에서 $\angle x=30°$
따라서
$\cos 2x+\tan\dfrac{3}{2}x=\cos 60°+\tan 45°=\dfrac{1}{2}+1=\dfrac{3}{2}$

답 $\dfrac{3}{2}$

23 $90°<\angle C<180°$이므로 $0°<\angle A=\angle B<45°$
따라서 항상 옳은 것은 $\sin B<\cos B$ 또는 $\sin A<\cos A$이다.

답 ③

24 $\overline{BC}=1-\overline{OC}=0.1808$에서 $\overline{OC}=0.8192$
$\angle AOC=\angle x$라고 하면
$\overline{OC}=\cos x=0.8192$이므로 $\angle x=35°$
따라서 $\overline{AC}=\sin 35°=0.5736$

답 ②

25 다음 그림에서 $\angle BPQ=\angle DPQ$(접은 각),
$\angle DPQ=\angle BQP$(엇각)이므로 $\angle BPQ=\angle BQP$

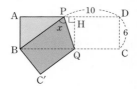

즉, $\overline{BQ}=\overline{BP}=\overline{DP}=10$이고
$\overline{BC'}=\overline{DC}=6$이므로
직각삼각형 BC'Q에서 $\overline{C'Q}=\sqrt{10^2-6^2}=\sqrt{64}=8$
즉, $\overline{CQ}=\overline{C'Q}=8$
점 Q에서 $\overline{DP}$에 내린 수선의 발을 H라고 하면
$\overline{PH}=10-8=2$이므로
직각삼각형 PQH에서 $\overline{PQ}=\sqrt{2^2+6^2}=\sqrt{40}=2\sqrt{10}$
따라서 $\sin x=\dfrac{\overline{QH}}{\overline{PQ}}=\dfrac{6}{2\sqrt{10}}=\dfrac{3\sqrt{10}}{10}$

답 $\dfrac{3\sqrt{10}}{10}$

26 이차함수 $y=-x^2+4x=-(x-2)^2+4$의 그래프에서 꼭짓점의 좌표는 A$(2,\ 4)$
$-x^2+4x=0$에서 $-x(x-4)=0$이므로
$x=0$ 또는 $x=4$
오른쪽 그림과 같이 점 A에서 x축에 내린 수선의 발을 H라고 하면
$\triangle ABH$에서
$\overline{AH}=4,\ \overline{BH}=2,$
$\overline{AB}=\sqrt{4^2+2^2}=\sqrt{20}=2\sqrt{5}$

따라서 $\sin B\times\tan B=\dfrac{4}{2\sqrt{5}}\times\dfrac{4}{2}=\dfrac{4}{\sqrt{5}}=\dfrac{4\sqrt{5}}{5}$

답 $\dfrac{4\sqrt{5}}{5}$

27 오른쪽 그림과 같이 점 B에서 $\overline{AD}$의 연장선에 내린 수선의 발을 H라고 하자.
$\triangle ADC$는 직각이등변삼각형이므로 $\angle ADC=45°$

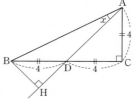

$\sin 45°=\dfrac{\overline{AC}}{\overline{AD}}=\dfrac{4}{\overline{AD}}=\dfrac{\sqrt{2}}{2}$
이므로 $\overline{AD}=4\sqrt{2}$
$\triangle BHD$에서 $\angle BDH=45°$(맞꼭지각)
$\cos 45°=\dfrac{\overline{DH}}{\overline{BD}}=\dfrac{\overline{DH}}{4}=\dfrac{\sqrt{2}}{2}$이므로 $\overline{DH}=2\sqrt{2}$
또 $\triangle BHD$도 직각이등변삼각형이므로
$\overline{BH}=\overline{DH}=2\sqrt{2}$

따라서 $\tan x = \dfrac{2\sqrt{2}}{4\sqrt{2}+2\sqrt{2}} = \dfrac{2\sqrt{2}}{6\sqrt{2}} = \dfrac{1}{3}$

답 $\dfrac{1}{3}$

28 다음 그림에서 $\angle \mathrm{BAE}=60°$이므로

$\angle \mathrm{EAG}=30°$, $\angle \mathrm{AGE}=60°$

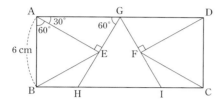

$\triangle \mathrm{AEG}$에서

$\sin 60° = \dfrac{\overline{\mathrm{AE}}}{\overline{\mathrm{AG}}} = \dfrac{6}{\overline{\mathrm{AG}}} = \dfrac{\sqrt{3}}{2}$이므로

$\overline{\mathrm{AG}}=4\sqrt{3}\,(\mathrm{cm})$

이때 $\triangle \mathrm{AEG} \equiv \triangle \mathrm{DFG}$(ASA 합동)이므로

$\overline{\mathrm{AG}}=\overline{\mathrm{DG}}$

따라서 $\overline{\mathrm{AD}}=2\overline{\mathrm{AG}}=8\sqrt{3}\,(\mathrm{cm})$

답 $8\sqrt{3}$ cm

29 $\cos a = \dfrac{\overline{\mathrm{AB}}}{10} = \dfrac{3}{5}$에서 $\overline{\mathrm{AB}}=6\,(\mathrm{cm})$

$\overline{\mathrm{BD}}=10-6=4\,(\mathrm{cm})$

$\overline{\mathrm{BC}}=\sqrt{10^2-6^2}=\sqrt{64}=8\,(\mathrm{cm})$

$\tan a = \dfrac{\overline{\mathrm{DE}}}{10} = \dfrac{\overline{\mathrm{BC}}}{\overline{\mathrm{AB}}} = \dfrac{4}{3}$에서 $\overline{\mathrm{DE}}=\dfrac{40}{3}\,(\mathrm{cm})$

따라서 □BDEC의 넓이는

$\dfrac{1}{2}\times\left(8+\dfrac{40}{3}\right)\times 4 = \dfrac{128}{3}\,(\mathrm{cm}^2)$

답 $\dfrac{128}{3}$ cm²

30 $\cos 35° = \dfrac{\overline{\mathrm{BC}}}{\overline{\mathrm{BR}}} = \dfrac{1}{\overline{\mathrm{BR}}}$에서 $\overline{\mathrm{BR}}=\dfrac{1}{\cos 35°}$

따라서

$\overline{\mathrm{PR}}=\overline{\mathrm{BR}}-\overline{\mathrm{BP}} = \dfrac{1}{\cos 35°} - 1 = \dfrac{1-\cos 35°}{\cos 35°}$

답 ④

참고

$\sin 55° = \dfrac{\overline{\mathrm{BC}}}{\overline{\mathrm{BR}}} = \dfrac{1}{\overline{\mathrm{BR}}}$에서 $\overline{\mathrm{BR}}=\dfrac{1}{\sin 55°}$

따라서

$\overline{\mathrm{PR}}=\overline{\mathrm{BR}}-\overline{\mathrm{BP}} = \dfrac{1}{\sin 55°} - 1 = \dfrac{1-\sin 55°}{\sin 55°}$

 서술형으로 중단원 마무리   본문 22~23쪽

서술형 예제 $\sqrt{3}$, 6, 6, 6, $2\sqrt{3}+6$, $6(\sqrt{3}+3)$

서술형 유제 $24\sqrt{3}$ cm²

1 2   **2** $\dfrac{3\sqrt{5}}{5}$ **3** $\dfrac{1}{2}$ **4** 22.487

서술형 예제

$\tan 60° = \dfrac{\overline{\mathrm{AH}}}{\overline{\mathrm{BH}}} = \dfrac{\overline{\mathrm{AH}}}{2\sqrt{3}} = \boxed{\sqrt{3}}$에서

$\overline{\mathrm{AH}}=\boxed{6}\,(\mathrm{cm})$ ··· 1단계

$\tan 45° = \dfrac{\overline{\mathrm{AH}}}{\overline{\mathrm{CH}}} = \dfrac{\boxed{6}}{\overline{\mathrm{CH}}} = 1$에서

$\overline{\mathrm{CH}}=\boxed{6}\,(\mathrm{cm})$ ··· 2단계

따라서

$\triangle \mathrm{ABC} = \dfrac{1}{2}\times\overline{\mathrm{BC}}\times\overline{\mathrm{AH}}$

$= \dfrac{1}{2}\times(\boxed{2\sqrt{3}+6})\times 6$

$= \boxed{6(\sqrt{3}+3)}\,(\mathrm{cm}^2)$ ··· 3단계

답 풀이 참조

단계	채점 기준	비율
1단계	$\overline{\mathrm{AH}}$의 길이를 구한 경우	30 %
2단계	$\overline{\mathrm{CH}}$의 길이를 구한 경우	30 %
3단계	$\triangle \mathrm{ABC}$의 넓이를 구한 경우	40 %

서술형 유제

다음 그림과 같이 점 A, D에서 $\overline{\mathrm{BC}}$에 내린 수선의 발을 각각 H, H'이라고 하자.

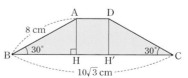

$\sin 30° = \dfrac{\overline{\mathrm{AH}}}{\overline{\mathrm{AB}}} = \dfrac{\overline{\mathrm{AH}}}{8} = \dfrac{1}{2}$에서

$\overline{\mathrm{AH}}=4\,(\mathrm{cm})$ ··· 1단계

$\cos 30° = \dfrac{\overline{\mathrm{BH}}}{\overline{\mathrm{AB}}} = \dfrac{\overline{\mathrm{BH}}}{8} = \dfrac{\sqrt{3}}{2}$에서

$\overline{\mathrm{BH}}=4\sqrt{3}\,(\mathrm{cm})$ ··· 2단계

△ABH≡△DCH′(RHA 합동)이므로
$\overline{CH'}=\overline{BH}=4\sqrt{3}(cm)$
$\overline{AD}=\overline{HH'}=\overline{BC}-\overline{BH}-\overline{CH'}=10\sqrt{3}-4\sqrt{3}-4\sqrt{3}$
$\qquad=2\sqrt{3}(cm)$ · · · 3단계

따라서 $\square ABCD=\dfrac{1}{2}\times(2\sqrt{3}+10\sqrt{3})\times4=24\sqrt{3}(cm^2)$

· · · 4단계

답 $24\sqrt{3}\ cm^2$

단계	채점 기준	비율
1단계	$\overline{AH}$의 길이를 구한 경우	30 %
2단계	$\overline{BH}$의 길이를 구한 경우	30 %
3단계	$\overline{AD}$의 길이를 구한 경우	20 %
4단계	$\square ABCD$의 넓이를 구한 경우	20 %

1 $0°<\angle x<45°$일 때, $0<\tan x<1$이므로 · · · 1단계
$\tan x+\tan45°>0$이고, $\tan x-\tan45°<0$이다.

· · · 2단계

따라서
$\sqrt{(\tan x+\tan45°)^2}+\sqrt{(\tan x-\tan45°)^2}$
$=(\tan x+\tan45°)-(\tan x-\tan45°)$
$=2\tan45°=2$ · · · 3단계

답 2

단계	채점 기준	비율
1단계	$\tan x$의 값의 범위를 구한 경우	20 %
2단계	$\tan x+\tan45°$와 $\tan x-\tan45°$의 부호를 각각 구한 경우	20 %
3단계	식을 간단히 한 경우	60 %

2 $-\sin30°\times x+\tan45°\times y=\cos0°$에서
$-\dfrac{1}{2}x+y=1$, 즉 $y=\dfrac{1}{2}x+1$ · · · 1단계

다음 그림과 같이 일차함수 $y=\dfrac{1}{2}x+1$의 그래프와 x축, y축의 교점을 각각 A, B라고 하면
점 A의 좌표는 $A(-2,\ 0)$, 점 B의 좌표는 $B(0,\ 1)$

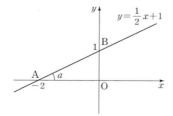

$\overline{AB}=\sqrt{2^2+1^2}=\sqrt{5}$ · · · 2단계

따라서
$\sin a+\cos a=\dfrac{\overline{BO}}{\overline{AB}}+\dfrac{\overline{AO}}{\overline{AB}}=\dfrac{1}{\sqrt{5}}+\dfrac{2}{\sqrt{5}}$
$\qquad=\dfrac{3}{\sqrt{5}}=\dfrac{3\sqrt{5}}{5}$ · · · 3단계

답 $\dfrac{3\sqrt{5}}{5}$

단계	채점 기준	비율
1단계	일차함수의 식을 구한 경우	20 %
2단계	$\overline{AB}$의 길이를 구한 경우	20 %
3단계	$\sin a+\cos a$의 값을 구한 경우	60 %

3 $\overline{EO}/\!/\overline{CD}$이므로 $\angle OCD=\angle x$ (엇각) · · · 1단계
$\overline{CD}=\sqrt{(\sqrt{5})^2-1^2}=\sqrt{4}=2$이므로 · · · 2단계
$\tan x=\dfrac{\overline{OD}}{\overline{CD}}=\dfrac{1}{2}$ · · · 3단계

답 $\dfrac{1}{2}$

단계	채점 기준	비율
1단계	$\angle OCD=\angle x$임을 구한 경우	30 %
2단계	$\overline{CD}$의 길이를 구한 경우	40 %
3단계	$\tan x$의 값을 구한 경우	30 %

4 △ABC에서 $\angle A=180°-(90°+17°)=73°$ · · · 1단계
$\cos73°=\dfrac{\overline{AC}}{\overline{AB}}=\dfrac{\overline{AC}}{10}=0.2924$에서
$\overline{AC}=2.924$ · · · 2단계
$\sin73°=\dfrac{\overline{BC}}{\overline{AB}}=\dfrac{\overline{BC}}{10}=0.9563$에서
$\overline{BC}=9.563$ · · · 3단계
따라서 △ABC의 둘레의 길이는
$\overline{AB}+\overline{BC}+\overline{CA}=10+9.563+2.924=22.487$

· · · 4단계

답 22.487

단계	채점 기준	비율
1단계	$\angle A$의 크기를 구한 경우	10 %
2단계	$\overline{AC}$의 길이를 구한 경우	30 %
3단계	$\overline{BC}$의 길이를 구한 경우	30 %
4단계	△ABC의 둘레의 길이를 구한 경우	30 %

2. 삼각비의 활용

① 길이 구하기

본문 24~28쪽

개념 확인 문제

1 (1) 9.6 (2) 7.2
2 (1) $2\sqrt{2}$ (2) $2\sqrt{2}$ (3) $4\sqrt{2}$ (4) $2\sqrt{10}$
3 60, 60, 45, 45, 60, 45, $\sqrt{3}+1$, $10(\sqrt{3}-1)$

유제 **1**

$\triangle ABC$에서 $\angle C=180°-(90°+59°)=31°$이므로
$$\overline{AC}=\dfrac{4}{\sin 31°}=\dfrac{4}{\cos 59°}$$
$$\overline{BC}=\dfrac{4}{\tan 31°}=4\tan 59°$$
따라서 옳은 것은 ③이다.　　　　　　　　　　**目** ③

유제 **2**

$\triangle ABC$에서
$$\overline{AC}=c\sin B=c\cos A=a\tan B=\dfrac{a}{\tan A}$$
따라서 $\overline{AC}$의 길이가 아닌 것은 ②이다.　　　**目** ②

유제 **3**

다음 그림의 $\triangle CED$에서
$$\overline{DE}=30\tan 30°=30\times\dfrac{\sqrt{3}}{3}=10\sqrt{3}\,(\text{m})$$

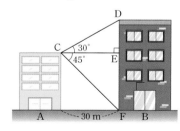

$\triangle CFE$에서 $\overline{EF}=30\tan 45°=30\times 1=30\,(\text{m})$
따라서 B 건물의 높이는
$$\overline{DF}=\overline{DE}+\overline{EF}=10\sqrt{3}+30=10(\sqrt{3}+3)\,(\text{m})$$
　　　　　　　　　　　　　　　　　　　　　　目 ①

유제 **4**

다음 그림과 같이 점 A에서 $\overline{BC}$에 내린 수선의 발을 H라고 하면
$$\overline{AH}=20\sin 60°=20\times\dfrac{\sqrt{3}}{2}=10\sqrt{3}\,(\text{m})$$
$$\overline{BH}=20\cos 60°=20\times\dfrac{1}{2}=10\,(\text{m})$$

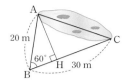

$$\overline{CH}=30-10=20\,(\text{m})$$
$\triangle AHC$에서
$$\overline{AC}=\sqrt{(10\sqrt{3})^2+20^2}=\sqrt{700}=10\sqrt{7}\,(\text{m})$$
　　　　　　　　　　　　　　　　　　　　目 $10\sqrt{7}$ m

유제 **5**

오른쪽 그림과 같이 점 A에서 $\overline{BC}$의 연장선에 내린 수선의 발을 H라고 하면
$\angle ACH=180°-120°=60°$
$$\overline{AH}=8\sin 60°=8\times\dfrac{\sqrt{3}}{2}=4\sqrt{3}$$
$$\overline{CH}=8\cos 60°=8\times\dfrac{1}{2}=4$$

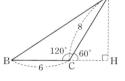

따라서 $\overline{BH}=6+4=10$이므로
$$\overline{AB}=\sqrt{10^2+(4\sqrt{3})^2}=\sqrt{148}=2\sqrt{37}$$
　　　　　　　　　　　　　　　　　　　　目 $2\sqrt{37}$

유제 **6**

다음 그림과 같이 점 A에서 $\overline{BC}$에 내린 수선의 발을 H라고 하면

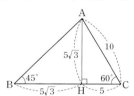

$$\overline{CH}=10\cos 60°=10\times\dfrac{1}{2}=5$$
$$\overline{AH}=10\sin 60°=10\times\dfrac{\sqrt{3}}{2}=5\sqrt{3}$$
$\angle ABH=\angle BAH=45°$이므로 $\overline{BH}=\overline{AH}=5\sqrt{3}$
따라서 $\overline{BC}=\overline{BH}+\overline{CH}=5\sqrt{3}+5=5(\sqrt{3}+1)$　**目** $5(\sqrt{3}+1)$

유제 **7**

다음 그림과 같이 점 A에서 $\overline{BC}$에 내린 수선의 발을 H라고 하면

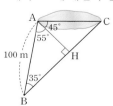

$$\overline{AH}=100\sin 35°=100\times 0.57=57\,(\text{m})$$
$\angle BAH=55°$이므로

$\angle \text{CAH} = 100° - 55° = 45°$

$\triangle \text{AHC}$에서 $\cos 45° = \dfrac{\overline{\text{AH}}}{\overline{\text{AC}}}$이므로

$\overline{\text{AC}} = \dfrac{\overline{\text{AH}}}{\cos 45°} = \dfrac{57}{\cos 45°} = 57 \times \dfrac{2}{\sqrt{2}} = 57\sqrt{2}\,(\text{m})$

目 $57\sqrt{2}$ m

유제 8

$\overline{\text{AH}} = h$라고 하면 $\angle \text{BAH} = 65°$, $\angle \text{CAH} = 20°$이므로

$\triangle \text{ABH}$에서 $\overline{\text{BH}} = h \tan 65°$

$\triangle \text{AHC}$에서 $\overline{\text{CH}} = h \tan 20°$

$\overline{\text{BC}} = \overline{\text{BH}} + \overline{\text{CH}}$이므로

$h \tan 65° + h \tan 20° = 8$

따라서 $h = \dfrac{8}{\tan 65° + \tan 20°}$

目 ③

유제 9

$\overline{\text{AH}} = h$ m라고 하면 $\angle \text{BAH} = 45°$, $\angle \text{CAH} = 30°$이므로

$\triangle \text{ABH}$에서 $\overline{\text{BH}} = h \tan 45° = h\,(\text{m})$

$\triangle \text{AHC}$에서 $\overline{\text{CH}} = h \tan 30° = \dfrac{\sqrt{3}}{3} h\,(\text{m})$

$\overline{\text{BC}} = \overline{\text{BH}} + \overline{\text{CH}}$이므로 $h + \dfrac{\sqrt{3}}{3} h = 200$에서

$\dfrac{3 + \sqrt{3}}{3} h = 200$

따라서

$h = 200 \times \dfrac{3}{3 + \sqrt{3}} = \dfrac{600(3 - \sqrt{3})}{(3 + \sqrt{3})(3 - \sqrt{3})} = 100(3 - \sqrt{3})\,(\text{m})$

目 $100(3 - \sqrt{3})$ m

유제 10

$\triangle \text{ABH}$에서 $\angle \text{BAH} = \boxed{60}°$이므로

$\overline{\text{BH}} = \overline{\text{AH}} \times \tan \boxed{60}°\,(\text{cm})$

$\triangle \text{ACH}$에서 $\angle \text{CAH} = \boxed{30}°$이므로

$\overline{\text{CH}} = \overline{\text{AH}} \times \tan \boxed{30}°\,(\text{cm})$

$\overline{\text{BC}} = \overline{\text{BH}} - \overline{\text{CH}}$이므로

$20 = \overline{\text{AH}} \times (\tan \boxed{60}° - \tan \boxed{30}°)$

$= \overline{\text{AH}} \times \boxed{\dfrac{2\sqrt{3}}{3}}$

따라서 $\overline{\text{AH}} = \boxed{10\sqrt{3}}$ cm

目 (가) 60 (나) 30 (다) $\dfrac{2\sqrt{3}}{3}$ (라) $10\sqrt{3}$

형성평가

본문 29쪽

01 ①, ④ **02** ④ **03** 4 cm **04** $2\sqrt{91}$ **05** ② **06** ③
07 ④ **08** $81(\sqrt{3} - 1)$ cm^2

01 $\triangle \text{ABC}$에서 $\angle \text{A} = 180° - (90° + 28°) = 62°$

따라서 $\overline{\text{AB}} = 20 \sin 28° = 20 \cos 62°$

目 ①, ④

02 $\overline{\text{AB}} = \overline{\text{AH}} + \overline{\text{BH}} = 3 \tan 35° + 3 \tan 25°$

$= 2.10 + 1.41 = 3.51\,(\text{m})$

目 ④

03 오른쪽 그림과 같이 점 A에서 $\overline{\text{BC}}$에 내린 수선의 발을 H라고 하면

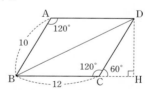

$\triangle \text{ABH}$에서

$\overline{\text{AH}} = \overline{\text{AB}} \sin 30° = 4 \times \dfrac{1}{2} = 2\,(\text{cm})$

$\overline{\text{BH}} = \overline{\text{AB}} \cos 30° = 4 \times \dfrac{\sqrt{3}}{2} = 2\sqrt{3}\,(\text{cm})$

$\triangle \text{AHC}$에서

$\overline{\text{CH}} = \overline{\text{BC}} - \overline{\text{BH}} = 4\sqrt{3} - 2\sqrt{3} = 2\sqrt{3}\,(\text{cm})$

따라서 $\overline{\text{AC}} = \sqrt{2^2 + (2\sqrt{3})^2} = 4\,(\text{cm})$

目 4 cm

04 다음 그림과 같이 점 D에서 $\overline{\text{BC}}$의 연장선에 내린 수선의 발을 H라고 하면

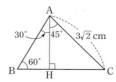

$\triangle \text{DCH}$에서 $\overline{\text{DH}} = 10 \sin 60° = 10 \times \dfrac{\sqrt{3}}{2} = 5\sqrt{3}$

$\overline{\text{CH}} = 10 \cos 60° = 10 \times \dfrac{1}{2} = 5$

$\triangle \text{DBH}$에서 $\overline{\text{BH}} = 12 + 5 = 17$

따라서 $\overline{\text{BD}} = \sqrt{17^2 + (5\sqrt{3})^2} = \sqrt{364} = 2\sqrt{91}$

目 $2\sqrt{91}$

05 다음 그림과 같이 점 A에서 $\overline{\text{BC}}$에 내린 수선의 발을 H라고 하면

$\angle BAH = 180° - (90° + 60°) = 30°$
$\triangle AHC$에서
$\angle CAH = 75° - 30° = 45°$이므로
$\overline{CH} = \overline{AC} \sin 45° = 3\sqrt{2} \times \dfrac{\sqrt{2}}{2} = 3 \, (\text{cm})$
$\overline{AH} = \overline{AC} \cos 45° = 3\sqrt{2} \times \dfrac{\sqrt{2}}{2} = 3 \, (\text{cm})$
$\triangle ABH$에서
$\overline{BH} = \overline{AH} \tan 30° = 3 \times \dfrac{\sqrt{3}}{3} = \sqrt{3} \, (\text{cm})$
따라서 $\overline{BC} = \overline{BH} + \overline{CH} = \sqrt{3} + 3 \, (\text{cm})$

답 ②

06 오른쪽 그림과 같이 점 B에서 $\overline{AC}$에 내린 수선의 발을 H라고 하면
$\triangle ABH$에서
$\angle ABH = 105° - 45° = 60°$
이므로
$\overline{BH} = \overline{AB} \cos 60°$
$= 12 \times \dfrac{1}{2} = 6 \, (\text{cm})$
$\triangle BCH$에서
$\overline{BC} = \dfrac{\overline{BH}}{\sin 45°} = 6 \div \dfrac{\sqrt{2}}{2} = 6 \times \dfrac{2}{\sqrt{2}} = 6\sqrt{2} \, (\text{cm})$

답 ③

07 $\overline{CH} = h$ m라고 하면 $\angle ACH = 60°$, $\angle BCH = 45°$이므로
$\triangle AHC$에서 $\overline{AH} = h \tan 60° = \sqrt{3} h \, (\text{m})$
$\triangle BHC$에서 $\overline{BH} = h \tan 45° = h \, (\text{m})$
$\overline{AB} = \overline{AH} - \overline{BH}$이므로
$\sqrt{3} h - h = 200$, $(\sqrt{3} - 1) h = 200$
따라서
$h = 200 \times \dfrac{1}{\sqrt{3} - 1} = \dfrac{200(\sqrt{3} + 1)}{(\sqrt{3} - 1)(\sqrt{3} + 1)}$
$= 100(\sqrt{3} + 1) \, (\text{m})$

답 ④

08 다음 그림과 같이 점 A에서 $\overline{BC}$에 내린 수선의 발을 H라고 하고, $\overline{AH} = h$ cm라고 하면

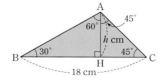

$\triangle ABH$에서
$\angle BAH = 180° - (90° + 30°) = 60°$이므로

$\overline{BH} = \overline{AH} \tan 60° = h \times \sqrt{3} = \sqrt{3} h \, (\text{cm})$
$\triangle AHC$에서
$\angle CAH = 180° - (90° + 45°) = 45°$이므로
$\overline{CH} = \overline{AH} \tan 45° = h \times 1 = h \, (\text{cm})$
$\sqrt{3} h + h = 18$, $(\sqrt{3} + 1) h = 18$
$h = \dfrac{18}{\sqrt{3} + 1} = \dfrac{18(\sqrt{3} - 1)}{(\sqrt{3} + 1)(\sqrt{3} - 1)} = 9(\sqrt{3} - 1)$
따라서
$\triangle ABC = \dfrac{1}{2} \times 18 \times 9(\sqrt{3} - 1) = 81(\sqrt{3} - 1) \, (\text{cm}^2)$

답 $81(\sqrt{3} - 1) \, \text{cm}^2$

2 넓이 구하기

본문 30~33쪽

개념 확인 문제

1 (1) $\dfrac{35\sqrt{2}}{2}$ cm^2 (2) $18\sqrt{2}$ cm^2

2 8, 45, $40\sqrt{2}$

3 14, 60, $63\sqrt{3}$

4 $120\sqrt{2}$ cm^2

유제 **1**

$\triangle ABC = \dfrac{1}{2} \times 12 \times 11 \times \sin 30° = \dfrac{1}{2} \times 12 \times 11 \times \dfrac{1}{2} = 33$

답 33

유제 **2**

$\triangle ABC$에서 $\overline{AC} = a$ cm라고 하면
$\triangle ABC = \dfrac{1}{2} \times a \times a \times \sin 30° = \dfrac{1}{2} \times a \times a \times \dfrac{1}{2}$
$= \dfrac{a^2}{4} = 9 \, (\text{cm}^2)$
에서 $a^2 = 36$
따라서 $a = 6$이므로 $\overline{AC} = 6$ cm

답 6 cm

유제 **3**

$\triangle ABC$는 이등변삼각형이므로 $\angle B = \angle C = 15°$
$\angle A = 180° - (15° + 15°) = 150°$
따라서
$\triangle ABC = \dfrac{1}{2} \times 6 \times 6 \times \sin(180° - 150°)$
$= \dfrac{1}{2} \times 6 \times 6 \times \dfrac{1}{2} = 9 \, (\text{cm}^2)$

답 9 cm^2

유제 4

$$\triangle ABC = \frac{1}{2} \times 16 \times 9 \times \sin(180° - B)$$
$$= 72\sin(180° - B) = 36\sqrt{3}$$

에서 $\sin(180° - B) = \frac{\sqrt{3}}{2}$

$90° < \angle B < 180°$이므로

$180° - B = 60°$

따라서 $\angle B = 120°$

답 ②

유제 5

□ABCD의 넓이는

$$8 \times 6\sqrt{2} \times \sin 45° = 8 \times 6\sqrt{2} \times \frac{\sqrt{2}}{2} = 48$$

답 ③

유제 6

□ABCD에서 $\overline{AD} = a$ cm라고 하면 □ABCD의 넓이는

$$8 \times a \times \sin(180° - 135°) = 8a \times \frac{\sqrt{2}}{2}$$
$$= 4\sqrt{2}a$$
$$= 60\sqrt{2}(\text{cm}^2)$$

에서 $a = 15$

따라서 □ABCD의 둘레의 길이는

$2 \times (8 + 15) = 46(\text{cm})$

답 46 cm

유제 7

땅의 넓이는

$$\frac{1}{2} \times 10 \times 7 \times \sin 60° = \frac{1}{2} \times 10 \times 7 \times \frac{\sqrt{3}}{2} = \frac{35\sqrt{3}}{2}(\text{m}^2)$$

답 ②

유제 8

$\triangle ABC \equiv \triangle DCB$ (SAS 합동)이므로

$\overline{BD} = \overline{AC} = a$라고 하면 □ABCD의 넓이는

$$\frac{1}{2} \times a \times a \times \sin(180° - 150°) = \frac{1}{2}a^2 \times \frac{1}{2}$$
$$= \frac{a^2}{4}$$
$$= 100$$

에서 $a^2 = 400$

따라서 $a = 20$

답 20

| 01 ② | 02 ③ | 03 ① | 04 6 | 05 ③ | 06 ③ |
| 07 ② | 08 ② | 09 ④ | 10 ⑤ | 11 ① | 12 ④ |

01

$\triangle ABC = \frac{1}{2} \times 6 \times 8 \times \sin B = 12(\text{cm}^2)$에서

$\sin B = \frac{1}{2}$이므로 $\angle B = 30°$

답 ②

02

△ABC에서 $\overline{AB} = a$ cm라고 하면

$$\triangle ABC = \frac{1}{2} \times a \times 20 \times \sin 60° = 10a \times \frac{\sqrt{3}}{2}$$
$$= 5\sqrt{3}a = 55\sqrt{3}(\text{cm}^2)$$

에서 $a = 11$

따라서 $\overline{AB} = 11$ cm

답 ③

03

△ABC에서

$\overline{AB} = \overline{AC}$이므로 $\angle C = \angle B = 30°$

$\angle A = 180° - (30° + 30°) = 120°$

따라서

$$\triangle ABC = \frac{1}{2} \times 4 \times 4 \times \sin(180° - 120°)$$
$$= \frac{1}{2} \times 4 \times 4 \times \frac{\sqrt{3}}{2} = 4\sqrt{3}(\text{cm}^2)$$

답 ①

04

$$\triangle ABC = \frac{1}{2} \times 2\sqrt{2} \times 6 \times \sin(180° - 135°)$$
$$= \frac{1}{2} \times 2\sqrt{2} \times 6 \times \frac{\sqrt{2}}{2} = 6$$

답 6

05

□ABCD에서 $\overline{AC}$를 그으면

$$\square ABCD = \triangle ABC + \triangle ACD$$
$$= \frac{1}{2} \times 4\sqrt{6} \times 4\sqrt{3} \times \sin 45°$$
$$+ \frac{1}{2} \times 4 \times 4 \times \sin(180° - 120°)$$
$$= 24 + 4\sqrt{3} = 4(6 + \sqrt{3})(\text{cm}^2)$$

답 ③

06

△BCD에서

$$\overline{BD} = \frac{8\sqrt{3}}{\sin 60°} = 8\sqrt{3} \div \frac{\sqrt{3}}{2} = 8\sqrt{3} \times \frac{2}{\sqrt{3}} = 16(\text{cm})$$

$$\overline{CD} = \frac{8\sqrt{3}}{\tan 60°} = \frac{8\sqrt{3}}{\sqrt{3}} = 8(\text{cm})$$

따라서

$$\square ABCD = \triangle ABD + \triangle BCD$$
$$= \frac{1}{2} \times 10 \times 16 \times \sin 45° + \frac{1}{2} \times 8\sqrt{3} \times 8$$
$$= 40\sqrt{2} + 32\sqrt{3}$$
$$= 8(5\sqrt{2} + 4\sqrt{3})(\text{cm}^2)$$

답 ③

07 직각삼각형 ABC에서
$\overline{AC}=8 \tan 60°=8\sqrt{3}$이므로

$\triangle ABC=\dfrac{1}{2}\times 8\times 8\sqrt{3}=32\sqrt{3}$

$\triangle ACD=\dfrac{1}{2}\times 8\sqrt{3}\times 10\times \sin 30°$

$=\dfrac{1}{2}\times 8\sqrt{3}\times 10\times \dfrac{1}{2}=20\sqrt{3}$

따라서
$\square ABCD=\triangle ABC+\triangle ACD=32\sqrt{3}+20\sqrt{3}=52\sqrt{3}$

답 ②

08 다음 그림과 같이 정오각형을 5개의 이등변삼각형으로 나누었을 때 꼭지각의 크기는 $\dfrac{360°}{5}=72°$이다.

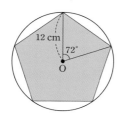

따라서 정오각형의 넓이는

$5\times \left(\dfrac{1}{2}\times 12\times 12\times \sin 72°\right)=5\times 72\times 0.95$

$=342(\text{cm}^2)$

답 ②

09 평행사변형 ABCD에서 $\angle A=\angle C=120°$이므로

$\square ABCD=7\times \overline{AD}\times \sin(180°-120°)$

$=7\times \overline{AD}\times \dfrac{\sqrt{3}}{2}=28\sqrt{3}(\text{cm}^2)$

에서 $\overline{AD}=28\sqrt{3}\times \dfrac{2}{7\sqrt{3}}=8(\text{cm})$

답 ④

10 $\square ABCD=10\times 10\times \sin 45°=10\times 10\times \dfrac{\sqrt{2}}{2}$

$=50\sqrt{2}(\text{cm}^2)$

답 ⑤

11 $\square ABCD=\dfrac{1}{2}\times 8\sqrt{2}\times 8\times \sin(180°-135°)$

$=32\sqrt{2}\times \dfrac{\sqrt{2}}{2}=32(\text{cm}^2)$

답 ①

12 $\square ABCD=\dfrac{1}{2}\times 3\times 4\times \sin x=6\sin x=3\sqrt{3}(\text{cm}^2)$에서

$\sin x=\dfrac{\sqrt{3}}{2}$

$0°<\angle x<90°$이므로 $\angle x=60°$

따라서 $\tan x=\tan 60°=\sqrt{3}$

답 ④

중단원 마무리 본문 36~39쪽

01 ②, ⑤	**02** 3 cm	**03** $10\sqrt{3}$ m	**04** ③	**05** ⑤
06 $5\sqrt{3}$ cm		**07** $27\sqrt{3}$ cm²	**08** $54\sqrt{2}$ cm²	
09 241	**10** ④	**11** 50 m	**12** $7(2-\sqrt{3})$ cm	
13 6 km	**14** $6\sqrt{2}$	**15** ①	**16** ⑤	**17** ④
18 $14\sqrt{3}$ cm²		**19** $36\sqrt{3}$ cm²	**20** ③	**21** ④
22 $72\sqrt{2}$ cm²		**23** $12\sqrt{3}$ cm²	**24** 22 cm	
25 $2(3-\sqrt{3})$ cm		**26** $75\sqrt{3}$ m	**27** 10 km	
28 $10(1+\sqrt{22})$ cm	**29** $4\left(\dfrac{4}{3}\pi-\sqrt{3}\right)$ cm²	**30** $\dfrac{15\sqrt{2}}{2}$ cm²		

01 ① $\overline{AD}=6\sin B$이므로 옳지 않다.
③ $\overline{CD}=4\cos C$이므로 옳지 않다.
④ $\overline{BD}=6\cos B$이므로 옳지 않다.

답 ②, ⑤

02 $\overline{AH}=\overline{AB}\sin 60°=2\sqrt{3}\times \dfrac{\sqrt{3}}{2}=3(\text{cm})$ 답 3 cm

03 오른쪽 그림과 같이 점 C에서 $\overline{AB}$에 내린 수선의 발을 H라고 하면
$\triangle BCH$에서
$\overline{CH}=30\sin 30°$

$=30\times \dfrac{1}{2}=15(\text{m})$

$\overline{BH}=30\cos 30°=30\times \dfrac{\sqrt{3}}{2}=15\sqrt{3}(\text{m})$

$\overline{AH}=20\sqrt{3}-15\sqrt{3}=5\sqrt{3}(\text{m})$이므로

$\overline{AC}=\sqrt{15^2+(5\sqrt{3})^2}=\sqrt{300}=10\sqrt{3}(\text{m})$ 답 $10\sqrt{3}$ m

04 오른쪽 그림과 같이 점 C에서 $\overline{AB}$에 내린 수선의 발을 H라고 하면
$\triangle AHC$에서
$\overline{AH}=18\cos 30°$

$=18\times \dfrac{\sqrt{3}}{2}=9\sqrt{3}$

$\overline{CH}=18\sin 30°=18\times \dfrac{1}{2}=9$

$\triangle BCH$에서 $\overline{BH}=\dfrac{9}{\tan 45°}=9$

따라서 $\overline{AB}=\overline{AH}+\overline{BH}=9(\sqrt{3}+1)$ 답 ③

05 연의 높이를 h m라고 하면
$\overline{AH}=h\tan 45°=h(\text{m})$

$\overline{BH} = h\tan 30° = \dfrac{\sqrt{3}}{3}h\,(\text{m})$

$\overline{AB} = \overline{AH} + \overline{BH}$이므로

$\left(1 + \dfrac{\sqrt{3}}{3}\right)h = 100$에서

$\dfrac{3+\sqrt{3}}{3}h = 100$

$h = \dfrac{300}{3+\sqrt{3}} = \dfrac{300(3-\sqrt{3})}{(3+\sqrt{3})(3-\sqrt{3})} = 50(3-\sqrt{3})$

따라서 연의 높이는 $50(3-\sqrt{3})$ m이다. 답 ⑤

06 $\triangle ABC = \dfrac{1}{2} \times \overline{BC} \times \overline{AC} \times \sin(180° - 150°)$

$= \dfrac{1}{2} \times 8 \times \overline{AC} \times \dfrac{1}{2} = 10\sqrt{3}\,(\text{cm}^2)$

에서 $\overline{AC} = 5\sqrt{3}\,(\text{cm})$ 답 $5\sqrt{3}$ cm

07 다음 그림과 같이 $\overline{AB} /\!/ \overline{DE}$인 점 E를 $\overline{BC}$ 위에 잡으면

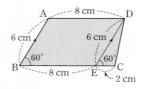

$\square ABCD = \square ABED + \triangle DEC$

$= 6 \times 8 \times \sin 60° + \dfrac{1}{2} \times 6 \times 2 \times \sin 60°$

$= 48 \times \dfrac{\sqrt{3}}{2} + 6 \times \dfrac{\sqrt{3}}{2}$

$= 24\sqrt{3} + 3\sqrt{3} = 27\sqrt{3}\,(\text{cm}^2)$ 답 $27\sqrt{3}$ cm²

| 다른 풀이 |

다음 그림과 같이 점 A에서 $\overline{BC}$에 내린 수선의 발을 H라고 하면

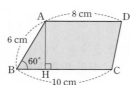

$\triangle ABH$에서 $\overline{AH} = 6\sin 60° = 6 \times \dfrac{\sqrt{3}}{2} = 3\sqrt{3}\,(\text{cm})$

따라서 $\square ABCD$의 넓이는

$\dfrac{1}{2} \times (8+10) \times 3\sqrt{3} = 27\sqrt{3}\,(\text{cm}^2)$

08 $\square ABCD = \dfrac{1}{2} \times 12 \times 18 \times \sin(180° - 135°)$

$= 54\sqrt{2}\,(\text{cm}^2)$ 답 $54\sqrt{2}$ cm²

09 $\triangle ABC$에서

$\overline{AC} = 100\sin 44° = 100 \times 0.69 = 69$

$\overline{BC} = 100\cos 44° = 100 \times 0.72 = 72$

따라서 $\triangle ABC$의 둘레의 길이는

$100 + 69 + 72 = 241$ 답 241

10 $\triangle ABC$에서 $\angle ABC = 45°$이므로

$\overline{BC} = x$라고 하면 $\overline{AC} = x\tan 45° = x$

이때 $\angle BDC = 180° - 120° = 60°$이므로

$\angle DBC = 30°$

$\overline{CD} = x\tan 30° = \dfrac{\sqrt{3}}{3}x$

$\overline{AD} = \overline{AC} - \overline{CD} = x - \dfrac{\sqrt{3}}{3}x = \dfrac{3-\sqrt{3}}{3}x = 10$에서

$x = 10 \times \dfrac{3}{3-\sqrt{3}} = \dfrac{30(3+\sqrt{3})}{(3-\sqrt{3})(3+\sqrt{3})} = 5(3+\sqrt{3})$

답 ④

11 탑의 높이인 $\overline{PQ} = h$ m라고 하면

$\triangle AQP$에서

$\overline{AQ} = \dfrac{h}{\tan 30°} = \sqrt{3}h\,(\text{m})$

$\triangle BPQ$에서

$\overline{BQ} = \dfrac{h}{\tan 45°} = h\,(\text{m})$

$\triangle ABQ$는 직각삼각형이므로

$(\sqrt{3}h)^2 + h^2 = 100^2$

$h^2 = 50^2$

$h > 0$이므로 $h = 50$

따라서 탑의 높이는 50 m이다. 답 50 m

12 오른쪽 그림과 같이 점 B에서 $\overline{OA}$에 내린 수선의 발을 H라고 하면

$\triangle BOH$에서

$\overline{OH} = \overline{OB} \times \cos 30°$

$= 14 \times \dfrac{\sqrt{3}}{2} = 7\sqrt{3}\,(\text{cm})$

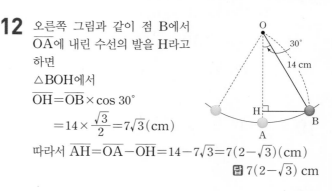

따라서 $\overline{AH} = \overline{OA} - \overline{OH} = 14 - 7\sqrt{3} = 7(2-\sqrt{3})\,(\text{cm})$

답 $7(2-\sqrt{3})$ cm

13 다음 그림과 같이 점 B에서 $\overline{AC}$에 내린 수선의 발을 H라고 하면

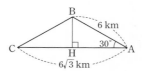

$\triangle ABH$에서

$\overline{BH} = 6\sin 30° = 6 \times \dfrac{1}{2} = 3\,(\text{km})$

$\overline{AH} = 6\cos 30° = 6 \times \dfrac{\sqrt{3}}{2} = 3\sqrt{3}\,(km)$

$\overline{CH} = 6\sqrt{3} - 3\sqrt{3} = 3\sqrt{3}\,(km)$이므로

$\overline{BC} = \sqrt{\overline{BH}^2 + \overline{CH}^2} = \sqrt{3^2 + (3\sqrt{3})^2} = \sqrt{36} = 6\,(km)$

답 6 km

14 오른쪽 그림과 같이 점 A에서 $\overline{BC}$에 내린 수선의 발을 H라고 하면 $\triangle AHC$에서

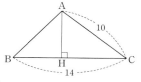

$\overline{AH} = 10\sin C = 10 \times \dfrac{3}{5} = 6$

$\overline{CH} = 10\cos C = 10 \times \dfrac{4}{5} = 8$

$\overline{BH} = 14 - 8 = 6$이므로

$\overline{AB} = \sqrt{\overline{AH}^2 + \overline{BH}^2} = \sqrt{6^2 + 6^2} = \sqrt{72} = 6\sqrt{2}$

답 $6\sqrt{2}$

15 두 점 D, E는 각각 $\overline{AB}$, $\overline{AC}$의 중점이므로

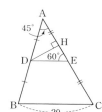

$\overline{DE} = \dfrac{1}{2}\overline{BC} = 10$

점 D에서 $\overline{AE}$에 내린 수선의 발을 H라고 하면 $\triangle DEH$에서

$\overline{DH} = 10\sin 60° = 10 \times \dfrac{\sqrt{3}}{2} = 5\sqrt{3}$

$\triangle ADH$에서 $\overline{AD} = \dfrac{5\sqrt{3}}{\sin 45°} = 5\sqrt{3} \times \dfrac{2}{\sqrt{2}} = 5\sqrt{6}$

답 ①

16 $\overline{AD} = x$라고 하면

$\triangle ABD$에서 $\overline{BD} = x\tan 60° = \sqrt{3}x$

$\triangle ACD$는 $\angle C = 45°$인 직각이등변삼각형이므로

$\overline{CD} = \overline{AD} = x$

$\overline{BC} = \overline{BD} - \overline{CD} = \sqrt{3}x - x = (\sqrt{3} - 1)x = 12$에서

$x = \dfrac{12}{\sqrt{3} - 1} = \dfrac{12(\sqrt{3} + 1)}{(\sqrt{3} - 1)(\sqrt{3} + 1)} = 6(\sqrt{3} + 1)$

답 ⑤

17 다음 그림과 같이 점 A에서 $\overline{BC}$에 내린 수선의 발을 H라 하고 $\overline{AH} = x$ cm라고 하면

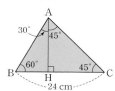

$\triangle ABH$에서 $\overline{BH} = x\tan 30° = \dfrac{\sqrt{3}}{3}x\,(cm)$

$\triangle AHC$에서 $\overline{CH} = x\tan 45° = x\,(cm)$

$\overline{BC} = \overline{BH} + \overline{CH}$이므로

$24 = \dfrac{3 + \sqrt{3}}{3}x$

$x = \dfrac{72}{3 + \sqrt{3}} = \dfrac{72(3 - \sqrt{3})}{(3 + \sqrt{3})(3 - \sqrt{3})} = 12(3 - \sqrt{3})$

따라서

$\triangle ABC = \dfrac{1}{2} \times 24 \times 12(3 - \sqrt{3}) = 144(3 - \sqrt{3})\,(cm^2)$

답 ④

참고

$\overline{AH} = \dfrac{24}{\tan 30° + \tan 45°} = 12(3 - \sqrt{3})\,(cm)$

18 $\angle BIC = 90° + \dfrac{1}{2}\angle A = 90° + \dfrac{1}{2} \times 60° = 120°$이므로

$\triangle IBC = \dfrac{1}{2} \times 8 \times 7 \times \sin(180° - 120°)$

$= 28 \times \dfrac{\sqrt{3}}{2} = 14\sqrt{3}\,(cm^2)$

답 $14\sqrt{3}$ cm²

19 부채꼴의 중심각의 크기는 호의 길이에 정비례하므로

$\angle AOB = 360° \times \dfrac{4}{4 + 5 + 3} = 360° \times \dfrac{4}{12} = 120°$

따라서

$\triangle ABO = \dfrac{1}{2} \times 12 \times 12 \times \sin(180° - 120°)$

$= 36\sqrt{3}\,(cm^2)$

답 $36\sqrt{3}$ cm²

20 $\triangle ABC = \dfrac{1}{2} \times 6 \times 12 \times \sin 60° = 36 \times \dfrac{\sqrt{3}}{2}$

$= 18\sqrt{3}\,(cm^2)$

오른쪽 그림과 같이 점 A에서 $\overline{BC}$에 내린 수선의 발을 H라고 하면 $\triangle ABH$에서

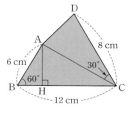

$\overline{AH} = 6\sin 60°$

$= 6 \times \dfrac{\sqrt{3}}{2}$

$= 3\sqrt{3}\,(cm)$

$\overline{BH} = 6\cos 60° = 6 \times \dfrac{1}{2} = 3\,(cm)$

$\triangle ACH$에서

$\overline{CH} = \overline{BC} - \overline{BH} = 12 - 3 = 9\,(cm)$

$\overline{AC} = \sqrt{\overline{AH}^2 + \overline{CH}^2} = \sqrt{(3\sqrt{3})^2 + 9^2} = \sqrt{108} = 6\sqrt{3}\,(cm)$

$$\triangle \text{ACD} = \frac{1}{2} \times 6\sqrt{3} \times 8 \times \sin 30°$$
$$= 24\sqrt{3} \times \frac{1}{2} = 12\sqrt{3} \, (\text{cm}^2)$$

따라서 □ABCD의 넓이는
$$\triangle \text{ABC} + \triangle \text{ACD} = 18\sqrt{3} + 12\sqrt{3} = 30\sqrt{3} \, (\text{cm}^2)$$ 🔲 ③

21 $$\square \text{ABCD} = 9 \times 9 \times \sin(180° - 120°)$$
$$= 81 \times \frac{\sqrt{3}}{2} = \frac{81\sqrt{3}}{2} \, (\text{cm}^2)$$ 🔲 ④

22 정팔각형은 두 변의 길이가 6 cm이고, 그 끼인 각의 크기가 $360° \div 8 = 45°$인 이등변삼각형 8개로 이루어져 있으므로 정팔각형의 넓이는
$$8 \times \left(\frac{1}{2} \times 6 \times 6 \times \sin 45° \right) = 8 \times \left(18 \times \frac{\sqrt{2}}{2} \right)$$
$$= 72\sqrt{2} \, (\text{cm}^2)$$ 🔲 $72\sqrt{2}$ cm²

23 평행사변형 ABCD에서 $\triangle \text{ABC} = \triangle \text{ACD}$
또 $\overline{\text{BM}} = \overline{\text{CM}}$이므로 $\triangle \text{ABM} = \triangle \text{AMC}$
따라서
$$\triangle \text{AMC} = \frac{1}{4} \square \text{ABCD} = \frac{1}{4} \times 12 \times 8 \times \sin 60°$$
$$= 24 \times \frac{\sqrt{3}}{2} = 12\sqrt{3} \, (\text{cm}^2)$$ 🔲 $12\sqrt{3}$ cm²

24 $\triangle \text{ABC} \equiv \triangle \text{DCB}$ (SAS 합동)이므로 $\overline{\text{AC}} = \overline{\text{BD}}$
$\overline{\text{AC}} = \overline{\text{BD}} = x$ cm라고 하면 □ABCD의 넓이는
$$\frac{1}{2} \times x \times x \times \sin(180° - 135°) = 121\sqrt{2} \, (\text{cm}^2)에서$$
$$\frac{\sqrt{2}}{4} x^2 = 121\sqrt{2}, \ x^2 = 484$$
$x > 0$이므로 $x = 22$
따라서 $\overline{\text{AC}}$의 길이는 22 cm이다. 🔲 22 cm

25 다음 그림과 같이 $\overline{\text{CE}}$를 그으면
$\triangle \text{CED} \equiv \triangle \text{CEB}'$ (RHS 합동)이므로

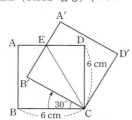

$$\angle \text{B}'\text{CE} = \angle \text{DCE} = \frac{1}{2} \times 60° = 30°$$
$$\triangle \text{CDE}에서 \ \overline{\text{ED}} = 6 \tan 30° = 6 \times \frac{\sqrt{3}}{3} = 2\sqrt{3} \, (\text{cm})$$
따라서 $\overline{\text{AE}} = 6 - 2\sqrt{3} = 2(3 - \sqrt{3}) \, (\text{cm})$
🔲 $2(3 - \sqrt{3})$ cm

26 오른쪽 그림과 같이 점 A에서 $\overline{\text{CD}}$에 내린 수선의 발을 H라고 하자.

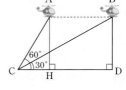

헬기가 1초 동안 간 거리는
$$180000 \times \frac{1}{3600} = 50 \, (\text{m})$$
이므로
$$\overline{\text{AB}} = 50 \times 3 = 150 \, (\text{m})$$
$\overline{\text{AH}} = \overline{\text{BD}} = h$ m라고 하면
$\angle \text{CAH} = 30°, \angle \text{CBD} = 60°$이므로
$$\overline{\text{CH}} = h \tan 30° = \frac{\sqrt{3}}{3} h \, (\text{m})$$
$$\overline{\text{CD}} = h \tan 60° = \sqrt{3} h \, (\text{m})$$
$\overline{\text{AB}} = \overline{\text{HD}} = \overline{\text{CD}} - \overline{\text{CH}}$이므로
$$150 = \sqrt{3} h - \frac{\sqrt{3}}{3} h = \frac{2\sqrt{3}}{3} h$$
$$h = 75\sqrt{3}$$
따라서 헬기의 지면으로부터의 높이는 $75\sqrt{3}$ m이다.
🔲 $75\sqrt{3}$ m

27 $\triangle \text{ABC}$에서
$$\overline{\text{AB}} = 30 \times \frac{20}{60} = 10 \, (\text{km})$$
$$\overline{\text{AC}} = 30\sqrt{2} \times \frac{20}{60} = 10\sqrt{2} \, (\text{km})$$
다음 그림과 같이 점 B에서 $\overline{\text{AC}}$에 내린 수선의 발을 H라고 하면

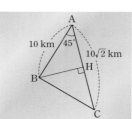

$$\overline{\text{AH}} = \overline{\text{BH}} = 10 \sin 45° = 10 \times \frac{\sqrt{2}}{2} = 5\sqrt{2} \, (\text{km})$$
$$\overline{\text{CH}} = \overline{\text{AC}} - \overline{\text{AH}} = 10\sqrt{2} - 5\sqrt{2} = 5\sqrt{2} \, (\text{km})$$
$\overline{\text{CH}} = \overline{\text{BH}}$이므로 $\triangle \text{BCH}$는 $\angle \text{C} = 45°$인 직각이등변삼각형이다.
따라서 $\overline{\text{BC}} = \dfrac{\overline{\text{CH}}}{\cos 45°} = 5\sqrt{2} \times \dfrac{2}{\sqrt{2}} = 10 \, (\text{km})$
🔲 10 km

28 다음 그림과 같이 점 A에서 $\overline{BC}$에 내린 수선의 발을 H라고 하면

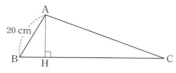

$\sin B = \dfrac{\overline{AH}}{20} = \dfrac{\sqrt{3}}{2}$이므로

$\overline{AH} = 10\sqrt{3}\,(\text{cm})$

$\triangle ABH$에서 $\overline{BH} = \sqrt{20^2 - (10\sqrt{3})^2} = 10\,(\text{cm})$

또 $\triangle AHC$에서 $\sin C = \dfrac{\overline{AH}}{\overline{AC}} = \dfrac{10\sqrt{3}}{\overline{AC}} = \dfrac{\sqrt{3}}{5}$이므로

$\overline{AC} = 50\,(\text{cm})$

$\overline{CH} = \sqrt{50^2 - (10\sqrt{3})^2} = \sqrt{2200} = 10\sqrt{22}\,(\text{cm})$

따라서

$\overline{BC} = \overline{BH} + \overline{CH} = 10 + 10\sqrt{22} = 10(1 + \sqrt{22})\,(\text{cm})$

🔳 $10(1+\sqrt{22})$ cm

29 다음 그림과 같이 $\overline{OC}$를 그으면

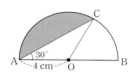

$\triangle AOC$에서 $\overline{OA} = \overline{OC}$이므로

$\angle OCA = \angle OAC = 30°$

$\angle AOC = 180° - (30° + 30°) = 120°$

따라서 색칠한 부분의 넓이는

(부채꼴 AOC의 넓이) $- \triangle AOC$

$= \pi \times 4^2 \times \dfrac{120°}{360°} - \dfrac{1}{2} \times 4 \times 4 \times \sin(180° - 120°)$

$= \dfrac{16}{3}\pi - 4\sqrt{3} = 4\left(\dfrac{4}{3}\pi - \sqrt{3}\right)(\text{cm}^2)$

🔳 $4\left(\dfrac{4}{3}\pi - \sqrt{3}\right)$ cm²

30 평행사변형 ABCD의 넓이는

$\dfrac{1}{2} \times 6 \times 10 \times \sin(180° - 135°)$

$= \dfrac{1}{2} \times 6 \times 10 \times \dfrac{\sqrt{2}}{2} = 15\sqrt{2}\,(\text{cm}^2)$

따라서 $\square PQRS = \dfrac{1}{2}\square ABCD = \dfrac{15\sqrt{2}}{2}\,(\text{cm}^2)$

🔳 $\dfrac{15\sqrt{2}}{2}$ cm²

 서술형으로 중단원 마무리 본문 40~41쪽

서술형 예제 30°, 30°, $100\sqrt{3}$, 60°, 60°, $300\sqrt{3}$, $300\sqrt{3}$, $100\sqrt{3}$, $200\sqrt{3}$, 20, $200\sqrt{3}$, 3, $600\sqrt{3}$

서술형 유제 분속 $15(\sqrt{3}-1)$ m

1 $20\sqrt{7}$ cm **2** $200(1+\sqrt{2}-\sqrt{3})$ m

3 $9\sqrt{3}$ cm² **4** $16\sqrt{2}$ cm²

서술형 예제

$\triangle ABC$에서 $\angle BAC = \boxed{30°}$이므로

$\overline{BC} = 300\tan\boxed{30°} = \boxed{100\sqrt{3}}\,(\text{m})$ $\cdots$ 1단계

$\triangle ABD$에서 $\angle BAD = \boxed{60°}$이므로

$\overline{BD} = 300\tan\boxed{60°} = \boxed{300\sqrt{3}}\,(\text{m})$ $\cdots$ 2단계

$\overline{CD} = \overline{BD} - \overline{BC} = \boxed{300\sqrt{3}} - \boxed{100\sqrt{3}} = \boxed{200\sqrt{3}}\,(\text{m})$

$\cdots$ 3단계

따라서 배가 $\boxed{20}$ 초 동안 $\boxed{200\sqrt{3}}$ m를 이동했으므로 배의 속력은 분속 $200\sqrt{3} \times \boxed{3} = \boxed{600\sqrt{3}}\,(\text{m})$이다. $\cdots$ 4단계

🔳 풀이 참조

단계	채점 기준	비율
1단계	$\overline{BC}$의 길이를 구한 경우	30 %
2단계	$\overline{BD}$의 길이를 구한 경우	30 %
3단계	$\overline{CD}$의 길이를 구한 경우	20 %
4단계	배의 속력을 구한 경우	20 %

서술형 유제

$\triangle ACD$에서 $\angle ADC = 60°$이므로

$\overline{AC} = 30\tan 60° = 30\sqrt{3}\,(\text{m})$ $\cdots$ 1단계

$\triangle BCD$에서 $\angle BDC = 45°$이므로

$\overline{BC} = 30\tan 45° = 30\,(\text{m})$ $\cdots$ 2단계

$\overline{AB} = \overline{AC} - \overline{BC} = 30\sqrt{3} - 30 = 30(\sqrt{3}-1)\,(\text{m})$ $\cdots$ 3단계

따라서 배가 2분 동안 $30(\sqrt{3}-1)$ m를 이동했으므로 배의 속력은 분속 $30(\sqrt{3}-1) \times \dfrac{1}{2} = 15(\sqrt{3}-1)\,(\text{m})$이다. $\cdots$ 4단계

🔳 분속 $15(\sqrt{3}-1)$ m

단계	채점 기준	비율
1단계	$\overline{AC}$의 길이를 구한 경우	30 %
2단계	$\overline{BC}$의 길이를 구한 경우	30 %
3단계	$\overline{AB}$의 길이를 구한 경우	20 %
4단계	배의 속력을 구한 경우	20 %

1 원뿔대 모양의 수조와 유리 막대를 정면에서 바라본 모습을 나타내면 다음 그림과 같다.

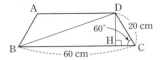

점 D에서 $\overline{BC}$에 내린 수선의 발을 H라고 하자.
△CDH에서

$\overline{DH}=20\sin 60°=20\times\dfrac{\sqrt{3}}{2}=10\sqrt{3}\,(\mathrm{cm})$　···　**1단계**

$\overline{CH}=20\cos 60°=20\times\dfrac{1}{2}=10\,(\mathrm{cm})$　···　**2단계**

$\overline{BH}=\overline{BC}-\overline{CH}=60-10=50\,(\mathrm{cm})$　···　**3단계**

따라서 △DBH에서

$\begin{aligned}\overline{BD}&=\sqrt{\overline{BH}^2+\overline{DH}^2}=\sqrt{50^2+(10\sqrt{3})^2}\\&=\sqrt{2800}=20\sqrt{7}\,(\mathrm{cm})\end{aligned}$　···　**4단계**

답 $20\sqrt{7}$ cm

단계	채점 기준	비율
1단계	$\overline{DH}$의 길이를 구한 경우	30 %
2단계	$\overline{CH}$의 길이를 구한 경우	30 %
3단계	$\overline{BH}$의 길이를 구한 경우	20 %
4단계	유리 막대에서 물에 잠긴 부분의 길이를 구한 경우	20 %

2 다음 그림과 같이 점 A에서 $\overline{BC}$에 내린 수선의 발을 H라고 하자.

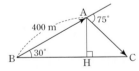

△ABH에서

$\overline{AH}=400\sin 30°=400\times\dfrac{1}{2}=200\,(\mathrm{m})$

$\begin{aligned}\overline{BH}&=400\cos 30°=400\times\dfrac{\sqrt{3}}{2}\\&=200\sqrt{3}\,(\mathrm{m})\end{aligned}$　···　**1단계**

△ACH에서

$\angle CAH=180°-(60°+75°)=45°$이므로

$\overline{CH}=\overline{AH}=200\,(\mathrm{m})$　···　**2단계**

$\begin{aligned}\overline{BC}&=\overline{BH}+\overline{CH}=200\sqrt{3}+200\\&=200(\sqrt{3}+1)\,(\mathrm{m})\end{aligned}$　···　**3단계**

$\begin{aligned}\overline{AC}&=\dfrac{\overline{AH}}{\cos 45°}=\dfrac{200}{\cos 45°}\\&=200\sqrt{2}\,(\mathrm{m})\end{aligned}$　···　**4단계**

따라서 서경이가 더 이동한 거리는

$\begin{aligned}\overline{AB}+\overline{AC}-\overline{BC}&=400+200\sqrt{2}-200(\sqrt{3}+1)\\&=200(1+\sqrt{2}-\sqrt{3})\,(\mathrm{m})\end{aligned}$　···　**5단계**

답 $200(1+\sqrt{2}-\sqrt{3})$ m

단계	채점 기준	비율
1단계	$\overline{AH}$와 $\overline{BH}$의 길이를 각각 구한 경우	20 %
2단계	$\overline{CH}$의 길이를 구한 경우	20 %
3단계	$\overline{BC}$의 길이를 구한 경우	20 %
4단계	$\overline{AC}$의 길이를 구한 경우	20 %
5단계	서경이가 더 이동한 거리를 구한 경우	20 %

3 △ABC≡△DCB(SAS 합동)이므로
$\angle ACB=\angle DBC=30°$
△BCO에서
$\angle BOC=180°-(30°+30°)=120°$　···　**1단계**
$\overline{BD}=\overline{AC}=6\,(\mathrm{cm})$　···　**2단계**
따라서 □ABCD의 넓이는

$\begin{aligned}\dfrac{1}{2}\times 6\times 6\times\sin(180°-120°)&=18\times\sin 60°\\&=18\times\dfrac{\sqrt{3}}{2}\\&=9\sqrt{3}\,(\mathrm{cm}^2)\end{aligned}$　···　**3단계**

답 $9\sqrt{3}$ cm²

단계	채점 기준	비율
1단계	$\angle BOC$의 크기를 구한 경우	30 %
2단계	$\overline{BD}$의 길이를 구한 경우	30 %
3단계	□ABCD의 넓이를 구한 경우	40 %

4 도형의 중심에 모인 마름모의 한 내각의 크기는
$360°\div 8=45°$이므로　···　**1단계**
마름모의 넓이는
$2\times 2\times\sin 45°=2\sqrt{2}\,(\mathrm{cm}^2)$　···　**2단계**
따라서 도형의 넓이는
$8\times(\text{마름모의 넓이})=8\times 2\sqrt{2}=16\sqrt{2}\,(\mathrm{cm}^2)$　···　**3단계**

답 $16\sqrt{2}$ cm²

단계	채점 기준	비율
1단계	마름모의 한 내각의 크기를 구한 경우	30 %
2단계	마름모의 넓이를 구한 경우	40 %
3단계	도형의 넓이를 구한 경우	30 %

Ⅵ. 원의 성질

1. 원과 직선

1 원과 현

본문 44~48쪽

개념 확인 문제

1 (1) 10　(2) 4　　**2** 5, 4, 4, 8　　**3** (1) 6　(2) 7

유제 1

△OAH에서

$\overline{AH}=\sqrt{6^2-2^2}=\sqrt{32}=4\sqrt{2}\,(cm)$

따라서 $\overline{AB}=2\overline{AH}=2\times4\sqrt{2}=8\sqrt{2}\,(cm)$

답 ③

유제 2

구하는 거리는 오른쪽 그림에서 $\overline{OH}$의 길이와 같다.

$\overline{AH}=\dfrac{1}{2}\overline{AB}=8\,(cm)$

따라서 △OAH에서

$\overline{OH}=\sqrt{10^2-8^2}=\sqrt{36}=6\,(cm)$

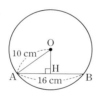

답 6 cm

유제 3

$\overline{OA}=\overline{OC}=3+2=5\,(cm)$

△OAM에서

$\overline{AM}=\sqrt{5^2-3^2}=\sqrt{16}=4\,(cm)$

따라서 $\overline{AB}=2\overline{AM}=2\times4=8\,(cm)$

답 8 cm

유제 4

원 O의 반지름의 길이를 r cm라고 하면

$\overline{OM}=(r-6)$ cm

△AOM에서

$r^2=12^2+(r-6)^2$

$12r=180,\ r=15$

따라서 원 O의 반지름의 길이는 15 cm이다.

답 15 cm

유제 5

오른쪽 그림과 같이 원의 중심을 O라고 하면

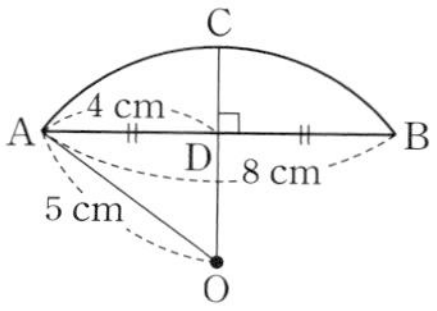

$\overline{AD}=\dfrac{1}{2}\overline{AB}=4\,(cm)$

△AOD에서

$\overline{OD}=\sqrt{5^2-4^2}=\sqrt{9}=3\,(cm)$

따라서

$\overline{CD}=\overline{CO}-\overline{OD}=5-3=2\,(cm)$

답 2 cm

유제 6

오른쪽 그림과 같이 원의 중심을 O라고 하면

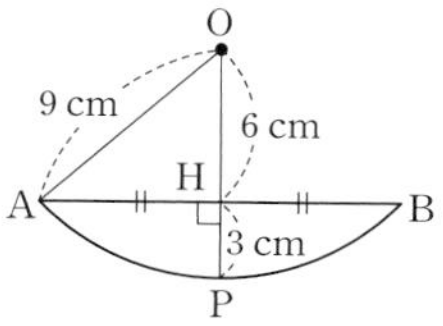

$\overline{OH}=9-3=6\,(cm)$

직각삼각형 OAH에서

$\overline{AH}=\sqrt{9^2-6^2}=\sqrt{45}=3\sqrt{5}\,(cm)$

따라서

$\overline{AB}=2\overline{AH}=2\times3\sqrt{5}=6\sqrt{5}\,(cm)$

답 $6\sqrt{5}$ cm

유제 7

원의 중심 O에서 $\overline{AB}$에 내린 수선의 발을 M이라고 하면

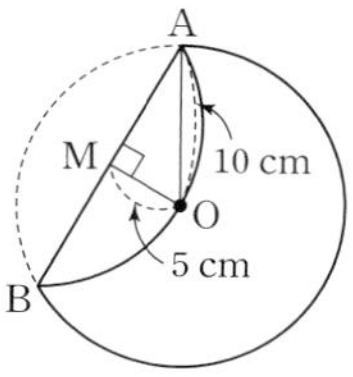

$\overline{OA}=10$ cm

$\overline{OM}=\dfrac{1}{2}\overline{OA}=5\,(cm)$

△OAM에서

$\overline{AM}=\sqrt{10^2-5^2}=5\sqrt{3}\,(cm)$

따라서 $\overline{AB}=2\overline{AM}=2\times5\sqrt{3}=10\sqrt{3}\,(cm)$

답 $10\sqrt{3}$ cm

유제 8

원의 중심 O에서 $\overline{AB}$에 내린 수선의 발을 H라고 하면

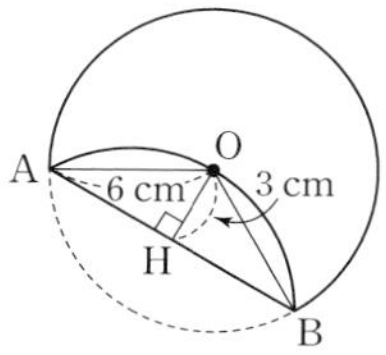

$\overline{OA}=6$ cm, $\overline{OH}=\dfrac{1}{2}\overline{OA}=3\,(cm)$

△OAH에서

$\cos(\angle AOH)=\dfrac{1}{2}$이고 $\cos60°=\dfrac{1}{2}$이므로

$\angle AOH=60°$

이때 △OAH≡△OBH(RHS 합동)이므로

$\angle BOH=\angle AOH=60°$

따라서 $\angle AOB=2\angle AOH=120°$

답 120°

유제 9

① $\overline{AB}=2\overline{AM}=2\overline{DN}=\overline{CD}$

② $\overline{AB}=\overline{CD}$이므로 $\overline{OM}=\overline{ON}$

③ $\overline{AB}=\overline{CD}$이므로

$\angle AOB=\angle COD$이고 $\overparen{AB}=\overparen{CD}$

④ $\triangle OBA=\dfrac{1}{2}\times\overline{AB}\times\overline{OM}$

$=\dfrac{1}{2}\times\overline{CD}\times\overline{ON}=\triangle OCD$

⑤ $\angle AOC=\angle BOD$인지는 알 수 없다.

답 ⑤

유제 10

$\triangle OAM$에서

$\overline{AM}=\sqrt{8^2-4^2}=\sqrt{48}=4\sqrt{3}\,(\text{cm})$이므로

$\overline{AB}=2\overline{AM}=8\sqrt{3}\,(\text{cm})$

$\overline{OM}=\overline{ON}$이므로

$\overline{CD}=\overline{AB}=8\sqrt{3}\text{ cm}$

답 $8\sqrt{3}$ cm

유제 11

$\overline{OM}=\overline{ON}$이므로 $\overline{AB}=\overline{AC}$

즉, $\triangle ABC$는 이등변삼각형이므로

$\angle B=\dfrac{1}{2}\times(180°-50°)=65°$

답 $65°$

유제 12

$\square OECF$에서

$\angle C=360°-(90°+90°+116°)=64°$

$\overline{OD}=\overline{OF}$이므로 $\overline{AB}=\overline{AC}$

즉, $\triangle ABC$는 이등변삼각형이므로

$\angle A=180°-2\times64°=52°$

답 $52°$

형성평가

본문 49쪽

| 01 ② | 02 ① | 03 25 cm | 04 ⑤ |
| 05 25π cm² | 06 ① | 07 ④ | 08 ① |

01 $\overline{BH}=\overline{AH}=9$ cm이므로 $x=9$

$\triangle OHB$에서

$y=\sqrt{15^2-9^2}=\sqrt{144}=12$

따라서 $x+y=9+12=21$

답 ②

02 구하는 거리는 오른쪽 그림에서 $\overline{OH}$의 길이와 같다.

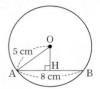

$\overline{AH}=\dfrac{1}{2}\overline{AB}=4\,(\text{cm})$

따라서 $\triangle OAH$에서

$\overline{OH}=\sqrt{5^2-4^2}=\sqrt{9}=3\,(\text{cm})$

답 ①

03 $\triangle BCD$에서

$\overline{BD}=\sqrt{15^2-9^2}=\sqrt{144}=12\,(\text{cm})$

원 O의 반지름의 길이를 r cm라고 하면

$\overline{OD}=(r-9)$ cm

$\triangle OBD$에서

$r^2=(r-9)^2+12^2$

$18r=225,\ r=\dfrac{25}{2}$

따라서 원 O의 지름의 길이는

$2r=2\times\dfrac{25}{2}=25\,(\text{cm})$

답 25 cm

04 원의 중심 O에서 $\overline{AB}$에 내린 수선의 발을 M이라고 하면

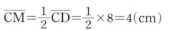

$\overline{AM}=\overline{BM},\ \overline{CM}=\overline{DM}$

$\overline{AM}=\dfrac{1}{2}\overline{AB}=\dfrac{1}{2}\times18=9\,(\text{cm})$

$\overline{CM}=\dfrac{1}{2}\overline{CD}=\dfrac{1}{2}\times8=4\,(\text{cm})$

따라서 $\overline{AC}=\overline{AM}-\overline{CM}=9-4=5\,(\text{cm})$

답 ⑤

05 오른쪽 그림과 같이 원의 중심을 O, 반지름의 길이를 r cm라고 하면

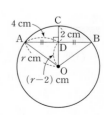

$\overline{OD}=(r-2)$ cm

$\triangle AOD$에서

$r^2=(r-2)^2+4^2$

$4r=20,\ r=5$

따라서 원래 원 모양의 접시의 넓이는

$\pi\times5^2=25\pi\,(\text{cm}^2)$

답 25π cm²

06 $\overline{AM}=\overline{BM}=4$ cm이므로 $x=4$
$\overline{OM}=\overline{ON}$이므로 $\overline{CD}=\overline{AB}=2\overline{AM}=8$(cm)
즉, $y=8$
따라서 $x+y=4+8=12$

답 ①

07 원의 중심 O에서 $\overline{CD}$에 내린 수선
의 발을 N이라고 하면
$\overline{AB}=\overline{CD}$이므로
$\overline{ON}=\overline{OM}=2\sqrt{2}$ cm
직각삼각형 OND에서
$\overline{DN}=\sqrt{(2\sqrt{3})^2-(2\sqrt{2})^2}=\sqrt{4}=2$(cm)
따라서 $\overline{CD}=2\overline{DN}=2\times2=4$(cm)이므로
$\triangle OCD=\frac{1}{2}\times4\times2\sqrt{2}=4\sqrt{2}$(cm^2)

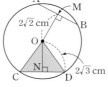

답 ④

08 중심으로부터 같은 거리에 있는 두 현의 길이는 같으므로
$\overline{AB}=\overline{AC}$
즉, $\triangle ABC$는 이등변삼각형이므로
$\angle B=\angle C=\frac{1}{2}\times(180°-60°)=60°$
따라서 $\triangle ABC$는 정삼각형이므로
$\overline{BC}=\overline{AB}=6$ cm

답 ①

2 원의 접선
본문 50~54쪽

개념 확인 문제

1 (1) 30° (2) 70°   **2** (1) 10 cm (2) $5\sqrt{3}$ cm (3) $5\sqrt{3}$ cm
3 (1) 3 cm (2) 5 cm (3) 4 cm (4) 4 cm   **4** (1) 4 (2) 8

유제 1

$\angle PAO=\angle PBO=90°$이므로
$\angle APB=180°-145°=35°$

답 ②

유제 2

$\triangle PAO$와 $\triangle PBO$에서
$\angle PAO=\angle PBO=90°$

$\overline{PO}$는 공통, $\overline{OA}=\overline{OB}$(반지름)
이므로 $\triangle PAO\equiv\triangle PBO$(RHS 합동)
$\angle POA=\angle POB=\frac{1}{2}\angle AOB=55°$
따라서 $\angle APO=180°-(90°+55°)=35°$

답 35°

유제 3

$\angle OAP=\angle OBP=90°$이므로
$\angle AOB=180°-40°=140°$
$\triangle OBA$는 $\overline{OA}=\overline{OB}$인 이등변삼각형이므로
$\angle OBA=\frac{1}{2}\times(180°-140°)=20°$

답 20°

유제 4

① $\angle APB=360°-(90°+90°+120°)=60°$
② $\angle APO=\angle BPO=\frac{1}{2}\angle APB=30°$
   $\angle AMO=90°$이므로
   $\angle OAM=180°-(90°+60°)=30°$
③, ④, ⑤ 직각삼각형 PAO에서
$\overline{PO}=\dfrac{6}{\cos 60°}=12$(cm), $\overline{PA}=6\tan 60°=6\sqrt{3}$(cm)
또 $\frac{1}{2}\times\overline{PA}\times\overline{AO}=\frac{1}{2}\times\overline{PO}\times\overline{AM}$이므로
$\frac{1}{2}\times6\sqrt{3}\times6=\frac{1}{2}\times12\times\overline{AM}$
$\overline{AM}=3\sqrt{3}$(cm), $\overline{AB}=2\overline{AM}=6\sqrt{3}$(cm)
따라서 옳지 않은 것은 ③이다.

답 ③

유제 5

⑤ $\triangle OCE\equiv\triangle OCD$(RHS 합동),
   $\triangle OBD\equiv\triangle OBF$(RHS 합동)

답 ⑤

유제 6

$\overline{CF}=x$ cm라고 하면 $\overline{CE}=\overline{CF}=x$ cm
$\overline{BD}=\overline{BE}=(8-x)$ cm
$\overline{AD}=12+(8-x)=20-x$(cm)
$\overline{AF}=(10+x)$ cm
$\overline{AD}=\overline{AF}$이므로
$20-x=10+x$, $2x=10$, $x=5$
따라서 $\overline{CF}=5$ cm

답 5 cm

유제 7

$\overline{DE}=\overline{DA}=1$ cm

$\overline{CE}=\overline{CB}=9$ cm

$\overline{CD}=1+9=10$(cm)

점 D에서 $\overline{BC}$에 내린 수선의 발을 F라

고 하면

$\overline{BF}=1$ cm이므로

$\overline{CF}=9-1=8$(cm)

△CDF에서

$\overline{AB}=\overline{DF}=\sqrt{10^2-8^2}=\sqrt{36}=6$(cm)

따라서 원 O의 반지름의 길이는

$\overline{OA}=\dfrac{1}{2}\overline{AB}=3$(cm)

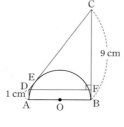

답 ②

유제 8

$\overline{CE}=\overline{CB}=2$ cm

$\overline{DE}=\overline{DA}=4$ cm

$\overline{CD}=2+4=6$(cm)

점 C에서 $\overline{DA}$에 내린 수선의 발을 F

라고 하면

$\overline{DF}=4-2=2$(cm)

△DFC에서

$\overline{AB}=\overline{CF}=\sqrt{6^2-2^2}=\sqrt{32}=4\sqrt{2}$(cm)

따라서 □ABCD의 넓이는

$\dfrac{1}{2}\times(2+4)\times4\sqrt{2}=12\sqrt{2}$(cm²)

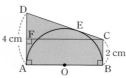

답 $12\sqrt{2}$ cm²

유제 9

$\overline{AD}=x$ cm라고 하면

$\overline{AF}=\overline{AD}=x$ cm

$\overline{BE}=\overline{BD}=9$ cm

$\overline{CE}=\overline{CF}=7$ cm

△ABC의 둘레의 길이가 42 cm이므로

$\overline{AB}+\overline{BC}+\overline{CA}=42$에서

$2(x+9+7)=42$, $x=5$

따라서 $\overline{AD}=5$ cm

답 5 cm

유제 10

$\overline{BE}=r$ cm라고 하면 $\overline{BD}=\overline{BE}=r$ cm이므로

$\overline{AF}=\overline{AD}=(15-r)$ cm

$\overline{CF}=\overline{CE}=(8-r)$ cm

$\overline{AC}=\overline{AF}+\overline{CF}$이므로

$17=(15-r)+(8-r)$

$2r=6$, $r=3$

따라서 원 O의 반지름의 길이는 3 cm이다.

답 ②

| 다른 풀이 |

원 O의 반지름의 길이를 r cm라고 하면

△ABC=△ABO+△BCO+△CAO이므로

$\dfrac{1}{2}\times8\times15=\dfrac{1}{2}\times15\times r+\dfrac{1}{2}\times8\times r+\dfrac{1}{2}\times17\times r$

$120=40r$, $r=3$

따라서 원 O의 반지름의 길이는 3 cm이다.

유제 11

□ABCD가 원 O에 외접하므로

$\overline{AB}+\overline{CD}=\overline{AD}+\overline{BC}$

$6+(3x+2)=7+(x+5)$

$2x=4$, $x=2$

따라서 $\overline{CD}=3x+2=3\times2+2=8$

답 ①

유제 12

$\overline{AB}=\overline{AP}+\overline{BQ}=8$(cm)

□ABCD는 원 O에 외접하므로

$\overline{AB}+\overline{CD}=\overline{AD}+\overline{BC}$이고

$\overline{AB}+\overline{CD}=8+10=18$(cm)

따라서 □ABCD의 둘레의 길이는

$2\times18=36$(cm)

답 36 cm

형성평가

본문 55쪽

01 ④	02 16 cm	03 ②	04 ⑤
05 $12\sqrt{3}$ cm	06 ②	07 24 cm	08 ④

01 $\overline{OQ}=\overline{OT}=3$ cm이므로

$\overline{PO}=2\overline{OQ}=6$(cm)

∠PTO=90°이므로 △POT에서

$\overline{PT}=\sqrt{6^2-3^2}=\sqrt{27}=3\sqrt{3}$(cm)

답 ④

02 $\overline{AB}$가 작은 원과 접하는 접점을 C라고
하면 △OAC에서
$\angle ACO=90°$, $\overline{OA}=10$ cm,
$\overline{OC}=6$ cm이므로

$\overline{AC}=\sqrt{10^2-6^2}=\sqrt{64}=8$(cm)
$\overline{AB}$는 큰 원의 현이므로
$\overline{AB}=2\overline{AC}=2\times8=16$(cm)

답 16 cm

03 $\angle PAO=\angle PBO=90°$이므로
□APBO에서
$\angle AOB=360°-(90°+90°+45°)=135°$
따라서 $\widehat{AB}=2\pi\times4\times\dfrac{135}{360}=3\pi$(cm)

답 ②

04 $\angle PAO=90°$이고,
$\overline{OQ}=\overline{OA}=5$ cm이므로
$\overline{OP}=\overline{OQ}+\overline{QP}=5+8=13$(cm)
△PAO에서
$\overline{PA}=\sqrt{13^2-5^2}=\sqrt{144}=12$(cm)
따라서 $\overline{PB}=\overline{PA}=12$ cm

답 ⑤

05 $\angle ATO=90°$이므로 △AOT에서
$\overline{AT}=\sqrt{12^2-6^2}=\sqrt{108}=6\sqrt{3}$(cm)
또 $\overline{BT}=\overline{BS}$, $\overline{CT'}=\overline{CS}$
따라서 △ABC의 둘레의 길이는
$\overline{AB}+\overline{BC}+\overline{CA}=\overline{AT}+\overline{AT'}=2\overline{AT}$
$=2\times6\sqrt{3}=12\sqrt{3}$(cm)

답 $12\sqrt{3}$ cm

06 점 C에서 $\overline{BD}$에 내린 수선의 발을
E라고 하면

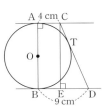

$\overline{DE}=9-4=5$(cm)
$\overline{CT}=\overline{CA}=4$ cm
$\overline{DT}=\overline{DB}=9$ cm
$\overline{CD}=4+9=13$(cm)
△CED에서
$\overline{CE}=\sqrt{13^2-5^2}=\sqrt{144}=12$(cm)
$\overline{AB}=\overline{CE}=12$ cm
따라서 원 O의 반지름의 길이는
$\overline{OA}=\dfrac{1}{2}\overline{AB}=\dfrac{1}{2}\times12=6$(cm)

답 ②

07 $\overline{BD}=x$ cm라고 하면
$\overline{BE}=\overline{BD}=x$ cm, $\overline{AD}=\overline{AF}=2$ cm
$\overline{CE}=\overline{CF}=(10-x)$ cm
따라서 △ABC의 둘레의 길이는
$\overline{AB}+\overline{BC}+\overline{CA}=(2+x)+10+(2+10-x)$
$=24$(cm)

답 24 cm

08 $\overline{DG}=\overline{DH}=3$ cm이므로 $\overline{CD}=7$ cm
□ABCD가 원 O에 외접하므로
$\overline{AB}+\overline{CD}=\overline{AD}+\overline{BC}$
따라서 □ABCD의 둘레의 길이는
$\overline{AB}+\overline{BC}+\overline{CD}+\overline{DA}=2(\overline{AB}+\overline{CD})$
$=2\times(10+7)$
$=34$(cm)

답 ④

중단원 마무리

본문 56~59쪽

01 ②	02 ⑤	03 ①	04 ④	05 55°	06 22 cm
07 ②	08 ③	09 ④	10 ⑤	11 ②	12 13 cm
13 ①	14 ②	15 ⑤	16 ⑤	17 ②	18 40°
19 ①	20 ④	21 ②	22 ③	23 ④	24 12 cm
25 4π cm²		26 $2\sqrt{5}$ cm		27 2 cm	

01 직각삼각형 AOM에서
$\overline{AM}=\sqrt{5^2-4^2}=\sqrt{9}=3$(cm)
따라서 $\overline{AB}=2\overline{AM}=2\times3=6$(cm)

답 ②

02 $\overline{BD}=\overline{AD}=8$ cm
$\overline{OB}=r$ cm라고 하면 $\overline{OD}=(r-2)$ cm
△OBD에서
$r^2=(r-2)^2+8^2$, $4r=68$, $r=17$
따라서 원 O의 반지름의 길이는 17 cm이다.

답 ⑤

03 $\overline{OM}=\overline{ON}$이므로
$\overline{CD}=\overline{AB}=10$ cm, $\overline{CN}=\dfrac{1}{2}\overline{CD}=5$(cm)
따라서 △OCN에서
$\overline{OC}=\sqrt{5^2+5^2}=\sqrt{50}=5\sqrt{2}$(cm)

답 ①

04 $\overline{OT}=\overline{OA}=2$ cm, $\angle OTP=90°$이므로
△OTP에서
$\overline{PT}=\sqrt{7^2-2^2}=\sqrt{45}=3\sqrt{5}$ (cm)

답 ④

05 $\overline{PA}=\overline{PB}$이므로 △PAB는 이등변삼각형이다.
따라서 $\angle PAB=\angle PBA$이므로
$\angle x=\dfrac{1}{2}\times(180°-70°)=55°$

답 55°

06 $\overline{AF}=\overline{AD}=3$ cm, $\overline{BD}=\overline{BE}=5$ cm,
$\overline{CE}=\overline{CF}=3$ cm
따라서 △ABC의 둘레의 길이는
$\overline{AB}+\overline{BC}+\overline{CA}=2(\overline{AD}+\overline{BE}+\overline{CF})$
$=2\times(3+5+3)$
$=22$ (cm)

답 22 cm

07 $\overline{AB}+\overline{CD}=\overline{AD}+\overline{BC}$이므로
$\overline{AB}+10=9+13$
따라서 $\overline{AB}=12$ cm

답 ②

08 점 O에서 $\overline{CD}$에 내린 수선의 발을 H
라고 하면
$\overline{CH}=\overline{DH}=\dfrac{1}{2}\overline{CD}=2$ (cm)
△OHC에서
$\overline{OH}=\sqrt{6^2-2^2}=\sqrt{32}=4\sqrt{2}$ (cm)
따라서
$\triangle ODC=\dfrac{1}{2}\times\overline{CD}\times\overline{OH}$
$=\dfrac{1}{2}\times4\times4\sqrt{2}$
$=8\sqrt{2}$ (cm²)

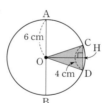

답 ③

09 $\overline{OA}$를 그으면 △OAM에서
$\overline{OM}=\overline{OC}-\overline{CM}$
$=6-2=4$ (cm)
$\overline{OA}=6$ cm이므로
$\overline{AM}=\sqrt{6^2-4^2}=\sqrt{20}$
$=2\sqrt{5}$ (cm)
따라서 $\overline{AB}=2\overline{AM}=2\times2\sqrt{5}=4\sqrt{5}$ (cm)

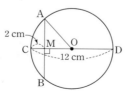

답 ④

10 원 O의 반지름의 길이를 r cm라고 하면
$2\pi r\times\dfrac{120}{360}=8\pi$, $r=12$
원의 중심 O에서 $\overline{AB}$에 내린 수선의
발을 H라고 하면
$\angle AOH=60°$이므로 △OAH에서
$\overline{AH}=12\sin 60°$
$=12\times\dfrac{\sqrt{3}}{2}$
$=6\sqrt{3}$ (cm)
따라서 $\overline{AB}=2\overline{AH}=2\times6\sqrt{3}=12\sqrt{3}$ (cm)

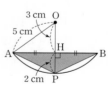

답 ⑤

11 $\overline{OA}=\overline{OD}=8+9=17$ (cm)
△OAC에서
$\overline{AC}=\sqrt{17^2-8^2}=\sqrt{225}=15$ (cm)
따라서 $\overline{AB}=2\overline{AC}=2\times15=30$ (cm)

답 ②

12 원의 중심을 O, 반지름의 길이를
r cm라고 하면
$\overline{OA}=r$ cm, $\overline{OD}=(r-8)$ cm
△AOD에서
$r^2=(r-8)^2+12^2$, $16r=208$, $r=13$
따라서 원 모양 접시의 반지름의 길이는 13 cm이다.

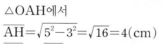

답 13 cm

13 원의 중심을 O라고 하면
$\overline{OA}=5$ cm, $\overline{OH}=5-2=3$ (cm)
△OAH에서
$\overline{AH}=\sqrt{5^2-3^2}=\sqrt{16}=4$ (cm)
$\overline{AB}=2\overline{AH}=2\times4=8$ (cm)
따라서 $\triangle APB=\dfrac{1}{2}\times8\times2=8$ (cm²)

답 ①

14 $\overline{AB}$와 $\overline{OP}$의 교점을 M, 원 O의 반지
름의 길이를 r cm라고 하면
$\overline{AM}=\dfrac{1}{2}\overline{AB}=3$ (cm)
$\overline{OM}=\overline{PM}=\dfrac{1}{2}\overline{OA}=\dfrac{1}{2}r$ (cm)
△OAM에서
$r^2=3^2+\left(\dfrac{r}{2}\right)^2$, $r^2=12$
$r>0$이므로 $r=2\sqrt{3}$
따라서 원 O의 반지름의 길이는 $2\sqrt{3}$ cm이다.

답 ②

15 원의 중심 O에서 $\overline{AB}$에 내린 수선의
발을 N이라고 하면

$\overline{AB}=\overline{CD}$이므로
$\overline{ON}=\overline{OM}=4$ cm
$\triangle$ONA에서
$\overline{AN}=\sqrt{(4\sqrt{2})^2-4^2}=\sqrt{16}=4\,(\text{cm})$
$\overline{AB}=2\overline{AN}=2\times4=8\,(\text{cm})$
따라서 $\triangle$OBA$=\dfrac{1}{2}\times4\times8=16\,(\text{cm}^2)$

답 ⑤

16 □AMON에서
$\angle$A$=360°-(90°+120°+90°)=60°$
$\overline{OM}=\overline{ON}$에서 $\overline{AB}=\overline{AC}$이므로
$\angle$B$=\angle$C$=\dfrac{1}{2}\times(180°-60°)=60°$
따라서 $\triangle$ABC는 정삼각형이므로
$\overline{BC}=\overline{AB}=2\overline{AM}=2\times4=8\,(\text{cm})$

답 ⑤

17 $\angle$PTO$=90°$이므로
$\triangle$POT에서
$\overline{OT}=\dfrac{\sqrt{6}}{\tan60°}=\dfrac{\sqrt{6}}{\sqrt{3}}=\sqrt{2}\,(\text{cm})$
$\overline{PO}=\sqrt{(\sqrt{6})^2+(\sqrt{2})^2}=\sqrt{8}=2\sqrt{2}\,(\text{cm})$
$\overline{OA}=\overline{OT}=\sqrt{2}$ cm
따라서 $\overline{PA}=2\sqrt{2}-\sqrt{2}=\sqrt{2}\,(\text{cm})$

답 ②

| **다른 풀이** |
$\overline{OT}=r$ cm라고 하면 $\angle$PTO$=90°$이므로
$\triangle$POT에서 $\overline{PO}=\dfrac{r}{\cos60°}=2r\,(\text{cm})$
$r^2+(\sqrt{6})^2=(2r)^2$, $r^2=2$
$r>0$이므로 $r=\sqrt{2}$
따라서 $\overline{PA}=2r-r=r=\sqrt{2}\,(\text{cm})$

18 $\overline{OA}$를 그으면 $\overline{OA}=\overline{OB}$이므로
$\triangle$ABC는 이등변삼각형이다.
즉, $\angle$OAB$=\angle$OBA$=25°$
$\triangle$OBA에서
$\angle$AOC$=25°+25°=50°$
$\angle$PAO$=90°$이므로 $\triangle$APO에서
$\angle$P$=180°-(90°+50°)=40°$

답 40°

19 □TPT′O에서
$\angle$TOT′$=360°-(90°+50°+90°)=130°$
색칠한 부분의 부채꼴의 중심각의 크기는
$360°-130°=230°$
따라서 색칠한 부분의 넓이는
$\pi\times6^2\times\dfrac{230}{360}=23\pi\,(\text{cm}^2)$

답 ①

20 ④ $\overline{OA}$의 길이는 알 수 없다.

답 ④

21 $\triangle$ACB는 직각삼각형이므로
$\overline{AC}=\sqrt{4^2+3^2}=\sqrt{25}=5\,(\text{cm})$
$\overline{BF}=x$ cm라고 하면
$\overline{BD}=\overline{BF}=x$ cm, $\overline{CE}=\overline{CD}=(3-x)$ cm
$\overline{AF}=\overline{AE}$이므로
$4+x=5+(3-x)$, $x=2$
따라서 $\overline{BF}=2$ cm

답 ②

| **다른 풀이** |
($\triangle$ABC의 둘레의 길이)$=2\overline{AF}=3+4+5=12$
이므로 $\overline{AF}=6\,(\text{cm})$
따라서 $\overline{BF}=\overline{AF}-\overline{AB}=6-4=2\,(\text{cm})$

22 원 O의 반지름의 길이를 r cm라고 하면
□OQCR는 정사각형이므로
$\overline{QC}=\overline{RC}=\overline{OQ}=\overline{OR}=r$ cm
$\overline{BC}=\overline{BQ}+\overline{QC}=\overline{BP}+\overline{OQ}=6+r\,(\text{cm})$
$\overline{AC}=\overline{AR}+\overline{RC}=\overline{AP}+\overline{OQ}=4+r\,(\text{cm})$
$\triangle$ABC에서
$(6+r)^2+(4+r)^2=10^2$
$r^2+10r-24=0$, $(r-2)(r+12)=0$
$r>0$이므로 $r=2$
따라서 원 O의 반지름의 길이는 2 cm이다.

답 ③

23 원 O와 접선 AB, BC, CD와의 접점을 각각 Q, R, S라고 하자.

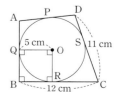

□BROQ는 정사각형이므로
$\overline{BR}=5$ cm
$\overline{CS}=\overline{CR}=12-5=7\,(\text{cm})$
따라서
$\overline{PD}=\overline{SD}=11-7=4\,(\text{cm})$

답 ④

24
$$\overline{AB}+\overline{DC}=\overline{AD}+\overline{BC}$$
$$=6+15=21(cm)$$
$\overline{AB}:\overline{CD}=4:3$이므로
$$\overline{AB}=21\times\frac{4}{7}=12(cm)$$

답 12 cm

25 원의 중심으로부터 길이가 같은 현
의 중점까지의 거리는 항상 일정하
므로 길이가 4 cm인 현의 중점이
지나간 자리는 원이 된다.
원의 반지름의 길이를 r cm라고
하면 현의 중점이 지나간 자리(원)
의 반지름의 길이는
$\sqrt{r^2-2^2}$ cm
따라서 현이 지나간 부분의 넓이는
$\pi r^2-\pi(\sqrt{r^2-2^2})^2=\pi r^2-\pi(r^2-2^2)=4\pi(cm^2)$

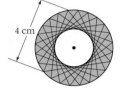

답 4π cm²

26 원의 중심에서 현에 내린 수선은 현을 이등분하므로
$\overline{BH}=\overline{CH}=8$ cm
△OHC는 직각삼각형이므로
$\overline{OC}=\sqrt{8^2+6^2}=\sqrt{100}=10(cm)$
$\overline{OM}=\overline{ON}$이므로 $\overline{AB}=\overline{AC}$
즉, △ABC는 이등변삼각형이므로
직각삼각형 AHC에서
$\overline{AH}=10+6=16(cm)$
$\overline{AB}=\overline{AC}=\sqrt{16^2+8^2}=\sqrt{320}=8\sqrt{5}(cm)$
$\overline{BM}=\frac{1}{2}\overline{AB}=4\sqrt{5}(cm)$
따라서 △OBM에서
$\overline{OM}=\sqrt{10^2-(4\sqrt{5})^2}=\sqrt{20}=2\sqrt{5}(cm)$

답 $2\sqrt{5}$ cm

27 $\overline{GI}=x$ cm라고 하면
$\overline{IH}=\overline{GI}=x$ cm, $\overline{DE}=\overline{DH}=(10-x)$ cm
$\overline{BG}=\overline{BF}=\overline{AF}=\overline{AE}=4$ cm
$\overline{BC}=\overline{AD}=4+(10-x)=14-x(cm)$
$\overline{BI}=\overline{BG}+\overline{GI}=4+x(cm)$
$\overline{CI}=\overline{BC}-\overline{BI}=14-x-(4+x)=10-2x(cm)$
△DIC는 직각삼각형이므로
$\overline{CI}=\sqrt{10^2-8^2}=\sqrt{36}=6(cm)$
즉 $10-2x=6$, $x=2$
따라서 $\overline{GI}=2$ cm

답 2 cm

| 다른 풀이 |
△DIC에서 $\overline{CI}=\sqrt{10^2-8^2}=\sqrt{36}=6(cm)$
$\overline{BC}=4+x+6=10+x$
$\overline{AD}=\overline{BC}$이므로 $14-x=10+x$, $x=2$
따라서 $\overline{GI}=2$ cm

수행평가 서술형으로 중단원 마무리 본문 60~61쪽

서술형**예제** 4, 8, 12, 12, 128, 8
서술형**유제** 40π cm²
1 25π cm² **2** $4\sqrt{2}$ cm² **3** $3\sqrt{2}$ cm **4** $50°$

서술형**예제**

반원 O와 $\overline{CD}$의 접점을 E라고
하면
$\overline{DE}=\overline{DA}=\boxed{4}$ cm,
$\overline{CE}=\overline{CB}=\boxed{8}$ cm이므로
· · · 1단계
$\overline{CD}=\overline{DE}+\overline{CE}=4+8=\boxed{12}(cm)$ · · · 2단계
꼭짓점 D에서 $\overline{BC}$에 내린 수선의 발을 H라고 하면
△CDH에서 $\overline{CH}=8-4=4(cm)$
따라서
$\overline{AB}=\overline{DH}=\sqrt{\boxed{12}^2-4^2}=\sqrt{\boxed{128}}=\boxed{8}\sqrt{2}(cm)$ · · · 3단계

답 풀이 참조

단계	채점 기준	비율
1단계	$\overline{DE}$, $\overline{CE}$의 길이를 각각 구한 경우	40 %
2단계	$\overline{CD}$의 길이를 구한 경우	20 %
3단계	$\overline{AB}$의 길이를 구한 경우	40 %

서술형**유제**

원 O와 $\overline{AD}$의 접점을 E라고 하면
$\overline{AE}=\overline{AB}=8$ cm
$\overline{DE}=\overline{DC}=5$ cm
$\overline{AD}=\overline{AE}+\overline{DE}$
$=8+5=13(cm)$ · · · 1단계
꼭짓점 D에서 $\overline{AB}$에 내린 수선의 발
을 H라고 하면 △AHD에서

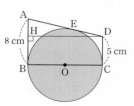

$\overline{AH}=8-5=3(cm)$

$\overline{BC}=\overline{HD}=\sqrt{13^2-3^2}=\sqrt{160}=4\sqrt{10}(cm)$ · · · 2단계

$\overline{BO}=\dfrac{1}{2}\overline{BC}=2\sqrt{10}(cm)$

따라서 원 O의 넓이는

$\pi\times(2\sqrt{10})^2=40\pi(cm^2)$ · · · 3단계

답 $40\pi\ cm^2$

단계	채점 기준	비율
1단계	$\overline{AD}$의 길이를 구한 경우	40 %
2단계	$\overline{BC}$의 길이를 구한 경우	40 %
3단계	원 O의 넓이를 구한 경우	20 %

1 원의 중심 O에서 $\overline{AB}$에 내린 수선의 발을 H라고 하면

$\overline{AH}=\dfrac{1}{2}\overline{AB}=5(cm)$ · · · 1단계

큰 원의 반지름의 길이를 R cm, 작은 원의 반지름의 길이를 r cm라고 하면

△OAH에서

$R^2=5^2+r^2$, $R^2-r^2=25$ · · · 2단계

따라서 색칠한 부분의 넓이는

$\pi R^2-\pi r^2=\pi(R^2-r^2)=25\pi(cm^2)$ · · · 3단계

답 $25\pi\ cm^2$

단계	채점 기준	비율
1단계	$\overline{AH}$의 길이를 구한 경우	30 %
2단계	R^2-r^2의 값을 구한 경우	30 %
3단계	색칠한 부분의 넓이를 구한 경우	40 %

2 $\overline{OT}=\overline{OA}=2$ cm이므로 · · · 1단계

△OTP에서

$\overline{PT}=\sqrt{6^2-2^2}=\sqrt{32}=4\sqrt{2}(cm)$ · · · 2단계

△OTP는 ∠OTP=90°인 직각삼각형이므로

$\triangle OTP=\dfrac{1}{2}\times\overline{OT}\times\overline{PT}$

$=\dfrac{1}{2}\times2\times4\sqrt{2}$

$=4\sqrt{2}(cm^2)$ · · · 3단계

답 $4\sqrt{2}\ cm^2$

단계	채점 기준	비율
1단계	$\overline{OT}$의 길이를 구한 경우	20 %
2단계	$\overline{PT}$의 길이를 구한 경우	40 %
3단계	△OTP의 넓이를 구한 경우	40 %

3 $\overline{OT}$를 그으면

$\overline{OT}=\dfrac{1}{2}\overline{AB}=\sqrt{6}(cm)$ · · · 1단계

∠PTO=90°

△OTB에서

∠POT=30°+30°=60° · · · 2단계

따라서 직각삼각형 OPT에서

$\overline{PT}=\overline{OT}\tan60°$

$=\sqrt{6}\times\sqrt{3}$

$=3\sqrt{2}(cm)$ · · · 3단계

답 $3\sqrt{2}\ cm$

단계	채점 기준	비율
1단계	$\overline{OT}$의 길이를 구한 경우	30 %
2단계	∠POT의 크기를 구한 경우	30 %
3단계	$\overline{PT}$의 길이를 구한 경우	40 %

4 $\overline{PA}=\overline{PQ}=\overline{PB}$이므로

∠PQB=∠PBQ=40° · · · 1단계

△PBQ에서

∠APQ=40°+40°=80° · · · 2단계

△PAQ는 $\overline{PA}=\overline{PQ}$인 이등변삼각형이므로

∠PAQ=∠PQA

따라서

$∠PAQ=\dfrac{1}{2}\times(180°-80°)=50°$ · · · 3단계

답 50°

단계	채점 기준	비율
1단계	∠PQB의 크기를 구한 경우	30 %
2단계	∠APQ의 크기를 구한 경우	40 %
3단계	∠PAQ의 크기를 구한 경우	30 %

개념책

2. 원주각의 성질

원주각

본문 62~66쪽

개념 확인 문제

1 (1) $65°$ (2) $110°$ **2** (1) $36°$ (2) $68°$

3 (1) 30 (2) 8 **4** (1) ○ (2) ×

유제 1

$\widehat{BAD}$에 대한 중심각의 크기가 $150°$이므로

$\angle x = \dfrac{1}{2} \times 150° = 75°$

$\widehat{BCD}$에 대한 중심각의 크기가 $360° - 150° = 210°$이므로

$\angle y = \dfrac{1}{2} \times 210° = 105°$

따라서 $\angle x + \angle y = 75° + 105° = 180°$

답 ⑤

유제 2

$\angle AOB = 2\angle ACB = 2 \times 72° = 144°$

$\angle PAO = \angle PBO = 90°$이므로

$\angle APB = 180° - 144° = 36°$

답 $36°$

유제 3

$\angle PBQ$는 $\widehat{PQ}$에 대한 원주각이므로

$\angle PBQ = \angle PAQ = 55°$

따라서 $\triangle BQR$에서

$\angle PRQ = 35° + 55° = 90°$

답 ①

유제 4

$\angle ABD = \angle ABE = 180° - (30° + 36°) = 114°$

따라서 $\angle x = \angle ABD = 114°$

답 ③

유제 5

$\overline{BC}$를 그으면 $\overline{AB}$가 원 O의 지름이므로

$\angle ACB = 90°$

$\angle ABC = 180° - (35° + 90°) = 55°$

따라서 $\angle x = \angle ABC = 55°$

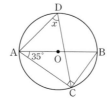

답 $55°$

유제 6

$\overline{AE}$를 그으면

$\overline{AB}$는 원 O의 지름이므로

$\angle AEB = 90°$

$\angle AED = 90° - 55° = 35°$

따라서 $\angle x = \angle AED = 35°$

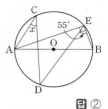

답 ②

유제 7

$\widehat{AB} = \widehat{CD}$이므로 $\angle DBC = \angle ACB = 25°$

따라서 $\triangle PBC$에서 $\angle DPC = 25° + 25° = 50°$

답 ②

유제 8

$\angle BDC = \angle x$라고 하면

$\angle BAC = \angle BDC = \angle x$ ($\widehat{BC}$에 대한 원주각)

$\widehat{AB} = \widehat{BC}$이므로 $\angle ADB = \angle BDC = \angle x$

$\triangle ABD$에서

$(\angle x + 42°) + 58° + \angle x = 180°$, $\angle x = 40°$

따라서 $\angle BDC = 40°$

답 $40°$

유제 9

$\overline{AB}$는 원 O의 지름이므로 $\angle APB = 90°$

$\angle PBA : \angle PAB = \widehat{PA} : \widehat{PB} = 1 : 2$이므로

$\angle PAB = 90° \times \dfrac{2}{3} = 60°$

답 $60°$

유제 10

$\triangle APC$에서 $\angle CAP + 20° = 70°$이므로

$\angle CAP = 70° - 20° = 50°$

$\angle CBD = \angle CAD = 50°$

한 원에서 호의 길이는 원주각의 크기에 정비례하므로

$20° : 50° = 6 : \widehat{CD}$

따라서 $\widehat{CD} = 15$ (cm)

답 15 cm

유제 11

네 점 A, B, C, D가 한 원 위에 있으므로

$\angle BDC = \angle BAC = 65°$

따라서 $\triangle BCD$에서

$\angle ACD = 180° - (30° + 40° + 65°) = 45°$

답 $45°$

유제 12

네 점 A, B, C, D가 한 원 위에 있으므로
$\angle ADB = \angle ACB = 20°$
$\triangle BCE$에서 $\angle EBC = 90° - 20° = 70°$
$\triangle DPB$에서 $\angle DPB = 70° - 20° = 50°$
따라서 $\angle APB = \angle DPB = 50°$

답 ③

형성평가

본문 67쪽

01 ①	02 ③	03 $42°$	04 $58°$
05 ②	06 ①	07 $54°$	
08 $\angle x = 25°$, $\angle y = 40°$			

01 $\overgroup{AQB}$에 대한 중심각의 크기는
$2 \times 115° = 230°$
따라서 $\angle x = 360° - 230° = 130°$

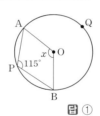

답 ①

02 $\angle AOB = 2\angle APB = 2 \times 50° = 100°$
$\triangle OAB$는 $\overline{OA} = \overline{OB}$인 이등변삼각형이므로
$\angle OAB = \dfrac{1}{2} \times (180° - 100°) = 40°$

답 ③

03 $\overline{AD}$를 그으면
$\angle ADC = \dfrac{1}{2}\angle AOC = 55°$
$\angle BAD = \dfrac{1}{2}\angle BOD = 13°$
$\triangle ADP$에서 $13° + \angle APD = 55°$
따라서 $\angle BPD = \angle APD = 55° - 13° = 42°$

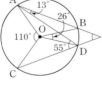

답 $42°$

04 $\overline{PB}$를 그으면
$\angle APB = \angle AQB = 23°$ ($\overgroup{AB}$에 대한 원주각)
$\angle BPC = \angle BRC = 35°$ ($\overgroup{BC}$에 대한 원주각)
따라서
$\angle APC = \angle APB + \angle BPC = 23° + 35° = 58°$

답 $58°$

05 $\overline{AB}$는 원 O의 지름이므로 $\angle ADB = 90°$
$\angle ADC = 90° - 40° = 50°$
$\angle ABC = \angle ADC = 50°$
따라서 $\triangle PCB$에서
$\angle CPB = 180° - (25° + 50°) = 105°$

답 ②

06 오른쪽 그림에서 $\overline{AD}$는 원 O의
지름이므로
$\angle AED = 90°$
$\overgroup{AB} = \overgroup{BC} = \overgroup{CD}$이므로
$\angle AEB = \angle BEC = \angle CED$
따라서
$\angle BEC = \dfrac{1}{3}\angle AED = \dfrac{1}{3} \times 90° = 30°$

답 ①

07 $\angle ADB : \angle DBC = \overgroup{AB} : \overgroup{CD} = 3 : 1$
$\angle ADB = \angle x$이므로 $\angle DBC = \dfrac{1}{3}\angle x$
$\triangle DBE$에서
$\angle x = \dfrac{1}{3}\angle x + 36°$
따라서 $\angle x = 54°$

답 $54°$

08 네 점 A, B, C, D가 한 원 위에 있으므로
$\angle x = \angle DAC = 25°$
$\triangle ABP$에서
$\angle BAP = 180° - (65° + 75°) = 40°$
따라서 $\angle y = \angle BAC = 40°$

답 $\angle x = 25°$, $\angle y = 40°$

② 원주각의 활용

본문 68~72쪽

개념 확인 문제

1 (1) $115°$ (2) $95°$　　**2** (1) $85°$ (2) $100°$
3 (1) $75°$ (2) $36°$　　**4** BTQ, DCT

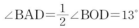

유제 1

□ABCD는 원 O에 내접하므로
∠ABC+80°=180°, ∠ABC=100°
△ABC에서
∠BAC=180°−(45°+100°)=35°

답 ③

유제 2

△ABC가 $\overline{AB}=\overline{AC}$인 이등변삼각형이므로
$\angle ACB=\dfrac{1}{2}\times(180°-58°)=61°$
□APBC가 원 O에 내접하므로
∠APB+61°=180°
따라서 ∠APB=119°

답 119°

유제 3

□ABCD가 원 O에 내접하므로
∠BAP=∠BCD=80°
△APB에서
∠ABP=180°−(80°+32°)=68°

답 68°

유제 4

□ABCD가 원 O에 내접하므로
∠ABE=∠ADC
　　　=∠ADB+∠BDC
　　　=∠ADB+∠BAC ($\overarc{BC}$에 대한 원주각)
　　　=45°+65°=110°

답 ⑤

유제 5

$\overline{BE}$를 그으면 □BCDE와
□BEFA는 원에 내접하므로
∠CBE+∠D=180°
∠ABE+∠F=180°
또 ∠CBE+∠ABE=∠B
따라서
∠B+∠D+∠F=(∠CBE+∠ABE)+∠D+∠F
　　　　　　=(∠CBE+∠D)+(∠ABE+∠F)
　　　　　　=180°+180°
　　　　　　=360°

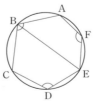

답 ⑤

유제 6

□PQCD가 원 O′에 내접하므로
∠BQP=∠PDC=95°
□ABQP가 원 O에 내접하므로
∠BAP+∠BQP=180°
∠BAP=180°−95°=85°
따라서 ∠BOP=2×85°=170°

답 170°

유제 7

접선과 현이 이루는 각의 성질에 의하여
∠APB=∠BAT=80°
따라서 ∠AOB=2×80°=160°

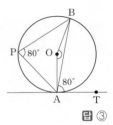

답 ③

| **다른 풀이** |
$\overline{OA}=\overline{OB}$에서
∠OBA=∠OAB=90°−80°=10°
따라서 ∠AOB=180°−2×10°=160°

유제 8

접선과 현이 이루는 각의 성질에 의하여
∠CAT=∠CBA=120°
$\overline{CD}$는 원 O의 지름이므로 ∠CAD=90°
접선과 현이 이루는 각의 성질에 의하여
∠ACD=∠DAT=120°−90°=30°

답 ③

| **다른 풀이** |
□ABCD는 원 O에 내접하므로
∠ADC+120°=180°, ∠ADC=60°
$\overline{CD}$는 원 O의 지름이므로 ∠CAD=90°
따라서 △ACD에서
∠ACD=180°−(60°+90°)=30°

유제 9

$\overline{BC}$가 원 O의 지름이므로 ∠BAC=90°
∠CAP=180°−(90°+70°)=20°
$\overrightarrow{PA}$가 원 O의 접선이므로
∠BCA=∠BAQ=70°
△CPA에서 70°=∠x+20°
따라서 ∠x=50°

답 50°

유제 10

□ATCB가 원에 내접하므로

$\angle BAT = 180° - 94° = 86°$

△APT에서 $\angle ATP = 86° - 50° = 36°$

$\overline{PT}$는 원 O의 접선이므로

$\angle ABT = \angle ATP = 36°$

따라서 △ATB에서

$\angle ATB = 180° - (86° + 36°) = 58°$

답 ④

유제 11

직선 PQ는 두 원 O, O′의 공통인 접선이므로

$\angle x = \angle ATP = 70°$

$\angle CTQ = \angle ATP = 70°$(맞꼭지각)이므로

$\angle y = \angle CTQ = 70°$

답 $\angle x = 70°$, $\angle y = 70°$

유제 12

$\overline{AB}$를 그으면

원 O에서 접선과 현이 이루는 각의 성질
에 의하여

$\angle ATP = \angle ABT$

□ABDC는 원 O′에 내접하므로

$\angle ABT = \angle ACD = 66°$

따라서 $\angle ATP = 66°$

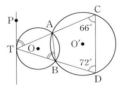

답 66°

형성평가   본문 73쪽

01 ⑤	02 252°	03 ④	04 ②
05 ①	06 27°	07 47°	08 ①

01 $\angle A + \angle C = 180°$이고 $\angle A : \angle C = 3 : 2$이므로

$\angle A = 180° \times \dfrac{3}{5} = 108°$

답 ⑤

02 □ABCD는 원 O에 내접하므로

$\angle x = \angle DAB = 108°$

$\angle y = 2\angle BCD = 2 \times (180° - 108°) = 144°$

따라서 $\angle x + \angle y = 108° + 144° = 252°$

답 252°

03 $\overline{CE}$를 그으면

$\angle CED = \dfrac{1}{2}\angle COD = 30°$

$\angle AEC = 100° - 30° = 70°$

□ABCE는 원 O에 내접하므로

$\angle B + \angle AEC = 180°$

$\angle B + 70° = 180°$

따라서 $\angle B = 110°$

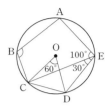

답 ④

04 □ABCD는 원에 내접하므로 $\angle CDP = \angle x$

△QBC에서 $\angle DCP = \angle x + 20°$이므로

△CPD에서

$\angle x + (\angle x + 20°) + 36° = 180°$

따라서 $\angle x = 62°$

답 ②

05 △CPA에서

$75° = 35° + \angle CAP$, $\angle CAP = 40°$

접선과 현이 이루는 각의 성질에 의하여

$\angle x = \angle CAP = 40°$

답 ①

06 $\angle CPD = \angle BPA = 108°$

접선과 현이 이루는 각의 성질에 의하여

$\angle C = \angle DAT = 45°$

따라서 △PDC에서

$\angle BDC = 180° - (108° + 45°) = 27°$

답 27°

07 $\overline{BD} = \overline{BF}$이므로

$\angle BDF = \dfrac{1}{2} \times (180° - 54°) = 63°$

$\angle EDC = \angle EFD = 70°$이므로

$\angle x = 180° - (63° + 70°) = 47°$

답 47°

08 $\angle BAT = \angle x$라고 하면

$\angle DCT = \angle PTD = \angle BTQ = \angle BAT = \angle x$이므로

△DTC에서

$\angle x = 180° - (60° + 80°) = 40°$

답 ①

중단원 마무리
본문 74~77쪽

01 ①	02 ④	03 40°	04 8π
05 $\angle x=80°$, $\angle y=50°$		06 ⑤	07 ②	08 70°
09 ①	10 ②	11 ②	12 ②	13 ④
14 $\sqrt{13}$ cm	15 ①	16 ③	17 ②	18 80°
19 125°	20 ⑤	21 ③	22 ⑤	23 ①	24 ②
25 ④	26 $1-\dfrac{\pi}{8}$	27 6 cm	28 80°	29 60°

01 $\angle y=\dfrac{1}{2}\times120°=60°$

$\angle x=\dfrac{1}{2}\times(360°-120°)=\dfrac{1}{2}\times240°=120°$

따라서 $\angle x-\angle y=120°-60°=60°$

답 ①

02 $\angle CAB=\angle x$ ($\overset{\frown}{BC}$에 대한 원주각)

$\overline{AB}$가 원 O의 지름이므로 $\angle ACB=90°$

따라서 △ABC에서

$\angle x=180°-(90°+25°)=65°$

답 ④

03 $\overset{\frown}{AB}=\overset{\frown}{BC}$이므로

$\angle ADB=\angle BDC=45°$

$\angle ACD=\angle ABD=50°$ ($\overset{\frown}{AD}$에 대한 원주각)

따라서 △ACD에서

$\angle x=180°-(45°+45°+50°)=40°$

답 40°

04 △ACP에서

$\angle PAC=65°-20°=45°$

$\overset{\frown}{AD}:\overset{\frown}{BC}=\angle ACD:\angle BAC$이므로

$\overset{\frown}{AD}:18\pi=20°:45°$

따라서 $\overset{\frown}{AD}=8\pi$

답 8π

05 □ABCD가 원에 내접하므로

$(50°+35°)+(\angle y+45°)=180°$

$\angle y=50°$

따라서 △ABD에서

$\angle x=180°-(50°+50°)=80°$

답 $\angle x=80°$, $\angle y=50°$

06 △ABD에서

$\angle BAD=180°-(45°+55°)=80°$

□ABCD가 원에 내접하므로

$\angle DCE=\angle BAD=80°$

답 ⑤

07 $\overline{BC}$는 원 O의 지름이므로 $\angle CAB=90°$

△ABC에서

$\angle BCA=180°-(90°+34°)=56°$

접선과 현이 이루는 각의 성질에 의하여

$\angle x=\angle BCA=56°$

답 ②

08 접선과 현이 이루는 각의 성질에 의하여

$\angle BCA=\angle BAT=65°$

$\angle CAB=\angle x$

따라서 △ABC에서

$\angle x=180°-(45°+65°)=70°$

답 70°

09 $\overline{OA}=\overline{OP}=\overline{OB}$이므로

$\angle APO=\angle PAO=16°$

$\angle BPO=\angle PBO=34°$

$\angle APB=\angle APO+\angle BPO$

$\qquad=16°+34°=50°$

따라서 $\angle x=2\angle APB=2\times50°=100°$

답 ①

10 $\angle BOC=2\angle BAC=2\times75°=150°$

따라서 $\overset{\frown}{BC}=2\pi\times6\times\dfrac{150}{360}=5\pi$

답 ②

11 △BCQ에서

$\angle ABC=28°+35°=63°$

$\angle BAD=\angle BCD=28°$ ($\overset{\frown}{BD}$에 대한 원주각)

따라서 △APB에서

$\angle APC=\angle PAB+\angle PBA=28°+63°=91°$

답 ②

12 $\angle ACD=\angle ABD=38°$ ($\overset{\frown}{AD}$에 대한 원주각)

$\overline{AB}$는 원 O의 지름이므로 $\angle ACB=90°$

따라서

$\angle BCD=\angle ACB-\angle ACD=90°-38°=52°$

답 ②

13 △AOC에서

$\angle ACO=\angle CAO=\dfrac{1}{2}\angle AOD=28°$

$\angle ACB=90°$이므로

$\angle \text{ACE} = \angle \text{BCE} = 45°$
따라서
$\angle \text{DCE} = \angle \text{ACE} - \angle \text{ACD} = 45° - 28° = 17°$

답 ④

14 지름 $\overline{\text{A}'\text{B}}$를 그으면
$\angle \text{A}'\text{CB} = 90°$이고 $\angle \text{A} = \angle \text{A}'$
이므로
$\tan A = \tan A' = \dfrac{2\sqrt{3}}{\overline{\text{A}'\text{C}}} = 2\sqrt{3}$

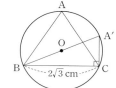

$\overline{\text{A}'\text{C}} = 1(\text{cm})$
$\triangle \text{A}'\text{BC}$에서
$\overline{\text{A}'\text{B}} = \sqrt{(2\sqrt{3})^2 + 1^2} = \sqrt{13}(\text{cm})$
따라서 원 O의 지름의 길이는 $\sqrt{13}$ cm이다.

답 $\sqrt{13}$ cm

15 $\overset{\frown}{\text{AM}} = \overset{\frown}{\text{BM}}$, $\overset{\frown}{\text{BN}} = \overset{\frown}{\text{CN}}$이므로
$\angle \text{ACM} = \angle \text{BCM} = \angle a$, $\angle \text{BAN} = \angle \text{CAN} = \angle b$라
고 하면 $\triangle \text{ABC}$에서
$30° + 2\angle a + 2\angle b = 180°$
$\angle a + \angle b = 75°$
따라서
$\angle \text{MPN} = \angle \text{APC} = 180° - (\angle a + \angle b) = 105°$

답 ①

16 $\overset{\frown}{\text{PA}} : \overset{\frown}{\text{PB}} = 2 : 1$이므로 $\angle \text{ABP} : \angle \text{PAB} = 2 : 1$
$\angle \text{APB} = \dfrac{1}{2} \times (360° - 120°) = 120°$이므로
$\angle \text{ABP} + \angle \text{PAB} = 60°$
따라서 $\angle \text{PAB} = 60° \times \dfrac{1}{3} = 20°$

답 ③

17 네 점 A, B, C, D가 한 원 위에 있으므로
$\angle \text{DBC} = \angle \text{DAC} = 20°$
$\triangle \text{DBC}$에서
$\angle x = 180° - (88° + 20°) = 72°$

답 ②

18 $\triangle \text{AFD}$에서 $\angle \text{ADF} = 125° - 25° = 100°$
$\square \text{ABCD}$가 원 O에 내접하므로
$\angle \text{ADC} + \angle x = 180°$
따라서 $\angle x = 180° - 100° = 80°$

답 $80°$

19 $\angle \text{BDC} = \angle \text{BAC} = 65°(\overset{\frown}{\text{BC}}$에 대한 원주각)이므로
$\angle \text{ADC} = 60° + 65° = 125°$
$\square \text{ABCD}$가 원에 내접하므로
$\angle \text{ABE} = \angle \text{ADC} = 125°$

답 $125°$

20 $\overline{\text{AD}}$를 그으면
$\angle \text{CAD} = \angle \text{CED} = 20°$
$(\overset{\frown}{\text{CD}}$에 대한 원주각)

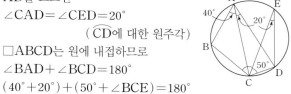

$\square \text{ABCD}$는 원에 내접하므로
$\angle \text{BAD} + \angle \text{BCD} = 180°$
$(40° + 20°) + (50° + \angle \text{BCE}) = 180°$
따라서 $\angle \text{BCE} = 70°$

답 ⑤

21 $\square \text{ABCD}$가 원에 내접하므로
$\angle \text{CDQ} = \angle \text{B}$
$\triangle \text{PBC}$에서 $\angle \text{DCQ} = \angle \text{B} + 24°$
$\triangle \text{DCQ}$에서 $\angle \text{B} + (\angle \text{B} + 24°) + 40° = 180°$
$\angle \text{B} = 58°$
따라서 $\angle x = 180° - 58° = 122°$

답 ③

22 $\overline{\text{BE}}$를 그으면
$\square \text{ABEF}$는 원에 내접하므로
$\angle \text{ABE} + \angle \text{F} = 180°$
$\angle \text{ABE} = 180° - 110° = 70°$

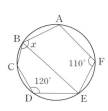

$\square \text{BCDE}$는 원에 내접하므로
$\angle \text{CBE} + \angle \text{D} = 180°$
$\angle \text{CBE} = 180° - 120° = 60°$
따라서 $\angle x = \angle \text{ABE} + \angle \text{CBE} = 70° + 60° = 130°$

답 ⑤

23 $\overline{\text{BT}} = \overline{\text{BP}}$이므로 $\angle \text{BTP} = \angle \text{BPT} = 40°$
$\overline{\text{TP}}$가 원의 접선이므로
$\angle \text{TAB} = \angle \text{BTP} = 40°$
$\triangle \text{BTP}$에서 $\angle \text{ABT} = 40° + 40° = 80°$
따라서 $\triangle \text{ATB}$에서
$\angle \text{ATB} = 180° - (80° + 40°) = 60°$

답 ①

24 $\overline{\text{PC}}$를 그으면 $\overline{\text{CB}}$가 작은 반원의 지름이므로
$\angle \text{CPB} = 90°$
$\triangle \text{PCB}$에서
$\angle \text{PCB} = 180° - (90° + 30°)$
$= 60°$

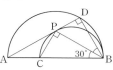

$\overline{\mathrm{AD}}$가 작은 반원의 접선이므로
$\angle\mathrm{DPB}=\angle\mathrm{PCB}=60\degree$
$\angle\mathrm{ADB}=90\degree$이므로 △DPB에서
$\angle\mathrm{DBP}=180\degree-(90\degree+60\degree)=30\degree$

　답 ②

25 ① $\angle\mathrm{BTQ}=\angle\mathrm{DTP}$ (맞꼭지각)
②, ③ 직선 PQ는 두 원 O, O′의 접선이므로
　$\angle\mathrm{BAT}=\angle\mathrm{BTQ}=\angle\mathrm{DTP}=\angle\mathrm{DCT}$
⑤ $\angle\mathrm{DCT}=\angle\mathrm{BAT}$이므로 한 쌍의 엇각의 크기가 같다. 즉, $\overline{\mathrm{AB}}/\!/\overline{\mathrm{CD}}$
따라서 옳지 않은 것은 ④이다.

　답 ④

26 오른쪽 그림에서 $\overline{\mathrm{AB}}$를 지름으로 하는 반원 바깥쪽에 점 P가 있을 때, $\angle\mathrm{APB}$는 예각이 된다.
정사각형 ABCD의 넓이는 a^2
색칠한 부분의 넓이는

$$a^2-\frac{1}{2}\times\pi\times\left(\frac{a}{2}\right)^2=a^2-\frac{a^2}{8}\pi$$

따라서 △ABP가 예각삼각형이 될 확률은

$$\frac{(\text{색칠한 부분의 넓이})}{(\text{정사각형의 넓이})}=\frac{a^2-\dfrac{a^2}{8}\pi}{a^2}$$
$$=1-\frac{\pi}{8}$$

　답 $1-\dfrac{\pi}{8}$

27 $\overline{\mathrm{AD}}$를 긋는다.
△ADP에서
$\angle\mathrm{ADP}=\angle a$, $\angle\mathrm{CAD}=\angle b$
라고 하면

$\angle a+\angle b=60\degree$
$\angle\mathrm{AOB}=2\angle\mathrm{ADB}=2\angle a$
$\angle\mathrm{COD}=2\angle\mathrm{CAD}=2\angle b$
$\angle\mathrm{AOB}+\angle\mathrm{COD}=2\angle a+2\angle b=120\degree$
원 O의 반지름의 길이를 r cm라고 하면
$\overparen{\mathrm{AB}}+\overparen{\mathrm{CD}}=4\pi=2\pi\times r\times\dfrac{120}{360}$
$r=6$
따라서 원 O의 반지름의 길이는 6 cm이다.

　답 6 cm

28 두 원 O, O′이 합동이므로
　$\angle\mathrm{PAQ}=\angle\mathrm{PBQ}$

$\angle\mathrm{PAQ}=\angle x$라고 하면
$4\angle\mathrm{PCQ}=5\angle\mathrm{PAQ}$에서 $\angle\mathrm{PCQ}=\dfrac{5}{4}\angle x$
□PCQB는 원 O′에 내접하므로
$\angle\mathrm{PCQ}+\angle\mathrm{PBQ}=180\degree$
$\dfrac{5}{4}\angle x+\angle x=180\degree$
따라서 $\angle x=80\degree$

　답 80°

29 $\angle\mathrm{BAT}=\angle x$라고 하자.
$\overline{\mathrm{AC}}$를 그으면 $\angle\mathrm{BAC}=90\degree$
$\angle\mathrm{BCA}=\angle\mathrm{BAT}=\angle x$이므로
$\angle\mathrm{ABC}=90\degree-\angle x$
△ABP에서 $\overline{\mathrm{AB}}=\overline{\mathrm{AP}}$이므로
$\angle\mathrm{APB}=\angle\mathrm{ABC}=90\degree-\angle x$
따라서 $\angle x=(90\degree-\angle x)+(90\degree-\angle x)$이므로
$\angle x=60\degree$

　답 60°

수행평가 서술형으로 중단원 마무리　본문 78~79쪽

서술형예제	40, 20, 90, 20, 70
서술형유제	56°

| **1** 40° | **2** 64π | **3** 120° | **4** $18\sqrt{3}$ cm² |

서술형예제

$\overline{\mathrm{AE}}$를 그으면
$\angle\mathrm{DAE}=\dfrac{1}{2}\angle\mathrm{DOE}$
$=\dfrac{1}{2}\times\boxed{40}\degree=\boxed{20}\degree$　· · · 1단계

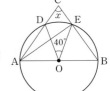

$\overline{\mathrm{AB}}$가 원 O의 지름이므로
$\angle\mathrm{AEB}=\boxed{90}\degree$　· · · 2단계

△CAE에서
$90\degree=\boxed{20}\degree+\angle x$
따라서 $\angle x=\boxed{70}\degree$　· · · 3단계

　답 풀이 참조

단계	채점 기준	비율
1단계	∠DAE의 크기를 구한 경우	30 %
2단계	∠AEB의 크기를 구한 경우	30 %
3단계	∠x의 크기를 구한 경우	40 %

서술형유제

$\overline{AD}$를 그으면
$\overline{AB}$가 원 O의 지름이므로
∠ADB=90°　　　・・・ **1단계**
△PAD에서
90°=62°+∠PAD
∠PAD=28°　　　・・・ **2단계**
따라서
∠x=2∠CAD
　　=2×28°=56°　　　・・・ **3단계**

답 56°

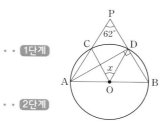

단계	채점 기준	비율
1단계	∠ADB의 크기를 구한 경우	30 %
2단계	∠PAD의 크기를 구한 경우	30 %
3단계	∠x의 크기를 구한 경우	40 %

1 $\overline{AE}$, $\overline{BE}$를 그으면
$\overline{AB}$는 지름이므로
∠AEB=90°　　　・・・ **1단계**
$\overparen{AD}$=$\overparen{BF}$이므로
∠AED=∠BEF=∠ACD
　　　　　　　　=25°　　・・・ **2단계**
따라서
∠DEF=∠AEB−(∠AED+∠BEF)
　　　=90°−(25°+25°)
　　　=40°　　　・・・ **3단계**

답 40°

단계	채점 기준	비율
1단계	∠AEB의 크기를 구한 경우	30 %
2단계	∠AED, ∠BEF의 크기를 구한 경우	30 %
3단계	∠DEF의 크기를 구한 경우	40 %

2 ∠CAP=75°−30°=45°　　・・・ **1단계**
∠BOC=2∠CAB=2×45°=90°　　・・・ **2단계**
원 O의 반지름의 길이를 r라고 하면
$2\pi r \times \dfrac{90}{360}=4\pi$, $r=8$　　・・・ **3단계**

따라서 원 O의 넓이는 $\pi \times 8^2=64\pi$　　・・・ **4단계**

답 64π

단계	채점 기준	비율
1단계	∠CAP의 크기를 구한 경우	20 %
2단계	∠BOC의 크기를 구한 경우	30 %
3단계	원 O의 반지름의 길이를 구한 경우	30 %
4단계	원 O의 넓이를 구한 경우	20 %

3 $\overline{AC}$를 그으면
□ACDE는 원 O에 내접하므로
88°+∠ACD=180°
∠ACD=92°　　　・・・ **1단계**
∠ACB=152°−92°=60°
　　　　　　　　・・・ **2단계**
따라서 ∠x=2∠ACB=2×60°=120°　　・・・ **3단계**

답 120°

단계	채점 기준	비율
1단계	∠ACD의 크기를 구한 경우	30 %
2단계	∠ACB의 크기를 구한 경우	30 %
3단계	∠x의 크기를 구한 경우	40 %

4 접선과 현이 이루는 각의 성질에 의하여
∠ABT=∠PTA=30°　　・・・ **1단계**
$\overline{AB}$는 원 O의 지름이므로 ∠ATB=90°　・・・ **2단계**
△ATB에서
$\cos B = \cos 30° = \dfrac{\overline{BT}}{\overline{AB}}$이므로
$\dfrac{\sqrt{3}}{2}=\dfrac{\overline{BT}}{12}$, $\overline{BT}=6\sqrt{3}$　　・・・ **3단계**
따라서
$\triangle ATB = \dfrac{1}{2}\times\overline{AB}\times\overline{BT}\times\sin 30°$
　　　$=\dfrac{1}{2}\times 12\times 6\sqrt{3}\times\dfrac{1}{2}$
　　　$=18\sqrt{3}\,(\text{cm}^2)$　　・・・ **4단계**

답 $18\sqrt{3}$ cm²

단계	채점 기준	비율
1단계	∠ABT의 크기를 구한 경우	20 %
2단계	∠ATB의 크기를 구한 경우	20 %
3단계	$\overline{BT}$의 길이를 구한 경우	30 %
4단계	△ATB의 넓이를 구한 경우	30 %

Ⅶ. 통계

1. 대푯값과 산포도

대푯값

본문 82~86쪽

개념 확인 문제

1 (2), (3), (4)　　2 4, 87　　3 (1) 5분　(2) 2.5분
4 (1) 12　(2) 200　　5 (1) 3　(2) 10, 20

유제 1

평균이 28℃이므로

$$\frac{27+x+26+29}{4}=28$$

따라서 $x=30$

답 ④

유제 2

평균이 9회이므로

$$\frac{7+10+9+x+9}{5}=9$$

따라서 $x=10$

답 ④

유제 3

a, b, c, d, e의 평균이 54이므로

$$\frac{a+b+c+d+e}{5}=54$$

즉, $a+b+c+d+e=270$

따라서 a, b, c, d, e, 66의 평균은

$$\frac{a+b+c+d+e+66}{6}=\frac{270+66}{6}=\frac{336}{6}=56$$

답 ①

유제 4

$\frac{a+b+c+d}{4}=12$이므로 $a+b+c+d=48$

따라서 $a-2$, $b-2$, $c-2$, $d-2$의 평균은

$$\frac{(a-2)+(b-2)+(c-2)+(d-2)}{4}$$

$$=\frac{(a+b+c+d)-8}{4}$$

$$=\frac{48-8}{4}=\frac{40}{4}=10$$

답 ③

유제 5

자료가 8개이므로 중앙값은 4번째와 5번째 변량의 평균이다.

즉, $\frac{16+x}{2}=17$이므로 $x=18$

답 ②

유제 6

자료가 4개이므로 중앙값은 크기순으로 나열했을 때 2번째와 3번째 변량의 평균이다.

즉, $\frac{14+x}{2}=15$에서 $x=16$

답 ③

유제 7

x를 제외한 자료에서 변량 8이 세 번 나타나므로 x를 포함한 자료에서도 최빈값은 8이다.

따라서 평균이 8이므로

$$\frac{8+7+x+8+12+5+8}{7}=\frac{48+x}{7}=8$$

$48+x=56$

따라서 $x=8$

답 ③

유제 8

평균은 최빈값보다 1이 작으므로 최빈값은 한 개이다.

x를 제외한 자료에서 변량 10이 두 번 나타나므로 최빈값이 10이다.

즉, $\frac{10+7+x+10+8}{5}=\frac{35+x}{5}=9$

$35+x=45$

따라서 $x=10$

답 ①

유제 9

$$(평균)=\frac{18+18+19+21+24+25+25+34}{8}=\frac{184}{8}=23(세)$$

자료가 8개이므로 중앙값은 자료를 작은 것부터 크기순으로 나열했을 때 4번째와 5번째 변량의 평균이다.

즉, $(중앙값)=\frac{21+24}{2}=22.5(세)$

또한 최빈값은 18세와 25세이다.

🖺 평균: 23세, 중앙값: 22.5세, 최빈값: 18세, 25세

유제 10

$$(\text{평균}) = \frac{5+7+10+9+7+7+6+12+8+6}{10}$$
$$= \frac{77}{10}$$
$$= 7.7$$

자료를 작은 것부터 크기순으로 나열하면

5, 6, 6, 7, 7, 7, 8, 9, 10, 12

$$(\text{중앙값}) = \frac{7+7}{2} = 7$$

$$(\text{최빈값}) = 7$$

🖺 평균: 7.7, 중앙값: 7, 최빈값: 7

유제 11

자료 중에 극단적으로 큰 값이 있으므로 평균은 적절하지 않다.
또한 변량이 모두 다르므로 최빈값도 적절하지 않다.
따라서 가장 적절한 것은 중앙값이다.

🖺 중앙값

유제 12

(1) 신발 가게 주인이 추가로 주문할 때 유용한 자료로 사용하려면 최빈값이 가장 적절하다.

(2) 최빈값을 구하면 235 mm, 260 mm이므로 235 mm, 260 mm 를 가장 많이 주문해야 한다.

🖺 풀이 참조

형성평가
본문 87쪽

01 ③	**02** ③	**03** 7.6	**04** 9	**05** ①	**06** ④
07 4	**08** ②, ④				

01 ③ 중앙값은 항상 존재한다.

🖺 ③

02 $(\text{평균}) = \dfrac{(\text{전체 학생의 체육 수행평가 총점})}{(\text{전체 학생 수})}$

$$= \frac{(\text{남학생의 총점}) + (\text{여학생의 총점})}{(\text{남학생 수}) + (\text{여학생 수})}$$

$$= \frac{11 \times 23 + 9 \times 21}{11 + 9}$$

$$= \frac{253 + 189}{20}$$
$$= \frac{442}{20}$$
$$= 22.1(\text{점})$$

🖺 ③

03 a, b, c, d, e의 평균이 7이므로

$$\frac{a+b+c+d+e}{5} = 7$$

즉, $a+b+c+d+e = 35$

따라서 구하는 평균은

$$\frac{(a-2)+(b+1)+(c-3)+(d+5)+(e+2)}{5}$$

$$= \frac{(a+b+c+d+e)+(-2+1-3+5+2)}{5}$$

$$= \frac{35+3}{5}$$

$$= 7.6$$

🖺 7.6

04 자료를 작은 것부터 크기순으로 나열하면

3, 4, 4, 4, 4, 4, 5, 5, 5, 6, 6, 6, 7, 7

중앙값은 7번째와 8번째 변량의 평균이므로

$$a = \frac{5+5}{2} = 5$$

최빈값은 도수가 가장 큰 4이므로 $b=4$

따라서 $a+b=9$

🖺 9

05 조건 (가)에서 변량 4, 7, a의 중앙값이 7이므로 $a \geq 7$

조건 (나)에서 변량 12, 17, a의 중앙값이 12이므로 $a \leq 12$

즉, $7 \leq a \leq 12$

따라서 자연수 a의 값이 될 수 없는 것은 ①이다.

🖺 ①

06 자료가 수치가 아니고 선호도를 조사한 것이므로 가장 적절한 대푯값은 최빈값이다.

🖺 ④

07 평균이 1이므로

$$\frac{-3-2+a+5+b+1}{6} = 1$$

즉, $a+b=5$

최빈값이 1이므로 a와 b 중 한 개는 그 값이 1이다.

이때 $a<b$이므로 $a=1$, $b=4$

따라서 $ab=4$

답 4

08 ② 자료 B는 극단적으로 큰 변량이 있으므로 평균은 대푯값으로 적절하지 않다.

③ 자료 A에서 평균과 중앙값은 모두 4.5이다.

④ 자료 B에서 평균은 76이고 최빈값은 7이므로 평균과 최빈값이 서로 같지 않다.

⑤ 자료 C에서 중앙값과 최빈값은 모두 7이다.

답 ②, ④

2 산포도

본문 88~92쪽

개념 확인 문제

1 자료 B **2** (1) 9 (2) 0

3 5, 0, 2, 4, 0, 4, 4, 0, 4, 8

유제 1

편차의 총합은 0이므로

$-3+5+1+x-7=0$

$x=4$

$x=$(D의 영어 성적)$-$(평균)이므로

$4=$(D의 영어 성적)-75

따라서 D의 영어 성적은 79점이다.

답 ④

유제 2

편차의 총합은 0이므로

$12-10+x-8+11=0$에서 $x=-5$

$c-$(평균)$=x$이므로

$c-17=-5$

따라서 $c=12$

답 12

유제 3

$$(평균)=\frac{6+8+10+8+9+7}{6}=\frac{48}{6}=8$$

$$(분산)=\frac{(6-8)^2+(8-8)^2+(10-8)^2+(8-8)^2+(9-8)^2+(7-8)^2}{6}$$

$$=\frac{4+0+4+0+1+1}{6}$$

$$=\frac{10}{6}$$

$$=\frac{5}{3}$$

답 ②

유제 4

$$(분산)=\frac{(-3)^2+4^2+(-4)^2+3^2+0^2}{5}$$

$$=\frac{9+16+16+9+0}{5}$$

$$=\frac{50}{5}=10$$

이므로 (표준편차)$=\sqrt{10}$

답 $\sqrt{10}$

유제 5

평균이 5이므로

$\frac{x+7+y+9+1}{5}=5$에서 $x+y=8$

분산이 8이므로

$$\frac{(x-5)^2+(7-5)^2+(y-5)^2+(9-5)^2+(1-5)^2}{5}=8$$에서

$$\frac{x^2-10x+25+4+y^2-10y+25+16+16}{5}=8$$

$x^2+y^2-10(x+y)=-46$

$x+y=8$이므로

$x^2+y^2-10\times8=-46$

따라서 $x^2+y^2=34$

답 ③

유제 6

평균이 3이므로 $\frac{3+a+b+7}{4}=3$

$a+b=2$

표준편차가 $\sqrt{6}$이므로 분산은 6이다.

즉, $\frac{(3-3)^2+(a-3)^2+(b-3)^2+(7-3)^2}{4}=6$에서

$a^2-6a+9+b^2-6b+9+16=24$

$a^2+b^2-6(a+b)=-10$

$a+b=2$이므로 $a^2+b^2-12=-10$

따라서 $a^2+b^2=2$

답 ①

유제 7

a, b, c, d의 평균이 6이므로

$\dfrac{a+b+c+d}{4}=6$에서 $a+b+c+d=24$

$a-1$, $b-1$, $c-1$, $d-1$의 평균은

$\dfrac{(a-1)+(b-1)+(c-1)+(d-1)}{4}$

$=\dfrac{a+b+c+d}{4}-1=6-1=5$

a, b, c, d의 분산이 4이므로

$\dfrac{(a-6)^2+(b-6)^2+(c-6)^2+(d-6)^2}{4}=4$

$a-1$, $b-1$, $c-1$, $d-1$의 분산은

$\dfrac{(a-1-5)^2+(b-1-5)^2+(c-1-5)^2+(d-1-5)^2}{4}$

$=\dfrac{(a-6)^2+(b-6)^2+(c-6)^2+(d-6)^2}{4}=4$

답 평균: 5, 분산: 4

참고

a, b, c, d의 평균이 x이면

$a-n$, $b-n$, $c-n$, $d-n$의 평균은 $x-n$이다.

a, b, c, d의 분산이 y이면

$a-n$, $b-n$, $c-n$, $d-n$의 분산도 y이다.

유제 8

a, b, c, d, e의 평균이 3, 표준편차가 $\sqrt{2}$이므로

$\dfrac{a+b+c+d+e}{5}=3$

$\dfrac{(a-3)^2+(b-3)^2+(c-3)^2+(d-3)^2+(e-3)^2}{5}=2$

$x=\dfrac{(a+2)+(b+2)+(c+2)+(d+2)+(e+2)}{5}$

$=\dfrac{a+b+c+d+e}{5}+\dfrac{10}{5}$

$=3+2$

$=5$

$y=\dfrac{(a+2-5)^2+(b+2-5)^2+(c+2-5)^2+(d+2-5)^2+(e+2-5)^2}{5}$

$=\dfrac{(a-3)^2+(b-3)^2+(c-3)^2+(d-3)^2+(e-3)^2}{5}$

$=2$

따라서 $x+y=5+2=7$

답 ④

유제 9

(1) 평균이 가장 높은 학교가 성적이 가장 높은 학교이므로 성적이 가장 높은 학교는 C이다.

(2) 표준편차가 가장 작은 학교가 성적이 가장 고른 학교이므로 성적이 가장 고른 학교는 A이다.

답 (1) C (2) A

유제 10

표준편차가 가장 작은 학생이 기말고사 교과성적이 가장 고른 학생이므로 기말고사 교과성적이 가장 고른 학생은 B이다.

답 ②

유제 11

자료의 변량 간의 차가 가장 큰 것은 ①이다.

답 ①

유제 12

자료의 변량 간의 차가 가장 작은 것은 ②이다.

답 ②

형성평가
본문 93쪽

01 ④　　**02** ③　　**03** $2\sqrt{2}$　　**04** ②　　**05** 41
06 평균: 21, 분산: 54　　**07** ②, ③　　**08** ⑤

01 (편차)=(변량)-(평균)이므로

$4=$(서훈이의 음악 성적)-73

따라서 서훈이의 음악 성적은 77점이다.

답 ④

02 ① 편차의 총합은 0이므로

$-400+100-200+x=0$에서 $x=500$

D지역의 연 강수량은 $1200+500=1700$(mm)이다.

② 편차가 큰 지역이 연 강수량이 많으므로 연 강수량이 가장 많은 곳은 D지역이다.

③ A지역과 B지역의 연 강수량의 차는

$100-(-400)=500$(mm)이다.

④ 연 강수량이 가장 적은 곳은 편차가 가장 작은 곳이므로 A지역이다.

⑤ 편차가 가장 큰 값과 가장 작은 값의 차는

$500-(-400)=900$(mm)이므로 연 강수량은 지역에 따라 900 mm까지 차이가 난다.

답 ③

개념책

정답과 풀이 • 39

03 (평균)$=\dfrac{(x-4)+(x-2)+x+(x+2)+(x+4)}{5}$

$\qquad\quad=\dfrac{5x}{5}$

$\qquad\quad=x$

(분산)

$=\dfrac{(x-4-x)^2+(x-2-x)^2+(x-x)^2+(x+2-x)^2+(x+4-x)^2}{5}$

$=\dfrac{16+4+0+4+16}{5}=\dfrac{40}{5}$

$=8$

따라서 (표준편차)$=\sqrt{8}=2\sqrt{2}$

답 $2\sqrt{2}$

04 (평균)$=\dfrac{8+9+10+12+12+15+17+21+23+23}{10}$

$\qquad\quad=\dfrac{150}{10}$

$\qquad\quad=15(시간)$

(분산)

$=\dfrac{(-7)^2+(-6)^2+(-5)^2+(-3)^2+(-3)^2+0^2+2^2+6^2+8^2+8^2}{10}$

$=\dfrac{296}{10}$

$=29.6$

답 ②

05 평균이 5이므로

$\dfrac{a+2+b+8+6}{5}=5$에서 $a+b=9$

분산이 4이므로

$\dfrac{(a-5)^2+(2-5)^2+(b-5)^2+(8-5)^2+(6-5)^2}{5}=4$

$a^2-10a+25+9+b^2-10b+25+9+1=20$

$a^2+b^2-10(a+b)+69=20$

$a+b=9$이므로 $a^2+b^2-90+69=20$

따라서 $a^2+b^2=41$

답 41

06 평균이 7이므로 $\dfrac{a+b+c+d}{4}=7$

분산이 6이므로

$\dfrac{(a-7)^2+(b-7)^2+(c-7)^2+(d-7)^2}{4}=6$

$3a$, $3b$, $3c$, $3d$의 평균은

$\dfrac{3a+3b+3c+3d}{4}=3\times\dfrac{a+b+c+d}{4}=3\times7=21$

$3a$, $3b$, $3c$, $3d$의 분산은

$\dfrac{(3a-21)^2+(3b-21)^2+(3c-21)^2+(3d-21)^2}{4}$

$=\dfrac{\{3(a-7)\}^2+\{3(b-7)\}^2+\{3(c-7)\}^2+\{3(d-7)\}^2}{4}$

$=\dfrac{9\{(a-7)^2+(b-7)^2+(c-7)^2+(d-7)^2\}}{4}$

$=9\times6$

$=54$

답 평균: 21, 분산: 54

참고

a, b, c, d의 평균이 x, 분산이 y이면
na, nb, nc, nd의 평균은 nx, 분산은 n^2y이다.

07 ① 주어진 자료는 최근 5년 동안의 평균이므로 올해 가장 득점을 많이 한 선수는 알 수 없다.
② 최근 5년 동안 누적 득점이 가장 적은 선수는 평균이 가장 작은 선수이므로 D이다.
③ 최근 5년 동안 연간 득점이 가장 고른 선수는 표준편차가 가장 작은 선수이므로 D이다.
④ 주어진 자료는 최근 5년 동안의 평균이므로 1년에 11점 이상 득점한 선수가 있는지 없는지는 알 수 없다.
⑤ 선수 B와 선수 C의 표준편차를 비교하면
$2<\sqrt{5}$이므로 선수 B의 연간 득점이 더 고르다.

답 ②, ③

08 주어진 막대그래프 중 자료가 평균에 가장 밀접해 있는 것이 자료의 분포가 가장 고른 것이므로 ⑤이다.

답 ⑤

참고

주어진 막대그래프의 자료를 비교해 본다.
① 1, 1, 1, 1, 1, 1, 1, 1, 1, 1
　4, 4, 4, 4, 4, 4, 4, 4, 4, 4
② 1, 1, 1, 1, 1, 1, 1, 2, 2, 2
　3, 3, 3, 4, 4, 4, 4, 4, 4, 4
③ 1, 1, 1, 1, 1, 2, 2, 2, 2, 2
　3, 3, 3, 3, 3, 4, 4, 4, 4, 4
④ 1, 1, 1, 2, 2, 2, 2, 2, 2, 2
　3, 3, 3, 3, 3, 3, 3, 4, 4, 4
⑤ 2, 2, 2, 2, 2, 2, 2, 2, 2, 2
　3, 3, 3, 3, 3, 3, 3, 3, 3, 3

중단원 마무리
본문 94~97쪽

01 ④, ⑤	**02** ②	**03** ③	**04** ①	**05** ③	**06** 0
07 8.4	**08** ③	**09** 8점	**10** ④	**11** ④	**12** ①
13 ②	**14** ①	**15** ③	**16** ⑤	**17** ①	**18** ⑤
19 ⑤	**20** ②	**21** ②	**22** 5	**23** ⑤	
24 풀이 참조		**25** ②	**26** ②	**27** ③, ④	**28** 76 kg
29 평균: 13, 분산: 40			**30** $a=1$, $b=3$		

01
① 자료의 분포를 알 수 있는 것은 산포도이다.
② 평균은 극단적인 변량의 영향을 받으므로 자료의 대푯값으로 적절하지 않다.
③ (편차)=(변량)-(평균)이므로 편차가 클수록 변량은 평균과의 차가 커서 평균에서 멀다.

답 ④, ⑤

02
② 89는 다른 변량에 비해 극단적으로 큰 값이므로 평균은 대푯값으로 적절하지 않다. 또한 변량이 모두 달라 최빈값도 적절하지 않으므로 가장 적절한 대푯값은 중앙값이다.

답 ②

03
③ $a=10$이면 최빈값은 10, 13으로 2개가 된다.

답 ③

04
희망 직업 중 학생 수가 가장 많은 것은 요리사이므로 최빈값은 요리사이다.

답 ①

05
① (평균)$=\dfrac{3+5+4+3+7+6+7}{7}$
$=\dfrac{35}{7}$
$=5$
② 자료를 작은 것부터 크기순으로 나열하면
3, 3, 4, 5, 6, 7, 7
자료가 7개이므로 중앙값은 4번째인 5이다.
③ 최빈값은 가장 많이 나타난 3, 7이다.
④ (분산)
$=\dfrac{(3-5)^2+(5-5)^2+(4-5)^2+(3-5)^2+(7-5)^2+(6-5)^2+(7-5)^2}{7}$
$=\dfrac{18}{7}$
⑤ (표준편차)$=\sqrt{\dfrac{18}{7}}=\dfrac{3\sqrt{14}}{7}$

답 ③

06
편차의 총합은 0이므로
$-4+x+5+y-1=0$
따라서 $x+y=0$

답 0

07
(분산)
$=\dfrac{(-2)^2+3^2+0^2+(-3)^2+4^2+1^2+(-5)^2+4^2+(-2)^2+0^2}{10}$
$=\dfrac{4+9+9+16+1+25+16+4}{10}$
$=8.4$

답 8.4

08
임금 격차는 표준편차로 알 수 있다. 임금 격차가 가장 작은 회사는 표준편차가 가장 작은 회사인 C이다.

답 ③

09
6명의 평균을 a점이라고 하면 민정, 혜림, 유나의 평균은
$\dfrac{(a+4)+(a-2)+(a+10)}{3}=a+4$(점)
은정, 지영, 유미의 평균은
$\dfrac{(a-3)+(a-5)+(a-4)}{3}=a-4$(점)
이므로 구하는 평균의 차는
$(a+4)-(a-4)=8$(점)

답 8점

10
a, b, c의 평균이 4이므로
$\dfrac{a+b+c}{3}=4$에서 $a+b+c=12$
$a+1$, $b+2$, $c+3$의 평균은
$\dfrac{(a+1)+(b+2)+(c+3)}{3}=\dfrac{a+b+c+6}{3}$
$=\dfrac{12+6}{3}$
$=\dfrac{18}{3}=6$

답 ④

11
자료가 4개이므로 중앙값은 작은 것부터 크기순으로 나열할 때 2번째와 3번째 변량의 평균이다.
주어진 자료를 크기순으로 나열하면 다음 4가지 경우가 가능하다.
x, 8, 10, 17   8, x, 10, 17
8, 10, x, 17   8, 10, 17, x
중앙값이 11이므로
8, 10, x, 17

즉, $\dfrac{10+x}{2}=11$이므로 $x=12$

답 ④

12 조건 (가)에서 중앙값이 7이므로 자료를 작은 것부터 크기 순으로 나열할 때, 3번째 자료의 값이 7이다.
즉, $a\le 7$
조건 (나)에서 중앙값이 11이므로 자료를 작은 것부터 크기순으로 나열할 때, 3번째 자료의 값이 11이다.
그런데 $a\le 7$이므로 $b=11$
따라서 두 조건을 모두 만족하는 a, b의 값이 될 수 있는 것은 ①이다.

답 ①

13 평균이 8이므로
$$\dfrac{2+11+10+3+x+12}{6}=8$$
$\dfrac{x+38}{6}=8$이므로 $x=10$
가장 많이 나타나는 값은 10이므로 최빈값은 10이다.

답 ②

14 최빈값이 7이므로 $x=7$이다.
$a=(\text{평균})=\dfrac{7+5+7+7+3+3+10}{7}=\dfrac{42}{7}=6$
자료를 작은 것부터 크기순으로 나열하면
3, 3, 5, 7, 7, 7, 10
이므로 $b=(\text{중앙값})=7$
따라서 $a+b=6+7=13$

답 ①

15 평균이 6이므로
$$\dfrac{3+a+b+0+8+10+4+7}{8}=6\text{에서}$$
$a+b=16$
$a-b=2$이므로 연립방정식 $\begin{cases} a+b=16 \\ a-b=2 \end{cases}$를 풀면
$a=9$, $b=7$
주어진 자료는 3, 9, 7, 0, 8, 10, 4, 7이므로
최빈값은 7이다.

답 ③

16 $a=\dfrac{8+10+14+17+18+18+21+23+25+26+27+31}{12}$
$=\dfrac{238}{12}$
$=\dfrac{119}{6}=19.83\cdots$

자료가 12개이므로 중앙값은 6번째와 7번째 변량의 평균 이다.
즉, $b=\dfrac{18+21}{2}=19.5$
최빈값은 두 번 나타난 변량인 18개이므로 $c=18$이다.
따라서 $c<b<a$

답 ⑤

17 편차의 총합은 0이므로
$0.4-0.5+x+0.7-0.3-0.1=0$
$x=-0.2$
학생 A의 시력이 1.2이므로
$1.2-(\text{평균})=0.4$에서 $(\text{평균})=0.8$
학생 C의 시력을 c라고 하면
$c-0.8=-0.2$이므로 $c=0.6$

답 ①

18 $(\text{편차})\times(\text{도수})$의 총합은 0이므로
$(-4)\times 2+(-3)\times 2+(-2)\times 3+x\times 1+4\times 3+5\times 1=0$
$x-3=0$이므로 $x=3$

답 ⑤

19 평균이 8이므로
$\dfrac{10+6+7+4+x}{5}=8$에서 $x=13$
(분산)
$=\dfrac{(10-8)^2+(6-8)^2+(7-8)^2+(4-8)^2+(13-8)^2}{5}$
$=\dfrac{4+4+1+16+25}{5}$
$=\dfrac{50}{5}$
$=10$

답 ⑤

20 $a=(\text{평균})=\dfrac{200}{100}=2$
$(\text{분산})=\dfrac{400}{100}=4$이므로
$b=(\text{표준편차})=\sqrt{4}=2$
따라서 $ab=2\times 2=4$

답 ②

21 $(\text{평균})=\dfrac{(\text{전 직원 월급의 총합})+50\times 100000}{50}$
$=(\text{변경 전의 평균})+100000$

(편차)$=\{($변경 전의 월급$)+100000\}$
$\qquad -\{($변경 전의 평균$)+100000\}$
$\qquad =($변경 전의 월급$)-($변경 전의 평균$)$
$\qquad =($변경 전의 편차$)$
따라서 평균은 10만 원이 올라가고 편차가 변함이 없으므로 표준편차도 변함이 없다.

답 ②

22 연속하는 네 홀수를 $2n-1$, $2n+1$, $2n+3$, $2n+5$ (n은 자연수)라고 하면

(평균)$=\dfrac{(2n-1)+(2n+1)+(2n+3)+(2n+5)}{4}$

$\qquad =\dfrac{8n+8}{4}=2n+2$

(분산)

$=\{(2n-1-2n-2)^2+(2n+1-2n-2)^2$
$\qquad +(2n+3-2n-2)^2+(2n+5-2n-2)^2\}\div 4$

$=\dfrac{9+1+1+9}{4}$

$=\dfrac{20}{4}=5$

답 5

23 (평균)$=\dfrac{1\times2+2\times3+3\times1+4\times1+5\times3}{2+3+1+1+3}$

$\qquad =\dfrac{30}{10}$

$\qquad =3$(일)

(분산)

$=\dfrac{(1-3)^2\times2+(2-3)^2\times3+(3-3)^2\times1+(4-3)^2\times1+(5-3)^2\times3}{10}$

$=\dfrac{8+3+0+1+12}{10}$

$=\dfrac{24}{10}$

$=2.4$

따라서 표준편차는 $\sqrt{2.4}$ 일이다.

답 ⑤

24 (1) (전체 평균)

$=\dfrac{(A반 봉사활동 총 시간)+(B반 봉사활동 총 시간)}{(A, B반의 총 학생 수)}$

$=\dfrac{24\times15+21\times15}{24+21}=\dfrac{675}{45}=15$(시간)

(A반의 편차의 제곱의 합)$=90\times24=2160$

(B반의 편차의 제곱의 합)$=75\times21=1575$

(전체 분산)$=\dfrac{2160+1575}{45}=\dfrac{3735}{45}=83$

(2) 추가된 학생 모두 봉사활동 시간이 15시간이므로 전체 평균은 변함없이 15시간이다.

(분산)$=\dfrac{3735+0\times3}{45+3}=77.8125$

(1)과 비교하면 평균은 같지만 분산은 작아졌다.

답 풀이 참조

25 (평균)$=\dfrac{(6-a)+6+(a+6)}{3}=\dfrac{18}{3}=6$

분산이 6이므로

$\dfrac{(6-a-6)^2+(6-6)^2+(a+6-6)^2}{3}=6$

즉, $\dfrac{a^2+0^2+a^2}{3}=6$에서 $2a^2=18$

$a^2=9$

a가 양수이므로 $a=3$

답 ②

26 자료 A에서

(평균)$=\dfrac{1+2+3+4+5}{5}=\dfrac{15}{5}=3$

(분산)

$=\dfrac{(1-3)^2+(2-3)^2+(3-3)^2+(4-3)^2+(5-3)^2}{5}$

$=\dfrac{4+1+0+1+4}{5}=\dfrac{10}{5}$

$=2$

이므로 $a=\sqrt{2}$

자료 B에서

(평균)$=\dfrac{2+4+6+8+10}{5}$

$\qquad =\dfrac{30}{5}$

$\qquad =6$

(분산)

$=\dfrac{(2-6)^2+(4-6)^2+(6-6)^2+(8-6)^2+(10-6)^2}{5}$

$=\dfrac{16+4+0+4+16}{5}=\dfrac{40}{5}$

$=8$

이므로 $b=\sqrt{8}=2\sqrt{2}$

자료 C에서

(평균)$=\dfrac{1+3+5+7+9}{5}$

$\qquad =\dfrac{25}{5}$

$\qquad =5$

(분산)

$$= \frac{(1-5)^2+(3-5)^2+(5-5)^2+(7-5)^2+(9-5)^2}{5}$$

$$= \frac{16+4+0+4+16}{5} = \frac{40}{5}$$

$$= 8$$

이므로 $c=\sqrt{8}=2\sqrt{2}$

따라서 a, b, c의 크기를 비교하면

$a < b = c$

답 ②

참고

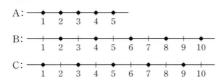

A: 1 2 3 4 5
B: 1 2 3 4 5 6 7 8 9 10
C: 1 2 3 4 5 6 7 8 9 10

위의 자료에서 평균에 밀집해 있는 정도로 표준편차의 크기를 살펴보면 $a < b = c$임을 쉽게 알 수 있다.

27
① A, B, C 세 반 모두 평균이 3권이다.
② A, B, C 세 반 모두 중앙값이 3권이다.
③ A반의 최빈값은 3권, B반의 최빈값은 1권과 5권, C반의 최빈값은 3권이다.
④, ⑤ 가장 자료가 고른 반은 변량이 평균에 밀집해 있는 A반이다. 즉, A반의 표준편차가 가장 작다.

답 ③, ④

참고

그래프로 자료가 고른 정도를 알 수 있으나 표준편차나 분산을 구하여 확인해도 된다.

(A반의 분산)

$$= \frac{(1-3)^2+(2-3)^2\times2+(3-3)^2\times4+(4-3)^2\times2+(5-3)^2}{1+2+4+2+1}$$

$$= \frac{12}{10} = 1.2$$

(B반의 분산)

$$= \frac{(1-3)^2\times3+(2-3)^2+(3-3)^2\times2+(4-3)^2+(5-3)^2\times3}{3+1+2+1+3}$$

$$= \frac{26}{10} = 2.6$$

(C반의 분산)

$$= \frac{(1-3)^2\times2+(2-3)^2\times2+(3-3)^2\times3+(4-3)^2\times2+(5-3)^2\times2}{2+2+3+2+2}$$

$$= \frac{20}{11} = 1.8181\cdots$$

28 현수를 포함한 농구부 선수 5명의 몸무게의 최빈값이 76 kg이므로 적어도 두 명의 선수의 몸무게가 76 kg이다.

현수가 전학을 가고 우식이가 새로 들어온 후 평균이 1 kg 줄었으므로 현수의 몸무게는 우식이보다 5 kg이 더 무거운 81 kg이다.

즉, 우식이가 들어온 후 5명의 선수 중 적어도 3명의 선수의 몸무게가 76 kg이므로 중앙값은 76 kg이다.

답 76 kg

29 a, b, c, d, e의 평균이 7, 분산이 10이므로

$$\frac{a+b+c+d+e}{5}=7$$

$$a+b+c+d+e=35$$

$$\frac{(a-7)^2+(b-7)^2+(c-7)^2+(d-7)^2+(e-7)^2}{5}=10$$

$$(a-7)^2+(b-7)^2+(c-7)^2+(d-7)^2+(e-7)^2=50$$

$2a-1$, $2b-1$, $2c-1$, $2d-1$, $2e-1$의 평균은

$$\frac{(2a-1)+(2b-1)+(2c-1)+(2d-1)+(2e-1)}{5}$$

$$= \frac{2(a+b+c+d+e)-5}{5}$$

$$= \frac{2\times35-5}{5}$$

$$= \frac{65}{5} = 13$$

$2a-1$, $2b-1$, $2c-1$, $2d-1$, $2e-1$의 분산은

$$\frac{(2a-1-13)^2+(2b-1-13)^2+(2c-1-13)^2+(2d-1-13)^2+(2e-1-13)^2}{5}$$

$$= \frac{(2a-14)^2+(2b-14)^2+(2c-14)^2+(2d-14)^2+(2e-14)^2}{5}$$

$$= \frac{4(a-7)^2+4(b-7)^2+4(c-7)^2+4(d-7)^2+4(e-7)^2}{5}$$

$$= \frac{4\{(a-7)^2+(b-7)^2+(c-7)^2+(d-7)^2+(e-7)^2\}}{5}$$

$$= \frac{4\times50}{5} = 40$$

답 평균: 13, 분산: 40

30 평균이 2이므로

$$\frac{5-1+a+b}{4}=2$$에서 $a+b=4$

분산이 5이므로

$$\frac{(5-2)^2+(-1-2)^2+(a-2)^2+(b-2)^2}{4}=5$$

$$(a-2)^2+(b-2)^2=2$$

$$a^2+b^2-4(a+b)=-6$$

$$(a+b)^2-2ab-4(a+b)=-6$$

$a+b=4$이므로 $4^2-2ab-4\times4=-6$

$ab=3$

연립방정식 $\begin{cases} a+b=4 \\ ab=3 \end{cases}$ 을 풀면

$a=3$, $b=1$ 또는 $a=1$, $b=3$

$a<b$이므로 $a=1$, $b=3$

$\boxed{\text{답}}$ $a=1$, $b=3$

 서술형으로 중단원 마무리 본문 98~99쪽

서술형**예제** 0, 0, -4, 8, 10, -4, 10, 3

서술형**유제** -15

1 5명 **2** 중앙값: 2500원, 최빈값: 3000원

3 2.2 **4** A

서술형 **예제**

(1) 편차의 총합은 $\boxed{0}$이므로

$1+x-2+y+5=\boxed{0}$

따라서 $x+y=\boxed{-4}$ · · · 1단계

(2) 분산이 8이므로

$\dfrac{1^2+x^2+(-2)^2+y^2+5^2}{5}=\boxed{8}$

따라서 $x^2+y^2=\boxed{10}$ · · · 2단계

(3) $(x+y)^2=x^2+y^2+2xy$이므로

$(\boxed{-4})^2=\boxed{10}+2xy$

따라서 $xy=\boxed{3}$ · · · 3단계

$\boxed{\text{답}}$ 풀이 참조

단계	채점 기준	비율
1단계	$x+y$의 값을 구한 경우	30 %
2단계	x^2+y^2의 값을 구한 경우	40 %
3단계	xy의 값을 구한 경우	30 %

서술형 **유제**

편차의 총합은 0이므로

$-4+x+y+3-1=0$에서

$x+y=2$ · · · 1단계

분산이 12이므로

$\dfrac{(-4)^2+x^2+y^2+3^2+(-1)^2}{5}=12$에서

$x^2+y^2=34$ · · · 2단계

$(x+y)^2=x^2+y^2+2xy$이므로

$2^2=34+2xy$에서

$xy=-15$ · · · 3단계

$\boxed{\text{답}}$ -15

단계	채점 기준	비율
1단계	$x+y$의 값을 구한 경우	30 %
2단계	x^2+y^2의 값을 구한 경우	40 %
3단계	xy의 값을 구한 경우	30 %

1 4일 복습한 학생 수를 x명, 5일 복습한 학생 수를 y명이라고 하자.

학생 수가 20명이므로

$4+5+3+x+y=20$에서

$x+y=8$ · · · 1단계

평균이 3일이므로

$\dfrac{1\times4+2\times5+3\times3+4\times x+5\times y}{20}=3$에서

$4x+5y=37$ · · · 2단계

연립방정식 $\begin{cases} x+y=8 \\ 4x+5y=37 \end{cases}$ 을 풀면

$x=3$, $y=5$

따라서 5일 모두 복습한 학생은 5명이다. · · · 3단계

$\boxed{\text{답}}$ 5명

단계	채점 기준	비율
1단계	학생 수 20명을 이용하여 x, y에 대한 식을 세운 경우	30 %
2단계	평균을 이용하여 x, y에 대한 식을 세운 경우	40 %
3단계	5일 모두 복습한 학생 수를 구한 경우	30 %

2 평균이 2500원이므로

$\dfrac{1000+a+2000+1000+2000+3000+3000+5000}{8}$

$=2500$

에서 $a=3000$ · · · 1단계

변량이 8개이므로 중앙값은 작은 것부터 크기순으로 나열할 때 4번째와 5번째 변량의 평균이다.

즉, (중앙값)$=\dfrac{2000+3000}{2}=2500$(원) · · · 2단계

3000원이 3종류이므로 최빈값은 3000원이다.

· · · 3단계

$\boxed{\text{답}}$ 중앙값: 2500원, 최빈값: 3000원

단계	채점 기준	비율
1단계	a의 값을 구한 경우	40 %
2단계	중앙값을 구한 경우	40 %
3단계	최빈값을 구한 경우	20 %

3 $(평균) = \dfrac{1+0+3+3+5+3+4+4+2+3+5}{11}$

$= \dfrac{33}{11}$

$= 3(개)$ ··· 1단계

$(분산)$

$= \dfrac{(-2)^2+(-3)^2+0^2+0^2+2^2+0^2+1^2+1^2+(-1)^2+0^2+2^2}{11}$

$= \dfrac{24}{11}$

$= 2.18\cdots$

따라서 분산을 반올림하여 소수점 아래 첫째 자리까지 나타내면 2.2이다. ··· 2단계

답 2.2

단계	채점 기준	비율
1단계	평균을 구한 경우	50 %
2단계	분산을 구한 경우	50 %

4 $(A의 분산)$

$= \dfrac{(9-8)^2+(8-8)^2+(8-8)^2+(8-8)^2+(7-8)^2}{5}$

$= \dfrac{2}{5}$ ··· 1단계

$(B의 분산)$

$= \dfrac{(10-8)^2+(9-8)^2+(8-8)^2+(7-8)^2+(6-8)^2}{5}$

$= \dfrac{10}{5}$

$= 2$ ··· 2단계

$(C의 분산)$

$= \dfrac{(10-8)^2+(10-8)^2+(8-8)^2+(6-8)^2+(6-8)^2}{5}$

$= \dfrac{16}{5}$ ··· 3단계

따라서 A의 분산이 가장 작으므로 점수가 가장 고른 사람은 A이다. ··· 4단계

답 A

단계	채점 기준	비율
1단계	A의 분산을 구한 경우	30 %
2단계	B의 분산을 구한 경우	30 %
3단계	C의 분산을 구한 경우	30 %
4단계	점수가 가장 고른 사람을 구한 경우	10 %

2. 상관관계

① 산점도

본문 100~101쪽

개념 확인 문제

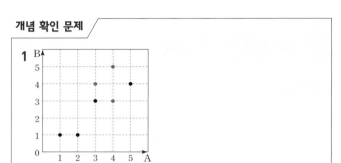

유제 1

영어 말하기 평가와 영어 듣기 평가 점수가 같은 학생의 점수는
$(6, 6), (7, 7), (9, 9), (10, 10)$
이므로 4명이다.

답 ②

유제 2

영어 듣기 평가 점수가 영어 말하기 평가 점수보다 높은 학생의 점수는
$(6, 7), (7, 9), (8, 9), (9, 10)$
이므로 전체의 $\dfrac{4}{16} \times 100 = 25(\%)$이다.

답 ③

유제 3

팔굽혀펴기를 3회 한 학생의 횟수는
$(3, 3), (3, 4), (3, 5), (3, 6)$
이므로
$(턱걸이 횟수의 평균)$
$= \dfrac{3+4+5+6}{4}$
$= \dfrac{18}{4}$
$= 4.5(회)$

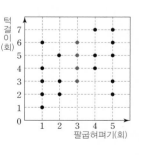

답 ④

유제 4

턱걸이 횟수가 4회 미만인 학생의 횟수는

$(1, 1), (1, 2), (1, 3), (2, 2), (2, 3), (3, 3),$

$(5, 2), (5, 3)$이므로

$$(팔굽혀펴기 횟수의 평균) = \frac{1+1+1+2+2+3+5+5}{8}$$

$$= \frac{20}{8}$$

$$= 2.5(회)$$

답 ①

형성평가

본문 102쪽

01 ③   **02** D   **03** ②, ⑤   **04** ④   **05** ⑤   **06** ⑤

07 ①

01 ③ E의 키는 170 cm, D의 키는 150 cm이므로
E는 D보다 키가 크다.
⑤ E는 키에 비해 몸무게가 가장 적게 나가므로 가장 마른 편이라고 할 수 있다.

답 ③

02 D는 키가 작고 몸무게가 무거운 편이므로 키에 비해 몸무게가 많이 나가는 학생은 D이다.

답 D

03 ① C의 성적은 $(90, 90)$이므로 기말고사와 중간고사의 성적이 같다.
③ 기말고사 성적이 더 높은 학생은 8명, 중간고사 성적이 더 높은 학생은 6명이므로 기말고사 성적이 더 높은 학생이 더 많다.
④ 중간고사와 기말고사 성적이 모두 70점 미만인 학생은 4명이다.
⑤ D의 성적은 $(90, 60)$이므로 D는 기말고사에서 성적이 $90-60=30$(점) 떨어졌다.

답 ②, ⑤

04 기말고사 성적이 중간고사 성적보다 높은 학생 수는 대각선의 윗부분에 위치하는 점의 개수이므로 8명이다.
따라서 전체의 $\frac{8}{20} \times 100 = 40(\%)$이다.

답 ④

05 오른손의 쥐는 힘이 더 쎈 학생의 쥐는 힘은
$(16, 21), (19, 25), (20, 23), (22, 23),$
$(22, 28), (23, 25), (25, 29), (30, 33)$
의 8명이다.

답 ⑤

06 오른손의 쥐는 힘이 25 kg인 학생들의 왼손의 쥐는 힘은 19 kg, 23 kg이므로
$$(평균) = \frac{19+23}{2} = 21(kg)$$

답 ⑤

07 영어 성적과 수학 성적의 차가 가장 큰 학생은 대각선에서 가장 멀리 떨어져 있는 A이다.

답 ①

2 상관관계

본문 103~104쪽

개념 확인 문제

1 양의 상관관계

유제 1

양의 상관관계는 x의 값이 증가할 때, y의 값도 대체로 증가하므로 오른쪽 위로 향하는 그래프인 ①이다.

답 ①

유제 2

① 양의 상관관계
② 음의 상관관계

답 ③, ④, ⑤

유제 3

오른쪽 아래로 향하는 그래프이므로 x의 값이 증가할 때, y의 값은 대체로 감소한다.
즉, 음의 상관관계인 것을 찾으면 ⑤ 농산물의 가격과 판매량이다.

답 ⑤

유제 4

③ 인구 수가 증가할 때 강우량이 대체로 증가한다고 할 수 없다.

답 ③

형성평가

본문 105쪽

01 ②　**02** ①, ②　**03** ③　**04** ④　**05** ④　**06** ①

01 양파는 생산량이 증가하면 가격은 떨어지므로 산점도가 음의 상관관계를 나타낸다.

답 ②

02 양의 상관관계는 한 변량이 증가할 때, 다른 변량도 대체로 증가하므로 ① 나무의 높이와 둘레의 길이, ② 동물의 몸무게와 발바닥의 넓이이다.

답 ①, ②

03 음의 상관관계는 한 변량이 증가할 때, 다른 변량은 대체로 감소하므로 이런 관계를 찾으면 ㄴ. 근무 시간과 휴식 시간, ㄷ. 지면으로부터의 높이와 산소량이다.

답 ③

04 주어진 산점도는 상관관계가 없는 것이므로 가장 적절한 것은 ④ 윗몸일으키기 횟수와 국어 성적이다.

답 ④

05 성적과 학습량은 양의 상관관계이므로 양의 상관관계인 것은 ④ 여름철 실외 기온과 냉방비이다.

답 ④

06 ㄱ. 키와 몸무게는 양의 상관관계이므로 (가)
ㄴ. 자동차의 주행 속력과 소요 시간은 음의 상관관계이므로 (나)
ㄷ. 시력과 턱걸이 횟수는 상관관계가 없으므로 (다)
ㄹ. 식물의 잎의 너비와 길이는 양의 상관관계이므로 (가)
따라서 두 변량 사이의 관계와 산점도를 옳게 짝지은 것은 ①이다.

답 ①

중단원 마무리

본문 106~107쪽

01 ③　　**02** 70점　**03** 양의 상관관계　**04** ②　　**05** ②
06 ④　　**07** ②　　**08** ①　　**09** ③　　**10** ②　　**11** ③
12 ⑤　　**13** 평균: 70점, 분산: 216.7　　**14** ③

01 각 학생의 수학 성적이 A는 50점, B는 70점, C는 90점, D는 65점, E는 80점이다.
따라서 수학 성적이 가장 높은 학생은 C이다.

답 ③

02 학생 D의 수학 성적은 65점, 영어 성적은 75점이므로
$$(평균)=\frac{65+75}{2}=70(점)$$

답 70점

03 수학 성적이 높을수록 영어 성적도 대체로 높은 경향이 있으므로 양의 상관관계가 있다.

답 양의 상관관계

04 책가방이 무거울수록 성적이 높아지는 경향은 양의 상관관계이고 책가방이 무거울수록 성적이 높아지는 경향이 가장 뚜렷한 학급은 B이다.

답 ②

05 소득에 비해 비교적 저축을 많이 한 사람은 B이다.

답 ②

06 중간고사 성적이 60점인 학생의 기말고사 성적은 30점, 50점, 70점이므로
$$(평균)=\frac{30+50+70}{3}=\frac{150}{3}=50(점)$$

답 ④

07 각 학생의 성적 차이를 보면
A: $100-90=10$
B: $90-50=40$
C: $90-60=30$
D: $40-40=0$
E: $60-30=30$
따라서 성적의 차이가 가장 큰 학생은 B이다.

답 ②

08 기말고사에서 성적이 향상된 학생의 성적은
$(50, 60)$, $(50, 90)$, $(60, 70)$, $(70, 80)$, $(70, 90)$, $(80, 90)$, $(90, 100)$

의 7명이므로 전체의 $\dfrac{7}{20} \times 100 = 35(\%)$이다.

답 ①

09 ① 성적이 같은 학생의 성적은 $(5, 5)$, $(6, 6)$, $(7, 7)$, $(8, 8)$, $(9, 9)$, $(10, 10)$이므로 6명이다.

② 쓰기 성적보다 말하기 성적이 더 높은 학생의 성적은 $(6, 7)$, $(6, 8)$, $(7, 8)$, $(8, 9)$이므로 4명이다.

③ 두 성적의 합이 15점 이하인 학생의 성적은
$(5, 5)$, $(6, 5)$, $(6, 6)$, $(6, 7)$, $(6, 8)$,
$(7, 6)$, $(7, 7)$, $(7, 8)$, $(8, 7)$
이므로 9명이다.

따라서 전체의 $\dfrac{9}{15} \times 100 = 60(\%)$이다.

④ 평균이 8점 이상인 학생은 총점이 16점 이상이므로 $(8, 8)$, $(8, 9)$, $(9, 7)$, $(9, 8)$, $(9, 9)$, $(10, 10)$의 6명이다.

⑤ 쓰기 성적이 높을수록 말하기 성적도 대체로 높으므로 두 성적 사이에는 양의 상관관계가 있다.

답 ③

10 ① 양의 상관관계
② 음의 상관관계
③, ④ 상관관계가 없다.
⑤ 양의 상관관계

답 ②

11 주어진 산점도는 양의 상관관계이다.
① 음의 상관관계
② 음의 상관관계
③ 양의 상관관계
④, ⑤ 상관관계가 없다.

답 ③

12 국어 성적과 수학 성적의 차이가 20점 이상인 학생은 $(50, 70)$, $(50, 100)$, $(70, 50)$, $(70, 100)$, $(80, 60)$, $(90, 70)$
의 6명이므로 전체의 $\dfrac{6}{20} \times 100 = 30(\%)$이다.

답 ⑤

13 국어 성적이 60점 이상 80점 이하인 학생들의 수학 성적은 다음과 같다.

수학 성적(점)	50	60	70	80	90	100
학생 수(명)	2	3	3	2	1	1

(평균)
$$= \frac{50 \times 2 + 60 \times 3 + 70 \times 3 + 80 \times 2 + 90 \times 1 + 100 \times 1}{2 + 3 + 3 + 2 + 1 + 1}$$
$$= \frac{840}{12}$$
$$= 70(점)$$

(분산)
$$= \frac{(-20)^2 \times 2 + (-10)^2 \times 3 + 0^2 \times 3 + 10^2 \times 2 + 20^2 \times 1 + 30^2 \times 1}{12}$$
$$= \frac{2600}{12}$$
$$= 216.66\cdots$$

따라서 분산을 반올림하여 소수점 아래 첫째 자리까지 나타내면 216.7이다.

답 평균: 70점, 분산: 216.7

14 ① 음의 상관관계이다.

② 역사 성적이 70점 이상인 학생들의 핸드폰 사용 시간은 다음과 같다.

핸드폰 사용 시간(시간)	1	2	3	4	5
학생 수(명)	2	3	2	3	1

(평균) $= \dfrac{1 \times 2 + 2 \times 3 + 3 \times 2 + 4 \times 3 + 5 \times 1}{2 + 3 + 2 + 3 + 1}$
$= \dfrac{31}{11}$ (시간)

③ 핸드폰을 4시간 이상 사용하는 학생들의 역사 성적은 다음과 같다.

역사 성적(점)	40	50	60	70	80	90
학생 수(명)	2	3	3	2	1	1

(평균) $= \dfrac{40 \times 2 + 50 \times 3 + 60 \times 3 + 70 \times 2 + 80 \times 1 + 90 \times 1}{2 + 3 + 3 + 2 + 1 + 1}$
$= \dfrac{720}{12}$
$= 60(점)$

④ 핸드폰을 5시간 이상 사용하고 성적이 60점 이하인 학생은
$(5, 40)$, $(5, 50)$, $(5, 60)$, $(6, 40)$, $(6, 50)$, $(6, 60)$
의 6명이므로 전체의 $\dfrac{6}{20} \times 100 = 30(\%)$이다.

⑤ 핸드폰을 4시간 사용하는 학생들의 역사 성적은
50점, 60점, 70점, 80점, 90점
이므로 역사 성적의 차이는 최대 $90 - 50 = 40(점)$이다.

답 ③

서술형으로 중단원 마무리

본문 108~109쪽

> 서술형예제 6, 6, 7, 8, 11, 75
>
> 서술형유제 50 %
>
> **1** 80점 **2** 80 % **3** 음의 상관관계, 5명

서술형예제

성적의 차가 0점인 학생의 성적은
$(3, 3)$, ($\boxed{6}$, $\boxed{6}$), $(8, 8)$, $(10, 10)$ ··· 1단계
성적의 차가 1점인 학생의 성적은
$(3, 4)$, $(4, 3)$, $(4, 5)$, $(5, 4)$, $(5, 6)$, $(6, 7)$,
$(7, 6)$, ($\boxed{7}$, $\boxed{8}$), $(8, 9)$, $(9, 10)$, $(10, 9)$ ··· 2단계
따라서 성적의 차가 1점 이하인 학생은 전체의

$$\frac{4+\boxed{11}}{20} \times 100 = \boxed{75}\,(\%)\text{이다.}$$ ··· 3단계

답 풀이 참조

단계	채점 기준	비율
1단계	성적의 차가 0점인 학생의 성적을 구한 경우	30 %
2단계	성적의 차가 1점인 학생의 성적을 구한 경우	40 %
3단계	학생의 비율을 구한 경우	30 %

서술형유제

두 평가 성적의 합이 15점 이상인 학생의 성적은 다음과 같다.
$(7, 9)$, $(8, 7)$, $(8, 9)$, $(9, 7)$, $(9, 8)$, $(9, 9)$, $(9, 10)$,
$(10, 7)$, $(10, 9)$, $(10, 10)$ ··· 1단계
이므로 해당 학생 수는 10명이다. ··· 2단계
따라서 두 평가 성적의 합이 15점 이상인 학생은 전체의
$\frac{10}{20} \times 100 = 50\,(\%)$이다. ··· 3단계

답 50 %

단계	채점 기준	비율
1단계	두 평가 성적의 합이 15점 이상인 학생의 성적을 구한 경우	40 %
2단계	학생 수를 구한 경우	30 %
3단계	학생의 비율을 구한 경우	30 %

1 국어 성적이 80점 이상인 학생들의 영어 성적을 구하면 다음과 같다.

영어 성적(점)	60	70	80	90	100
학생 수(명)	1	2	3	2	1

··· 1단계

$$(\text{평균}) = \frac{60 \times 1 + 70 \times 2 + 80 \times 3 + 90 \times 2 + 100 \times 1}{1+2+3+2+1}$$
$$= \frac{720}{9}$$
$$= 80\,(\text{점})$$ ··· 2단계

답 80점

단계	채점 기준	비율
1단계	국어 성적이 80점 이상인 학생들의 영어 성적과 학생 수를 각각 구한 경우	50 %
2단계	평균을 구한 경우	50 %

2 1, 2차 점수의 합이 12점 이상인 학생의 점수는
$(6, 6)$, $(6, 7)$, $(7, 7)$, $(7, 8)$,
$(8, 6)$, $(8, 7)$, $(8, 8)$,
$(9, 8)$, $(9, 9)$, $(9, 10)$,
$(10, 8)$, $(10, 10)$
이므로 학생 수는 12명이다. ··· 1단계
따라서 전체의 $\frac{12}{15} \times 100 = 80\,(\%)$이다. ··· 2단계

답 80 %

단계	채점 기준	비율
1단계	학생 수를 구한 경우	70 %
2단계	학생의 비율을 구한 경우	30 %

3 저축이 많을수록 지출은 작아지는 경향이 있으므로 음의 상관관계가 있다. ··· 1단계
저축이 6만 원 이상이고 지출이 5만 원 이하인 학생의 금액은
$(6, 5)$, $(7, 5)$, $(8, 5)$, $(9, 4)$, $(10, 5)$
이므로 해당 학생 수는 5명이다. ··· 2단계

답 음의 상관관계, 5명

단계	채점 기준	비율
1단계	상관관계를 구한 경우	50 %
2단계	학생 수를 구한 경우	50 %

EBS 중학

뉴런

| 수학 3(하) |

정답과 풀이 [실전책]

정답과 풀이 실전책

중단원 실전 테스트

Ⅴ. 삼각비

<table>
<tr><td colspan="7">Ⅴ-1   삼각비의 뜻   본문 4~7쪽</td></tr>
<tr><td>01 ②</td><td>02 ①</td><td>03 ③</td><td>04 ②</td><td>05 ④</td><td>06 ③</td></tr>
<tr><td>07 ①</td><td>08 ④</td><td>09 ④</td><td>10 ①</td><td>11 ①</td><td>12 ⑤</td></tr>
<tr><td>13 ④</td><td>14 ②</td><td>15 ①</td><td>16 ③, ⑤</td><td>17 ①</td><td>18 $\frac{\sqrt{3}}{2}$</td></tr>
<tr><td>19 $\frac{\sqrt{6}}{3}$</td><td>20 1</td><td>21 $\frac{\sqrt{6}+\sqrt{2}}{2}$</td><td></td><td>22 0.43</td><td>23 $\frac{4}{5}$</td></tr>
<tr><td>24 $\frac{8}{17}$</td><td>25 0.9744</td><td></td><td></td><td></td><td></td></tr>
</table>

01 △ABC에서 $\tan B = \frac{3}{6} = \frac{1}{2}$

답 ②

02 △ABC에서 $\overline{BC} = \sqrt{5^2 - 3^2} = \sqrt{16} = 4$

△ADC에서 $\overline{CD} = \frac{\overline{BC}}{2} = \frac{4}{2} = 2$

$\overline{AD} = \sqrt{2^2 + 3^2} = \sqrt{13}$

따라서 $\sin x = \frac{\overline{CD}}{\overline{AD}} = \frac{2}{\sqrt{13}} = \frac{2\sqrt{13}}{13}$

답 ①

03 $\overline{AC} : \overline{BC} = 4 : 3$이므로 다음 그림과 같이 $\overline{AC} = 4k$, $\overline{BC} = 3k \, (k > 0)$인 직각삼각형 ABC를 그릴 수 있다.

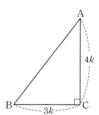

$\overline{AB} = \sqrt{(3k)^2 + (4k)^2} = 5k$

$\sin B = \frac{\overline{AC}}{\overline{AB}} = \frac{4k}{5k} = \frac{4}{5}$

$\cos B = \frac{\overline{BC}}{\overline{AB}} = \frac{3k}{5k} = \frac{3}{5}$

따라서 $3\cos B + \sin B = 3 \times \frac{3}{5} + \frac{4}{5} = \frac{13}{5}$

답 ③

04 다음 그림과 같이 일차함수 $y = -\frac{3}{4}x + 3$의 그래프와 x축, y축의 교점을 각각 A, B라고 하면

점 A의 좌표는 A$(4, 0)$

점 B의 좌표는 B$(0, 3)$

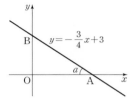

$\overline{AB} = \sqrt{3^2 + 4^2} = \sqrt{25} = 5$

따라서 $\sin a = \frac{\overline{BO}}{\overline{AB}} = \frac{3}{5}$

답 ②

05 $\overline{AE} = a \, (a > 0)$라고 하면

$\triangle BEF = \square ABCD - \triangle ABE - \triangle BCF - \triangle EFD$

$= (2a)^2 - a^2 - a^2 - \frac{a^2}{2} = \frac{3a^2}{2}$

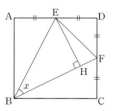

한편, △EBF의 점 E에서 $\overline{BF}$에 내린 수선의 발을 H라고 하면

$\overline{BE} = \overline{BF} = \sqrt{(2a)^2 + a^2} = \sqrt{5}a$이므로

$\triangle BEF = \frac{1}{2} \times \sqrt{5}a \times \overline{EH} = \frac{3a^2}{2}$

$\overline{EH} = \frac{3a}{\sqrt{5}}$

따라서 $\sin x = \frac{\overline{EH}}{\overline{BE}} = \overline{EH} \div \overline{BE} = \frac{3a}{\sqrt{5}} \div \sqrt{5}a$

$= \frac{3a}{\sqrt{5}} \times \frac{1}{\sqrt{5}a} = \frac{3}{5}$

답 ④

| 다른 풀이 |

$\triangle BEF = \frac{1}{2} \times \overline{BE} \times \overline{BF} \times \sin x = \frac{3a^2}{2}$이므로

$$\frac{5}{2}a^2 \sin x = \frac{3}{2}a^2$$

따라서 $\sin x = \dfrac{3}{5}$

06 $\sin B = \dfrac{\overline{AC}}{\overline{AB}} = \dfrac{\overline{AC}}{6} = \dfrac{2}{3}$에서 $\overline{AC} = 4$

답 ③

07 오른쪽 그림과 같이 $\angle B = 90°$, $\overline{AC} = 13$, $\overline{AB} = 5$인 $\triangle ABC$를 생각할 수 있다.
$\overline{BC} = \sqrt{13^2 - 5^2} = \sqrt{144} = 12$이므로
$65(\tan A - \sin A) = 65\left(\dfrac{12}{5} - \dfrac{12}{13}\right)$
$\qquad\qquad = 96$

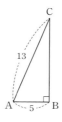

답 ①

08 $\triangle ABC \backsim \triangle CBD$(AA 닮음)이므로
$\angle BAC = \angle BCD = \angle x$
따라서 $\cos x = \dfrac{\overline{AC}}{\overline{AB}} = \dfrac{7}{10}$

답 ④

09 ① $\cos 45° + \sin 45° = \dfrac{\sqrt{2}}{2} + \dfrac{\sqrt{2}}{2} = \sqrt{2}$

② $\sin 30° + \sin 60° = \dfrac{1}{2} + \dfrac{\sqrt{3}}{2} = \dfrac{1+\sqrt{3}}{2}$

③ $\tan 45° \times \cos 30° = 1 \times \dfrac{\sqrt{3}}{2} = \dfrac{\sqrt{3}}{2}$

④ $\cos 60° + \tan 45° = \dfrac{1}{2} + 1 = \dfrac{3}{2}$

⑤ $\tan 30° \times \dfrac{1}{\tan 60°} = \dfrac{\sqrt{3}}{3} \times \dfrac{1}{\sqrt{3}} = \dfrac{1}{3}$

따라서 계산 결과가 가장 큰 것은 ④이다.

답 ④

10 $a = \sin 30° + \cos 30° = \dfrac{1}{2} + \dfrac{\sqrt{3}}{2} = \dfrac{1+\sqrt{3}}{2}$

일차방정식 $2ax + 1 = 0$을 풀면
$x = -\dfrac{1}{2a} = -\dfrac{1}{2 \times \dfrac{1+\sqrt{3}}{2}} = -\dfrac{1}{1+\sqrt{3}}$

$\quad = -\dfrac{\sqrt{3}-1}{(\sqrt{3}+1)(\sqrt{3}-1)} = \dfrac{1-\sqrt{3}}{2}$

답 ①

11 $\angle A = 180° \times \dfrac{9}{36} = 45°$이므로
$\sin A : \cos A : \tan A = \sin 45° : \cos 45° : \tan 45°$
$\qquad = \dfrac{\sqrt{2}}{2} : \dfrac{\sqrt{2}}{2} : 1 = 1 : 1 : \sqrt{2}$

답 ①

12 $\sin 30° = \dfrac{1}{2}$이므로 $\angle A = 30°$
따라서 $\tan(90° - A) = \tan 60° = \sqrt{3}$

답 ⑤

13 이차방정식 $x^2 - 2x + \dfrac{3}{4} = 0$에서 $4x^2 - 8x + 3 = 0$
$(2x-1)(2x-3) = 0$
$x = \dfrac{1}{2}$ 또는 $x = \dfrac{3}{2}$
$0° < \angle A < 90°$일 때, $0 < \cos A < 1$이므로 $\cos A = \dfrac{1}{2}$
따라서 $\angle A = 60°$

답 ④

14 $\triangle ABD$에서 $\angle BAD = 180° - (90° + 30°) = 60°$
$\angle CAD = 60° - 15° = 45°$이고 $\triangle ACD$는 직각이등변삼각형이므로
$\overline{CD} = \overline{AD} = 2$
$\tan 60° = \dfrac{\overline{BD}}{\overline{AD}} = \dfrac{\overline{BC}+2}{2} = \sqrt{3}$에서
$\overline{BC} = 2\sqrt{3} - 2 = 2(\sqrt{3}-1)$

답 ②

15 $\sin 48° - \cos 48° = \overline{AB} - \overline{OB}$
$\qquad\qquad = 0.7431 - 0.6691$
$\qquad\qquad = 0.0740$

답 ①

16 ③ $\angle A$의 크기가 90°에 가까워질수록 $\tan A$의 값은 한없이 커진다.
⑤ $\angle A$의 크기가 커지면 $\cos A$의 값은 작아진다.

답 ③, ⑤

17 $\overline{AB} = \sin x = 0.4695$에서 $\angle x = 28°$
따라서
$\overline{BD} = 1 - \overline{OB} = 1 - \cos 28° = 1 - 0.8829 = 0.1171$

답 ①

18 $\sin B = \dfrac{\overline{AC}}{\overline{AB}} = \dfrac{6}{4\sqrt{3}} = \dfrac{\sqrt{3}}{2}$

답 $\dfrac{\sqrt{3}}{2}$

19 $\sin 45° = \dfrac{\overline{GH}}{\overline{FH}} = \dfrac{2}{\overline{FH}} = \dfrac{\sqrt{2}}{2}$ 에서 $\overline{FH} = 2\sqrt{2}\,(\text{cm})$

$\triangle BFH$ 에서 $\overline{BH} = \sqrt{2^2 + (2\sqrt{2})^2} = \sqrt{12} = 2\sqrt{3}\,(\text{cm})$

따라서 $\cos x = \dfrac{\overline{FH}}{\overline{BH}} = \dfrac{2\sqrt{2}}{2\sqrt{3}} = \dfrac{\sqrt{6}}{3}$

답 $\dfrac{\sqrt{6}}{3}$

20 $2\cos 30° + \sqrt{2}\sin 45° - \tan 60°$

$= 2 \times \dfrac{\sqrt{3}}{2} + \sqrt{2} \times \dfrac{\sqrt{2}}{2} - \sqrt{3} = \sqrt{3} + 1 - \sqrt{3} = 1$

답 1

21 $\triangle ACD$ 는 정삼각형이므로 $\angle ACD = 60°$

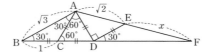

$\triangle ABC$ 는 이등변삼각형이므로

$\angle CBA + \angle CAB = 2\angle CBA = \angle ACD = 60°$

즉, $\angle CBA = \angle CAB = 30°$

$\angle BAD = 90°$ 이므로 $\triangle ABD$ 에서

$\cos 30° = \dfrac{\overline{AB}}{\overline{BD}} = \dfrac{\overline{AB}}{2} = \dfrac{\sqrt{3}}{2}$

즉, $\overline{AB} = \sqrt{3}$

또 $\angle FDE = 180° - (60° + 90°) = 30°$ 이므로

$\triangle ABF \backsim \triangle EDF$ (AA 닮음)

$\overline{EF} = x$ 라고 하면

$\sqrt{3} : 1 = (\sqrt{2} + x) : x$, $\sqrt{3}x = \sqrt{2} + x$

따라서

$x = \dfrac{\sqrt{2}}{\sqrt{3} - 1} = \dfrac{\sqrt{2}(\sqrt{3} + 1)}{(\sqrt{3} - 1)(\sqrt{3} + 1)} = \dfrac{\sqrt{6} + \sqrt{2}}{2}$

답 $\dfrac{\sqrt{6} + \sqrt{2}}{2}$

22 반지름의 길이가 1인 부채꼴에서

$\overline{BD} = \overline{AB} - \overline{AD} = 1 - \overline{AD}$

$\cos 55° = \dfrac{\overline{AD}}{\overline{AC}} = \dfrac{\overline{AD}}{1} = \overline{AD}$ 이므로

$\overline{BD} = 1 - \cos 55° = 1 - 0.57 = 0.43$

답 0.43

23 $\triangle ABH \backsim \triangle DBA$ (AA 닮음)이므로

$\angle BDA = \angle BAH = \angle x$ · · · 1단계

$\triangle ABD$ 에서 $\overline{BD} = \sqrt{12^2 + 16^2} = \sqrt{400} = 20$ · · · 2단계

따라서 $\cos x = \dfrac{\overline{AD}}{\overline{BD}} = \dfrac{16}{20} = \dfrac{4}{5}$ · · · 3단계

답 $\dfrac{4}{5}$

단계	채점 기준	비율
1단계	$\angle BDA = \angle BAH = \angle x$임을 보인 경우	30 %
2단계	$\overline{BD}$의 길이를 구한 경우	30 %
3단계	$\cos x$의 값을 구한 경우	40 %

24 $0° < \angle x < 45°$ 이므로 $0 < \sin x < \cos x$

$\sqrt{(\sin x + \cos x)^2} + \sqrt{(\sin x - \cos x)^2}$

$= (\sin x + \cos x) + (-\sin x + \cos x)$

$= 2\cos x = \dfrac{30}{17}$ · · · 1단계

$\cos x = \dfrac{15}{17}$ 이므로 다음 그림과 같이 $\angle C = 90°$,

$\overline{AB} = 17$, $\overline{AC} = 15$ 인 $\triangle ACB$ 를 생각할 수 있다.

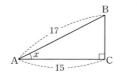

· · · 2단계

$\overline{BC} = \sqrt{17^2 - 15^2} = \sqrt{64} = 8$

따라서 $\sin x = \dfrac{\overline{BC}}{\overline{AB}} = \dfrac{8}{17}$ · · · 3단계

답 $\dfrac{8}{17}$

단계	채점 기준	비율
1단계	식을 간단하게 나타낸 경우	60 %
2단계	$\cos x$의 값을 구하고 직각삼각형을 그린 경우	20 %
3단계	$\sin x$의 값을 구한 경우	20 %

25 $\sin 12° = 0.2079$ 에서 $\angle x = 12°$ · · · 1단계

$\tan 14° = 0.2493$ 에서 $\angle y = 14°$ · · · 2단계

따라서 $\cos \dfrac{x + y}{2} = \cos 13° = 0.9744$ · · · 3단계

답 0.9744

단계	채점 기준	비율
1단계	$\angle x$의 크기를 구한 경우	30 %
2단계	$\angle y$의 크기를 구한 경우	30 %
3단계	$\cos \dfrac{x + y}{2}$의 값을 구한 경우	40 %

V-2 삼각비의 활용

01 ③	**02** ②	**03** ③	**04** ③	**05** ⑤	**06** ④
07 ⑤	**08** ③	**09** ④	**10** ①	**11** ②	**12** ④
13 ②	**14** ③	**15** ②	**16** ①	**17** ①	

18 $3(\sqrt{3}-1)$ m   **19** $64\sqrt{3}$ cm² 　**20** 800 m

21 12 cm 　　　 **22** $\dfrac{108\sqrt{3}}{5}$ 　　 **23** $5\sqrt{6}$ cm

24 0.825배 　　 **25** 60°

---

01 ① $\overline{AB}=\dfrac{16}{\sin 40°}$ 이므로 옳지 않다.

② $\overline{AB}=\dfrac{16}{\cos 50°}$ 이므로 옳지 않다.

④ $\overline{BC}=16\tan 50°$ 이므로 옳지 않다.

⑤ $\overline{BC}=\dfrac{16}{\tan 40°}$ 이므로 옳지 않다.

답 ③

02 오른쪽 그림과 같이 점 A에서 $\overline{BC}$의 연장선에 내린 수선의 발을 D라고 하면 △ABD에서
∠ABD=180°−135°=45°이므로
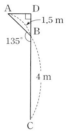
$\overline{BD}=1.5\times\cos 45°=\dfrac{3\sqrt{2}}{4}$ (m)

따라서 가로등의 높이는

$\overline{CD}=\overline{BC}+\overline{BD}=4+\dfrac{3\sqrt{2}}{4}$ (m)

답 ②

03 다음 그림과 같이 점 A에서 $\overline{BC}$에 내린 수선의 발을 H라고 하자.

△AHC에서 $\overline{AH}=4\sin 60°=2\sqrt{3}$ (cm)
$\overline{CH}=4\cos 60°=2$ (cm)
△ABH에서

$\overline{BH}=\sqrt{\overline{AB}^2-\overline{AH}^2}=\sqrt{(2\sqrt{6})^2-(2\sqrt{3})^2}$
$\qquad =\sqrt{12}=2\sqrt{3}$ (cm)

따라서 $\overline{BC}=\overline{BH}+\overline{CH}=2\sqrt{3}+2=2(\sqrt{3}+1)$ (cm)

답 ③

04 다음 그림과 같이 열기구의 위치를 A, 호수의 양쪽 끝을 B, C라고 하면

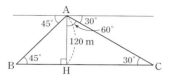

∠ABH=45°, ∠ACH=30°
△ABH에서 $\overline{BH}=\overline{AH}=120$ (m)
△AHC에서 $\overline{CH}=\overline{AH}\tan 60°=120\sqrt{3}$ (m)
따라서 $\overline{BC}=\overline{BH}+\overline{CH}=120(1+\sqrt{3})$ (m)

답 ③

05 다음 그림과 같이 점 A에서 $\overline{BC}$에 내린 수선의 발을 H라고 하자.

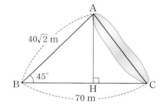

△ABH에서 $\overline{AH}=40\sqrt{2}\sin 45°=40$ (m)
$\overline{BH}=\overline{AH}=40$ (m)이므로
$\overline{CH}=70-40=30$ (m)
△AHC에서
$\overline{AC}=\sqrt{\overline{AH}^2+\overline{CH}^2}=\sqrt{40^2+30^2}=\sqrt{2500}=50$ (m)
따라서 50 m를 300 m/분으로 이동했을 때 걸리는 시간은

$\dfrac{50}{300}$분=$\dfrac{1}{6}$분=10초이다.

답 ⑤

06 다음 그림과 같이 점 B에서 $\overline{AC}$에 내린 수선의 발을 H라고 하면

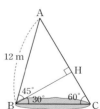

△BCH에서 ∠CBH=180°−(90°+60°)=30°이므로
∠ABH=75°−30°=45°
△ABH에서 $\overline{BH}=12\cos 45°=6\sqrt{2}$ (m)
따라서 $\overline{BC}=\dfrac{\overline{BH}}{\sin 60°}=\dfrac{6\sqrt{2}}{\sin 60°}=4\sqrt{6}$ (m)

답 ④

정답과 풀이 • **55**

07 △ADC에서 ∠ACD=50°이므로
$\overline{AD}=\overline{CD}\tan 50°$
△BDC에서 ∠BCD=20°이므로
$\overline{BD}=\overline{CD}\tan 20°$
$\overline{AB}=\overline{AD}-\overline{BD}=\overline{CD}(\tan 50°-\tan 20°)=20\,(cm)$
이므로
$\overline{CD}=\dfrac{20}{\tan 50°-\tan 20°}=\dfrac{20}{1.2-0.4}=\dfrac{20}{0.8}=25\,(cm)$

답 ⑤

08 △ABC에서 $\overline{AH}=h$라고 하면
△ABH에서 $\overline{BH}=h\tan 60°=\sqrt{3}h$
△AHC에서 $\overline{CH}=h\tan 30°=\dfrac{\sqrt{3}}{3}h$
$\overline{BC}=\overline{BH}+\overline{CH}$이므로
$24=\sqrt{3}h+\dfrac{\sqrt{3}}{3}h=\dfrac{4\sqrt{3}}{3}h$에서
$h=24\times\dfrac{3}{4\sqrt{3}}=6\sqrt{3}$

답 ③

09 △ABC에서 $\tan A=1$이고 $0°<∠A<90°$이므로
∠A=45°
점 B에서 $\overline{AC}$에 내린 수선의 발을 H
라고 하면
△ABH에서 $\overline{BH}=4\sqrt{2}\sin 45°=4$
△ABH는 직각이등변삼각형이므로
$\overline{AH}=\overline{BH}=4$

$\overline{CH}=\overline{AC}-\overline{AH}=7-4=3$
△BCH에서 $\overline{BC}=\sqrt{\overline{BH}^2+\overline{CH}^2}=\sqrt{4^2+3^2}=\sqrt{25}=5$
$△ABC=\dfrac{1}{2}\times 4\sqrt{2}\times 7\times\sin 45°=14$이므로
$△ABC=\dfrac{1}{2}r(4\sqrt{2}+7+5)$
$=\dfrac{1}{2}r(4\sqrt{2}+12)=14$
따라서 $r=\dfrac{7}{3+\sqrt{2}}=\dfrac{7(3-\sqrt{2})}{(3+\sqrt{2})(3-\sqrt{2})}=3-\sqrt{2}$

답 ④

10 $\overline{AC}\,/\!/\,\overline{DE}$이므로 다음 그림과 같이 $\overline{AE}$를 그으면
△ACD=△ACE

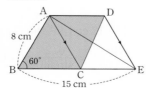

따라서 □ABCD의 넓이는
$△ABC+△ACD=△ABC+△ACE=△ABE$
$=\dfrac{1}{2}\times 8\times 15\times\sin 60°$
$=\dfrac{1}{2}\times 8\times 15\times\dfrac{\sqrt{3}}{2}$
$=30\sqrt{3}\,(cm^2)$

답 ①

11 $△ABC=\dfrac{1}{2}\times 8\times 10\times\sin B=40\sin B=20\,(cm^2)$이
고 $\sin B=\dfrac{1}{2}$에서 $0°<∠B<90°$이므로 ∠B=30°

답 ②

12 $\overline{CD}=x\,cm$라고 하면
$△ABC=\dfrac{1}{2}\times 6\sqrt{3}\times 9\times\sin(180°-150°)$
$=\dfrac{27\sqrt{3}}{2}\,(cm^2)$
$△ADC=\dfrac{1}{2}\times 9\times x\times\sin(180°-120°)=\dfrac{9\sqrt{3}}{4}x\,(cm^2)$
$△BCD=\dfrac{1}{2}\times 6\sqrt{3}\times x\times\sin 30°=\dfrac{3\sqrt{3}}{2}x\,(cm^2)$
△ABC=△ADC+△BCD이므로
$\dfrac{27\sqrt{3}}{2}=\dfrac{9\sqrt{3}}{4}x+\dfrac{3\sqrt{3}}{2}x$
$x=\dfrac{18}{5}=3.6$
따라서 $\overline{CD}$의 길이는 3.6 cm이다.

답 ④

13 다음 그림과 같이 $\overline{BD}$를 그으면

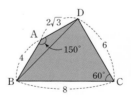

$□ABCD=△ABD+△BCD$
$=\dfrac{1}{2}\times 4\times 2\sqrt{3}\times\sin(180°-150°)$
$+\dfrac{1}{2}\times 8\times 6\times\sin 60°$
$=2\sqrt{3}+12\sqrt{3}=14\sqrt{3}$

답 ②

14 $\overline{AD}=x$라고 하면
$□ABCD=24\times x\times\sin(180°-120°)=12\sqrt{3}x$
$□ABCD=2△ABC=4△ABE=4\times 84\sqrt{3}$
$=336\sqrt{3}$

이므로 $12\sqrt{3}x=336\sqrt{3}$
따라서 $x=28$

답 ③

15 $\overline{AC}=x$ cm라고 하면
$\triangle ABC \equiv \triangle DCB$ (SAS 합동)이므로
$\overline{BD}=\overline{AC}=x(cm)$

$\square ABCD=\dfrac{1}{2}\times x\times x\times \sin(180°-120°)$

$\qquad\qquad =\dfrac{\sqrt{3}}{4}x^2=36\sqrt{3}(cm^2)$

에서 $x^2=144$
$x>0$이므로 $x=12$
따라서 $\overline{AC}$의 길이는 12 cm이다.

답 ②

16 $\triangle BCO$에서
$\angle BOC=180°-(50°+70°)=60°$이므로
$\square ABCD=\dfrac{1}{2}\times 16\times 18\times \sin 60°=72\sqrt{3}(cm^2)$

답 ①

17 오른쪽 그림과 같이 탁자는 정육각
형 모양이므로 탁자의 넓이는 한
변의 길이가 1 m인 정삼각형 6개
의 넓이와 같다.
따라서 탁자의 넓이는

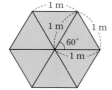

$6\times\left(\dfrac{1}{2}\times 1\times 1\times \sin 60°\right)$

$=6\times\dfrac{1}{2}\times\dfrac{\sqrt{3}}{2}=\dfrac{3\sqrt{3}}{2}(m^2)$

답 ①

18 $\triangle ABC$에서 $\overline{AC}=\overline{BC}\tan 60°=3\sqrt{3}(m)$
$\triangle BCD$에서 $\overline{CD}=\overline{BC}\tan 45°=3(m)$
따라서 $\overline{AD}=\overline{AC}-\overline{CD}=3\sqrt{3}-3=3(\sqrt{3}-1)(m)$

답 $3(\sqrt{3}-1)$ m

19 다음 그림에서 $\square ABCD$는 평행사변형이고

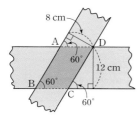

$\overline{AD}=\dfrac{8}{\sin 60°}=8\times\dfrac{2}{\sqrt{3}}=\dfrac{16\sqrt{3}}{3}(cm)$

$\overline{CD}=\dfrac{12}{\sin 60°}=12\times\dfrac{2}{\sqrt{3}}=8\sqrt{3}(cm)$

따라서

$\square ABCD=\dfrac{16\sqrt{3}}{3}\times 8\sqrt{3}\times \sin 60°=64\sqrt{3}(cm^2)$

답 $64\sqrt{3}$ cm²

20 오른쪽 그림과 같이 점 A
에서 $\overline{BC}$에 내린 수선의
발을 H라고 하자.

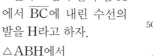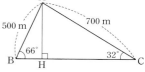

$\triangle ABH$에서
$\overline{BH}=\overline{AB}\cos 66°$
$\qquad =500\times 0.41$
$\qquad =205(m)$
$\triangle AHC$에서 $\overline{CH}=\overline{AC}\cos 32°=700\times 0.85=595(m)$
따라서 $\overline{BC}=\overline{BH}+\overline{CH}=205+595=800(m)$

답 800 m

21 $\overline{AC}=x$ cm라고 하면

$\triangle ABC=\dfrac{1}{2}\times 10\times x\times \sin(180°-150°)$

$\qquad\qquad =\dfrac{5}{2}x=30(cm^2)$

에서 $x=12$
따라서 $\overline{AC}$의 길이는 12 cm이다.

답 12 cm

22 $\triangle ABC=\dfrac{1}{2}\times 12\times 18\times \sin 60°=54\sqrt{3}$

$\overline{AD}=x$라고 하면
$\triangle ABC=\triangle ABD+\triangle ADC$

$\qquad =\dfrac{1}{2}\times 12\times x\times \sin 30°+\dfrac{1}{2}\times x\times 18\times \sin 30°$

$\qquad =3x+\dfrac{9}{2}x=\dfrac{15}{2}x=54\sqrt{3}$

에서 $x=54\sqrt{3}\times\dfrac{2}{15}=\dfrac{36\sqrt{3}}{5}$

따라서 $\triangle ABD=3x=3\times\dfrac{36\sqrt{3}}{5}=\dfrac{108\sqrt{3}}{5}$

답 $\dfrac{108\sqrt{3}}{5}$

| 다른 풀이 |
$\overline{BD}:\overline{CD}=\overline{AB}:\overline{AC}=2:3$이므로

$\triangle ABD=\dfrac{2}{5}\triangle ABC=\dfrac{2}{5}\times 54\sqrt{3}=\dfrac{108\sqrt{3}}{5}$

23 오른쪽 그림과 같이 점 B
에서 $\overline{AC}$에 내린 수선의
발을 H라고 하면
$\triangle BCH$에서

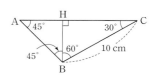

$\overline{BH}=\overline{BC}\sin 30°=5(\text{cm})$ · · · 1단계

$\triangle ABC$에서 $\angle BAC=180°-(105°+30°)=45°$

$\triangle ABH$에서 $\overline{AB}=\dfrac{\overline{BH}}{\sin 45°}=5\sqrt{2}(\text{cm})$ · · · 2단계

$\tan a=\dfrac{\overline{AD}}{\overline{AB}}=\dfrac{\overline{AD}}{5\sqrt{2}}=\sqrt{3}$에서

$\overline{AD}=5\sqrt{2}\times\sqrt{3}=5\sqrt{6}(\text{cm})$ · · · 3단계

답 $5\sqrt{6}$ cm

단계	채점 기준	비율
1단계	$\overline{BH}$의 길이를 구한 경우	30 %
2단계	$\overline{AB}$의 길이를 구한 경우	30 %
3단계	삼각기둥의 높이를 구한 경우	40 %

24 $\square ABCD=\overline{AB}\times\overline{BC}\times\sin B$ · · · 1단계

$\square AB'C'D'=0.75\overline{AB}\times 1.1\overline{BC}\times\sin B$ · · · 2단계
$=0.825\times(\overline{AB}\times\overline{BC}\times\sin B)$
$=0.825\times\square ABCD$

따라서 평행사변형 AB'C'D'의 넓이는 평행사변형 ABCD 의 넓이의 0.825배이다. · · · 3단계

답 0.825배

단계	채점 기준	비율
1단계	$\square ABCD$의 넓이를 삼각비를 이용한 식으로 나타낸 경우	30 %
2단계	$\square AB'C'D'$의 넓이를 삼각비를 이용한 식으로 나타낸 경우	30 %
3단계	두 평행사변형의 넓이를 비교한 경우	40 %

25 $\angle AOB=\angle x$라고 하면 직사각형의 두 대각선의 길이는 서로 같으므로

$\overline{BD}=\overline{AC}=4(\text{cm})$ · · · 1단계

$\square ABCD=\dfrac{1}{2}\times 4\times 4\times\sin x=8\sin x=4\sqrt{3}(\text{cm}^2)$
에서 · · · 2단계

$\sin x=\dfrac{\sqrt{3}}{2}$이므로 $\angle AOB=\angle x=60°$ · · · 3단계

답 60°

단계	채점 기준	비율
1단계	$\overline{BD}$의 길이를 구한 경우	30 %
2단계	$\square ABCD$의 넓이를 삼각비를 이용한 식으로 나타낸 경우	30 %
3단계	$\angle AOB$의 크기를 구한 경우	40 %

Ⅵ. 원의 성질

Ⅵ-1 원과 직선

본문 12~15쪽

01 ③	**02** ④	**03** ④	**04** ②	**05** ②	**06** ①
07 ①	**08** ③	**09** ⑤	**10** ②	**11** ⑤	**12** ①
13 ③	**14** ③	**15** ④	**16** ①	**17** ⑤	

18 $4\sqrt{5}$ cm **19** $4\sqrt{3}$ cm **20** 23° **21** 60°

22 162 cm² **23** $4\sqrt{3}\pi$ cm **24** 8 cm

25 4π cm²

01 $\triangle OAM$에서
$\overline{AM}=\sqrt{6^2-3^2}=\sqrt{27}=3\sqrt{3}(\text{cm})$
따라서 $\overline{AB}=2\overline{AM}=2\times 3\sqrt{3}=6\sqrt{3}(\text{cm})$

답 ③

02 원 O의 반지름의 길이가 6 cm이므로
$\overline{OA}=6$ cm, $\overline{OM}=6-2=4(\text{cm})$
$\triangle OMA$에서
$\overline{AM}=\sqrt{6^2-4^2}=\sqrt{20}=2\sqrt{5}(\text{cm})$
따라서 $\overline{AB}=2\overline{AM}=2\times 2\sqrt{5}=4\sqrt{5}(\text{cm})$

답 ④

03 $\overline{OM}=\dfrac{1}{2}\overline{OC}=\dfrac{1}{2}\times 8=4(\text{cm})$이므로
$\triangle OBM$에서
$\overline{BM}=\sqrt{8^2-4^2}=\sqrt{48}=4\sqrt{3}(\text{cm})$
따라서 $\overline{AB}=2\overline{BM}=2\times 4\sqrt{3}=8\sqrt{3}(\text{cm})$

답 ④

04 원의 중심을 O라 하고 $\overline{OA}=r$ cm 라고 하면 $\triangle AOH$에서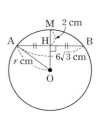

$\overline{AH}=\dfrac{1}{2}\overline{AB}=\dfrac{1}{2}\times 6\sqrt{3}=3\sqrt{3}(\text{cm})$

$\overline{OH}=\overline{OM}-2=r-2(\text{cm})$

$\triangle AOH$에서
$r^2=(3\sqrt{3})^2+(r-2)^2$
$4r=31,\ r=\dfrac{31}{4}$

따라서 원 O의 반지름의 길이는 $\dfrac{31}{4}$ cm이다.

답 ②

05 $\overline{AB}=\overline{CD}$이므로
$\overline{OM}=\overline{ON}=5$ cm

답 ②

06 $\overline{ON}=\overline{OM}$이므로 $\overline{CD}=\overline{AB}=8$

$\overline{CN}=\dfrac{1}{2}\overline{CD}=\dfrac{1}{2}\times 8=4$

따라서 $\triangle OCN$에서

$\overline{OC}=\sqrt{3^2+4^2}=\sqrt{25}=5$

답 ①

07 $\overline{OM}=\overline{ON}$이므로 $\overline{AB}=\overline{AC}$

즉 $\triangle ABC$는 이등변삼각형이다.

따라서 $\angle B=\dfrac{1}{2}\times(180°-48°)=66°$

답 ①

08 $\overline{AB}$와 작은 원의 접점을 M이라고 하면 $\triangle OAM$에서

$\angle OMA=90°$, $\overline{OA}=8$ cm,

$\overline{OM}=6$ cm이므로

$\overline{AM}=\sqrt{8^2-6^2}=\sqrt{28}$

$=2\sqrt{7}$ (cm)

따라서 $\overline{AB}=2\overline{AM}=2\times 2\sqrt{7}=4\sqrt{7}$ (cm)

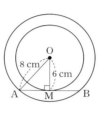

답 ③

09 $\angle PAO=\angle PBO=90°$이므로

$\angle APB=180°-\angle AOB=180°-140°=40°$

답 ⑤

10 $\triangle APO$에서 $\angle OAP=90°$이므로

$\triangle PAO\backsim\triangle AHO$ (AA 닮음)에서

$\overline{PO}:\overline{AO}=\overline{AO}:\overline{HO}$

$12:\overline{AO}=\overline{AO}:3$

$\overline{AO}=6$ (cm)

따라서 원 O의 반지름의 길이는 6 cm이다.

답 ②

11 $\overline{BE}=x$ cm라고 하면

$\overline{BD}=\overline{BE}=x$ cm, $\overline{CF}=\overline{CD}=(6-x)$ cm

$\overline{AE}=\overline{AF}$이므로

$8+(6-x)=4+x$, $x=5$

따라서 $\overline{BE}=5$ cm

답 ⑤

12 $\overline{AB}=\overline{AC}=9$ cm

$\overline{DB}=\overline{DF}$, $\overline{EC}=\overline{EF}$

따라서 $\triangle ADE$의 둘레의 길이는

$\overline{AD}+\overline{DE}+\overline{AE}=\overline{AD}+\overline{DF}+\overline{EF}+\overline{AE}$

$=\overline{AD}+\overline{DB}+\overline{EC}+\overline{AE}$

$=\overline{AB}+\overline{AC}$

$=9+9=18$ (cm)

답 ①

13 점 C에서 $\overline{AD}$에 내린 수선의 발을 H라 하고, $\overline{AD}=x$ cm라고 하면

$\overline{AH}=\overline{BC}=1$ cm이므로

$\overline{DH}=x-1$ (cm)

$\overline{CD}=\overline{CE}+\overline{DE}=\overline{CB}+\overline{DA}$

$=1+x$ (cm)

$\triangle CDH$에서

$6^2+(x-1)^2=(x+1)^2$

$36=4x$, $x=9$

따라서 $\overline{CD}=1+9=10$ (cm)

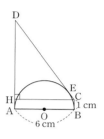

답 ③

14 $\overline{BD}=\overline{BF}=7$ cm, $\overline{AE}=\overline{AF}=2$ cm이므로

$\overline{CD}=\overline{CE}=5-2=3$ (cm)

따라서 $\overline{BC}=\overline{BD}+\overline{CD}=7+3=10$ (cm)

답 ③

15 □ABCD가 원 O에 외접하므로

$\overline{AB}+\overline{CD}=\overline{AD}+\overline{BC}$

$(x+2)+(x+1)=x+(2x-1)$, $x=4$

따라서 □ABCD의 네 변의 길이는 6, 7, 5, 4이므로 둘레의 길이는 $6+7+5+4=22$

답 ④

16 원 O에서 $\overline{CA}=\overline{CP}$이고 원 O′에서 $\overline{CP}=\overline{CB}$이므로

$\overline{CA}=\overline{CP}=\overline{CB}$

따라서 $\overline{CP}=\dfrac{1}{2}\overline{AB}=\dfrac{1}{2}\times 8=4$ (cm)

답 ①

17 점 E에서 $\overline{CD}$에 내린 수선의 발을 H, $\overline{DE}=x$라고 하면

$\overline{DP}=\overline{DC}=10$이므로

$\overline{EB}=\overline{EP}=x-10$

$\triangle DEH$에서

$x^2=10^2+\{10-(x-10)\}^2$

$x^2=10^2+(20-x)^2$, $40x=500$

따라서 $x=12.5$

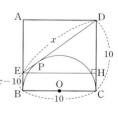

답 ⑤

18 △OBM에서

$\overline{BM} = \sqrt{10^2 - 6^2} = \sqrt{64} = 8 \text{(cm)}$

$\overline{AM} = \overline{BM} = 8 \text{ cm}$

△ACM에서

$\overline{MC} = 10 - 6 = 4 \text{(cm)}$

따라서 $\overline{AC} = \sqrt{8^2 + 4^2} = \sqrt{80} = 4\sqrt{5} \text{(cm)}$

답 $4\sqrt{5}$ cm

19 원의 중심 O에서 $\overline{AB}$에 내린 수선의 발을 M이라고 하면

$\overline{OM} = \frac{1}{2}\overline{OA} = 2 \text{(cm)}$

△OAM에서

$\overline{AM} = \sqrt{4^2 - 2^2} = \sqrt{12} = 2\sqrt{3} \text{(cm)}$

따라서 $\overline{AB} = 2\overline{AM} = 2 \times 2\sqrt{3} = 4\sqrt{3} \text{(cm)}$

답 $4\sqrt{3}$ cm

20 $\overline{PA} = \overline{PB}$이므로

$\angle PAB = \angle PBA = \frac{1}{2} \times (180° - 46°) = 67°$

$\angle PAO = 90°$이므로

$\angle BAC = 90° - 67° = 23°$

답 $23°$

21 $\angle A = 180° - (75° + 45°) = 60°$

$\overline{AD} = \overline{AF}$이므로 △ADF는 이등변삼각형이다.

따라서 $\angle ADF = \frac{1}{2} \times (180° - 60°) = 60°$

답 $60°$

22 원 O의 반지름의 길이가 6 cm이므로 $\overline{AB} = 12$ cm

□ABCD가 원 O에 내접하므로

$\overline{AD} + \overline{BC} = \overline{AB} + \overline{DC}$

$\overline{AD} + 18 = 12 + 15$, $\overline{AD} = 9 \text{ (cm)}$

따라서

$$\square ABCD = \frac{1}{2} \times (9 + 18) \times 12$$
$$= 162 (\text{cm}^2)$$

답 162 cm²

23 $\overline{AD} = \overline{BC} = 6$ cm　· · · **1단계**

원의 중심 O에서 $\overline{AD}$에 내린 수선의 발을 M이라고 하면

△ODM에서

$\overline{DM} = \frac{1}{2}\overline{AD} = 3 \text{ (cm)}$

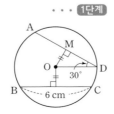

$\overline{OD} = \dfrac{\overline{DM}}{\cos 30°} = 3 \times \dfrac{2}{\sqrt{3}}$

$\qquad = 2\sqrt{3} \text{(cm)}$　· · · **2단계**

따라서 원 O의 둘레의 길이는

$2\pi \times 2\sqrt{3} = 4\sqrt{3}\pi \text{(cm)}$　· · · **3단계**

답 $4\sqrt{3}\pi$ cm

단계	채점 기준	비율
1단계	$\overline{AD}$의 길이를 구한 경우	30 %
2단계	원 O의 반지름의 길이를 구한 경우	40 %
3단계	원 O의 둘레의 길이를 구한 경우	30 %

24 △PEO와 △PFO에서

$\angle PEO = \angle PFO = 90°$, $\overline{PE} = \overline{PF}$, $\overline{PO}$는 공통이므로

△PEO ≡ △PFO(RHS 합동)　· · · **1단계**

즉, $\overline{OE} = \overline{OF}$이므로 $\overline{AB} = \overline{CD}$　· · · **2단계**

따라서 $\overline{AB} = \overline{CD} = 2\overline{CF} = 2 \times 4 = 8 \text{(cm)}$　· · · **3단계**

답 8 cm

단계	채점 기준	비율
1단계	합동인 두 삼각형을 찾은 경우	40 %
2단계	$\overline{AB} = \overline{CD}$임을 찾은 경우	40 %
3단계	$\overline{AB}$의 길이를 구한 경우	20 %

25 원 O의 반지름의 길이를 r cm라고 하면

$\overline{CE} = \overline{CF} = r$ cm, $\overline{AF} = \overline{AD} = 4$ cm,

$\overline{BD} = \overline{BE} = 6$ cm　· · · **1단계**

△ABC에서

$(6 + 4)^2 = (6 + r)^2 + (4 + r)^2$

$r^2 + 10r - 24 = 0$, $(r - 2)(r + 12) = 0$

$r > 0$이므로 $r = 2$　· · · **2단계**

따라서 원 O의 넓이는

$\pi \times 2^2 = 4\pi \text{(cm}^2)$　· · · **3단계**

답 4π cm²

단계	채점 기준	비율
1단계	$\overline{AF}$, $\overline{BD}$의 길이를 각각 구한 경우	40 %
2단계	원 O의 반지름의 길이를 구한 경우	40 %
3단계	원 O의 넓이를 구한 경우	20 %

원주각의 성질

01 ⑤	**02** ⑤	**03** ⑤	**04** ②	**05** ①	**06** ③
07 ①	**08** ②	**09** ②	**10** ②	**11** ③	**12** ④
13 ③	**14** ②	**15** ①	**16** ③	**17** ③, ④	**18** 30°
19 60°	**20** 80°	**21** 34°	**22** 64°	**23** 66°	**24** 168°
25 22°					

01 $\angle BOC = 2\angle BAC = 2 \times 50° = 100°$

$\overline{OB} = \overline{OC}$이므로 △OBC는 이등변삼각형이다.

따라서 $\angle x = \dfrac{1}{2} \times (180° - 100°) = 40°$

답 ⑤

02 $\angle A = \dfrac{1}{2}\angle BOC = \dfrac{1}{2} \times 120° = 60°$

따라서 $\sin A = \sin 60° = \dfrac{\sqrt{3}}{2}$

답 ⑤

03 $\overline{OA}, \overline{OB}$를 그으면

$\angle OAP = \angle OBP = 90°$이므로

□APBO에서

$\angle AOB$
$= 360° - (90° + 70° + 90°)$
$= 110°$

따라서 $\angle AQB = \dfrac{1}{2} \times (360° - 110°) = 125°$

답 ⑤

04 $\angle BCD = \angle BAD = 25°$($\overarc{BD}$에 대한 원주각)

△CBE에서

$\angle BCE + \angle CBE = 80°$

$25° + \angle x = 80°$

따라서 $\angle x = 55°$

답 ②

05 $\overline{AB}$가 원의 지름이므로

$\angle ADB = 90°$

$\angle ABD = \angle ACD = \angle x$($\overarc{AD}$에 대한 원주각)

△ABD에서

$90° + 50° + \angle x = 180°$

따라서 $\angle x = 40°$

답 ①

06 $\overline{BD}$를 그으면

$\angle BDC = \dfrac{1}{2}\angle BOC$

$\qquad = \dfrac{1}{2} \times 50° = 25°$

따라서 $\angle AEB = \angle ADB$

$\qquad\qquad = 65° - 25° = 40°$

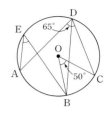

답 ③

07 $\overarc{AB} = 3\overarc{CD}$이므로 $\angle ADB = 3\angle CBD$

$\angle CBD = \dfrac{1}{3}\angle ADB = \dfrac{1}{3} \times 57° = 19°$

△BPD에서

$\angle ADB = \angle DBP + \angle BPD$

$57° = 19° + \angle x$

따라서 $\angle x = 38°$

답 ①

08 $\overline{AD}, \overline{BC}$를 그으면

$\angle PBC = \angle CAD$

$\qquad\qquad$($\overarc{CD}$에 대한 원주각)

$\angle CAD + \angle BCP$
$= \angle PBC + \angle BCP$
$= 180° - 100° = 80°$

즉, $\overarc{AB}$와 $\overarc{CD}$의 원주각의 크기의 합은 80°이므로 중심각의 크기의 합은 160°이다.

따라서 $\overarc{AB} + \overarc{CD} = 2\pi \times 9 \times \dfrac{160}{360} = 8\pi \text{ (cm)}$

답 ②

09 △ABC에서

$\angle ACB = 180° - (80° + 70°) = 30°$

네 점 A, B, C, D가 한 원 위에 있으므로

$\angle ADB = \angle ACB = 30°$

답 ②

10 △ABD에서

$\angle BAD = 180° - (24° + 40°) = 116°$

□ABCD가 원에 내접하므로

$\angle x + \angle BAD = 180°$

따라서 $\angle x = 180° - 116° = 64°$

답 ②

11 □ABCD가 원에 내접하므로

$\angle x = 180° - 102° = 78°$

$\angle AEC = \angle ADC = 78°$이므로

$112° = \angle y + \angle AEC$에서

$\angle y = 112° - 78° = 34°$

따라서 $\angle x - \angle y = 78° - 34° = 44°$

답 ③

12 $\overline{BE}$를 그으면

$\angle ABE = \dfrac{1}{2} \angle AOE$

$\qquad = \dfrac{1}{2} \times 80° = 40°$

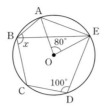

□EBCD는 원 O에 내접하므로

$\angle EBC = 180° - 100° = 80°$

따라서 $\angle x = 40° + 80° = 120°$

답 ④

13 □AQBP가 원 O에 내접하므로

$\angle APB = \angle BQR = 55°$

따라서 $\angle AOB = 2\angle APB = 2 \times 55° = 110°$

답 ③

14 $\angle BAC = 90°$이고

접선과 현이 이루는 각의 성질에 의하여

$\angle x = \angle BCA$

$\triangle ABC$에서 $\angle BCA = 180° - (90° + 28°) = 62°$

따라서 $\angle x = 62°$

답 ②

| 다른 풀이 |

$\overline{OA}$를 그으면 $\overline{OA} = \overline{OB}$

즉, $\triangle OAB$는 이등변삼각형으로

$\angle OAB = \angle OBA = 28°$

$\angle OAT = 90°$이므로 $\angle x = 90° - 28° = 62°$

15 $\overline{CD}$를 그으면 $\angle BCD = 90°$이고

$\angle BDC = \angle BCE = 25°$이므로

$\angle CBD = 180° - (90° + 25°)$

$\qquad = 65°$

$\angle DAC = \angle DBC = 65°$

$\overline{AD} /\!/ \overline{EC}$이므로

$\angle ACE = \angle DAC = 65°$(엇각)

$\angle PCB = 65° - 25° = 40°$

$\angle APD = \angle BPC = 180° - (65° + 40°) = 75°$

따라서 $\angle CBD + \angle APD = 65° + 75° = 140°$

답 ①

16 $\angle BCP = \angle BAC = 35°$

□ABCD가 원 O에 내접하므로

$\angle PBC = \angle ADC = 120°$

따라서 $\angle x = 180° - (120° + 35°) = 25°$

답 ③

17 원 O에서 $\angle CAP = \angle CPT'$

$\angle CPT' = \angle DPT$ (맞꼭지각)이고

원 O'에서 $\angle DPT = \angle DBP$

따라서 $\angle CAP$와 크기가 같은 각은 ③, ④이다.

답 ③, ④

18 $\overline{OA}$를 그으면

$\angle OAB = \angle OBA = 20°$

$\angle OAC = \angle OCA = 35°$이므로

$\angle BAC = \angle OAC - \angle OAB$

$\qquad = 35° - 20° = 15°$

따라서 $\angle BOC = 2\angle BAC = 2 \times 15° = 30°$

답 $30°$

19 $\angle BAC : \angle ABD = \overset{\frown}{BC} : \overset{\frown}{AD}$이므로

$20° : \angle ABD = 3 : 6$

$\angle ABD = 40°$

$\triangle ABE$에서 $\angle AED = \angle BAE + \angle ABE$

따라서 $\angle x = 20° + 40° = 60°$

답 $60°$

20 $\overline{PQ}$를 그으면

□ACQP가 원 O에 내접하므로

$\angle PQD = \angle PAC = 100°$

□PQDB가 원 O'에 내접하므로

$\angle PBD = 180° - 100° = 80°$

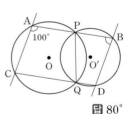

답 $80°$

21 □ABCD가 원에 내접하므로

$\angle ADC = 180° - 120° = 60°$

$\triangle CDQ$에서 $\angle BCP = \angle x + 60°$

$\triangle BPC$에서 $26° + (\angle x + 60°) = 120°$

따라서 $\angle x = 34°$

답 $34°$

22 $\overline{AC}$를 그으면 $\overline{PA} = \overline{PC}$이므로

$\angle PCA = \angle PAC$

$\qquad = \angle CBA = \angle x$

$\triangle PAC$에서

$52° + \angle x + \angle x = 180°$

따라서 $\angle x = 64°$

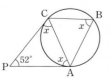

답 $64°$

23 $\angle x=2\angle\text{ADC}=2\times18°=36°$ ··· **1단계**

$\overparen{\text{AE}}=2\overparen{\text{EB}}$이므로 $\angle\text{ABE}=2\angle y$

$\angle\text{AEB}=90°$이므로 $\triangle\text{AEB}$에서

$90°+\angle y+2\angle y=180°,\ \angle y=30°$ ··· **2단계**

따라서 $\angle x+\angle y=36°+30°=66°$ ··· **3단계**

답 $66°$

단계	채점 기준	비율
1단계	$\angle x$의 크기를 구한 경우	40 %
2단계	$\angle y$의 크기를 구한 경우	40 %
3단계	$\angle x+\angle y$의 크기를 구한 경우	20 %

24 $\angle\text{ABC}=\dfrac{2}{3}\times180°=120°$

□ABCD가 원에 내접하므로

$\angle\text{ADC}=180°-120°=60°$ ··· **1단계**

$\angle\text{DCE}=\angle\text{BAD}=\dfrac{3}{5}\times180°=108°$ ··· **2단계**

따라서

$\angle\text{ADC}+\angle\text{DCE}=60°+108°=168°$ ··· **3단계**

답 $168°$

단계	채점 기준	비율
1단계	$\angle\text{ADC}$의 크기를 구한 경우	40 %
2단계	$\angle\text{DCE}$의 크기를 구한 경우	40 %
3단계	$\angle\text{ADC}+\angle\text{DCE}$의 크기를 구한 경우	20 %

25 $\overparen{\text{TC}}=\overparen{\text{CB}}$이므로 $\angle\text{CBT}=\angle\text{CTB}=28°$ ··· **1단계**

$\triangle\text{BTC}$에서

$\angle\text{BCT}=180°-(28°+28°)=124°$ ··· **2단계**

$\overline{\text{AT}}$를 그으면 □ATCB가 원
에 내접하므로

$\angle\text{PAT}=\angle\text{BCT}=124°$

$\triangle\text{APT}$에서

$\angle\text{ATP}=180°-(34°+124°)$

$\qquad\quad=22°$ ··· **3단계**

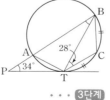

$\overrightarrow{\text{PT}}$가 원의 접선이므로

$\angle\text{ABT}=\angle\text{ATP}=22°$ ··· **4단계**

답 $22°$

단계	채점 기준	비율
1단계	$\angle\text{CBT}$의 크기를 구한 경우	20 %
2단계	$\angle\text{BCT}$의 크기를 구한 경우	20 %
3단계	$\angle\text{ATP}$의 크기를 구한 경우	30 %
4단계	$\angle\text{ABT}$의 크기를 구한 경우	30 %

Ⅶ-1 대푯값과 산포도 본문 20~23쪽

01 ②, ④	**02** ③	**03** ④	**04** ⑤	**05** ④	**06** ①
07 ①, ④	**08** ④	**09** ②	**10** ⑤	**11** ②	**12** ④
13 ⑤	**14** ②	**15** ⑤	**16** ⑤	**17** ①	
18 $a<b<c$		**19** 4	**20** 332회	**21** $\sqrt{3.6}$ cm	
22 7	**23** 18	**24** 1.6	**25** 평균: 2, 표준편차: $\dfrac{\sqrt{21}}{3}$		

01 ① 자료의 흩어져 있는 정도를 나타내는 것은 산포도이고
대푯값은 자료의 중심적인 경향이나 특징을 대표적으로
나타내는 값이다.

③ 중앙값은 극단적인 값에 영향을 받지 않는다.

⑤ 편차의 제곱의 평균은 분산이다.

답 ②, ④

02 평균이 9이므로

$\dfrac{6+10+7+12+13+8+7+x}{8}=9$

$\dfrac{63+x}{8}=9$

따라서 $x=9$

답 ③

03 자료를 작은 것부터 크기순으로 나열하면

2, 3, 5, 6, 6, 7, 8, 8, 10, 11

중앙값은 5번째와 6번째 변량의 평균이므로

$(중앙값)=\dfrac{6+7}{2}=6.5(회)$

최빈값은 가장 많이 나타난 변량이므로 6회와 8회이다.

답 ④

04 변량 2, 5, a의 중앙값이 5이므로 $a\geq5$

변량 8, 12, a의 중앙값이 8이므로 $a\leq8$

따라서 a의 값이 될 수 없는 것은 ⑤이다.

답 ⑤

05 $(평균)=\dfrac{21+17+a+13+b+19+15}{7}=15$

$\dfrac{85+a+b}{7}=15$이므로 $a+b=20$

최빈값이 15이므로 a, b 중 하나는 15이다.

$a>b$이므로 $a=15,\ b=5$

따라서 $\dfrac{a}{b}=\dfrac{15}{5}=3$

답 ④

06 학생이 20명이므로 평균이 1점 낮아지면 총점은 20점 낮아진다.
따라서 잘못 본 아현이의 점수는
$80-20=60$(점)

답 ①

07 ① A반의 평균은
$$\dfrac{6\times2+7\times3+8\times10+9\times3+10\times2}{2+3+10+3+2}=\dfrac{160}{20}=8(점)$$
B반의 평균은
$$\dfrac{6\times3+7\times4+8\times6+9\times4+10\times3}{3+4+6+4+3}=\dfrac{160}{20}=8(점)$$
④ B학급보다 A학급의 변량이 평균인 8점에 더 밀접해 있으므로 A학급의 점수가 B학급의 점수보다 더 고르다.

답 ①, ④

08 ㄱ. $2+5+x+7+1+1=18$이므로 $x=2$
ㄴ. 극단적으로 큰 변량이 존재하므로 평균은 대푯값으로 적절하지 않다.
ㄷ. 중앙값은 변량을 작은 것부터 크기순으로 나열할 때, 9번째와 10번째 변량의 평균이므로
$$\dfrac{3+4}{2}=3.5(편)$$
ㄹ. 최빈값은 회원 수가 가장 많은 4편이다.
ㅁ. 편차가 가장 큰 변량은 48이고 그 회원 수는 1명이다.
따라서 옳은 것은 ㄴ, ㄹ, ㅁ이다.

답 ④

09 편차의 총합은 0이므로
$5-3+2+x-4=0$에서 $x=0$
$$(분산)=\dfrac{5^2+(-3)^2+2^2+0^2+(-4)^2}{5}$$
$$=\dfrac{54}{5}=10.8$$

답 ②

10 $(평균)=\dfrac{8+9+10+13+14+15+21+22+22+26}{10}$
$$=\dfrac{160}{10}=16(점)$$
$(분산)=\dfrac{(-8)^2+(-7)^2+(-6)^2+(-3)^2+(-2)^2+(-1)^2+5^2+6^2+6^2+10^2}{10}$
$$=\dfrac{360}{10}=36$$

따라서 $(표준편차)=\sqrt{36}=6$(점)

답 ⑤

11 평균이 3이므로
$\dfrac{3+x+y+4+5}{5}=3$에서 $x+y=3$
표준편차가 $\sqrt{2}$이므로 분산이 2이다.
$$\dfrac{(3-3)^2+(x-3)^2+(y-3)^2+(4-3)^2+(5-3)^2}{5}=2$$
에서 $x^2+y^2-6(x+y)+23=10$
$x+y=3$이므로 $x^2+y^2-18+23=10$
따라서 $x^2+y^2=5$

답 ②

12 a, b, c의 평균이 4, 분산이 6이므로
$$\dfrac{a+b+c}{3}=4,\quad \dfrac{(a-4)^2+(b-4)^2+(c-4)^2}{3}=6$$
변량 $2a$, $2b$, $2c$의 평균은
$$\dfrac{2a+2b+2c}{3}=\dfrac{2(a+b+c)}{3}$$
$$=2\times\dfrac{a+b+c}{3}$$
$$=2\times4=8$$
변량 $2a$, $2b$, $2c$의 분산은
$$\dfrac{(2a-8)^2+(2b-8)^2+(2c-8)^2}{3}$$
$$=\dfrac{4\{(a-4)^2+(b-4)^2+(c-4)^2\}}{3}$$
$$=4\times6=24$$
따라서 표준편차는 $2\sqrt{6}$이다.

답 ④

13 $(평균)=\dfrac{a+(2a-1)+(3a-2)}{3}$
$$=\dfrac{6a-3}{3}=2a-1$$
$(분산)$
$$=\dfrac{\{a-(2a-1)\}^2+\{(2a-1)-(2a-1)\}^2+\{(3a-2)-(2a-1)\}^2}{3}$$
$$=\dfrac{(-a+1)^2+0^2+(a-1)^2}{3}$$
$$=\dfrac{(a-1)^2+(a-1)^2}{3}$$
$$=\dfrac{2(a-1)^2}{3}$$
표준편차가 $\sqrt{6}$이므로 분산은 6이다.
즉, $\dfrac{2(a-1)^2}{3}=6$에서 $(a-1)^2=9$
$a-1=3$ 또는 $a-1=-3$이므로 $a=4$ 또는 $a=-2$

$a > 0$이므로 $a = 4$
따라서 구하는 평균은 $2a - 1 = 7$이다.

답 ⑤

14 평균이 5이므로
$\dfrac{a + b + 4 + 7 + 8}{5} = 5$에서 $a + b = 6$
최빈값이 4이므로 a, b 중 하나는 4이다.
$a > b$이므로 $a = 4$, $b = 2$
즉, 구하는 것은 자료 4, 2, 4, 7, 8의 분산이므로
$\dfrac{(4-5)^2 + (2-5)^2 + (4-5)^2 + (7-5)^2 + (8-5)^2}{5}$
$= \dfrac{1 + 9 + 1 + 4 + 9}{5}$
$= \dfrac{24}{5}$
$= 4.8$

답 ②

15 a, b, c, d의 평균이 20 cm이므로
$\dfrac{a + b + c + d}{4} = 20$, $a + b + c + d = 80$
표준편차가 $4\sqrt{2}$ cm이므로 분산은 32이다.
즉, $\dfrac{(a-20)^2 + (b-20)^2 + (c-20)^2 + (d-20)^2}{4} = 32$
$a^2 + b^2 + c^2 + d^2 - 40(a+b+c+d) + 1600 = 128$
$a + b + c + d = 80$이므로
$a^2 + b^2 + c^2 + d^2 - 40 \times 80 + 1600 = 128$
$a^2 + b^2 + c^2 + d^2 = 1728$
따라서 정사각형의 넓이의 평균은
$\dfrac{1}{4} \times \left\{ \left(\dfrac{a}{4}\right)^2 + \left(\dfrac{b}{4}\right)^2 + \left(\dfrac{c}{4}\right)^2 + \left(\dfrac{d}{4}\right)^2 \right\}$
$= \dfrac{1}{4} \times \dfrac{a^2 + b^2 + c^2 + d^2}{16}$
$= \dfrac{1728}{64}$
$= 27 \, (\text{cm}^2)$

답 ⑤

16 표준편차가 가장 큰 것은 평균에서 가장 멀리 흩어져 있는 것이므로 2, 5, 8, 11, 14이다.

답 ⑤

17 ① 두 중학교의 수학 성적의 평균이 같으므로 B중학교의 성적이 더 우수하다고 할 수 없다.
② 두 중학교 각각의 평균이 71점으로 같으므로 전체의 수학 성적의 평균도 71점이다.

③ A중학교의 표준편차가 더 작으므로 A중학교의 수학 성적이 더 고르다.
④ 두 중학교의 표준편차가 다르므로 수학 성적의 분포가 다르다고 할 수 있다.

답 ①

18 $a = \dfrac{6+7+10+4+8+5+9+8+8+5}{10} = 7$
자료를 작은 것부터 크기순으로 나열하면
4, 5, 5, 6, 7, 8, 8, 8, 9, 10
$b = \dfrac{7+8}{2} = 7.5$
변량 8이 세 번 나타나므로 $c = 8$
따라서 $a < b < c$

답 $a < b < c$

19 중앙값이 4이므로 $a = 4$, $b \geq 4$, $c \geq 4$
최빈값이 7이고 0이 두 번 나타나므로
$b = 7$, $c = 7$
(평균) $= \dfrac{3+0+0+4+7+4+7+7}{8}$
$= \dfrac{32}{8}$
$= 4$

답 4

20 편차의 총합은 0이므로
$-82 + x + 25 + 70 - 105 = 0$에서
$x = 92$
따라서 줄넘기를 가장 많이 한 학생은 B이고 학생 B가 줄넘기를 한 횟수는
$240 + 92 = 332$(회)

답 332회

21 편차의 총합은 0이므로 $-2 + 0 + x - 2 + 3 = 0$에서 $x = 1$
5명의 학생 모두 키가 5 cm씩 더 자랐으므로 변량과 평균이 모두 5 cm씩 커졌다.
따라서 편차는 변함이 없으므로
(분산) $= \dfrac{(-2)^2 + 0^2 + 1^2 + (-2)^2 + 3^2}{5}$
$= \dfrac{18}{5}$
$= 3.6$
따라서 (표준편차) $= \sqrt{3.6} \, (\text{cm})$

답 $\sqrt{3.6}$ cm

22 남학생 6명, 여학생 4명의 평균이 같으므로 전체 10명의 평균이 남학생, 여학생의 평균과 같다.

(전체 분산)$=\dfrac{(\text{전체 편차의 제곱의 총합})}{(\text{전체 학생 수})}$

$=\dfrac{6\times 9+4\times 4}{6+4}$

$=\dfrac{54+16}{10}$

$=\dfrac{70}{10}$

$=7$

답 7

23 평균이 17이므로

$\dfrac{9+18+a+b+14}{5}=17$에서 $a+b=44$ ··· 1단계

연립방정식 $\begin{cases} a+b=44 \\ a-b=4 \end{cases}$ 를 풀면

$a=24$, $b=20$ ··· 2단계

자료를 작은 것부터 크기순으로 나열하면

9, 14, 18, 20, 24

따라서 중앙값은 18이다. ··· 3단계

답 18

단계	채점 기준	비율
1단계	$a+b$의 값을 구한 경우	30 %
2단계	a, b의 값을 각각 구한 경우	40 %
3단계	중앙값을 구한 경우	30 %

24 (평균)$=\dfrac{3\times 6+4\times 7+6\times 8+4\times 9+3\times 10}{3+4+6+4+3}$

$=\dfrac{160}{20}$

$=8(\text{점})$ ··· 1단계

(분산)

$=\dfrac{3\times(6-8)^2+4\times(7-8)^2+6\times(8-8)^2+4\times(9-8)^2+3\times(10-8)^2}{20}$

$=\dfrac{12+4+0+4+12}{20}$

$=\dfrac{32}{20}$

$=1.6$ ··· 2단계

답 1.6

단계	채점 기준	비율
1단계	평균을 구한 경우	50 %
2단계	분산을 구한 경우	50 %

25 a, b, c의 평균이 1이므로

$\dfrac{a+b+c}{3}=1$에서 $a+b+c=3$

a, b, c, 2, 4, 3의 평균은

$\dfrac{a+b+c+2+4+3}{6}=\dfrac{3+9}{6}=2$ ··· 1단계

a, b, c의 표준편차가 $\sqrt{2}$이므로

$\dfrac{(a-1)^2+(b-1)^2+(c-1)^2}{3}=(\sqrt{2})^2$에서

$a^2+b^2+c^2-2(a+b+c)+3=6$

$a+b+c=3$이므로

$a^2+b^2+c^2-2\times 3+3=6$에서

$a^2+b^2+c^2=9$

a, b, c, 2, 4, 3의 분산은

$\dfrac{(a-2)^2+(b-2)^2+(c-2)^2+(2-2)^2+(4-2)^2+(3-2)^2}{6}$

$=\dfrac{a^2+b^2+c^2-4(a+b+c)+17}{6}$

$=\dfrac{9-4\times 3+17}{6}=\dfrac{7}{3}$ ··· 2단계

따라서 표준편차는 $\dfrac{\sqrt{21}}{3}$이다. ··· 3단계

답 평균: 2, 표준편차: $\dfrac{\sqrt{21}}{3}$

단계	채점 기준	비율
1단계	평균을 구한 경우	30 %
2단계	분산을 구한 경우	50 %
3단계	표준편차를 구한 경우	20 %

Ⅶ-2 상관관계 본문 24~25쪽

01 ⑤	02 ④	03 ②	04 ③	05 ③	06 ⑤
07 ③	08 ①	09 7명	10 77.8 %		
11 양의 상관관계	12 50 %	13 6시간			

01 2차 형성평가에서 성적이 향상된 학생의 성적은 오른쪽 그림과 같이
$(20, 30)$, $(20, 40)$, $(40, 50)$, $(50, 60)$, $(60, 70)$, $(60, 80)$, $(80, 90)$, $(90, 100)$
이므로 8명이다.

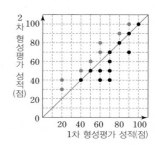

답 ⑤

02 두 형성평가에서 적어도 한 번의 성적이 80점 이상인 학생의 성적은 오른쪽 그림과 같이 $(60, 80)$, $(80, 80)$, $(80, 90)$, $(90, 70)$, $(90, 90)$, $(90, 100)$, $(100, 100)$ 의 7명이므로 전체의

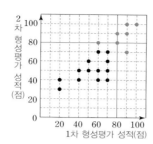

$\dfrac{7}{20} \times 100 = 35(\%)$이다.

답 ④

03 1차 형성평가 성적이 70점인 학생의 성적은 $(70, 40)$, $(70, 50)$, $(70, 60)$, $(70, 70)$ 이므로 2차 형성평가 성적은 40점, 50점, 60점, 70점이다.

따라서 (평균)$= \dfrac{40 + 50 + 60 + 70}{4} = \dfrac{220}{4} = 55$(점)

답 ②

04 국어 성적과 영어 성적이 같은 학생의 성적은 오른쪽 그림과 같이 $(65, 65)$, $(70, 70)$, $(75, 75)$, $(80, 80)$, $(90, 90)$, $(100, 100)$ 이므로 6명이다.

답 ③

05 국어 성적과 영어 성적의 차가 가장 많이 나는 경우는 오른쪽 그림과 같이 국어 성적과 영어 성적이 같은 경우인 대각선에서 가장 멀리 떨어져 있는 것이므로 $(90, 75)$와 $(95, 80)$이다.

따라서 구하는 점수 차는

$90 - 75 = 95 - 80 = 15$(점)

답 ③

06 ⑤ D는 키가 큰 편이고 몸무게는 적게 나가는 편이다. 비만 위험이 가장 큰 경우는 키는 작은 편인데 몸무게가 많이 나가는 편이어야 하므로 A이다.

답 ⑤

07 주어진 산점도는 음의 상관관계이다.
① 양의 상관관계
② 상관관계가 없다.
③ 음의 상관관계
④ 양의 상관관계
⑤ 양의 상관관계

답 ③

08 양의 상관관계를 나타내는 것은 ①, ②이고 그 중에서 강한 양의 상관관계를 나타내는 것은 ①이다.

답 ①

09 수학 성적보다 전과목 평균 성적이 더 높은 학생의 성적은 오른쪽 그림과 같이 $(40, 50)$, $(40, 60)$, $(50, 60)$, $(60, 70)$, $(60, 80)$, $(70, 80)$, $(80, 90)$ 이므로 7명이다.

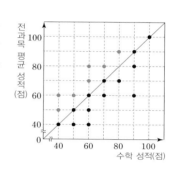

답 7명

10 수학 성적이 70점 이상인 학생은 9명이다. ···· 1단계

그 중에서 전과목 평균 성적이 70점 이상인 학생은 7명이다. ···· 2단계

따라서 구하는 비율은 $\dfrac{7}{9} \times 100 = 77.77\cdots (\%)$이므로 소수점 아래 첫째 자리까지 나타내면 77.8 %이다. ···· 3단계

답 77.8 %

단계	채점 기준	비율
1단계	수학 성적이 70점 이상인 학생 수를 구한 경우	30 %
2단계	전과목 평균 성적이 70점 이상인 학생 수를 구한 경우	40 %
3단계	학생의 비율을 구한 경우	30 %

11 수학 성적이 높을수록 전과목 평균 성적도 높은 편이므로 양의 상관관계가 있다.

답 양의 상관관계

12 1학년, 2학년 때의 봉사 활동 시수의 평균이 7시간 이상인 학생의 시수는 다음 그림과 같이

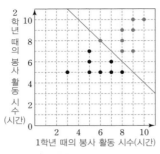

$(6, 8), (8, 7), (8, 8), (8, 9), (9, 7), (9, 9),$
$(9, 10), (10, 10)$

이므로 전체의 $\dfrac{8}{16} \times 100 = 50(\%)$이다.

답 50 %

13 1학년 때의 봉사 활동 시수가 5시간 이상 8시간 미만인 학생의 시수는
$(5, 5), (5, 6), (5, 7), (6, 5), (6, 8), (7, 5), (7, 6)$
이고 이때 2학년 때의 봉사 활동 시수는
5시간, 6시간, 7시간, 5시간, 8시간, 5시간, 6시간이므로
··· 1단계

$(\text{평균}) = \dfrac{5+6+7+5+8+5+6}{7} = \dfrac{42}{7} = 6(\text{시간})$
··· 2단계

답 6시간

단계	채점 기준	비율
1단계	해당 학생들의 봉사 활동 시수를 구한 경우	40 %
2단계	평균을 구한 경우	60 %

중단원 서술형 대비

V. 삼각비

V-1 삼각비의 뜻
본문 26~29쪽

01 풀이 참조   **02** 풀이 참조   **03** 풀이 참조

04 풀이 참조   **05** $\dfrac{4}{5}$ **06** $\dfrac{\sqrt{6}(1+\sqrt{5})}{6}$ **07** $\dfrac{2\sqrt{13}}{13}$

08 $\dfrac{\sqrt{6}}{6}$ **09** $\dfrac{8}{15}$ **10** $2\sqrt{6}$ **11** $27(\sqrt{3}-1)$ **12** $2-\sqrt{3}$

13 $\dfrac{\sqrt{3}}{3}$ **14** 1 **15** $\dfrac{\sqrt{3}}{2}$ **16** 1.4819

17 $\dfrac{10(\sqrt{6}-\sqrt{3})}{3}$ cm   **18** $\dfrac{2\sqrt{6}+3\sqrt{2}}{6}$ **19** 13

20 $\dfrac{\sqrt{2}}{2}$ **21** $\dfrac{1}{2}$ **22** $15°$

01 $13\sin A - 5 = 0$에서 $\sin A = \dfrac{\boxed{5}}{13}$ ··· 1단계

따라서 오른쪽 그림과 같이
$\angle B = 90°$, $\overline{AC} = 13$, $\overline{BC} = 5$인
직각삼각형 ABC를 생각할 수
있다.
··· 2단계

이때 $\overline{AB} = \sqrt{13^2 - 5^2} = \sqrt{\boxed{144}} = \boxed{12}$이므로

$\cos A = \dfrac{\boxed{12}}{13}$ ··· 3단계

답 풀이 참조

단계	채점 기준	비율
1단계	$\sin A$의 값을 구한 경우	20 %
2단계	조건을 만족하는 직각삼각형을 그린 경우	50 %
3단계	$\cos A$의 값을 구한 경우	30 %

02 $\tan A = \dfrac{\overline{BC}}{\overline{AB}}$이므로

$\dfrac{\boxed{12}}{\overline{AB}} = \sqrt{3}$

$\sqrt{3}\,\overline{AB} = \boxed{12}$에서

$\overline{AB} = \dfrac{\boxed{12}}{\sqrt{3}} = \boxed{4\sqrt{3}}(\text{cm})$ ··· 1단계

따라서 $\triangle ABC$의 넓이는

$$\frac{1}{2} \times 12 \times \boxed{4\sqrt{3}} = \boxed{24\sqrt{3}} \, (\text{cm}^2) \quad \cdots \text{2단계}$$

답 풀이 참조

단계	채점 기준	비율
1단계	$\overline{AB}$의 길이를 구한 경우	50 %
2단계	$\triangle ABC$의 넓이를 구한 경우	50 %

03 $\sin(x+60°)=1$이므로 $x+60°=90°$

$$\angle x = \boxed{30°} \quad \cdots \text{1단계}$$

$$\cos\frac{3x}{2} = \cos\boxed{45°} = \boxed{\frac{\sqrt{2}}{2}} \quad \cdots \text{2단계}$$

$$\tan(x+15°) = \tan\boxed{45°} = \boxed{1} \quad \cdots \text{3단계}$$

따라서

$$\cos\frac{3x}{2} - \tan(x+15°) = \frac{\sqrt{2}}{2} - 1$$

$$= \frac{\boxed{\sqrt{2}} - \boxed{2}}{2} \quad \cdots \text{4단계}$$

답 풀이 참조

단계	채점 기준	비율
1단계	$\angle x$의 크기를 구한 경우	20 %
2단계	$\cos\dfrac{3x}{2}$의 값을 구한 경우	30 %
3단계	$\tan(x+15°)$의 값을 구한 경우	30 %
4단계	식의 값을 구한 경우	20 %

04 $\angle A = 180° - (90° + \boxed{36°}) = \boxed{54°}$이므로

$$\cos\boxed{54°} = \frac{\boxed{x}}{10} = 0.5878에서$$

$$x = \boxed{5.878} \quad \cdots \text{1단계}$$

$$\sin\boxed{54°} = \frac{\boxed{y}}{10} = 0.8090에서$$

$$y = \boxed{8.090} \quad \cdots \text{2단계}$$

따라서 $y - x = 8.090 - 5.878 = \boxed{2.212}$ $\quad \cdots \text{3단계}$

답 풀이 참조

단계	채점 기준	비율
1단계	x의 값을 구한 경우	40 %
2단계	y의 값을 구한 경우	40 %
3단계	$y-x$의 값을 구한 경우	20 %

05 $\overline{AB} = 2\overline{AO} = 2 \times 5 = 10$

$\overline{BC} = \sqrt{10^2 - 8^2} = \sqrt{36} = 6$

$$\sin A = \frac{\overline{BC}}{\overline{AB}} = \frac{6}{10} = \frac{3}{5} \quad \cdots \text{1단계}$$

$$\tan B = \frac{\overline{AC}}{\overline{BC}} = \frac{8}{6} = \frac{4}{3} \quad \cdots \text{2단계}$$

따라서 $\sin A \times \tan B = \dfrac{3}{5} \times \dfrac{4}{3} = \dfrac{4}{5}$ $\quad \cdots \text{3단계}$

답 $\dfrac{4}{5}$

단계	채점 기준	비율
1단계	$\sin A$의 값을 구한 경우	40 %
2단계	$\tan B$의 값을 구한 경우	40 %
3단계	$\sin A \times \tan B$의 값을 구한 경우	20 %

06 $b = \sqrt{a^2+c^2} = \sqrt{a^2+(\sqrt{5}a)^2} = \sqrt{6}a$이므로

$$\sin A = \frac{a}{b} = \frac{a}{\sqrt{6}a} = \frac{\sqrt{6}}{6} \quad \cdots \text{1단계}$$

$$\cos A = \frac{c}{b} = \frac{\sqrt{5}a}{\sqrt{6}a} = \frac{\sqrt{30}}{6} \quad \cdots \text{2단계}$$

따라서 $\sin A + \cos A = \dfrac{\sqrt{6}}{6} + \dfrac{\sqrt{30}}{6} = \dfrac{\sqrt{6}(1+\sqrt{5})}{6}$

$\quad \cdots \text{3단계}$

답 $\dfrac{\sqrt{6}(1+\sqrt{5})}{6}$

단계	채점 기준	비율
1단계	$\sin A$의 값을 구한 경우	40 %
2단계	$\cos A$의 값을 구한 경우	40 %
3단계	$\sin A + \cos A$의 값을 구한 경우	20 %

07 직선 $2x-3y+6=0$과 x축, y축의 교점을 각각 A, B라고 하면 점 A의 좌표는 A$(-3, 0)$, $\quad \cdots \text{1단계}$
점 B의 좌표는 B$(0, 2)$ $\quad \cdots \text{2단계}$
직각삼각형 AOB에서 $\overline{AO}=3$, $\overline{BO}=2$이므로
$\overline{AB} = \sqrt{3^2+2^2} = \sqrt{13}$

따라서 $\sin a = \dfrac{2}{\sqrt{13}} = \dfrac{2\sqrt{13}}{13}$ $\quad \cdots \text{3단계}$

답 $\dfrac{2\sqrt{13}}{13}$

단계	채점 기준	비율
1단계	직선 $2x-3y+6=0$과 x축의 교점의 좌표를 구한 경우	30 %
2단계	직선 $2x-3y+6=0$과 y축의 교점의 좌표를 구한 경우	30 %
3단계	$\sin a$의 값을 구한 경우	40 %

08 △AEC는 ∠A=90°인 직각삼각형이므로
$\overline{AE}=1$, $\overline{AC}=\sqrt{1^2+1^2}=\sqrt{2}$, $\overline{CE}=\sqrt{1^2+(\sqrt{2})^2}=\sqrt{3}$
... 1단계

다음 그림에서

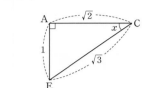

$\sin x = \dfrac{1}{\sqrt{3}} = \dfrac{\sqrt{3}}{3}$ ... 2단계

$\tan x = \dfrac{1}{\sqrt{2}} = \dfrac{\sqrt{2}}{2}$ ... 3단계

따라서 $\sin x \times \tan x = \dfrac{\sqrt{3}}{3} \times \dfrac{\sqrt{2}}{2} = \dfrac{\sqrt{6}}{6}$ ... 4단계

답 $\dfrac{\sqrt{6}}{6}$

단계	채점 기준	비율
1단계	△AEC의 각 변의 길이를 구한 경우	40 %
2단계	$\sin x$의 값을 구한 경우	20 %
3단계	$\tan x$의 값을 구한 경우	20 %
4단계	$\sin x \times \tan x$의 값을 구한 경우	20 %

09 ∠B=90°이므로 90° − ∠A = ∠C
$\sin(90° - A) = \sin C = \dfrac{15}{17}$이므로 다음 그림과 같이
∠B=90°, $\overline{AC}=17$, $\overline{AB}=15$인 △ABC를 생각할 수 있다.

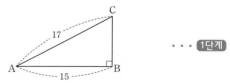

... 1단계

$\overline{BC} = \sqrt{17^2 - 15^2} = \sqrt{64} = 8$ ... 2단계

따라서 $\tan A = \dfrac{\overline{BC}}{\overline{AB}} = \dfrac{8}{15}$ ... 3단계

답 $\dfrac{8}{15}$

단계	채점 기준	비율
1단계	조건을 만족하는 △ABC를 그린 경우	40 %
2단계	$\overline{BC}$의 길이를 나타낸 경우	30 %
3단계	$\tan A$의 값을 구한 경우	30 %

10 △ABC에서 $\tan 30° = \dfrac{\overline{BC}}{6} = \dfrac{\sqrt{3}}{3}$이므로

$\overline{BC} = 6 \times \dfrac{\sqrt{3}}{3} = 2\sqrt{3}$ ... 1단계

△BCD에서 $\sin 45° = \dfrac{2\sqrt{3}}{\overline{BD}} = \dfrac{\sqrt{2}}{2}$이므로

$\overline{BD} = 2\sqrt{6}$ ... 2단계

답 $2\sqrt{6}$

단계	채점 기준	비율
1단계	$\overline{BC}$의 길이를 구한 경우	50 %
2단계	$\overline{BD}$의 길이를 구한 경우	50 %

11 △ABC에서
$\tan 60° = \dfrac{\overline{BC}}{6} = \sqrt{3}$이므로 $\overline{BC} = 6\sqrt{3}$ ... 1단계
다음 그림에서 $\overline{EF} = x$라고 하면 △EFC에서

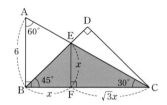

$\tan 30° = \dfrac{\overline{EF}}{\overline{CF}} = \dfrac{x}{\overline{CF}} = \dfrac{\sqrt{3}}{3}$이므로 $\overline{CF} = \sqrt{3}x$

△BFE에서 $\overline{BF} = \overline{EF} = x$
이때 $\overline{BC} = \overline{BF} + \overline{CF}$이므로
$6\sqrt{3} = x + \sqrt{3}x = x(1 + \sqrt{3})$
$x = \dfrac{6\sqrt{3}}{1+\sqrt{3}} = \dfrac{6\sqrt{3}(\sqrt{3}-1)}{(\sqrt{3}+1)(\sqrt{3}-1)} = 3\sqrt{3}(\sqrt{3}-1)$

... 2단계

따라서
$\triangle EBC = \dfrac{1}{2} \times 6\sqrt{3} \times 3\sqrt{3}(\sqrt{3}-1) = 27(\sqrt{3}-1)$

... 3단계

답 $27(\sqrt{3}-1)$

단계	채점 기준	비율
1단계	$\overline{BC}$의 길이를 구한 경우	20 %
2단계	$\overline{EF}$의 길이를 구한 경우	60 %
3단계	△EBC의 넓이를 구한 경우	20 %

12 ∠BAC=30°이므로 ∠BAD=180° − 30° = 150°
$\overline{AB} = \overline{AD}$이므로 ∠ABD = ∠ADB = 15° ... 1단계
△ABC에서 $\cos 60° = \dfrac{2}{\overline{AB}} = \dfrac{1}{2}$이므로 $\overline{AB} = 4$

$\overline{AD} = \overline{AB} = 4$ ... 2단계

$\sin 60°=\dfrac{\overline{\text{AC}}}{\overline{\text{AB}}}=\dfrac{\overline{\text{AC}}}{4}=\dfrac{\sqrt{3}}{2}$에서

$\overline{\text{AC}}=2\sqrt{3}$ · · · **3단계**

따라서

$\tan 15°=\dfrac{\overline{\text{BC}}}{\overline{\text{CD}}}=\dfrac{2}{4+2\sqrt{3}}=\dfrac{1}{2+\sqrt{3}}$

$\qquad=\dfrac{2-\sqrt{3}}{(2+\sqrt{3})(2-\sqrt{3})}=2-\sqrt{3}$ · · · **4단계**

답 $2-\sqrt{3}$

단계	채점 기준	비율
1단계	∠ADB의 크기를 구한 경우	30 %
2단계	$\overline{\text{AD}}$의 길이를 구한 경우	30 %
3단계	$\overline{\text{AC}}$의 길이를 구한 경우	20 %
4단계	$\tan 15°$의 값을 구한 경우	20 %

13 $\sin 45°\times x-\cos 60°\times y=-\sqrt{2}$에서

$\sqrt{2}x-y=-2\sqrt{2}$ · · · **1단계**

직선 $\sqrt{2}x-y=-2\sqrt{2}$와 x축, y축
의 교점을 각각 A, B라고 하면
A$(-2, 0)$, B$(0, 2\sqrt{2})$ 이므로 오
른쪽 그림에서
$\overline{\text{AB}}=\sqrt{2^2+(2\sqrt{2})^2}=2\sqrt{3}$

· · · **2단계**

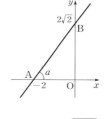

따라서 $\cos a=\dfrac{\overline{\text{AO}}}{\overline{\text{AB}}}=\dfrac{2}{2\sqrt{3}}=\dfrac{\sqrt{3}}{3}$ · · · **3단계**

답 $\dfrac{\sqrt{3}}{3}$

단계	채점 기준	비율
1단계	직선의 방정식을 구한 경우	30 %
2단계	$\overline{\text{AB}}$의 길이를 구한 경우	40 %
3단계	$\cos a$의 값을 구한 경우	30 %

14 $45°\leq∠\text{A}\leq90°$일 때,
$\sin A\geq\cos A$이므로
$\sin A-\cos A\geq0$, $\sin A+\cos A>0$ · · · **1단계**
$\sqrt{(\sin A-\cos A)^2}+\sqrt{(\sin A+\cos A)^2}$
$=(\sin A-\cos A)+(\sin A+\cos A)$
$=2\sin A=\sqrt{2}$ · · · **2단계**
$\sin A=\dfrac{\sqrt{2}}{2}$이므로 ∠A$=45°$ · · · **3단계**
따라서 $\tan A=\tan 45°=1$ · · · **4단계**

답 1

단계	채점 기준	비율
1단계	$\sin A-\cos A$, $\sin A+\cos A$의 부호를 각각 구한 경우	20 %
2단계	식을 간단히 정리한 경우	30 %
3단계	∠A의 크기를 구한 경우	30 %
4단계	$\tan A$의 값을 구한 경우	20 %

15 △DOB에서 ∠DOB$=∠x$라고 하면
$\cos x=\dfrac{\overline{\text{OB}}}{\overline{\text{OD}}}=\dfrac{1}{2}$에서 ∠$x=60°$ · · · **1단계**
$\sin 60°=\dfrac{a}{\overline{\text{OD}}}=a=\dfrac{\sqrt{3}}{2}$ · · · **2단계**
$\tan 60°=\dfrac{b}{\overline{\text{OA}}}=b=\sqrt{3}$ · · · **3단계**
따라서 $b-a=\sqrt{3}-\dfrac{\sqrt{3}}{2}=\dfrac{\sqrt{3}}{2}$ · · · **4단계**

답 $\dfrac{\sqrt{3}}{2}$

단계	채점 기준	비율
1단계	∠DOB의 크기를 구한 경우	30 %
2단계	a의 값을 구한 경우	30 %
3단계	b의 값을 구한 경우	30 %
4단계	$b-a$의 값을 구한 경우	10 %

16 △ABO에서 ∠BOA$=180°-(90°+50°)=40°$
· · · **1단계**
$\sin 40°=\dfrac{\overline{\text{AB}}}{\overline{\text{OB}}}=\overline{\text{AB}}$에서 $\overline{\text{AB}}=0.6428$ · · · **2단계**
$\tan 40°=\dfrac{\overline{\text{CD}}}{\overline{\text{OC}}}=\overline{\text{CD}}$에서 $\overline{\text{CD}}=0.8391$ · · · **3단계**
따라서 $\overline{\text{AB}}+\overline{\text{CD}}=0.6428+0.8391=1.4819$ · · **4단계**

답 1.4819

단계	채점 기준	비율
1단계	∠BOA의 크기를 구한 경우	20 %
2단계	$\overline{\text{AB}}$의 길이를 구한 경우	30 %
3단계	$\overline{\text{CD}}$의 길이를 구한 경우	30 %
4단계	$\overline{\text{AB}}+\overline{\text{CD}}$의 값을 구한 경우	20 %

17 $\sin C=\dfrac{10}{\overline{\text{AC}}}=\dfrac{\sqrt{2}}{2}$에서 $\overline{\text{AC}}=10\sqrt{2}(\text{cm})$

$\overline{\text{BC}}=\sqrt{(10\sqrt{2})^2-10^2}=10(\text{cm})$이므로

$\triangle ABC = \dfrac{1}{2} \times 10 \times 10 = 50(cm^2)$ ··· 1단계

또 $\tan C = 1$이므로 $\overline{CG} = \overline{FG} = a$ cm라고 하면

$\triangle CFG = \dfrac{1}{2} \times a \times a = \dfrac{1}{2}a^2 = \dfrac{1}{3}\triangle ABC$에서

$\dfrac{1}{2}a^2 = \dfrac{50}{3}$, $a^2 = \dfrac{100}{3}$

그런데 $a>0$이므로 $a = \dfrac{10\sqrt{3}}{3}$(cm) ··· 2단계

$\overline{CE} = \overline{DE} = b$ cm라고 하면

$\triangle CDE = \dfrac{1}{2} \times b \times b = \dfrac{1}{2}b^2 = \dfrac{2}{3}\triangle ABC$에서

$\dfrac{1}{2}b^2 = \dfrac{100}{3}$, $b^2 = \dfrac{200}{3}$

그런데 $b>0$이므로 $b = \dfrac{10\sqrt{6}}{3}$(cm) ··· 3단계

따라서

$\overline{EG} = b - a = \dfrac{10\sqrt{6}}{3} - \dfrac{10\sqrt{3}}{3} = \dfrac{10(\sqrt{6}-\sqrt{3})}{3}$(cm)

··· 4단계

답 $\dfrac{10(\sqrt{6}-\sqrt{3})}{3}$ cm

단계	채점 기준	비율
1단계	$\triangle ABC$의 넓이를 구한 경우	10 %
2단계	$\overline{CG}$의 길이를 구한 경우	40 %
3단계	$\overline{CE}$의 길이를 구한 경우	40 %
4단계	$\overline{EG}$의 길이를 구한 경우	10 %

18 $\triangle BHD$에서

$\overline{BD} = \sqrt{10^2+10^2} = 10\sqrt{2}$

$\overline{BH} = \sqrt{10^2+(10\sqrt{2})^2} = 10\sqrt{3}$

$\overline{DH} = 10$

$\triangle BHD \backsim \triangle DHI$(AA 닮음)

이므로

$\angle DBH = \angle IDH = \angle x$

$\cos x = \dfrac{10\sqrt{2}}{10\sqrt{3}} = \dfrac{\sqrt{6}}{3}$ ··· 1단계

$\tan x = \dfrac{10}{10\sqrt{2}} = \dfrac{\sqrt{2}}{2}$ ··· 2단계

따라서 $\cos x + \tan x = \dfrac{\sqrt{6}}{3} + \dfrac{\sqrt{2}}{2} = \dfrac{2\sqrt{6}+3\sqrt{2}}{6}$

··· 3단계

답 $\dfrac{2\sqrt{6}+3\sqrt{2}}{6}$

단계	채점 기준	비율
1단계	$\cos x$의 값을 구한 경우	40 %
2단계	$\tan x$의 값을 구한 경우	40 %
3단계	$\cos x + \tan x$의 값을 구한 경우	20 %

19 $\tan B = \dfrac{12}{5}$이므로

$\overline{AO} = 12k$, $\overline{BO} = 5k$ $(k>0)$라고 하면

직각삼각형 AOB에서

$\overline{AB} = \sqrt{(12k)^2+(5k)^2} = 13k$ ··· 1단계

$\triangle AOB = \dfrac{1}{2} \times 12k \times 5k = \dfrac{1}{2} \times 13k \times 12$에서

$5k^2 - 13k = 0$

$k(5k-13) = 0$

$k>0$이므로 $k = \dfrac{13}{5}$ ··· 2단계

따라서 $\overline{BO} = 5 \times \dfrac{13}{5} = 13$이므로 점 B의 y좌표는 13이다. ··· 3단계

답 13

단계	채점 기준	비율
1단계	$\overline{AB}$의 길이를 k에 대한 식으로 나타낸 경우	30 %
2단계	k의 값을 구한 경우	40 %
3단계	점 B의 y좌표를 구한 경우	30 %

20 $\triangle AEC$에서

$\overline{AE} = \sqrt{1^2+1^2} = \sqrt{2}$ ··· 1단계

$\triangle ABE$와 $\triangle DAE$에서

$\overline{BE} : \overline{AE} = \overline{AE} : \overline{DE} = \sqrt{2} : 1$,

$\angle BEA$는 공통이므로

$\triangle ABE \backsim \triangle DAE$(SAS 닮음)

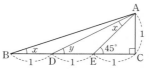

따라서 $\angle DAE = \angle ABE = \angle x$이므로 ··· 2단계

$\triangle ADE$에서

$\angle DAE + \angle ADE = \angle AEC$

즉, $\angle x + \angle y = 45°$ ··· 3단계

따라서 $\sin(x+y) = \sin 45° = \dfrac{\sqrt{2}}{2}$ ··· 4단계

답 $\dfrac{\sqrt{2}}{2}$

단계	채점 기준	비율
1단계	$\overline{AE}$의 길이를 구한 경우	10 %
2단계	$\angle DAE = \angle ABE = \angle x$임을 보인 경우	50 %
3단계	$\angle x + \angle y$의 크기를 구한 경우	20 %
4단계	$\sin (x+y)$의 값을 구한 경우	20 %

21 $\tan A = \dfrac{\sqrt{3}}{3}$이므로 $\angle A = 30°$ · · · 1단계

$\sin A = \sin 30° = \dfrac{2x}{1+4x^2} = \dfrac{1}{2}$에서

$4x = 1 + 4x^2$ · · · 2단계

이차방정식 $4x^2 - 4x + 1 = 0$에서 $(2x-1)^2 = 0$

따라서 $x = \dfrac{1}{2}$ · · · 3단계

답 $\dfrac{1}{2}$

단계	채점 기준	비율
1단계	$\angle A$의 크기를 구한 경우	30 %
2단계	x에 대한 이차방정식을 구한 경우	30 %
3단계	x의 값을 구한 경우	40 %

22 다음 그림에서 $\overline{AB} = a$라고 하면

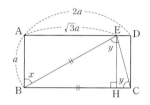

$\overline{AE} = \sqrt{(2a)^2 - a^2} = \sqrt{3}a$

$\sin x = \dfrac{\overline{AE}}{\overline{BE}} = \dfrac{\sqrt{3}a}{2a} = \dfrac{\sqrt{3}}{2}$이므로

$\angle x = 60°$ · · · 1단계

$\angle EBC = 90° - \angle ABE = 90° - 60° = 30°$이고,

$\triangle BCE$는 이등변삼각형이므로

$\angle y = \dfrac{1}{2} \times (180° - 30°) = 75°$ · · · 2단계

따라서 $\angle y - \angle x = 75° - 60° = 15°$ · · · 3단계

답 15°

단계	채점 기준	비율
1단계	$\angle x$의 크기를 구한 경우	40 %
2단계	$\angle y$의 크기를 구한 경우	40 %
3단계	$\angle x$와 $\angle y$의 크기의 차를 구한 경우	20 %

01 풀이 참조 **02** 풀이 참조 **03** 풀이 참조

04 풀이 참조 **05** $(11\sqrt{3}-6)$ m **06** $75(\sqrt{3}-1)$

07 3π cm³ **08** $\dfrac{3\sqrt{3}}{8}$ **09** $2\sqrt{13}$ km

10 $25(\sqrt{3}-1)$ **11** $4(\sqrt{3}+1)$ **12** $24\sqrt{3}$ cm²

13 $25(3+\sqrt{3})$cm² **14** $12\sqrt{3}$ cm² **15** 24 cm

16 10 cm **17** 150 m **18** 50초 후

19 풀이 참조 **20** $\dfrac{5}{4}$ **21** $(48-14\sqrt{3})$ cm²

22 120 cm², 90°

01 $\triangle ACB$에서 $\tan 48° = \dfrac{\overline{AB}}{\overline{BC}} = \dfrac{\overline{AB}}{\boxed{10}} = \boxed{1.11}$이므로

$\overline{AB} = \boxed{11.1}$ (m) · · · 1단계

따라서

(나무의 높이)$= \overline{AB} + \boxed{1.6} = 11.1 + 1.6$

$= \boxed{12.7}$ (m) · · · 2단계

답 풀이 참조

단계	채점 기준	비율
1단계	$\overline{AB}$의 길이를 구한 경우	50 %
2단계	나무의 높이를 구한 경우	50 %

02

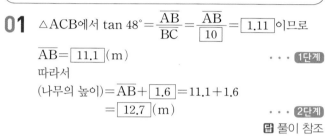

$\triangle ADB$에서

$\overline{AB} = \overline{AD} \tan \boxed{70°} = 50 \times \boxed{2.75} = \boxed{137.5}$ (m)

· · · 1단계

$\triangle BEC$에서

$\overline{BC} = \overline{CE} \tan \boxed{35°} = 50 \times \boxed{0.70} = \boxed{35.0}$ (m)

· · · 2단계

따라서 호수의 양쪽 끝 사이의 거리는

$\overline{AC} = \overline{AB} + \overline{BC} = 137.5 + 35.0 = \boxed{172.5}$ (m)

· · · 3단계

답 풀이 참조

단계	채점 기준	비율
1단계	$\overline{AB}$의 길이를 구한 경우	40 %
2단계	$\overline{BC}$의 길이를 구한 경우	40 %
3단계	호수의 양쪽 끝 사이의 거리를 구한 경우	20 %

03 $\triangle ABC = \dfrac{1}{2} \times 20 \times \boxed{20} \times \sin \boxed{60°} = \boxed{100\sqrt{3}} \, (\text{cm}^2)$

··· 1단계

$\triangle ADF \equiv \triangle BED \equiv \triangle CFE$ (SAS 합동)이고,

$\triangle ADF = \dfrac{1}{2} \times \boxed{4} \times 16 \times \sin 60° = \boxed{16\sqrt{3}} \, (\text{cm}^2)$

··· 2단계

따라서

$\triangle DEF = \triangle ABC - \boxed{3} \times \triangle ADF$

$= \boxed{100\sqrt{3}} - 3 \times \boxed{16\sqrt{3}}$

$= \boxed{52\sqrt{3}} \, (\text{cm}^2)$

··· 3단계

🔲 풀이 참조

단계	채점 기준	비율
1단계	$\triangle ABC$의 넓이를 구한 경우	30 %
2단계	$\triangle ADF$의 넓이를 구한 경우	30 %
3단계	$\triangle DEF$의 넓이를 구한 경우	40 %

04 평행사변형 ABCD에서

$\dfrac{\overline{BD}}{\overline{AC}} = \dfrac{3}{2}$이므로 $a > 0$에 대하여

$\overline{AC} = 2a$ cm, $\overline{BD} = 3a$ cm라고 하자.

$\square ABCD = \dfrac{1}{2} \times \boxed{2a} \times \boxed{3a} \times \sin(180° - 120°)$

$= \boxed{\dfrac{3\sqrt{3}}{2} a^2} \, (\text{cm}^2)$

··· 1단계

그런데

$\square ABCD = \boxed{4} \times \triangle BOC$

$= \boxed{4} \times \dfrac{15\sqrt{3}}{4}$

$= \boxed{15\sqrt{3}} \, (\text{cm}^2)$

이므로

··· 2단계

$\dfrac{3\sqrt{3}}{2} a^2 = 15\sqrt{3}$

$a^2 = 10$

$a > 0$이므로 $a = \sqrt{10}$

따라서 $\overline{AC} = 2a = \boxed{2\sqrt{10}} \, (\text{cm})$이다.

··· 3단계

🔲 풀이 참조

단계	채점 기준	비율
1단계	$\overline{AC}$, $\overline{BD}$의 길이를 이용하여 $\square ABCD$의 넓이를 나타낸 경우	30 %
2단계	$\square ABCD$의 넓이를 구한 경우	30 %
3단계	$\overline{AC}$의 길이를 구한 경우	40 %

05 오른쪽 그림과 같이 점 B에서 밑면에 내린 수선의 발을 E라고 하면

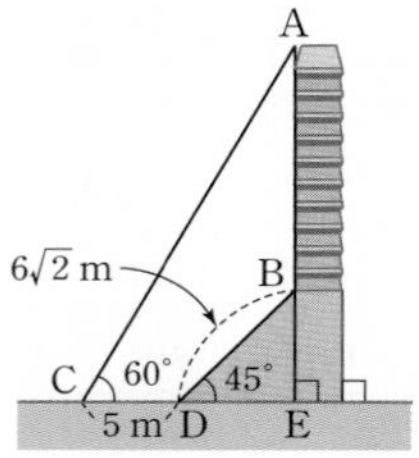

$\triangle BDE$에서

$\overline{DE} = 6\sqrt{2} \cos 45° = 6 \, (\text{m})$

··· 1단계

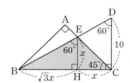

$\triangle ACE$에서

$\overline{BE} = \overline{DE} = 6 \, (\text{m})$이므로

$\overline{CE} = \overline{CD} + \overline{DE} = 5 + 6 = 11 \, (\text{m})$

··· 2단계

$\overline{AE} = 11 \tan 60° = 11\sqrt{3} \, (\text{m})$

··· 3단계

따라서 $\overline{AB} = \overline{AE} - \overline{BE} = 11\sqrt{3} - 6 \, (\text{m})$

··· 4단계

🔲 $(11\sqrt{3} - 6)$ m

단계	채점 기준	비율
1단계	$\overline{DE}$의 길이를 구한 경우	30 %
2단계	$\overline{CE}$의 길이를 구한 경우	20 %
3단계	$\overline{AE}$의 길이를 구한 경우	30 %
4단계	$\overline{AB}$의 길이를 구한 경우	20 %

06 다음 그림과 같이 점 E에서 $\overline{BC}$에 내린 수선의 발을 H라고 하자.

$\triangle BCD$에서

$\overline{BC} = 10 \tan 60° = 10\sqrt{3}$

··· 1단계

$\overline{EH} = x$라고 하면

$\triangle CEH$에서

$\overline{CH} = \dfrac{x}{\tan 45°} = x$

$\triangle BHE$에서

$\overline{EH} /\!/ \overline{CD}$이므로 $\angle BEH = 60°$

$\overline{BH} = x \tan 60° = \sqrt{3} x$

$\overline{BC} = \overline{BH} + \overline{CH} = (\sqrt{3} + 1)x$이므로

$(\sqrt{3} + 1)x = 10\sqrt{3}$

$x = \dfrac{10\sqrt{3}}{\sqrt{3} + 1} = \dfrac{10\sqrt{3}(\sqrt{3} - 1)}{(\sqrt{3} + 1)(\sqrt{3} - 1)} = 5(3 - \sqrt{3})$

··· 2단계

따라서

$\triangle EBC = \dfrac{1}{2} \times \overline{BC} \times \overline{EH}$

$= \dfrac{1}{2} \times 10\sqrt{3} \times 5(3 - \sqrt{3})$

$= 75(\sqrt{3} - 1)$

··· 3단계

🔲 $75(\sqrt{3} - 1)$

단계	채점 기준	비율
1단계	$\overline{BC}$의 길이를 구한 경우	20 %
2단계	$\triangle EBC$의 높이($\overline{EH}$의 길이)를 구한 경우	60 %
3단계	$\triangle EBC$의 넓이를 구한 경우	20 %

07 $\triangle ABH$에서

$\overline{AH}=\overline{AB}\sin 60°=2\sqrt{3}\times\dfrac{\sqrt{3}}{2}=3\,(\mathrm{cm})$ ··· 1단계

$\overline{BH}=\overline{AB}\cos 60°=2\sqrt{3}\times\dfrac{1}{2}=\sqrt{3}\,(\mathrm{cm})$ ··· 2단계

따라서

(원뿔의 부피)$=\dfrac{1}{3}\times\pi\times(\sqrt{3})^2\times3=3\pi\,(\mathrm{cm}^3)$

··· 3단계

🔲 $3\pi\ \mathrm{cm}^3$

단계	채점 기준	비율
1단계	$\overline{AH}$의 길이를 구한 경우	30 %
2단계	$\overline{BH}$의 길이를 구한 경우	30 %
3단계	원뿔의 부피를 구한 경우	40 %

08 다음 그림과 같이 점 A에서 $\overline{BC}$에 내린 수선의 발을 H라고 하자.

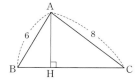

$\triangle ABH$에서

$\overline{BH}=\overline{AB}\cos B=6\times\dfrac{1}{2}=3$ ··· 1단계

$\overline{AH}=\sqrt{\overline{AB}^2-\overline{BH}^2}=\sqrt{6^2-3^2}=3\sqrt{3}$ ··· 2단계

따라서 $\triangle AHC$에서 $\sin C=\dfrac{\overline{AH}}{\overline{AC}}=\dfrac{3\sqrt{3}}{8}$ ··· 3단계

🔲 $\dfrac{3\sqrt{3}}{8}$

단계	채점 기준	비율
1단계	$\overline{BH}$의 길이를 구한 경우	30 %
2단계	$\overline{AH}$의 길이를 구한 경우	30 %
3단계	$\sin C$의 값을 구한 경우	40 %

09 오른쪽 그림과 같이 점 A에서 $\overline{BC}$에 내린 수선의 발을 H라고 하자.
$\triangle ABH$에서

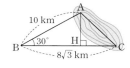

$\overline{AH}=\overline{AB}\sin 30°=10\times\dfrac{1}{2}=5\,(\mathrm{km})$ ··· 1단계

$\overline{BH}=\overline{AB}\cos 30°=10\times\dfrac{\sqrt{3}}{2}=5\sqrt{3}\,(\mathrm{km})$ ··· 2단계

$\overline{CH}=\overline{BC}-\overline{BH}=8\sqrt{3}-5\sqrt{3}=3\sqrt{3}\,(\mathrm{km})$ ··· 3단계

따라서 $\triangle AHC$에서

$\overline{AC}=\sqrt{\overline{AH}^2+\overline{CH}^2}=\sqrt{5^2+(3\sqrt{3})^2}$

$=\sqrt{52}=2\sqrt{13}\,(\mathrm{km})$ ··· 4단계

🔲 $2\sqrt{13}\ \mathrm{km}$

단계	채점 기준	비율
1단계	$\overline{AH}$의 길이를 구한 경우	30 %
2단계	$\overline{BH}$의 길이를 구한 경우	30 %
3단계	$\overline{CH}$의 길이를 구한 경우	20 %
4단계	$\overline{AC}$의 길이를 구한 경우	20 %

10 $\angle CAH=180°-(90°+45°)=45°$이므로
$\angle BAH=105°-45°=60°$
다음 그림과 같이 $\overline{AH}=h$라고 하면

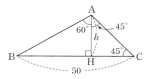

$\triangle ABH$에서
$\overline{BH}=h\tan 60°=\sqrt{3}h$ ··· 1단계
$\triangle AHC$에서
$\overline{CH}=h\tan 45°=h$ ··· 2단계
$\overline{BC}=\overline{BH}+\overline{CH}$이므로
$50=\sqrt{3}h+h$ ··· 3단계
$(\sqrt{3}+1)h=50$

따라서 $h=\dfrac{50}{\sqrt{3}+1}=\dfrac{50(\sqrt{3}-1)}{(\sqrt{3}+1)(\sqrt{3}-1)}=25(\sqrt{3}-1)$

··· 4단계

🔲 $25(\sqrt{3}-1)$

단계	채점 기준	비율
1단계	$\overline{BH}$의 길이를 h에 대한 식으로 나타낸 경우	30 %
2단계	$\overline{CH}$의 길이를 h에 대한 식으로 나타낸 경우	20 %
3단계	h에 대한 관계식을 구한 경우	20 %
4단계	$\overline{AH}$의 길이를 구한 경우	30 %

11 다음 그림과 같이 점 A에서 $\overline{BC}$의 연장선에 내린 수선의 발을 H라고 하자.

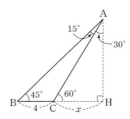

△ACH에서

$\angle ACH = \angle ABC + \angle BAC = 45° + 15° = 60°$

$\overline{CH} = x$라고 하면

$\overline{AH} = \overline{CH} \tan 60° = \sqrt{3}x$

그런데 △ABH는 직각이등변삼각형이므로 $\overline{AH} = \overline{BH}$

$\sqrt{3}x = 4 + x$

$x(\sqrt{3}-1) = 4$

$x = \dfrac{4}{\sqrt{3}-1} = \dfrac{4(\sqrt{3}+1)}{(\sqrt{3}-1)(\sqrt{3}+1)} = 2(\sqrt{3}+1)$

· · · 1단계

따라서 $\overline{AC} = \dfrac{\overline{CH}}{\cos 60°} = 2x = 4(\sqrt{3}+1)$ · · · 2단계

답 $4(\sqrt{3}+1)$

단계	채점 기준	비율
1단계	$\overline{CH}$의 길이를 구한 경우	50 %
2단계	$\overline{AC}$의 길이를 구한 경우	50 %

12 $\triangle ABC = \dfrac{1}{2} \times 9 \times 16 \times \sin 60° = 36\sqrt{3}(\text{cm}^2)$

· · · 1단계

점 G가 △ABC의 무게중심이므로

$\triangle GAB = \triangle GBC = \triangle GCA = \dfrac{1}{3}\triangle ABC$

따라서 색칠한 부분의 넓이는

$\triangle GBC + \triangle GCA = 2\triangle GBC = \dfrac{2}{3}\triangle ABC = 24\sqrt{3}(\text{cm}^2)$

· · · 2단계

답 $24\sqrt{3}$ cm²

단계	채점 기준	비율
1단계	△ABC의 넓이를 구한 경우	50 %
2단계	색칠한 부분의 넓이를 구한 경우	50 %

13 오른쪽 그림과 같이 $\overline{AO}$, $\overline{BO}$를 그으면 부채꼴의 중심각의 크기는 호의 길이에 정비례하므로

$\angle AOB = 360° \times \dfrac{5}{12} = 150°$

$\angle BOC = 360° \times \dfrac{3}{12} = 90°$

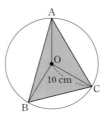

$\angle AOC = 360° \times \dfrac{4}{12} = 120°$ · · · 1단계

따라서

$\triangle ABC = \triangle OAB + \triangle OBC + \triangle OCA$

$= \dfrac{1}{2} \times 10 \times 10 \times \sin(180° - 150°) + \dfrac{1}{2} \times 10 \times 10$

$\qquad + \dfrac{1}{2} \times 10 \times 10 \times \sin(180° - 120°)$

$= 25 + 50 + 25\sqrt{3}$

$= 75 + 25\sqrt{3}$

$= 25(3 + \sqrt{3})(\text{cm}^2)$ · · · 2단계

답 $25(3 + \sqrt{3})$ cm²

단계	채점 기준	비율
1단계	$\angle AOB$, $\angle BOC$, $\angle AOC$의 크기를 각각 구한 경우	30 %
2단계	△ABC의 넓이를 구한 경우	70 %

14 다음 그림과 같이 점 B에서 $\overline{AC}$의 연장선에 내린 수선의 발을 H라고 하자.

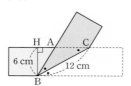

△BCH에서

$\sin(\angle BCH) = \dfrac{6}{12} = \dfrac{1}{2}$이므로

$\angle BCH = 30°$ · · · 1단계

△AHB에서

$\angle ABH = 90° - (30° + 30°) = 30°$이므로

$\overline{AB} = \dfrac{\overline{BH}}{\cos 30°} = 6 \times \dfrac{2}{\sqrt{3}}$

$\qquad = 4\sqrt{3}(\text{cm})$ · · · 2단계

따라서

$\triangle ABC = \dfrac{1}{2} \times \overline{AB} \times \overline{BC} \times \sin 30°$

$\qquad = \dfrac{1}{2} \times 4\sqrt{3} \times 12 \times \dfrac{1}{2}$

$\qquad = 12\sqrt{3}(\text{cm}^2)$ · · · 3단계

답 $12\sqrt{3}$ cm²

단계	채점 기준	비율
1단계	$\angle BCH$의 크기를 구한 경우	30 %
2단계	$\overline{AB}$의 길이를 구한 경우	30 %
3단계	△ABC의 넓이를 구한 경우	40 %

15 $\overline{AB} = a$ cm $(a>0)$라고 하면

$$\square ABCD = a^2 \times \sin 45° = \frac{\sqrt{2}}{2}a^2 = 18\sqrt{2}(\text{cm}^2)$$

··· **1단계**

에서 $a^2 = 36$

$a>0$이므로 $a=6$ ··· **2단계**

따라서 마름모 ABCD의 둘레의 길이는

$6 \times 4 = 24(\text{cm})$ ··· **3단계**

🔲 24 cm

단계	채점 기준	비율
1단계	□ABCD의 넓이를 식으로 나타낸 경우	30 %
2단계	$\overline{AB}$의 길이를 구한 경우	40 %
3단계	마름모 ABCD의 둘레의 길이를 구한 경우	30 %

16 □ABCD에서

$\overline{AC} : \overline{BD} = 4 : 5$이므로 $a>0$에 대하여

$\overline{AC} = 4a$ cm, $\overline{BD} = 5a$ cm라고 하자.

$$\square ABCD = \frac{1}{2} \times 4a \times 5a \times \sin(180° - 120°)$$
$$= 5\sqrt{3}a^2 = 20\sqrt{3}(\text{cm}^2)$$

··· **1단계**

에서 $a^2 = 4$

$a>0$이므로 $a=2$ ··· **2단계**

따라서 $\overline{BD} = 5a = 10(\text{cm})$ ··· **3단계**

🔲 10 cm

단계	채점 기준	비율
1단계	□ABCD의 넓이를 식으로 나타낸 경우	40 %
2단계	a의 값을 구한 경우	40 %
3단계	$\overline{BD}$의 길이를 구한 경우	20 %

17 $\overline{CH} = h$ m라고 하면

△BCH에서

$\angle BCH = 180° - (90° + 40°) = 50°$

$\overline{BH} = \overline{CH} \tan 50° = 1.2h(\text{m})$ ··· **1단계**

△ACH에서

$\angle ACH = 180° - (90° + 20°) = 70°$

$\overline{AH} = \overline{CH} \tan 70° = 2.7h(\text{m})$ ··· **2단계**

$\overline{AB} = \overline{AH} - \overline{BH}$이므로

$225 = 2.7h - 1.2h = 1.5h$

따라서 $h = \dfrac{225}{1.5} = 150(\text{m})$ ··· **3단계**

🔲 150 m

단계	채점 기준	비율
1단계	$\overline{BH}$의 길이를 h에 대한 식으로 나타낸 경우	30 %
2단계	$\overline{AH}$의 길이를 h에 대한 식으로 나타낸 경우	30 %
3단계	피라미드의 높이를 구한 경우	40 %

18 주어진 상황을 점과 선분으로 나타내면 오른쪽 그림과 같고 점 A에서 $\overline{BC}$에 내린 수선의 발을 H라고 하면 점 A와 $\overline{BC}$의 최단 거리는 $\overline{AH}$이다.

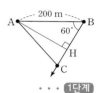

··· **1단계**

△AHB에서

$\overline{BH} = \overline{AB} \cos 60° = 200 \times \dfrac{1}{2} = 100(\text{m})$이므로

··· **2단계**

가원이와 서하가 가장 가까워지는 것은 가원이가 걷기 시작한 지 $100 \div 2 = 50$(초) 후이다. ··· **3단계**

🔲 50초 후

단계	채점 기준	비율
1단계	두 사람 사이의 거리가 가장 가까울 때의 조건을 나타낸 경우	30 %
2단계	$\overline{BH}$의 길이(가원이가 이동한 거리)를 구한 경우	40 %
3단계	가장 가까워질 때까지 걸린 시간을 구한 경우	30 %

19 오른쪽 그림과 같이 점 B에서 점 A를 지나고 지면과 평행한 직선에 내린 수선의 발을 C라고 하자.

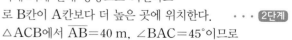

이 놀이기구는 10초에 22.5°씩 회전하므로 두 칸 모두 20초 동안에 45° 회전한다. ··· **1단계**

이때 시계 반대 방향으로 회전하므로 B칸이 A칸보다 더 높은 곳에 위치한다. ··· **2단계**

△ACB에서 $\overline{AB} = 40$ m, $\angle BAC = 45°$이므로

$\overline{BC} = \overline{AB} \sin 45° = 40 \times \dfrac{\sqrt{2}}{2} = 20\sqrt{2}(\text{m})$

따라서 20초 후에 B칸은 A칸보다 $20\sqrt{2}$ m 더 높은 곳에 있다. ··· **3단계**

🔲 풀이 참조

단계	채점 기준	비율
1단계	20초 동안 회전한 각의 크기를 구한 경우	30 %
2단계	어느 칸이 더 높이 있는지 구한 경우	30 %
3단계	두 칸의 높이 차를 구한 경우	40 %

20 △ABC에서

$\overline{AD} : \overline{BD} = 5 : 4$이므로 $a > 0$에 대하여

$\overline{AD} = 5a$, $\overline{BD} = 4a$라고 하면 $\overline{AB} = 9a$

$\overline{AE} : \overline{CE} = 4 : 1$이므로 $b > 0$에 대하여

$\overline{AE} = 4b$, $\overline{CE} = b$라고 하면 $\overline{AC} = 5b$

$$\triangle ABC = \frac{1}{2} \times \overline{AB} \times \overline{AC} \times \sin A$$
$$= \frac{1}{2} \times 9a \times 5b \times \sin A$$
$$= \frac{45ab}{2} \sin A \qquad \cdots \text{1단계}$$

$$S = \triangle ADE = \frac{1}{2} \times \overline{AD} \times \overline{AE} \times \sin A$$
$$= \frac{1}{2} \times 5a \times 4b \times \sin A$$
$$= 10ab \sin A \qquad \cdots \text{2단계}$$

$$T = \square DBCE = \triangle ABC - \triangle ADE$$
$$= \frac{45ab}{2} \sin A - 10ab \sin A$$
$$= \frac{25ab}{2} \sin A \qquad \cdots \text{3단계}$$

따라서

$$T \div S = \frac{25ab}{2} \sin A \div 10ab \sin A$$
$$= \frac{25}{2} \times \frac{1}{10} = \frac{5}{4} \qquad \cdots \text{4단계}$$

답 $\dfrac{5}{4}$

단계	채점 기준	비율
1단계	△ABC의 넓이를 식으로 나타낸 경우	30 %
2단계	△ADE의 넓이를 식으로 나타낸 경우	30 %
3단계	□DBCE의 넓이를 식으로 나타낸 경우	30 %
4단계	$T \div S$의 값을 구한 경우	10 %

21 △BCE에서

$\overline{CE} = \overline{BC} \tan 30° = 6 \times \dfrac{\sqrt{3}}{3} = 2\sqrt{3}$ (cm)이므로

$\triangle BCE = \dfrac{1}{2} \times 6 \times 2\sqrt{3} = 6\sqrt{3}$ (cm²) $\quad \cdots \text{1단계}$

△DHE에서

$\overline{DE} = \overline{CD} - \overline{CE} = 6 - 2\sqrt{3}$ (cm)

$\angle DEH = 180° - (90° + 60°) = 30°$이므로

$\overline{DH} = \overline{DE} \tan 30° = (6 - 2\sqrt{3}) \times \dfrac{\sqrt{3}}{3} = 2\sqrt{3} - 2$ (cm)

$\triangle DHE = \dfrac{1}{2} \times (6 - 2\sqrt{3}) \times (2\sqrt{3} - 2) = 8\sqrt{3} - 12$ (cm²)

$\cdots \text{2단계}$

따라서

$$\square ABEH = \square ABCD - \triangle BCE - \triangle DHE$$
$$= 6^2 - 6\sqrt{3} - (8\sqrt{3} - 12)$$
$$= 48 - 14\sqrt{3} \text{(cm}^2) \qquad \cdots \text{3단계}$$

답 $(48 - 14\sqrt{3})$ cm²

단계	채점 기준	비율
1단계	△BCE의 넓이를 구한 경우	30 %
2단계	△DHE의 넓이를 구한 경우	40 %
3단계	□ABEH의 넓이를 구한 경우	30 %

22 $\square ABCD = \dfrac{1}{2} \times 20 \times 12 \times \sin x = 120 \sin x$ (cm²)

$\cdots \text{1단계}$

$\sin x$의 값이 최대일 때 □ABCD의 넓이가 최대이며,

$\sin x$는 $\angle x = 90°$일 때, 최댓값 1이다. $\quad \cdots \text{2단계}$

따라서 □ABCD의 넓이의 최댓값은 120 cm²이고,

이때 두 대각선이 이루는 $\angle x$의 크기는 90°이다.

$\cdots \text{3단계}$

답 120 cm², 90°

단계	채점 기준	비율
1단계	□ABCD의 넓이를 식으로 나타낸 경우	30 %
2단계	□ABCD의 넓이가 최대일 때 $\angle x$의 크기를 구한 경우	30 %
3단계	□ABCD의 넓이의 최댓값을 구한 경우	40 %

Ⅵ. 원의 성질

본문 34~37쪽

Ⅵ-1 원과 직선

01 풀이 참조		**02** 풀이 참조		**03** 풀이 참조	
04 풀이 참조		**05** 17		**06** $10\sqrt{3}$ cm	**07** 2 cm
08 $6\sqrt{3}$ cm		**09** 108π cm^2		**10** $4\sqrt{3}$ cm	
11 $\dfrac{9}{2}\pi$ cm		**12** $3\sqrt{5}$ cm^2		**13** $\dfrac{48}{5}$ cm	
14 54 cm^2		**15** 11 cm		**16** 16 cm	
17 $5\sqrt{5}$		**18** $12\sqrt{3}$ cm		**19** 16개	
20 2		**21** 3 cm		**22** $\dfrac{8}{3}$ cm	

01 원 모양 접시의 중심을 O, 반지름의 길이를 r cm라고 하면
$$\overline{AM}=\frac{1}{2}\overline{AB}=\boxed{5}\,(cm)$$
     ··· 1단계

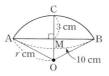

$$\overline{OM}=\overline{OC}-\overline{MC}=r-3\,(cm)$$
△AMO에서
$$\boxed{5}^2+(r-3)^2=r^2$$
$$6r=\boxed{34},\ r=\boxed{\frac{17}{3}}$$
     ··· 2단계

따라서 원 모양 접시의 둘레의 길이는
$$2\pi\times\boxed{\frac{17}{3}}=\boxed{\frac{34}{3}}\pi\,(cm)$$
     ··· 3단계

답 풀이 참조

단계	채점 기준	비율
1단계	$\overline{AM}$의 길이를 구한 경우	30 %
2단계	원의 반지름의 길이를 구한 경우	40 %
3단계	원 모양의 접시의 둘레의 길이를 구한 경우	30 %

02 원의 중심 O에 $\overline{CD}$에 내린 수선의 발을 N이라고 하면
$\overline{AB}=\overline{CD}$이므로
$$\overline{ON}=\overline{OM}=\boxed{12}\text{ cm}\quad\text{··· 1단계}$$

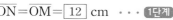

직각삼각형 OND에서
$$\overline{DN}=\sqrt{13^2-12^2}=\sqrt{25}=\boxed{5}\,(cm)$$
따라서 $\overline{CD}=2\overline{DN}=2\times5=\boxed{10}\,(cm)$이므로 ··· 2단계
$$\triangle OCD=\frac{1}{2}\times10\times12=\boxed{60}\,(cm^2)$$
     ··· 3단계

답 풀이 참조

단계	채점 기준	비율
1단계	$\overline{ON}$의 길이를 구한 경우	30 %
2단계	$\overline{CD}$의 길이를 구한 경우	40 %
3단계	△OCD의 넓이를 구한 경우	30 %

03 $\overline{PT}$와 $\overline{PT'}$은 원 O의 접선이므로
$$\angle PTO=\angle PT'O=\boxed{90}°$$
     ··· 1단계
$$\angle TOT'=360°-(90°+90°+\boxed{80}°)$$
$$=\boxed{100}°$$
     ··· 2단계
따라서 색칠한 부분의 넓이는
$$\pi\times6^2\times\frac{360-\boxed{100}}{360}=\boxed{26}\pi\,(cm^2)$$
     ··· 3단계

답 풀이 참조

단계	채점 기준	비율
1단계	$\angle PTO$, $\angle PT'O$의 크기를 구한 경우	30 %
2단계	$\angle TOT'$의 크기를 구한 경우	40 %
3단계	색칠한 부분의 넓이를 구한 경우	30 %

04 $\overline{CP}=\overline{CA}=\boxed{5}$ cm,
$\overline{DP}=\overline{DB}=\boxed{4}$ cm이므로
$$\overline{CD}=5+4=\boxed{9}\,(cm)$$
     ··· 1단계

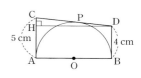

점 D에서 $\overline{CA}$에 내린 수선의 발을 H라고 하면
△CHD에서
$$\overline{CH}=\overline{CA}-\overline{AH}=\overline{CA}-\overline{DB}$$
$$=5-4=1\,(cm)$$
$$\overline{DH}=\sqrt{\boxed{9}^2-1^2}=\sqrt{80}=\boxed{4}\sqrt{5}\,(cm)$$
     ··· 2단계
따라서 $\overline{AB}=\overline{DH}=\boxed{4\sqrt{5}}$ cm
     ··· 3단계

답 풀이 참조

단계	채점 기준	비율
1단계	$\overline{CD}$의 길이를 구한 경우	40 %
2단계	$\overline{DH}$의 길이를 구한 경우	40 %
3단계	$\overline{AB}$의 길이를 구한 경우	20 %

05 $\overline{BH}=\overline{AH}=5$ cm이므로 $x=5$
     ··· 1단계
△OBH에서
$$y=\sqrt{13^2-5^2}=\sqrt{144}=12$$
     ··· 2단계
따라서 $x+y=5+12=17$
     ··· 3단계

답 17

단계	채점 기준	비율
1단계	x의 값을 구한 경우	40 %
2단계	y의 값을 구한 경우	40 %
3단계	$x+y$의 값을 구한 경우	20 %

06 $\overline{OC}=\overline{OA}=10$ cm이므로

$\overline{OH}=\dfrac{1}{2}\overline{OC}=\dfrac{1}{2}\times 10=5(cm)$ ··· **1단계**

△OAH에서

$\overline{AH}=\sqrt{10^2-5^2}=\sqrt{75}=5\sqrt{3}(cm)$ ··· **2단계**

따라서 $\overline{AB}=2\overline{AH}=2\times 5\sqrt{3}=10\sqrt{3}(cm)$ ··· **3단계**

📝 $10\sqrt{3}$ cm

단계	채점 기준	비율
1단계	$\overline{OH}$의 길이를 구한 경우	30 %
2단계	$\overline{AH}$의 길이를 구한 경우	40 %
3단계	$\overline{AB}$의 길이를 구한 경우	30 %

07 $\overline{AM}=\dfrac{1}{2}\overline{AB}=\dfrac{1}{2}\times 8=4(cm)$ ··· **1단계**

반지름의 길이가 5 cm이므로 $\overline{OA}=5$ cm

△OAM에서

$\overline{OM}=\sqrt{5^2-4^2}=\sqrt{9}=3(cm)$ ··· **2단계**

따라서 $\overline{MN}=5-3=2(cm)$ ··· **3단계**

📝 2 cm

단계	채점 기준	비율
1단계	$\overline{AM}$의 길이를 구한 경우	30 %
2단계	$\overline{OM}$의 길이를 구한 경우	40 %
3단계	$\overline{MN}$의 길이를 구한 경우	30 %

08 원의 중심 O에서 $\overline{AB}$에 내린 수
선의 발을 H라고 하면

$\overline{OH}=\dfrac{1}{2}\overline{OA}=3(cm)$ ··· **1단계**

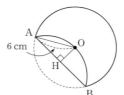

△OAH에서

$\overline{AH}=\sqrt{6^2-3^2}=\sqrt{27}=3\sqrt{3}(cm)$ ··· **2단계**

따라서 $\overline{AB}=2\overline{AH}=2\times 3\sqrt{3}=6\sqrt{3}(cm)$ ··· **3단계**

📝 $6\sqrt{3}$ cm

단계	채점 기준	비율
1단계	$\overline{OH}$의 길이를 구한 경우	30 %
2단계	$\overline{AH}$의 길이를 구한 경우	40 %
3단계	$\overline{AB}$의 길이를 구한 경우	30 %

09 $\overline{OM}=\overline{ON}$이므로 $\overline{AB}=\overline{CD}=18$ cm

$\overline{AM}=\dfrac{1}{2}\overline{AB}=\dfrac{1}{2}\times 18=9(cm)$이므로 ··· **1단계**

직각삼각형 OAM에서

$\overline{OA}=\dfrac{\overline{AM}}{\sin 60°}=9\times\dfrac{2}{\sqrt{3}}=6\sqrt{3}(cm)$ ··· **2단계**

따라서 원 O의 넓이는

$\pi\times(6\sqrt{3})^2=108\pi(cm^2)$ ··· **3단계**

📝 108π cm²

단계	채점 기준	비율
1단계	$\overline{AM}$의 길이를 구한 경우	30 %
2단계	원의 반지름의 길이를 구한 경우	40 %
3단계	원 O의 넓이를 구한 경우	30 %

10 $\overline{AB}$는 작은 원의 접선이면서 큰 원의 현이므로

$\overline{AB}\perp\overline{CD}$, $\overline{AT}=\overline{BT}$ ··· **1단계**

△OAT에서

$\overline{AT}=\sqrt{4^2-2^2}=\sqrt{12}=2\sqrt{3}(cm)$ ··· **2단계**

따라서 $\overline{AB}=2\overline{AT}=2\times 2\sqrt{3}=4\sqrt{3}(cm)$ ··· **3단계**

📝 $4\sqrt{3}$ cm

단계	채점 기준	비율
1단계	접선의 성질을 찾은 경우	20 %
2단계	$\overline{AT}$의 길이를 구한 경우	40 %
3단계	$\overline{AB}$의 길이를 구한 경우	40 %

11 $\angle PAO=\angle PBO=90°$이므로 ··· **1단계**

□APBO에서

$\angle AOB=360°-(90°+90°+45°)=135°$ ··· **2단계**

따라서 $\widehat{AB}=2\pi\times 6\times\dfrac{135}{360}=\dfrac{9}{2}\pi(cm)$ ··· **3단계**

📝 $\dfrac{9}{2}\pi$ cm

단계	채점 기준	비율
1단계	$\angle PAO$, $\angle PBO$의 크기를 각각 구한 경우	30 %
2단계	$\angle AOB$의 크기를 구한 경우	40 %
3단계	$\widehat{AB}$의 길이를 구한 경우	30 %

12 $\overline{OT}=\overline{OA}=2$ cm이므로 ··· **1단계**

△OTP는 $\angle OTP=90°$인 직각삼각형이므로

$\overline{PT}=\sqrt{7^2-2^2}=\sqrt{45}=3\sqrt{5}(cm)$ ··· **2단계**

따라서

$$\triangle \text{OTP} = \frac{1}{2} \times \overline{\text{OT}} \times \overline{\text{PT}}$$
$$= \frac{1}{2} \times 2 \times 3\sqrt{5} = 3\sqrt{5} \, (\text{cm}^2) \qquad \cdots \boxed{\text{3단계}}$$

🅰 $3\sqrt{5}$ cm²

단계	채점 기준	비율
1단계	$\overline{\text{OT}}$의 길이를 구한 경우	20 %
2단계	$\overline{\text{PT}}$의 길이를 구한 경우	40 %
3단계	$\triangle \text{OTP}$의 넓이를 구한 경우	40 %

13 $\angle \text{PAO} = 90°$이므로 $\qquad \cdots \boxed{\text{1단계}}$

$\triangle \text{APO}$에서

$\overline{\text{PA}} = \sqrt{10^2 - 6^2} = \sqrt{64} = 8 \, (\text{cm}) \qquad \cdots \boxed{\text{2단계}}$

$\overline{\text{PO}} \perp \overline{\text{AH}}$이므로 $\triangle \text{APO}$의 넓이에서

$\overline{\text{AP}} \times \overline{\text{AO}} = \overline{\text{PO}} \times \overline{\text{AH}}$

$8 \times 6 = 10 \times \overline{\text{AH}}$

$\overline{\text{AH}} = \dfrac{24}{5} \, (\text{cm}) \qquad \cdots \boxed{\text{3단계}}$

따라서 $\overline{\text{AB}} = 2\overline{\text{AH}} = 2 \times \dfrac{24}{5} = \dfrac{48}{5} \, (\text{cm}) \qquad \cdots \boxed{\text{4단계}}$

🅰 $\dfrac{48}{5}$ cm

단계	채점 기준	비율
1단계	$\angle \text{PAO}$의 크기를 구한 경우	20 %
2단계	$\overline{\text{PA}}$의 길이를 구한 경우	30 %
3단계	$\overline{\text{AH}}$의 길이를 구한 경우	30 %
4단계	$\overline{\text{AB}}$의 길이를 구한 경우	20 %

14 원 O의 반지름의 길이를 r cm라고 하면

$\overline{\text{CQ}} = \overline{\text{CR}} = r$ cm

$\overline{\text{BQ}} = \overline{\text{BP}} = 6$ cm이므로

$\overline{\text{BC}} = 6 + r \, (\text{cm}) \qquad \cdots \boxed{\text{1단계}}$

$\overline{\text{AR}} = \overline{\text{AP}} = 9$ cm이므로

$\overline{\text{AC}} = 9 + r \, (\text{cm}) \qquad \cdots \boxed{\text{2단계}}$

$\triangle \text{ABC}$에서

$15^2 = (6+r)^2 + (9+r)^2$

$r^2 + 15r - 54 = 0$

$(r+18)(r-3) = 0$

$r > 0$이므로 $r = 3 \qquad \cdots \boxed{\text{3단계}}$

$\overline{\text{BC}} = 6 + 3 = 9 \, (\text{cm})$

$\overline{\text{AC}} = 9 + 3 = 12 \, (\text{cm})$이므로

$\triangle \text{ABC} = \dfrac{1}{2} \times 9 \times 12 = 54 \, (\text{cm}^2) \qquad \cdots \boxed{\text{4단계}}$

🅰 54 cm²

단계	채점 기준	비율
1단계	$\overline{\text{BC}}$의 길이를 원 O의 반지름의 길이를 사용하여 나타낸 경우	20 %
2단계	$\overline{\text{AC}}$의 길이를 원 O의 반지름의 길이를 사용하여 나타낸 경우	20 %
3단계	원 O의 반지름의 길이를 구한 경우	30 %
4단계	$\triangle \text{ABC}$의 넓이를 구한 경우	30 %

15 원 O가 $\triangle \text{ABC}$의 세 변 AB, BC, CA와 만나는 세 접점을 각각 P, Q, R라고 하자.

$\overline{\text{BP}} = x$ cm라고 하면

$\overline{\text{BQ}} = \overline{\text{BP}} = x$ cm

$\overline{\text{AR}} = \overline{\text{AP}} = (9-x)$ cm

$\overline{\text{CR}} = \overline{\text{CQ}} = (8-x)$ cm $\qquad \cdots \boxed{\text{1단계}}$

$\overline{\text{AC}} = (9-x) + (8-x) = 6$

$x = \dfrac{11}{2}$, 즉 $\overline{\text{BP}} = \dfrac{11}{2}$ cm $\qquad \cdots \boxed{\text{2단계}}$

따라서 $\triangle \text{BED}$의 둘레의 길이는

$\overline{\text{BE}} + \overline{\text{ED}} + \overline{\text{DB}} = 2\overline{\text{BP}} = 11 \, (\text{cm}) \qquad \cdots \boxed{\text{3단계}}$

🅰 11 cm

단계	채점 기준	비율
1단계	각 접선의 길이를 $\overline{\text{BP}}$의 길이를 사용하여 나타낸 경우	30 %
2단계	$\overline{\text{BP}}$의 길이를 구한 경우	40 %
3단계	$\triangle \text{BED}$의 둘레의 길이를 구한 경우	30 %

16 $\overline{\text{AS}} = \overline{\text{AP}} = \overline{\text{BP}} = \overline{\text{BQ}} = \dfrac{1}{2}\overline{\text{AB}} = 3 \, (\text{cm})$

$\overline{\text{DR}} = \overline{\text{DS}} = 8 - 3 = 5 \, (\text{cm}) \qquad \cdots \boxed{\text{1단계}}$

$\overline{\text{ER}} = \overline{\text{EQ}} = x$ cm라고 하면

$\overline{\text{DE}} = \overline{\text{DR}} + \overline{\text{ER}} = 5 + x \, (\text{cm})$

$\overline{\text{EC}} = 8 - (3+x) = 5 - x \, (\text{cm}) \qquad \cdots \boxed{\text{2단계}}$

따라서 $\triangle \text{CDE}$의 둘레의 길이는

$\overline{\text{DE}} + \overline{\text{EC}} + \overline{\text{CD}} = 5 + x + (5-x) + 6$
$= 16 \, (\text{cm}) \qquad \cdots \boxed{\text{3단계}}$

🅰 16 cm

단계	채점 기준	비율
1단계	$\overline{\text{DR}}$의 길이를 구한 경우	30 %
2단계	$\overline{\text{DE}}$, $\overline{\text{EC}}$의 길이를 $\overline{\text{ER}}$의 길이를 사용하여 나타낸 경우	30 %
3단계	$\triangle \text{CDE}$의 둘레의 길이를 구한 경우	40 %

17 오른쪽 그림과 같이 원의 중심 O를 지나고 $\overline{AB}$, $\overline{CD}$와 각각 평행한 두 현을 그린다.

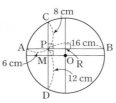

$\overline{DM}=\dfrac{1}{2}\overline{CD}=10(cm)$

$\overline{AR}=\overline{BR}=\dfrac{1}{2}\overline{AB}=11(cm)$

· · · 1단계

$\overline{OM}=\overline{PR}=\overline{AR}-\overline{AP}$
$=11-6=5(cm)$

· · · 2단계

△DOM에서
$\overline{OD}=\sqrt{10^2+5^2}=\sqrt{125}=5\sqrt{5}(cm)$
따라서 원의 반지름의 길이는 $5\sqrt{5}$ cm이다. · · · 3단계

답 $5\sqrt{5}$ cm

단계	채점 기준	비율
1단계	$\overline{DM}$, $\overline{AR}$의 길이를 구한 경우	40 %
2단계	$\overline{OM}$의 길이를 구한 경우	30 %
3단계	원의 반지름의 길이를 구한 경우	30 %

18 □AMON에서
$\angle A=360°-(90°+120°+90°)=60°$
$\overline{AB}\perp\overline{OM}$, $\overline{AC}\perp\overline{ON}$, $\overline{OM}=\overline{ON}$이므로
$\overline{AB}=\overline{AC}$
△ABC는 이등변삼각형이므로
$\angle B=\angle C=\dfrac{1}{2}\times(180°-60°)=60°$
즉, △ABC는 정삼각형이다. · · · 1단계

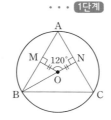

$\overline{OB}$를 그으면
$\angle OBM=30°$이고 $\overline{OB}=4$ cm
이므로 직각삼각형 BOM에서
$\overline{BM}=\overline{OB}\cos 30°$
$=4\times\dfrac{\sqrt{3}}{2}=2\sqrt{3}(cm)$

· · · 2단계

$\overline{AB}=\overline{BC}=\overline{CA}=2\overline{BM}$
$=2\times2\sqrt{3}=4\sqrt{3}(cm)$
따라서 △ABC의 둘레의 길이는
$4\sqrt{3}\times3=12\sqrt{3}(cm)$ · · · 3단계

답 $12\sqrt{3}$ cm

단계	채점 기준	비율
1단계	△ABC가 정삼각형임을 찾은 경우	40 %
2단계	$\overline{BM}$의 길이를 구한 경우	40 %
3단계	△ABC의 둘레의 길이를 구한 경우	20 %

19 점 P를 지나는 현은 무수히 많다. 그 중에서 가장 짧은 경우는 현이 지름과 수직일 때이므로
(가장 짧은 현의 길이)$=2\sqrt{10^2-8^2}=2\times6=12$
· · · 1단계
또, 현의 길이가 가장 긴 경우는 현이 지름일 때이므로 그 길이는 20 cm이다. · · · 2단계
따라서 12≤(점 P를 지나는 현의 길이)≤20이므로 이 중에서 길이가 정수인 것은 12, 13, 14, ···, 20으로 총 9가지이고, 현이 지름과 수직일 때와 현이 지름일 때를 제외한 각 길이의 현은 2개씩 있으므로 총 현의 개수는
$2\times9-2=16(개)$ · · · 3단계

답 16개

단계	채점 기준	비율
1단계	가장 짧은 현의 길이를 구한 경우	30 %
2단계	가장 긴 현의 길이를 구한 경우	30 %
3단계	현의 개수를 구한 경우	40 %

20 직선의 방정식 $12x-5y+60=0$에서
$y=0$일 때, $12x=-60$, $x=-5$이므로
(x절편)$=-5$
$x=0$일 때, $-5y=-60$, $y=12$이므로
(y절편)$=12$ · · · 1단계
△AOB에서 $\overline{OB}=12$, $\overline{AO}=5$이므로
$\overline{AB}=\sqrt{12^2+5^2}=\sqrt{169}=13$ · · · 2단계
원 I의 반지름의 길이를 r라고 하면
$\overline{OQ}=\overline{OR}=r$, $\overline{AP}=\overline{AQ}=5-r$
$\overline{BP}=\overline{BR}=12-r$
$\overline{AP}+\overline{BP}=\overline{AB}$이므로
$(5-r)+(12-r)=13$, $r=2$
따라서 원 I의 반지름의 길이는 2이다. · · · 3단계

답 2

단계	채점 기준	비율
1단계	x절편, y절편을 각각 구한 경우	30 %
2단계	$\overline{AB}$의 길이를 구한 경우	30 %
3단계	원 I의 반지름의 길이를 구한 경우	40 %

21 $\overline{CQ}=x$ cm라고 하면
$\overline{AD}=\overline{AF}=(6-x)$ cm, $\overline{BD}=\overline{BQ}=(7-x)$ cm
$\overline{AD}+\overline{BD}=\overline{AB}$이므로
$(6-x)+(7-x)=9$, $x=2$
즉, $\overline{CQ}=2$ cm · · · 1단계
△ABC의 둘레의 길이가 $9+7+6=22$ (cm)이므로

$$\overline{AE}=\frac{1}{2}\times22=11(cm)$$
$$\overline{BP}=\overline{BE}-\overline{AB}$$
$$=11-9=2(cm)$$ $\cdots$ 2단계

따라서
$$\overline{PQ}=\overline{BC}-\overline{BP}-\overline{CQ}$$
$$=7-2-2=3(cm)$$ $\cdots$ 3단계

답 3 cm

단계	채점 기준	비율
1단계	$\overline{CQ}$의 길이를 구한 경우	40 %
2단계	$\overline{BP}$의 길이를 구한 경우	40 %
3단계	$\overline{PQ}$의 길이를 구한 경우	20 %

22 $\overline{DP}=8-2=6(cm)$이므로
$\triangle$CDP에서
$$\overline{PC}=\sqrt{6^2+8^2}=\sqrt{100}=10(cm)$$ $\cdots$ 1단계

오른쪽 그림과 같이 원 O의 반지름
의 길이를 r cm라고 하면
$\square$ABCP$=\triangle$OAB$+\triangle$OBC$+\triangle$OCP$+\triangle$OAP에서
$$\frac{1}{2}\times(2+8)\times8$$
$$=\frac{1}{2}\times8\times r+\frac{1}{2}\times8\times r+\frac{1}{2}\times10\times r+\frac{1}{2}\times2\times(8-r)$$ $\cdots$ 2단계

$$40=4r+4r+5r+(8-r)$$
$$40=12r+8,\ r=\frac{8}{3}(cm)$$

따라서 구하는 원의 반지름의 길이는 $\frac{8}{3}$ cm이다.
$\cdots$ 3단계

답 $\frac{8}{3}$ cm

단계	채점 기준	비율
1단계	$\overline{PC}$의 길이를 구한 경우	20 %
2단계	$\square$ABCP의 넓이를 반지름의 길이의 식으로 나타낸 경우	40 %
3단계	원의 반지름의 길이를 구한 경우	40 %

VI-2 원주각의 성질

본문 38~41쪽

01 풀이 참조	**02** 풀이 참조	**03** 풀이 참조
04 풀이 참조	**05** 20 m	**06** 40° **07** 72°
08 144°	**09** 7π	**10** 150° **11** 111° **12** 18 cm
13 86°	**14** 96°	**15** 105° **16** 64° **17** $\frac{15}{8}$ cm
18 100°	**19** 54	**20** 95° **21** $3\sqrt{3}$ cm **22** 34°

01 $\angle x=\angle\boxed{BDC}=\boxed{22}°(\overset{\frown}{BC}$에 대한 원주각$)$ $\cdots$ 1단계
$\triangle$ABP에서
$\angle$A$+\angle$B$=\angle$APD이므로
$\boxed{22}°+\angle y=68°$
$\angle y=\boxed{46}°$ $\cdots$ 2단계
따라서 $\angle y-\angle x=46°-22°=\boxed{24}°$ $\cdots$ 3단계

답 풀이 참조

단계	채점 기준	비율
1단계	$\angle x$의 크기를 구한 경우	40 %
2단계	$\angle y$의 크기를 구한 경우	40 %
3단계	$\angle y-\angle x$의 크기를 구한 경우	20 %

02 $\overline{AB}$가 원 O의 지름이므로
$\angle$ACB$=\boxed{90}°$
$\overset{\frown}{AD}=\overset{\frown}{DE}=\overset{\frown}{BE}$이므로
$\angle$ACD$=\angle$DCE
$=\angle$ECB
$=90°\times\frac{1}{3}$
$=\boxed{30}°$ $\cdots$ 1단계

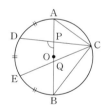

$\overset{\frown}{AC}=\frac{2}{3}\overset{\frown}{BC}$에서
$\overset{\frown}{AC}:\overset{\frown}{BC}=2:3$이므로
$\angle$CAB$=90°\times\frac{3}{2+3}=\boxed{54}°$ $\cdots$ 2단계
$\triangle$APC에서
$\angle$APC$=180°-(\boxed{30}°+\boxed{54}°)$
$=\boxed{96}°$
따라서 $\angle$BPD$=\angle$APC$=\boxed{96}°$ $\cdots$ 3단계

답 풀이 참조

단계	채점 기준	비율
1단계	$\angle$ACD의 크기를 구한 경우	30 %
2단계	$\angle$CAB의 크기를 구한 경우	40 %
3단계	$\angle$BPD의 크기를 구한 경우	30 %

03 $\overline{AD}$를 그으면

$\square$ADEF는 원에 내접하므로

$\boxed{122}°+\angle DAF=180°$

$\angle DAF=\boxed{58}°$ $\quad\cdots$ 1단계

$\angle BAD=115°-58°$

$\qquad=\boxed{57}°$ $\quad\cdots$ 2단계

$\square$ABCD가 원에 내접하므로

$\boxed{57}°+\angle C=180°$

따라서 $\angle C=\boxed{123}°$ $\quad\cdots$ 3단계

🔢 풀이 참조

단계	채점 기준	비율
1단계	$\angle$DAF의 크기를 구한 경우	30 %
2단계	$\angle$BAD의 크기를 구한 경우	30 %
3단계	$\angle$C의 크기를 구한 경우	40 %

04 접선과 현이 이루는 각의 성질에 의하여

$\angle ABT=\angle\boxed{ATP}=\boxed{36}°$ $\quad\cdots$ 1단계

$\triangle$PTB에서

$45°+(\angle x+\boxed{36}°)+\boxed{36}°=180°$

따라서 $\angle x=\boxed{63}°$ $\quad\cdots$ 2단계

🔢 풀이 참조

단계	채점 기준	비율
1단계	$\angle$ABT의 크기를 구한 경우	50 %
2단계	$\angle x$의 크기를 구한 경우	50 %

05 원 모양의 공연장의 중심을 O라고 하면

$\angle AOC=2\angle ABC$

$\qquad=2\times30°=60°$ $\quad\cdots$ 1단계

이때 $\overline{OA}=\overline{OC}$이므로

$\angle OAC=\angle OCA$

$\qquad=\dfrac{1}{2}\times(180°-60°)=60°$

즉, $\triangle$AOC는 정삼각형이므로 $\quad\cdots$ 2단계

$\overline{OA}=\overline{OC}=\overline{AC}=20$ m

따라서 공연장의 반지름의 길이는 20 m이다. $\quad\cdots$ 3단계

🔢 20 m

단계	채점 기준	비율
1단계	$\angle$AOC의 크기를 구한 경우	30 %
2단계	$\triangle$AOC가 정삼각형임을 찾은 경우	30 %
3단계	공연장의 반지름의 길이를 구한 경우	40 %

06 두 점 A, B는 원 O의 접점이므로

$\angle PAO=\angle PBO=90°$ $\quad\cdots$ 1단계

호 ARB에 대한 중심각의 크기는 $2\times110°=220°$이므로

$\angle AOB=360°-220°=140°$ $\quad\cdots$ 2단계

$\square$APBO에서

$\angle P+90°+90°+140°=360°$

따라서 $\angle P=40°$ $\quad\cdots$ 3단계

🔢 40°

단계	채점 기준	비율
1단계	$\angle$PAO, $\angle$PBO의 크기를 각각 구한 경우	30 %
2단계	$\angle$AOB의 크기를 구한 경우	40 %
3단계	$\angle$P의 크기를 구한 경우	30 %

07 $\overline{AE}$를 그으면

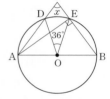

$\angle DAE=\dfrac{1}{2}\angle DOE$

$\qquad=\dfrac{1}{2}\times36°$

$\qquad=18°$ $\quad\cdots$ 1단계

$\overline{AB}$가 원 O의 지름이므로

$\angle AEB=90°$ $\quad\cdots$ 2단계

$\triangle$CAE에서

$90°=18°+\angle x$

따라서 $\angle x=72°$ $\quad\cdots$ 3단계

🔢 72°

단계	채점 기준	비율
1단계	$\angle$DAE의 크기를 구한 경우	30 %
2단계	$\angle$AEB의 크기를 구한 경우	30 %
3단계	$\angle x$의 크기를 구한 경우	40 %

08 정오각형의 내각의 크기의 합은 $180°\times(5-2)=540°$이므로

$\angle x=\dfrac{1}{5}\times540°=108°$ $\quad\cdots$ 1단계

$\angle COD=\dfrac{1}{5}\times360°=72°$

$\angle y=\dfrac{1}{2}\angle COD=\dfrac{1}{2}\times72°=36°$ $\quad\cdots$ 2단계

따라서 $\angle x+\angle y=108°+36°=144°$ $\quad\cdots$ 3단계

🔢 144°

단계	채점 기준	비율
1단계	$\angle x$의 크기를 구한 경우	30 %
2단계	$\angle y$의 크기를 구한 경우	40 %
3단계	$\angle x+\angle y$의 크기를 구한 경우	30 %

09 원의 중심에서 같은 거리에 있는 현의 길이는 같으므로

$\overline{AB} = \overline{AC}$ · · · **1단계**

즉, $\triangle ABC$는 이등변삼각형이므로

$\angle BAC = 180° - 2 \times 72° = 36°$ · · · **2단계**

한 원에서 호의 길이는 원주각의 크기에 정비례하므로

$72° : 36° = 14\pi : \overset{\frown}{BC}$

따라서 $\overset{\frown}{BC} = 7\pi$ · · · **3단계**

답 7π

단계	채점 기준	비율
1단계	$\overline{AB} = \overline{AC}$임을 찾은 경우	30 %
2단계	$\angle BAC$의 크기를 구한 경우	40 %
3단계	$\overset{\frown}{BC}$의 길이를 구한 경우	30 %

10 $\square ABCD$는 원 O에 내접하므로

$\angle y + 130° = 180°$

$\angle y = 50°$ · · · **1단계**

$\angle x = 2\angle y = 2 \times 50° = 100°$ · · · **2단계**

따라서 $\angle x + \angle y = 100° + 50° = 150°$ · · · **3단계**

답 $150°$

단계	채점 기준	비율
1단계	$\angle y$의 크기를 구한 경우	30 %
2단계	$\angle x$의 크기를 구한 경우	40 %
3단계	$\angle x + \angle y$의 크기를 구한 경우	30 %

11 $\triangle ABC$는 $\overline{AB} = \overline{AC}$인 이등변삼각형이므로

$\angle ABC = \dfrac{1}{2} \times (180° - 42°) = 69°$ · · · **1단계**

$\square ABCD$는 원에 내접하므로

$\angle ABC + \angle ADC = 180°$

$69° + \angle ADC = 180°$

따라서 $\angle ADC = 111°$ · · · **2단계**

답 $111°$

단계	채점 기준	비율
1단계	$\angle ABC$의 크기를 구한 경우	50 %
2단계	$\angle ADC$의 크기를 구한 경우	50 %

12 $\triangle PAB$와 $\triangle PCD$에서

$\angle P$는 공통

$\square ABCD$는 원에 내접하므로

$\angle PBA = \angle PDC$ · · · **1단계**

따라서 $\triangle PAB \backsim \triangle PCD (AA$ 닮음)이므로 · · · **2단계**

$\overline{PB} : \overline{PD} = \overline{AB} : \overline{CD}$에서

$6 : \overline{PD} = 4 : 12$

따라서 $\overline{PD} = 18$ cm · · · **3단계**

답 18 cm

단계	채점 기준	비율
1단계	$\angle PBA = \angle PDC$임을 찾은 경우	30 %
2단계	$\triangle PAB \backsim \triangle PCD$임을 찾은 경우	40 %
3단계	$\overline{PD}$의 길이를 구한 경우	30 %

13 $\square PQCE$가 원에 내접하므로

$\angle BQP = \angle CEP = 86°$ · · · **1단계**

$\square DBQP$가 원에 내접하므로

$\angle ADP = \angle BQP = 86°$ · · · **2단계**

답 $86°$

단계	채점 기준	비율
1단계	$\angle BQP$의 크기를 구한 경우	50 %
2단계	$\angle ADP$의 크기를 구한 경우	50 %

14 $\overline{AC}$를 그으면

$\angle ACB = \angle ABT = 42°$이므로 · · · **1단계**

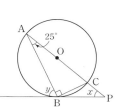

$\overset{\frown}{AB} = \overset{\frown}{AD}$에서

$\angle ACB = \angle ACD$이므로

$\angle DCB = 2\angle ACB$

$= 2 \times 42° = 84°$ · · · **2단계**

$\square ABCD$가 원에 내접하므로

$\angle DAB + \angle DCB = 180°$, $\angle DAB + 84° = 180°$

따라서 $\angle DAB = 96°$ · · · **3단계**

답 $96°$

단계	채점 기준	비율
1단계	$\angle ACB$의 크기를 구한 경우	30 %
2단계	$\angle DCB$의 크기를 구한 경우	40 %
3단계	$\angle DAB$의 크기를 구한 경우	30 %

15 $\overline{BC}$를 그으면

$\angle CBP = \angle BAC = 25°$

$\overline{AC}$가 원 O의 지름이므로

$\angle ABC = 90°$

$\triangle ABP$에서

$25° + (90° + 25°) + \angle x = 180°$

$\angle x = 40°$ · · · **1단계**

$\triangle ABP$에서

$\angle y = \angle ACB = 90° - 25° = 65°$　・・・ **2단계**

따라서 $\angle x + \angle y = 40° + 65° = 105°$　・・・ **3단계**

답 $105°$

단계	채점 기준	비율
1단계	$\angle x$의 크기를 구한 경우	50 %
2단계	$\angle y$의 크기를 구한 경우	30 %
3단계	$\angle x + \angle y$의 크기를 구한 경우	20 %

16 $\triangle PAB$는 이등변삼각형이므로 $\angle BAP = \angle ABP$

접선과 현이 이루는 각의 성질에 의하여

$\angle AQB = \angle BAP = \dfrac{1}{2} \times (180° - 44°) = 68°$　・・・ **1단계**

$\triangle AQB$에서

$\angle ABQ + \angle QAB = 180° - 68° = 112°$　・・・ **2단계**

$\overset{\frown}{AQ} : \overset{\frown}{QB} = 4 : 3$이므로

$\angle ABQ : \angle QAB = 4 : 3$

따라서 $\angle ABQ = \dfrac{4}{7} \times 112° = 64°$　・・・ **3단계**

답 $64°$

단계	채점 기준	비율
1단계	$\angle AQB$의 크기를 구한 경우	30 %
2단계	$\angle ABQ + \angle QAB$의 크기를 구한 경우	30 %
3단계	$\angle ABQ$의 크기를 구한 경우	40 %

17 $\overline{AO}$의 연장선이 원 O와 만나는 점을 D라고 하면

$\triangle ABD$와 $\triangle AHC$에서

$\angle ADB = \angle ACB$

　　($\overset{\frown}{AB}$에 대한 원주각)

$\angle ABD = \angle AHC = 90°$

이므로

$\triangle ABD \infty \triangle AHC (AA \text{ 닮음})$　・・・ **1단계**

$\overline{AB} : \overline{AD} = \overline{AH} : \overline{AC}$에서　・・・ **2단계**

$5 : 8 = \overline{AH} : 3$

따라서 $\overline{AH} = \dfrac{15}{8}$ (cm)　・・・ **3단계**

답 $\dfrac{15}{8}$ cm

단계	채점 기준	비율
1단계	$\triangle ABD \infty \triangle AHC$임을 찾은 경우	40 %
2단계	$\overline{AB} : \overline{AD} = \overline{AH} : \overline{AC}$임을 찾은 경우	30 %
3단계	$\overline{AH}$의 길이를 구한 경우	30 %

18 $\overset{\frown}{BP} = \overset{\frown}{BQ}$이므로

$\angle BQP = \angle BPQ$

$\angle BPQ = \angle BAQ$

　($\overset{\frown}{BQ}$에 대한 원주각)　・・・ **1단계**

$\angle QBC = \angle QAC$

　($\overset{\frown}{CQ}$에 대한 원주각)　・・・ **2단계**

따라서 $\triangle BQS$에서

$\angle BSQ = 180° - (\angle BQS + \angle QBS)$

$= 180° - (\angle BAQ + \angle QAC)$

$= 180° - 80° = 100°$　・・・ **3단계**

답 $100°$

단계	채점 기준	비율
1단계	$\angle BPQ = \angle BAQ$임을 찾은 경우	30 %
2단계	$\angle QBC = \angle QAC$임을 찾은 경우	30 %
3단계	$\angle BSQ$의 크기를 구한 경우	40 %

19 $\overline{AB}$는 반원 O의 지름이므로

$\angle APB = \angle AQB = \angle ARB$

$= 90°$　・・・ **1단계**

$\overline{AP} = \overline{BR}$이므로

$\overline{AP}^2 + \overline{AR}^2 = \overline{BR}^2 + \overline{AR}^2 = \overline{AB}^2$　・・・ **2단계**

$\overline{AQ} = \overline{BQ}$이므로

$\overline{AQ}^2 + \overline{BQ}^2 = 2\overline{AQ}^2 = \overline{AB}^2$에서

$\overline{AQ}^2 = \dfrac{1}{2}\overline{AB}^2$　・・・ **3단계**

따라서

$\overline{AP}^2 + \overline{AQ}^2 + \overline{AR}^2 = \dfrac{3}{2}\overline{AB}^2 = \dfrac{3}{2} \times 6^2 = 54$　・・・ **4단계**

답 54

단계	채점 기준	비율
1단계	$\angle APB = \angle AQB = \angle ARB = 90°$임을 찾은 경우	20 %
2단계	$\overline{AP}^2 + \overline{AR}^2 = \overline{AB}^2$임을 찾은 경우	30 %
3단계	$\overline{AQ}^2 = \dfrac{1}{2}\overline{AB}^2$임을 찾은 경우	30 %
4단계	$\overline{AP}^2 + \overline{AQ}^2 + \overline{AR}^2$의 값을 구한 경우	20 %

20 $\overline{CF}$를 그으면

$\angle ABF = \angle ACF$

　($\overset{\frown}{AF}$에 대한 원주각)　・・・ **1단계**

$\square CDEF$가 원에 내접하므로

$\angle PEF = \angle DCF$　・・・ **2단계**

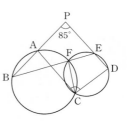

따라서
$$\angle\text{ACD}=\angle\text{ACF}+\angle\text{DCF}=\angle\text{ABF}+\angle\text{PEF}$$
$$=180°-\angle\text{P}$$
$$=180°-85°=95°$$ ··· 3단계

답 95°

단계	채점 기준	비율
1단계	$\angle\text{ABF}=\angle\text{ACF}$임을 찾은 경우	30 %
2단계	$\angle\text{PEF}=\angle\text{DCF}$임을 찾은 경우	40 %
3단계	$\angle\text{ACD}$의 크기를 구한 경우	30 %

21 $\overline{\text{AT}}$를 그으면 $\angle\text{ATB}=90°$
$\angle\text{ATH}=\angle\text{ABT}$이므로
$\triangle\text{AHT}\backsim\triangle\text{ATB}$(AA 닮음)
··· 1단계

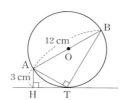

따라서 $\overline{\text{AH}}:\overline{\text{AT}}=\overline{\text{AT}}:\overline{\text{AB}}$
이므로 $3:\overline{\text{AT}}=\overline{\text{AT}}:12$
$\overline{\text{AT}}=6(\text{cm})$ ··· 2단계
$\triangle\text{AHT}$는 직각삼각형이므로
$\overline{\text{HT}}=\sqrt{6^2-3^2}=\sqrt{27}=3\sqrt{3}(\text{cm})$ ··· 3단계

답 $3\sqrt{3}$ cm

단계	채점 기준	비율
1단계	$\triangle\text{AHT}\backsim\triangle\text{ATB}$임을 찾은 경우	40 %
2단계	$\overline{\text{AT}}$의 길이를 구한 경우	40 %
3단계	$\overline{\text{HT}}$의 길이를 구한 경우	20 %

22 $\overline{\text{BC}}$를 그으면 $\angle\text{BCD}=90°$
$\angle\text{CBD}=\angle\text{CAD}=62°$
($\overset{\frown}{\text{CD}}$에 대한 원주각)
··· 1단계

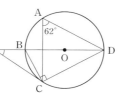

$\triangle\text{BCD}$에서
$\angle\text{CDB}=180°-(90°+62°)=28°$ ··· 2단계
접선과 현이 이루는 각의 성질에 의하여
$\angle\text{BCP}=\angle\text{CDB}=28°$ ··· 3단계
$\triangle\text{BPC}$에서 $\angle\text{BPC}+\angle\text{BCP}=\angle\text{CBD}$
$\angle\text{BPC}+28°=62°$
따라서 $\angle\text{BPC}=34°$ ··· 4단계

답 34°

단계	채점 기준	비율
1단계	$\angle\text{CBD}$의 크기를 구한 경우	20 %
2단계	$\angle\text{CDB}$의 크기를 구한 경우	20 %
3단계	$\angle\text{BCP}$의 크기를 구한 경우	30 %
4단계	$\angle\text{BPC}$의 크기를 구한 경우	30 %

VII. 통계

VII-1 대푯값과 산포도
본문 42~45쪽

01 풀이 참조   **02** 풀이 참조   **03** 풀이 참조
04 풀이 참조   **05** 8.6점   **06** 3 : 2
07 중앙값: 15, 최빈값: 20
08 (중앙값)<(평균)<(최빈값)
09 25   **10** 8   **11** (1) 9 (2) $\dfrac{7}{3}$ **12** 1.8
13 3   **14** 15   **15** 평균: 8점, 분산: 9.05
16 풀이 참조   **17** 47.5 kg   **18** 6 또는 11
19 23   **20** 평균: -1, 표준편차: $\dfrac{\sqrt{2}}{2}$
21 4 또는 5   **22** 6회

01 (평균)$=\dfrac{2+3+4+3+6+3+7}{7}=\boxed{4}$ ··· 1단계
자료를 작은 것부터 크기순으로 나열하면
2, 3, 3, $\boxed{3}$, $\boxed{4}$, 6, 7
중앙값은 4번째 변량이므로 $\boxed{3}$이다. ··· 2단계
최빈값은 가장 많이 나타난 변량이므로 $\boxed{3}$이다.
··· 3단계
답 풀이 참조

단계	채점 기준	비율
1단계	평균을 구한 경우	40 %
2단계	중앙값을 구한 경우	30 %
3단계	최빈값을 구한 경우	30 %

02 평균이 16회이므로
$$\dfrac{9+20+17+12+x}{5}=\boxed{16}$$
즉, $\dfrac{58+x}{5}=\boxed{16}$
따라서 $x=\boxed{22}$ ··· 1단계
자료를 작은 것부터 크기순으로 나열하면
9, 12, 17, 20, $\boxed{22}$
중앙값은 3번째 변량이므로 $\boxed{17}$회이다. ··· 2단계
답 풀이 참조

단계	채점 기준	비율
1단계	x의 값을 구한 경우	40 %
2단계	중앙값을 구한 경우	60 %

03

화요일 급식 이용 학생 수의 편차를 x명이라고 하자.
편차의 총합은 $\boxed{0}$이므로 $\cdots$ **1단계**
$-12+x+23-15+7=\boxed{0}$에서 $x=\boxed{-3}$ $\cdots$ **2단계**
따라서

$$(분산)=\frac{(-12)^2+(\boxed{-3})^2+23^2+(-15)^2+7^2}{\boxed{5}}$$

$$=\frac{144+\boxed{9}+529+225+49}{\boxed{5}}$$

$$=\boxed{191.2}$$ $\cdots$ **3단계**

답 풀이 참조

단계	채점 기준	비율
1단계	편차의 총합이 0임을 아는 경우	30 %
2단계	화요일의 급식 이용 학생 수의 편차를 구한 경우	30 %
3단계	분산을 구한 경우	40 %

04

평균이 4이므로

$$\frac{2+9+3+4+7+5+8+0+2+x}{\boxed{10}}=\boxed{4}$$

에서 $x=\boxed{0}$ $\cdots$ **1단계**
분산은 편차의 제곱의 평균이므로

$$\frac{(-2)^2+5^2+(-1)^2+0^2+3^2+1^2+4^2+(-4)^2+(-2)^2+(\boxed{-4})^2}{\boxed{10}}$$

$$=\boxed{9.2}$$ $\cdots$ **2단계**
따라서 표준편차는 $\boxed{\sqrt{9.2}}$이다. $\cdots$ **3단계**

답 풀이 참조

단계	채점 기준	비율
1단계	x의 값을 구한 경우	30 %
2단계	분산을 구한 경우	50 %
3단계	표준편차를 구한 경우	20 %

05

학생 수가 20명이므로
$2+8+6+x=20$에서 $x=4$ $\cdots$ **1단계**

$$(평균)=\frac{2\times7+8\times8+6\times9+4\times10}{20}$$

$$=\frac{172}{20}$$

$$=8.6(점)$$ $\cdots$ **2단계**

답 8.6점

단계	채점 기준	비율
1단계	x의 값을 구한 경우	40 %
2단계	평균을 구한 경우	60 %

06

1반의 학생 수를 a명, 2반의 학생 수를 b명이라고 하면
(전체 평균)

$$=\frac{(1반\ 국어\ 성적의\ 총점)+(2반\ 국어\ 성적의\ 총점)}{(1반과\ 2반의\ 총\ 학생\ 수)}$$

$$=\frac{73a+68b}{a+b}=71(점)$$ $\cdots$ **1단계**

즉, $73a+68b=71a+71b$
$2a=3b$이므로 $a:b=3:2$
따라서 1반과 2반의 학생 수의 비는 $3:2$이다.
$\cdots$ **2단계**

답 $3:2$

단계	채점 기준	비율
1단계	전체 평균 구하는 식을 세운 경우	50 %
2단계	1반과 2반의 학생 수의 비를 구한 경우	50 %

07

평균이 14이므로

$$\frac{12+20+20+x+19+9+15}{7}=14$$

에서 $95+x=98$
$x=3$ $\cdots$ **1단계**
자료를 작은 것부터 크기순으로 나열하면
$3,\ 9,\ 12,\ 15,\ 19,\ 20,\ 20$
중앙값은 4번째 변량인 15이다. $\cdots$ **2단계**
또한 최빈값은 20이다. $\cdots$ **3단계**

답 중앙값: 15, 최빈값: 20

단계	채점 기준	비율
1단계	x의 값을 구한 경우	40 %
2단계	중앙값을 구한 경우	30 %
3단계	최빈값을 구한 경우	30 %

08

$$(평균)=\frac{7+9+10+13+15+18+22+22+26+34}{10}$$

$$=17.6(세)$$ $\cdots$ **1단계**

$$(중앙값)=\frac{15+18}{2}$$

$$=16.5(세)$$ $\cdots$ **2단계**

$(최빈값)=22(세)$ $\cdots$ **3단계**
따라서 (중앙값)<(평균)<(최빈값) $\cdots$ **4단계**

답 (중앙값)<(평균)<(최빈값)

단계	채점 기준	비율
1단계	평균을 구한 경우	30%
2단계	중앙값을 구한 경우	30%
3단계	최빈값을 구한 경우	20%
4단계	크기를 비교한 경우	20%

09 자료가 5개이므로 중앙값은 자료를 작은 것부터 크기순으로 나열할 때, 3번째 변량이다.
중앙값이 12이므로 x, y 중 하나는 12이다.
최빈값이 13이므로 x, y 중 하나는 13이다.
$x>y$이므로
$x=13$ ··· **1단계**
$y=12$ ··· **2단계**
따라서 $x+y=25$ ··· **3단계**

답 25

단계	채점 기준	비율
1단계	x의 값을 구한 경우	40%
2단계	y의 값을 구한 경우	40%
3단계	$x+y$의 값을 구한 경우	20%

10 편차의 총합은 0이므로
$-3+5+x+1-1=0$
$x=-2$ ··· **1단계**
분산은 편차의 제곱의 평균이므로
$(분산)=\dfrac{(-3)^2+5^2+(-2)^2+1^2+(-1)^2}{5}$
$=\dfrac{40}{5}$
$=8$ ··· **2단계**

답 8

단계	채점 기준	비율
1단계	x의 값을 구한 경우	40%
2단계	분산을 구한 경우	60%

11 (1) 변량 8이 세 번 나타나고 x를 제외한 다른 자료는 한 번씩 나타나므로 최빈값은 8이다. ··· **1단계**
$(평균)=\dfrac{8+5+x+8+10+8}{6}$
$=\dfrac{x+39}{6}$
평균과 최빈값이 같으므로
$\dfrac{x+39}{6}=8$에서 $x=9$ ··· **2단계**

(2) $(분산)$
$=\dfrac{(8-8)^2+(5-8)^2+(9-8)^2+(8-8)^2+(10-8)^2+(8-8)^2}{6}$
$=\dfrac{7}{3}$ ··· **3단계**

답 (1) 9 (2) $\dfrac{7}{3}$

단계	채점 기준	비율
1단계	최빈값을 구한 경우	30%
2단계	x의 값을 구한 경우	30%
3단계	분산을 구한 경우	40%

12 $(평균)=\dfrac{1\times2+2\times1+3\times4+4\times1+5\times2}{10}$
$=\dfrac{30}{10}$
$=3(일)$ ··· **1단계**
$(분산)$
$=\dfrac{(1-3)^2\times2+(2-3)^2\times1+(3-3)^2\times4+(4-3)^2\times1+(5-3)^2\times2}{10}$
$=1.8$ ··· **2단계**

답 1.8

단계	채점 기준	비율
1단계	평균을 구한 경우	50%
2단계	분산을 구한 경우	50%

13 $(평균)=\dfrac{(2-a)+2+(2+a)}{3}=2$ ··· **1단계**
$(분산)=\dfrac{\{(2-a)-2\}^2+(2-2)^2+\{(2+a)-2\}^2}{3}$
$=\dfrac{2a^2}{3}$ ··· **2단계**
표준편차가 $\sqrt{6}$이므로 분산은 6이다.
즉, $\dfrac{2a^2}{3}=6$에서 $a^2=9$이므로 $a=3$ 또는 $a=-3$
$a>0$이므로 $a=3$ ··· **3단계**

답 3

단계	채점 기준	비율
1단계	평균을 구한 경우	30%
2단계	분산을 구한 경우	30%
3단계	a의 값을 구한 경우	40%

14 편차의 총합은 0이므로
$1-2-3+x+0+y-2-2=0$에서

$x+y=8$ · · · 1단계

표준편차가 $\sqrt{7}$이므로 분산은 7이다.

$$\frac{1^2+(-2)^2+(-3)^2+x^2+0^2+y^2+(-2)^2+(-2)^2}{8}$$

$$=7$$

에서 $x^2+y^2=34$ · · · 2단계

$(x+y)^2=x^2+y^2+2xy$이므로

$8^2=34+2xy$에서 $2xy=30$

따라서 $xy=15$ · · · 3단계

답 15

단계	채점 기준	비율
1단계	$x+y$의 값을 구한 경우	30 %
2단계	x^2+y^2의 값을 구한 경우	40 %
3단계	xy의 값을 구한 경우	30 %

15 (전체 평균)$=\dfrac{21\times8+19\times8}{21+19}=\dfrac{320}{40}=8$(점) · · · 1단계

(전체 분산)$=\dfrac{21\times10+19\times8}{21+19}$

$$=\dfrac{362}{40}$$

$$=9.05$$ · · · 2단계

답 평균: 8점, 분산: 9.05

단계	채점 기준	비율
1단계	평균을 구한 경우	50 %
2단계	분산을 구한 경우	50 %

16 A지역에서

(평균)$=\dfrac{2+6+7+5+2+2}{6}=\dfrac{24}{6}=4$(℃)

(분산)$=\dfrac{(-2)^2+2^2+3^2+1^2+(-2)^2+(-2)^2}{6}$

$$=\dfrac{26}{6}=\dfrac{13}{3}$$ · · · 1단계

B지역에서

(평균)$=\dfrac{7+9+9+8+8+7}{6}=\dfrac{48}{6}=8$(℃)

(분산)$=\dfrac{(-1)^2+1^2+1^2+0^2+0^2+(-1)^2}{6}$

$$=\dfrac{4}{6}=\dfrac{2}{3}$$ · · · 2단계

B지역의 분산이 작으므로 B지역의 기온이 더 고르다.

· · · 3단계

답 풀이 참조

단계	채점 기준	비율
1단계	A지역의 분산을 구한 경우	40 %
2단계	B지역의 분산을 구한 경우	40 %
3단계	기온이 더 고른 지역을 구한 경우	20 %

17 탈퇴한 학생의 몸무게를 x kg이라고 하자.

학생 30명의 몸무게의 평균이 62 kg이므로

(학생 30명의 몸무게의 총합)$=30\times62=1860$(kg)

· · · 1단계

탈퇴 후 29명의 몸무게의 총합을 구하면

$(1860-x)$ kg

29명의 몸무게의 평균이 62.5 kg이므로

$62.5\times29=1860-x$ · · · 2단계

$x=47.5$

따라서 탈퇴한 학생의 몸무게는 47.5 kg이다. · · · 3단계

답 47.5 kg

단계	채점 기준	비율
1단계	30명의 몸무게의 총합을 구한 경우	30 %
2단계	29명의 몸무게의 총합을 식으로 나타낸 경우	40 %
3단계	탈퇴한 학생의 몸무게를 구한 경우	30 %

18 x를 제외한 나머지 변량을 작은 것부터 크기순으로 나열하면

6, 8, 9, 11

① $x\leq8$일 때, 중앙값은 8

(평균)$=\dfrac{6+8+9+11+x}{5}=8$(시간)

즉, $34+x=40$이므로 $x=6$ · · · 1단계

② $8<x<9$일 때, 조건을 만족하는 자연수 x는 존재하지 않는다. · · · 2단계

③ $x\geq9$일 때, 중앙값은 9

(평균)$=\dfrac{6+8+9+11+x}{5}=9$(시간)

즉, $34+x=45$이므로 $x=11$ · · · 3단계

따라서 x의 값은 6 또는 11이다. · · · 4단계

답 6 또는 11

단계	채점 기준	비율
1단계	$x\leq8$일 때, x의 값을 구한 경우	30 %
2단계	$8<x<9$일 때, x의 값을 구한 경우	30 %
3단계	$x\geq9$일 때, x의 값을 구한 경우	30 %
4단계	x의 값을 모두 구한 경우	10 %

19 최빈값이 7이고 변량 10이 두 번 나타나므로 a, b, c 중 적

어도 두 개는 7이어야 한다.

$a=7$, $b=7$이라고 하자. ··· 1단계

c를 제외한 7개의 변량을 크기순으로 나열하면

6, 7, 7, 7, 10, 10, 13

중앙값이 8이므로

$\dfrac{7+c}{2}=8$에서 $c=9$ ··· 2단계

따라서 $a+b+c=7+7+9=23$ ··· 3단계

답 23

단계	채점 기준	비율
1단계	최빈값을 이용하여 미지수의 값을 구한 경우	40 %
2단계	중앙값을 이용하여 미지수의 값을 구한 경우	40 %
3단계	$a+b+c$의 값을 구한 경우	20 %

20 $2a+3$, $2b+3$, $2c+3$의 평균이 1이므로

$\dfrac{(2a+3)+(2b+3)+(2c+3)}{3}=1$에서

$2(a+b+c)+9=3$

$a+b+c=-3$ ··· 1단계

표준편차가 $\sqrt{2}$이므로 분산은 2이다.

$(분산)=\dfrac{(2a+3-1)^2+(2b+3-1)^2+(2c+3-1)^2}{3}$

$\qquad\quad =2$

$(2a+2)^2+(2b+2)^2+(2c+2)^2=6$

$4\{(a+1)^2+(b+1)^2+(c+1)^2\}=6$

$4(a^2+b^2+c^2)+8(a+b+c)+12=6$

$a+b+c=-3$이므로

$4(a^2+b^2+c^2)-24+12=6$

$a^2+b^2+c^2=\dfrac{9}{2}$ ··· 2단계

a, b, c의 평균은

$\dfrac{a+b+c}{3}=\dfrac{-3}{3}=-1$ ··· 3단계

a, b, c의 분산은

$\dfrac{\{a-(-1)\}^2+\{b-(-1)\}^2+\{c-(-1)\}^2}{3}$

$=\dfrac{(a+1)^2+(b+1)^2+(c+1)^2}{3}$

$=\dfrac{a^2+b^2+c^2+2(a+b+c)+3}{3}$

$=\dfrac{1}{3}\times\left\{\dfrac{9}{2}+2\times(-3)+3\right\}$

$=\dfrac{1}{2}$

따라서 $(표준편차)=\dfrac{\sqrt{2}}{2}$ ··· 4단계

답 평균: -1, 표준편차: $\dfrac{\sqrt{2}}{2}$

단계	채점 기준	비율
1단계	$a+b+c$의 값을 구한 경우	20 %
2단계	$a^2+b^2+c^2$의 값을 구한 경우	30 %
3단계	a, b, c의 평균을 구한 경우	20 %
4단계	a, b, c의 표준편차를 구한 경우	30 %

21 $(평균)=\dfrac{x+(9-x)+2+9+10}{5}=6$ ··· 1단계

$(분산)$

$=\dfrac{(x-6)^2+(9-x-6)^2+(2-6)^2+(9-6)^2+(10-6)^2}{5}$

$=\dfrac{2x^2-18x+86}{5}$ ··· 2단계

분산이 9.2이므로

$\dfrac{2x^2-18x+86}{5}=9.2$, $2x^2-18x+86=46$

$x^2-9x+20=0$, $(x-4)(x-5)=0$

따라서 $x=4$ 또는 $x=5$ ··· 3단계

답 4 또는 5

단계	채점 기준	비율
1단계	평균을 구한 경우	30 %
2단계	분산을 구하는 식을 세운 경우	40 %
3단계	x의 값을 모두 구한 경우	30 %

22 8점과 10점을 맞힌 횟수를 각각 x회, y회라고 하면

$(평균)=\dfrac{6\times2+7\times2+8\times x+9\times4+10\times y}{2+2+x+4+y}=8$

$8x+10y+12+14+36=8(2+2+x+4+y)$

$2y=2$이므로 $y=1$ ··· 1단계

표준편차가 $\sqrt{1.2}$이므로 분산은 1.2이다.

즉, $\dfrac{(-2)^2\times2+(-1)^2\times2+0^2\times x+1^2\times4+2^2\times1}{x+9}$

$\qquad =1.2$ ··· 2단계

$18=1.2x+10.8$

양변에 10을 곱하면 $12x+108=180$

$x=6$

따라서 8점을 맞힌 횟수는 6회이다. ··· 3단계

답 6회

단계	채점 기준	비율
1단계	10점을 맞힌 횟수를 구한 경우	30 %
2단계	분산을 구하는 식을 세운 경우	40 %
3단계	8점을 맞힌 횟수를 구한 경우	30 %

Ⅶ-2 상관관계

본문 46~47쪽

01 풀이 참조	02 풀이 참조	03 풀이 참조
04 $\dfrac{2\sqrt{6}}{3}$점	05 10명	06 68.75 %
07 69점	08 풀이 참조	09 풀이 참조
10 35 %	11 1.2	

01 판화 성적과 수채화 성적이 모두 7점 이상인 학생의 성적은
$(7, 7), (7, 8), (8, 8), (8, 9), (9, 7), (9, 8),$
$(9, 9), (9, 10)$
이므로 해당 학생 수는 $\boxed{8}$명이다. ··· 1단계
전체 학생 수는 $\boxed{17}$명이므로 판화 성적과 수채화 성적이
모두 7점 이상인 학생의 비율은 $\dfrac{\boxed{8}}{\boxed{17}}$이다. ··· 2단계

🖺 풀이 참조

단계	채점 기준	비율
1단계	해당 학생 수를 구한 경우	50 %
2단계	해당 학생의 비율을 구한 경우	50 %

02 컴퓨터를 4시간 이상 사용한 학생들의 변량은
$(4, 5), (4, 6), (4, 7), (4, 8), (5, 5), (5, 6), (6, 5)$
이므로 잠자는 시간의 평균은 ··· 1단계
$\dfrac{5+6+7+8+5+\boxed{6}+\boxed{5}}{\boxed{7}}=\boxed{6}$(시간) ··· 2단계

🖺 풀이 참조

단계	채점 기준	비율
1단계	해당 학생들의 변량을 구한 경우	40 %
2단계	평균을 구한 경우	60 %

03 오른쪽 그림에서 1차 점수가 더 좋은 회원의 점수는 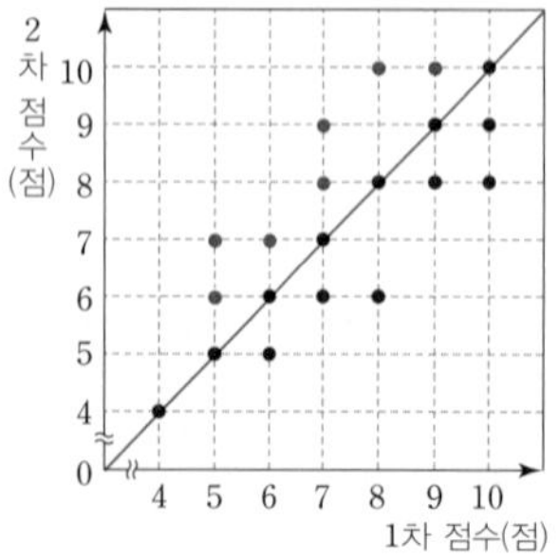
$(6, 5), (7, 6), (8, 6),$
$(9, 8), (10, 8),$
$(10, 9)$
이므로 해당 회원은 6명이다. ··· 1단계
2차 점수가 더 좋은 회원의 점수는
$(5, 6), (5, 7), (6, 7), (7, 8), (7, 9), (8, 10), (9, 10)$
이므로 해당 회원은 7명이다. ··· 2단계

따라서 2차 점수가 더 좋은 회원이 1차 점수가 더 좋은 회원보다 1명 더 많다. ··· 3단계

🖺 풀이 참조

단계	채점 기준	비율
1단계	1차 점수가 더 좋은 회원 수를 구한 경우	40 %
2단계	2차 점수가 더 좋은 회원 수를 구한 경우	40 %
3단계	회원 수를 비교한 경우	20 %

04 1차 점수가 8점인 회원의 점수는
$(8, 6), (8, 8), (8, 10)$
이때 2차 점수는 6점, 8점, 10점이므로
$(평균)=\dfrac{6+8+10}{3}=\dfrac{24}{3}=8$(점) ··· 1단계
$(분산)=\dfrac{(6-8)^2+(8-8)^2+(10-8)^2}{3}=\dfrac{4+0+4}{3}$
$=\dfrac{8}{3}$ ··· 2단계
따라서 $(표준편차)=\sqrt{\dfrac{8}{3}}=\dfrac{2\sqrt{6}}{3}$(점) ··· 3단계

🖺 $\dfrac{2\sqrt{6}}{3}$점

단계	채점 기준	비율
1단계	평균을 구한 경우	50 %
2단계	분산을 구한 경우	30 %
3단계	표준편차를 구한 경우	20 %

05 1차와 2차 점수의 합이 15점 이상인 회원의 점수는 오른쪽 그림과 같이 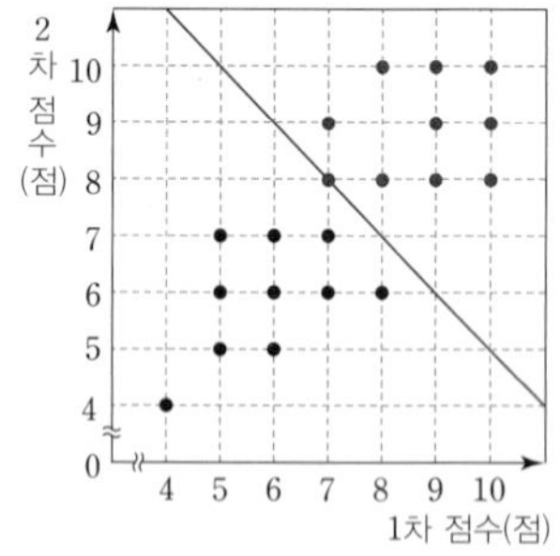
$(7, 8), (7, 9),$
$(8, 8), (8, 10),$
$(9, 8), (9, 9),$
$(9, 10), (10, 8),$
$(10, 9), (10, 10)$
이다. ··· 1단계
따라서 구하는 회원 수는 10명이다. ··· 2단계

🖺 10명

단계	채점 기준	비율
1단계	1차와 2차 점수의 합이 15점 이상인 회원의 점수를 구한 경우	80 %
2단계	회원 수를 구한 경우	20 %

06 사회 성적과 역사 성적의 평균이 75점이면 사회 성적과 역사 성적의 합이 150점이다.
즉, 합이 150점 이하인 학생의 성적은 오른쪽 그림과 같이
$(50, 40)$, $(50, 50)$,

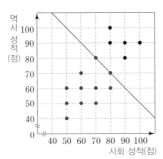

$(50, 60)$, $(60, 50)$, $(60, 60)$, $(60, 70)$, $(70, 50)$,
$(70, 60)$, $(70, 80)$, $(80, 60)$, $(80, 70)$이다.

                                      1단계

즉, 학생 수는 11명이다.   **2단계**

따라서 전체의 $\dfrac{11}{16} \times 100 = 68.75 (\%)$이다.   **3단계**

                                       📋 **68.75 %**

단계	채점 기준	비율
1단계	평균이 75점 이하인 학생의 성적을 구한 경우	50 %
2단계	학생 수를 구한 경우	20 %
3단계	학생의 비율을 구한 경우	30 %

07 사회 성적이 60점 이상 80점 이하인 학생들의 성적은
$(60, 50)$, $(60, 60)$, $(60, 70)$,
$(70, 50)$, $(70, 60)$, $(70, 80)$,
$(80, 60)$, $(80, 70)$, $(80, 90)$, $(80, 100)$ **1단계**
역사 성적은 50점, 60점, 70점, 50점, 60점, 80점, 60점, 70점, 90점, 100점이므로

$$(\text{평균}) = \frac{50 \times 2 + 60 \times 3 + 70 \times 2 + 80 + 90 + 100}{10}$$

$$= \frac{690}{10}$$

$$= 69(\text{점}) \qquad \cdots \text{ 2단계}$$

                                     📋 **69점**

단계	채점 기준	비율
1단계	사회 성적이 60점 이상 80점 이하인 학생들의 성적을 구한 경우	50 %
2단계	평균을 구한 경우	50 %

08 (1) 녹지 면적과 건물 수는 음의 상관관계가 있다.
                                     1단계

(2) 녹지 면적이 넓을수록 건물 수는 대체로 적으므로 음의 상관관계가 있다.   **2단계**

(3)

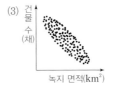

                                     3단계
                                   📋 풀이 참조

단계	채점 기준	비율
1단계	어떤 상관관계인지 구한 경우	30 %
2단계	이유를 설명한 경우	40 %
3단계	산점도를 그린 경우	30 %

09 변량이 20개이므로 중앙값은 작은 것부터 크기 순으로 나열할 때 10번째와 11번째 변량의 평균이다.
영어 쓰기 점수를 작은 것부터 크기 순으로 나열하면
3, 5, 5, 6, 6, 7, 7, 7, 7, 8, 8, 8, 8, 8, 8, 9, 9, 9, 10, 10이므로

$$(\text{영어 쓰기 점수의 중앙값}) = \frac{8+8}{2} = 8(\text{점}) \quad \cdots \text{ 1단계}$$

영어 듣기 점수를 작은 것부터 크기 순으로 나열하면
4, 4, 4, 5, 5, 6, 6, 6, 7, 7, 7, 7, 8, 8, 9, 9, 9, 10, 10, 10이므로

$$(\text{영어 듣기 점수의 중앙값}) = \frac{7+7}{2} = 7(\text{점}) \quad \cdots \text{ 2단계}$$

따라서 영어 쓰기 점수의 중앙값이 영어 듣기 점수의 중앙값보다 1점이 높다.   **3단계**

                                   📋 풀이 참조

단계	채점 기준	비율
1단계	영어 쓰기 점수의 중앙값을 구한 경우	40 %
2단계	영어 듣기 점수의 중앙값을 구한 경우	40 %
3단계	비교한 경우	20 %

10 영어 쓰기 점수와 영어 듣기 점수가 모두 8점 이상인 응시자의 점수는 $(8, 8)$, $(8, 9)$, $(8, 10)$, $(9, 9)$, $(9, 10)$, $(10, 9)$, $(10, 10)$이므로 합격자는 7명이다.   **1단계**
따라서 합격자의 비율은

$$\frac{7}{20} \times 100 = 35(\%)\text{이다.} \qquad \cdots \text{ 2단계}$$

                                   📋 **35%**

단계	채점 기준	비율
1단계	영어 쓰기 점수와 영어 듣기 점수가 모두 8점 이상인 합격자의 수를 구한 경우	50 %
2단계	합격자의 비율을 구한 경우	50 %

11 20명의 25%는 $20 \times \dfrac{25}{100} = 5$(명) $\cdots$ **1단계**

영어 쓰기 점수가 상위 25%인 응시자의 점수는

(10, 9), (10, 10), (9, 7), (9, 9), (9, 10)이므로 해당

영어 듣기 점수는 9점, 10점, 7점, 9점, 10점이다.

(평균) $= \dfrac{7+9+9+10+10}{5} = 9$(점) $\cdots$ **2단계**

(분산)

$= \dfrac{(7-9)^2+(9-9)^2+(9-9)^2+(10-9)^2+(10-9)^2}{5}$

$= \dfrac{6}{5} = 1.2$ $\cdots$ **3단계**

답 1.2

단계	채점 기준	비율
1단계	영어 쓰기 점수가 상위 25 %인 학생 수를 구한 경우	20 %
2단계	평균을 구한 경우	30 %
3단계	분산을 구한 경우	50 %

대단원 실전 테스트

V. 삼각비   1회

본문 48~51쪽

01 ④	02 ③	03 $\dfrac{3\sqrt{13}}{13}$ 04 ④	05 ②	06 $\dfrac{\sqrt{3}}{6}$
07 $\dfrac{4\sqrt{34}}{17}$		08 ①	09 $2\sqrt{3}$ 10 ③	11 ②
12 ①	13 0.6691	14 6.820 15 ④	16 ⑤	17 ①
18 ⑤	19 ⑤	20 ②	21 $3(2\pi-3\sqrt{3})$ cm²	
22 ①	23 ③	24 $7\sqrt{3}$ cm²	25 ①	

01 $\sin A = \dfrac{\overline{BC}}{\overline{AB}} = \dfrac{15}{17}$

답 ④

02 오른쪽 그림과 같이 $\angle B = 90°$, $\overline{AB} = 4$, $\overline{BC} = 3$인 △ABC를 생각할 수 있다.
$\overline{AC} = \sqrt{4^2+3^2} = \sqrt{25} = 5$이므로
$\cos A - \sin A = \dfrac{4}{5} - \dfrac{3}{5} = \dfrac{1}{5}$

답 ③

03 다음 그림과 같이 $\overline{OB}$를 그으면 △OAB는 이등변삼각형이므로
$\angle OBA = \angle OAB = 45°$

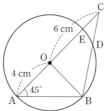

즉, $\angle AOB = \angle BOC = 90°$
직각삼각형 BCO에서
$\overline{BC} = \sqrt{\overline{OB}^2+\overline{OC}^2} = \sqrt{4^2+6^2} = \sqrt{52} = 2\sqrt{13}$ (cm)
따라서 $\cos C = \dfrac{\overline{OC}}{\overline{BC}} = \dfrac{6}{2\sqrt{13}} = \dfrac{3\sqrt{13}}{13}$

답 $\dfrac{3\sqrt{13}}{13}$

04 △ABC∽△DAC(AA 닮음)이므로
$\angle ABC = \angle DAC = \angle x$
$\tan x = \dfrac{\overline{AC}}{\overline{AB}} = \dfrac{\overline{AC}}{6} = \sqrt{2}$에서 $\overline{AC} = 6\sqrt{2}$ (cm)

답 ④

05 △ABC에서 $\overline{AC}=\sqrt{20^2-16^2}=\sqrt{144}=12$

$\sin x=\dfrac{12}{20}=\dfrac{3}{5}$이므로 $\cos y=\dfrac{3}{5}$

$k>0$에 대하여 $\overline{AD}=5k$, $\overline{DC}=3k$라고 하면

$\overline{AC}=\sqrt{(5k)^2-(3k)^2}=4k=12$에서 $k=3$

따라서 $\overline{BD}=\overline{BC}-\overline{DC}=16-3k=16-9=7$　　답 ②

06 오른쪽 그림에서 △VBC는
정삼각형이므로

$\sin 60°=\dfrac{\overline{CN}}{10}=\dfrac{\sqrt{3}}{2}$

$\overline{CN}=5\sqrt{3}$

다음 그림과 같이 점 N, M에서
$\overline{CD}$에 내린 수선의 발을 각각 H, K라고 하자.

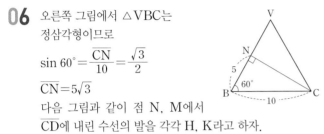

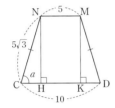

△NCH≡△MDK (RHA 합동)이므로

$\overline{HK}=\overline{NM}=\dfrac{\overline{AB}}{2}=5$에서

$\overline{CH}=\overline{DK}=\dfrac{5}{2}$

따라서 $\cos a=\dfrac{\overline{CH}}{\overline{CN}}=\overline{CH}\div\overline{CN}$

$\qquad\qquad=\dfrac{5}{2}\div 5\sqrt{3}$

$\qquad\qquad=\dfrac{5}{2}\times\dfrac{1}{5\sqrt{3}}=\dfrac{\sqrt{3}}{6}$

답 $\dfrac{\sqrt{3}}{6}$

07 직선 $3x+5y-15=0$과 x축, y축의 교점을 각각 A, B라고 하면 점 A의 좌표는 A$(5, 0)$, 점 B의 좌표는 B$(0, 3)$
△ABO에서 $\overline{AO}=5$, $\overline{BO}=3$, $\overline{AB}=\sqrt{5^2+3^2}=\sqrt{34}$

　　　　　　　　　　　　　　　　　… **1단계**

$\sin a=\dfrac{\overline{BO}}{\overline{AB}}=\dfrac{3}{\sqrt{34}}=\dfrac{3\sqrt{34}}{34}$　　… **2단계**

$\cos a=\dfrac{\overline{AO}}{\overline{AB}}=\dfrac{5}{\sqrt{34}}=\dfrac{5\sqrt{34}}{34}$　　… **3단계**

따라서 $\sin a+\cos a=\dfrac{3\sqrt{34}}{34}+\dfrac{5\sqrt{34}}{34}=\dfrac{4\sqrt{34}}{17}$

　　　　　　　　　　　　　　　　　… **4단계**

답 $\dfrac{4\sqrt{34}}{17}$

단계	채점 기준	비율
1단계	△ABO의 변의 길이를 구한 경우	30 %
2단계	$\sin a$의 값을 구한 경우	30 %
3단계	$\cos a$의 값을 구한 경우	30 %
4단계	$\sin a+\cos a$의 값을 구한 경우	10 %

08 $\sin 45°\times\tan 60°-\cos 30°\times\tan 45°$

$=\dfrac{\sqrt{2}}{2}\times\sqrt{3}-\dfrac{\sqrt{3}}{2}\times 1=\dfrac{\sqrt{6}-\sqrt{3}}{2}$

답 ①

09 △ABC에서

$\cos 60°=\dfrac{\overline{AB}}{16}=\dfrac{1}{2}$이므로

$\overline{AB}=8$　　… **1단계**

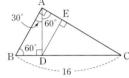

△ABD에서

$\sin 60°=\dfrac{\overline{AD}}{8}=\dfrac{\sqrt{3}}{2}$이므로

$\overline{AD}=4\sqrt{3}$　　… **2단계**

△ADE에서

$\angle DAE=90°-\angle BAD=90°-30°=60°$이므로

$\cos 60°=\dfrac{\overline{AE}}{4\sqrt{3}}=\dfrac{1}{2}$

따라서 $\overline{AE}=2\sqrt{3}$　　… **3단계**

답 $2\sqrt{3}$

단계	채점 기준	비율
1단계	$\overline{AB}$의 길이를 구한 경우	30 %
2단계	$\overline{AD}$의 길이를 구한 경우	30 %
3단계	$\overline{AE}$의 길이를 구한 경우	40 %

10 $45°<\angle A<90°$일 때, $\cos A<\sin A<\tan A$

답 ③

11 ② $\angle x$의 크기가 $0°$에 가까워질 때, $\sin x$의 값은 점점 작아져서 0에 가까워진다.

답 ②

12 $\tan 55°+\sin 35°-\cos 55°=\overline{CD}+\overline{OB}-\overline{OB}$

$\qquad\qquad\qquad\qquad\qquad\quad=\overline{CD}=1.43$

답 ①

13 $\tan 41°=0.8693$에서 $\angle x=41°$

$\cos 43°=0.7314$에서 $\angle y=43°$

따라서 $\sin \dfrac{x+y}{2} = \sin \dfrac{41° + 43°}{2} = \sin 42° = 0.6691$

답 0.6691

14 $\sin 43° = \dfrac{\overline{AC}}{\overline{BC}} = \dfrac{\overline{AC}}{10} = 0.6820$이므로 $\overline{AC} = 6.820$

답 6.820

15 오른쪽 그림과 같이 사다리와 지면과의 각도가 75°일 때 사다리로 가장 높이 오를 수 있다.
이때 오를 수 있는 높이는 $\overline{AC}$의 길이와 같다.
따라서 $\triangle ABC$에서
$\overline{AC} = \overline{AB} \sin 75° = 10 \times 0.97 = 9.7 (m)$

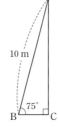

답 ④

16 오른쪽 그림과 같이 20분 후 동생의 위치를 A, 형의 위치를 C, 집의 위치를 B라 하고, $\triangle ABC$의 점 A에서 $\overline{BC}$에 내린 수선의 발을 H라고 하자.

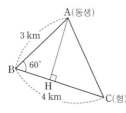

$\overline{AB} = 9 \times \dfrac{1}{3} = 3 (km)$, $\overline{BC} = 12 \times \dfrac{1}{3} = 4 (km)$

$\triangle ABH$에서 $\overline{AH} = \overline{AB} \sin 60° = 3 \times \dfrac{\sqrt{3}}{2} = \dfrac{3\sqrt{3}}{2} (km)$

$\overline{BH} = \overline{AB} \cos 60° = 3 \times \dfrac{1}{2} = \dfrac{3}{2} (km)$

$\overline{CH} = \overline{BC} - \overline{BH} = 4 - \dfrac{3}{2} = \dfrac{5}{2} (km)$

따라서 $\triangle AHC$에서
$\overline{AC} = \sqrt{\overline{AH}^2 + \overline{CH}^2} = \sqrt{\left(\dfrac{3\sqrt{3}}{2}\right)^2 + \left(\dfrac{5}{2}\right)^2} = \sqrt{13} (km)$

답 ⑤

17 점 A에서 $\overline{BC}$의 연장선에 내린 수선의 발을 H라고 하면

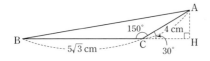

$\angle ACH = 30°$이므로 $\triangle ACH$에서

$\overline{AH} = \overline{AC} \sin 30° = 4 \times \dfrac{1}{2} = 2 (cm)$

$\overline{CH} = \overline{AC} \cos 30° = 4 \times \dfrac{\sqrt{3}}{2} = 2\sqrt{3} (cm)$

$\overline{BH} = \overline{BC} + \overline{CH} = 5\sqrt{3} + 2\sqrt{3} = 7\sqrt{3} (cm)$

따라서 $\overline{AB} = \sqrt{(7\sqrt{3})^2 + 2^2} = \sqrt{151} (cm)$

답 ①

18 다음 그림과 같이 점 C에서 $\overline{AB}$에 내린 수선의 발을 H라고 하면

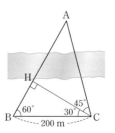

$\triangle BCH$에서
$\overline{CH} = \overline{BC} \sin 60° = 200 \times \dfrac{\sqrt{3}}{2} = 100\sqrt{3} (m)$

$\angle ACH = 75° - 30° = 45°$이므로
$\triangle AHC$에서

$\overline{AC} = \dfrac{\overline{CH}}{\cos 45°} = 100\sqrt{3} \times \dfrac{2}{\sqrt{2}} = 100\sqrt{6} (m)$

답 ⑤

19 $\triangle ABC$에서
$\angle BAC = 180° - (30° + 30°) = 120°$
따라서
$\triangle ABC = \dfrac{1}{2} \times 6 \times 6 \times \sin(180° - 120°) = 9\sqrt{3} (cm^2)$

답 ⑤

20 정팔각형을 8개의 삼각형으로 나누었을 때 한 내각의 크기는 $\dfrac{360°}{8} = 45°$이다.
따라서 정팔각형의 넓이는
$8 \times \left(\dfrac{1}{2} \times 4 \times 4 \times \sin 45°\right) = 8 \times 4\sqrt{2} = 32\sqrt{2} (cm^2)$

답 ②

21 오른쪽 그림과 같이 $\overline{OC}$를 그으면 $\triangle AOC$에서
$\overline{OA} = \overline{OC}$이므로
$\angle OCA = \angle OAC = 30°$
$\angle BOC = 30° + 30° = 60°$이고,
$\overline{OB} = \overline{OC} = \dfrac{1}{2} \overline{AB} = \dfrac{1}{2} \times 12 = 6 (cm)$이므로
색칠한 부분의 넓이는
(부채꼴 OBC의 넓이) − $\triangle OBC$

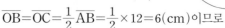

$$= \pi \times 6^2 \times \frac{60°}{360°} - \frac{1}{2} \times 6 \times 6 \times \sin 60°$$
$$= 6\pi - 9\sqrt{3}$$
$$= 3(2\pi - 3\sqrt{3})(\text{cm}^2)$$

답 $3(2\pi - 3\sqrt{3})\text{cm}^2$

22 오른쪽 그림과 같이 점 B에서 $\overline{\text{CD}}$에 평행한 직선을 긋고 $\overline{\text{AD}}$와 만나는 점을 E라고 하자.

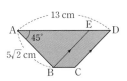

△ABE에서 ∠AEB=∠D=∠A=45°이므로
∠ABE=180°−(45°+45°)=90°
$\overline{\text{BE}} = 5\sqrt{2} \tan 45° = 5\sqrt{2}(\text{cm})$
$\overline{\text{AE}} = \dfrac{5\sqrt{2}}{\sin 45°} = 10(\text{cm})$
$\overline{\text{DE}} = \overline{\text{AD}} - \overline{\text{AE}} = 13 - 10 = 3(\text{cm})$
$\triangle\text{ABE} = \dfrac{1}{2} \times 5\sqrt{2} \times 5\sqrt{2} = 25(\text{cm}^2)$
$\square\text{BCDE} = 5\sqrt{2} \times 3 \times \sin 45° = 15(\text{cm}^2)$
따라서
$\square\text{ABCD} = \triangle\text{ABE} + \square\text{BCDE} = 25 + 15 = 40(\text{cm}^2)$

답 ①

23 평행사변형 ABCD에서 $\overline{\text{AB}} = x$ cm라고 하면
$\square\text{ABCD} = 8 \times x \times \sin(180° - 120°) = 4\sqrt{3}x$
$\qquad\qquad = 24\sqrt{3}(\text{cm}^2)$
에서 $x = 6$
따라서 $\overline{\text{AB}}$의 길이는 6 cm이다.

답 ③

24 오른쪽 그림과 같이 $\overline{\text{AB}}$와 $\overline{\text{DC}}$의 연장선의 교점을 E라고 하면 △EBC는 ∠B=∠C=60°이므로 한 변의 길이가 6 cm인 정삼각형이다.

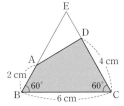

따라서
$\triangle\text{EBC} = \dfrac{1}{2} \times 6 \times 6 \times \sin 60° = 9\sqrt{3}(\text{cm}^2)$
$\overline{\text{EA}} = \overline{\text{EB}} - \overline{\text{AB}} = 6 - 2 = 4(\text{cm})$
$\overline{\text{ED}} = \overline{\text{EC}} - \overline{\text{DC}} = 6 - 4 = 2(\text{cm})$
∠AED=60°이므로
$\triangle\text{EAD} = \dfrac{1}{2} \times 4 \times 2 \times \sin 60° = 2\sqrt{3}(\text{cm}^2)$
따라서
$\square\text{ABCD} = \triangle\text{EBC} - \triangle\text{EAD} = 9\sqrt{3} - 2\sqrt{3}$
$\qquad\qquad = 7\sqrt{3}(\text{cm}^2)$

답 $7\sqrt{3}$ cm²

25 평행사변형 ABCD에서 이웃하는 두 내각의 크기의 비가 2 : 1이고, ∠A+∠B=180°이므로
$\angle\text{A} = 180° \times \dfrac{2}{3} = 120° = \angle\text{C}$
$\angle\text{B} = 180° - \angle\text{A} = 180° - 120° = 60° = \angle\text{D}$
□PQRS에서
$\angle\text{P} = \angle\text{Q} = \angle\text{R} = \angle\text{S} = 180° - \dfrac{\angle\text{A}+\angle\text{B}}{2} = 90°$이므로
로 □PQRS는 직사각형이다.
$\overline{\text{PS}} = \overline{\text{BS}} - \overline{\text{BP}} = a \sin 60° - b \sin 60° = \dfrac{\sqrt{3}}{2}(a-b)$
$\overline{\text{PQ}} = \overline{\text{AQ}} - \overline{\text{AP}} = a \sin 30° - b \sin 30° = \dfrac{1}{2}(a-b)$
따라서
$\square\text{PQRS} = \overline{\text{PS}} \times \overline{\text{PQ}} = \dfrac{\sqrt{3}}{2}(a-b) \times \dfrac{1}{2}(a-b)$
$\qquad\qquad = \dfrac{\sqrt{3}}{4}(a-b)^2$

답 ①

V. 삼각비 **2**회   본문 52~55쪽

01 ②	02 ⑤	03 ③	04 ③	05 ⑤	06 ③
07 18	08 $\dfrac{6\sqrt{3}+5}{4}$	09 ④	10 ③	11 ③	
12 ③	13 ②	14 ④	15 54	16 ③	17 ①
18 ④	19 $\dfrac{7}{4}$	20 $16(\sqrt{3}-1)$ cm²	21 ③	22 ③	
23 $\dfrac{9\sqrt{2}}{4}$ cm²	24 5 cm				

01 ② $\sin B = \cos A = \dfrac{\overline{\text{AC}}}{\overline{\text{AB}}}$

답 ②

02 △ABC∽△AED(AA 닮음)이므로 ∠B=∠AED
△ADE에서 $\sin B = \sin E = \dfrac{6}{8} = \dfrac{3}{4}$

답 ⑤

03 △ABC에서 $\sin B = \dfrac{\overline{\text{AC}}}{6} = \dfrac{\sqrt{5}}{3}$이므로 $\overline{\text{AC}} = 2\sqrt{5}$
$\overline{\text{AB}} = \sqrt{6^2 - (2\sqrt{5})^2} = \sqrt{16} = 4$
따라서 $\triangle\text{ABC} = \dfrac{1}{2} \times 2\sqrt{5} \times 4 = 4\sqrt{5}$

답 ③

04 $\overline{\text{AH}}=x$라고 하면

$\triangle$ABH에서 $\tan B=\dfrac{\overline{\text{AH}}}{\overline{\text{BH}}}=\dfrac{x}{7}$

또 $\triangle$AHC에서 $\tan C=\dfrac{\overline{\text{AH}}}{\overline{\text{CH}}}=\dfrac{x}{3}$

따라서

$$\dfrac{\tan B}{\tan C}=\tan B\div\tan C$$
$$=\dfrac{x}{7}\div\dfrac{x}{3}=\dfrac{x}{7}\times\dfrac{3}{x}$$
$$=\dfrac{3}{7}$$

답 ③

05 오른쪽 그림과 같이 $\angle$B$=90°$, $\overline{\text{AB}}=1$, $\overline{\text{BC}}=2$인 $\triangle$ABC를 생각할 수 있다.

$\overline{\text{AC}}=\sqrt{1^2+2^2}=\sqrt{5}$

$\sin A=\dfrac{\overline{\text{BC}}}{\overline{\text{AC}}}=\dfrac{2}{\sqrt{5}}=\dfrac{2\sqrt{5}}{5}$

$\cos A=\dfrac{\overline{\text{AB}}}{\overline{\text{AC}}}=\dfrac{1}{\sqrt{5}}=\dfrac{\sqrt{5}}{5}$

따라서 $\cos A\div\sin A=\dfrac{\sqrt{5}}{5}\div\dfrac{2\sqrt{5}}{5}=\dfrac{\sqrt{5}}{5}\times\dfrac{5}{2\sqrt{5}}=\dfrac{1}{2}$

답 ⑤

06 $\triangle$ABC에서 $\cos 60°=\dfrac{x}{12}=\dfrac{1}{2}$이므로 $x=6$

$\sin 60°=\dfrac{\overline{\text{AC}}}{12}=\dfrac{\sqrt{3}}{2}$이므로 $\overline{\text{AC}}=6\sqrt{3}$

$\triangle$ACD에서 $\sin 45°=\dfrac{y}{6\sqrt{3}}=\dfrac{\sqrt{2}}{2}$이므로 $y=3\sqrt{6}$

따라서 $xy=6\times 3\sqrt{6}=18\sqrt{6}$

답 ③

07 $\triangle$AEF에서 $\cos 30°=\dfrac{\overline{\text{AE}}}{\overline{\text{AF}}}=\dfrac{\overline{\text{AE}}}{32}=\dfrac{\sqrt{3}}{2}$이므로

$\overline{\text{AE}}=16\sqrt{3}$

$\triangle$ADE에서 $\cos 30°=\dfrac{\overline{\text{AD}}}{\overline{\text{AE}}}=\dfrac{\overline{\text{AD}}}{16\sqrt{3}}=\dfrac{\sqrt{3}}{2}$이므로

$\overline{\text{AD}}=24$

$\triangle$ACD에서 $\cos 30°=\dfrac{\overline{\text{AC}}}{\overline{\text{AD}}}=\dfrac{\overline{\text{AC}}}{24}=\dfrac{\sqrt{3}}{2}$이므로

$\overline{\text{AC}}=12\sqrt{3}$

$\triangle$ABC에서 $\cos 30°=\dfrac{\overline{\text{AB}}}{\overline{\text{AC}}}=\dfrac{\overline{\text{AB}}}{12\sqrt{3}}=\dfrac{\sqrt{3}}{2}$이므로

$\overline{\text{AB}}=18$

답 18

08 $\cos 0°\times(1+\tan 60°)+\sin 90°\times\cos 30°$
$\qquad\qquad\qquad\qquad +(1+\sin 60°)(1-\cos 30°)$

$=1\times(1+\sqrt{3})+1\times\dfrac{\sqrt{3}}{2}+\left(1+\dfrac{\sqrt{3}}{2}\right)\left(1-\dfrac{\sqrt{3}}{2}\right)$

$=1+\sqrt{3}+\dfrac{\sqrt{3}}{2}+1-\dfrac{3}{4}$

$=\dfrac{3\sqrt{3}}{2}+\dfrac{5}{4}=\dfrac{6\sqrt{3}+5}{4}$

답 $\dfrac{6\sqrt{3}+5}{4}$

09 $x^2-x+\dfrac{1}{4}=0$에서 $\left(x-\dfrac{1}{2}\right)^2=0$이므로

$x=\dfrac{1}{2}$ (중근)

따라서 $\cos a=\dfrac{1}{2}$이고 $0°<\angle a<90°$이므로 $\angle a=60°$

답 ④

10 $\overline{\text{OA}}=\cos a=\sin b$, $\overline{\text{AB}}=\sin a=\cos b$이므로
점 B의 좌표는 $(\cos a,\ \sin a)$, $(\cos a,\ \cos b)$,
$(\sin b,\ \sin a)$, $(\sin b,\ \cos b)$와 같이 나타낼 수 있다.

답 ③

11 $\sin 12°=0.2079$에서 $\angle x=12°$
$\cos 8°=0.9903$에서 $\angle y=8°$
따라서

$\tan\dfrac{2x-y}{2}=\tan\dfrac{2\times 12°-8°}{2}=\tan 8°=0.1405$

답 ③

12 $\triangle$ABC에서

$\overline{\text{AB}}=\dfrac{23}{\sin 55°}=\dfrac{23}{\cos 35°}$

답 ③

13 $\triangle$ABC에서

$\angle$BAC$+\angle$ABC$=\angle$BAC$+2\angle$BAC
$\qquad\qquad\qquad =3\angle$BAC$=90°$

이므로 $\angle$BAC$=30°$

$\triangle$ABD에서 $\angle$BAD$=\angle$ABD$=30°$이므로
$\overline{\text{BD}}=\overline{\text{AD}}=4(\text{cm})$
$\triangle$BCD에서 $\overline{\text{BC}}=4\cos 30°=2\sqrt{3}(\text{cm})$
$\overline{\text{CD}}=4\sin 30°=2(\text{cm})$

따라서 $\triangle$ABC$=\dfrac{1}{2}\times 2\sqrt{3}\times(4+2)=6\sqrt{3}(\text{cm}^2)$

답 ②

14 다음 그림에서 $\overline{DE}=x$ cm라고 하면

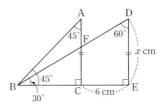

△DBE에서 $\overline{BE}=x\tan 60°=\sqrt{3}x$(cm)
$\overline{AC}=\overline{DE}=x$ cm이므로
△ABC에서 $\overline{BC}=x\tan 45°=x$(cm)
$\overline{CE}=\overline{BE}-\overline{BC}=(\sqrt{3}-1)x=6$(cm)이므로
$x=\dfrac{6}{\sqrt{3}-1}=\dfrac{6(\sqrt{3}+1)}{(\sqrt{3}-1)(\sqrt{3}+1)}=3(\sqrt{3}+1)$
따라서 △BCF에서
$\overline{CF}=x\tan 30°=3(\sqrt{3}+1)\times\dfrac{\sqrt{3}}{3}=3+\sqrt{3}$(cm)

답 ④

15 △ADE에서

$\overline{DE}=\overline{AD}\sin 60°=12\times\dfrac{\sqrt{3}}{2}=6\sqrt{3}$ ··· **1단계**

또 $\angle CDE=90°+30°=120°$ ··· **2단계**
따라서

$\triangle CDE=\dfrac{1}{2}\times 12\times 6\sqrt{3}\times\sin(180°-120°)$

$=36\sqrt{3}\times\dfrac{\sqrt{3}}{2}=54$ ··· **3단계**

답 54

단계	채점 기준	비율
1단계	$\overline{DE}$의 길이를 구한 경우	30 %
2단계	$\angle CDE$의 크기를 구한 경우	30 %
3단계	$\triangle CDE$의 넓이를 구한 경우	40 %

16 다음 그림과 같이 점 A에서 $\overline{BC}$에 내린 수선의 발을 H라고 하자.

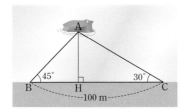

$\overline{AH}=h$ m라고 하면 $\angle BAH=45°$, $\angle CAH=60°$이므로
△ABH에서 $\overline{BH}=h\tan 45°=h$(m)
△AHC에서 $\overline{CH}=h\tan 60°=\sqrt{3}h$(m)

$\overline{BC}=\overline{BH}+\overline{CH}$이므로
$h+\sqrt{3}h=h(1+\sqrt{3})=100$
$h=\dfrac{100}{\sqrt{3}+1}=\dfrac{100(\sqrt{3}-1)}{(\sqrt{3}+1)(\sqrt{3}-1)}=50(\sqrt{3}-1)$
따라서 육지에서 섬까지의 가장 짧은 거리는
$50(\sqrt{3}-1)$ m이다.

답 ③

17 다음 그림에서 $\overline{AH}=h$라고 하면

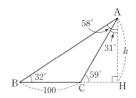

△ABH에서 $\overline{BH}=h\tan 58°=1.6h$
△ACH에서 $\overline{CH}=h\tan 31°=0.6h$
$\overline{BC}=\overline{BH}-\overline{CH}$이므로
$100=1.6h-0.6h$
따라서 $h=100$

답 ①

18 △ABC에서 $\overline{CH}=h$라고 하면

△AHC에서 $\overline{AH}=h\tan 30°=\dfrac{\sqrt{3}}{3}h$

△BCH에서 $\cos B=\dfrac{4}{5}$이므로 $a>0$에 대하여 $\overline{BC}=5a$,
$\overline{BH}=4a$로 놓을 수 있다.
이때 $\overline{CH}=\sqrt{(5a)^2-(4a)^2}=\sqrt{9a^2}=3a$이므로
$\tan(\angle BCH)=\dfrac{4}{3}$이고, $\overline{BH}=h\tan(\angle BCH)=\dfrac{4}{3}h$
$\overline{AB}=\overline{AH}+\overline{BH}=\dfrac{\sqrt{3}}{3}h+\dfrac{4}{3}h=26$에서
$(4+\sqrt{3})h=78$
따라서 $h=\dfrac{78}{4+\sqrt{3}}=\dfrac{78(4-\sqrt{3})}{(4+\sqrt{3})(4-\sqrt{3})}=6(4-\sqrt{3})$

답 ④

19 $\dfrac{\overline{CE}}{\overline{BC}}=2$이므로 $a>0$에 대하여 $\overline{BC}=a$, $\overline{CE}=2a$로 놓을수 있다.
또한 $\dfrac{\overline{AC}}{\overline{CD}}=\dfrac{7}{2}$이므로 $b>0$에 대하여 $\overline{CD}=2b$, $\overline{AC}=7b$로 놓을 수 있다.

$S=\dfrac{1}{2}\times 2a\times 2b\times\sin C=2ab\sin C$ ··· **1단계**

$T=\dfrac{1}{2}\times a\times 7b\times\sin C=\dfrac{7}{2}ab\sin C$ ··· **2단계**

따라서 $T \div S = \dfrac{7}{2}ab \sin C \div 2ab \sin C = \dfrac{7}{4}$ ··· **3단계**

답 $\dfrac{7}{4}$

단계	채점 기준	비율
1단계	△EDC의 넓이를 식으로 나타낸 경우	40 %
2단계	△ACB의 넓이를 식으로 나타낸 경우	40 %
3단계	$T \div S$의 값을 구한 경우	20 %

20 $\triangle PBC = \dfrac{1}{2} \times 8 \times 8 \times \sin 60° = 16\sqrt{3}(\text{cm}^2)$

$\triangle CDP = \dfrac{1}{2} \times 8 \times 8 \times \sin 30° = 16(\text{cm}^2)$

$\triangle BCD = \dfrac{1}{2} \times 8 \times 8 = 32(\text{cm}^2)$

$\triangle PBD = \triangle PBC + \triangle CDP - \triangle BCD$이므로

$\triangle PBD = 16\sqrt{3} + 16 - 32 = 16\sqrt{3} - 16$
$\qquad\qquad = 16(\sqrt{3}-1)(\text{cm}^2)$

답 $16(\sqrt{3}-1)\,\text{cm}^2$

21 $\overline{AD} = x\,\text{cm}$라고 하면

$\triangle ABC = \dfrac{1}{2} \times 4 \times 4\sqrt{3} \times \sin(180° - 150°)$
$\qquad\qquad = 4\sqrt{3}(\text{cm}^2)$

$\triangle ABD = \dfrac{1}{2} \times 4 \times x \times \sin 30° = x(\text{cm}^2)$

$\triangle ADC = \dfrac{1}{2} \times x \times 4\sqrt{3} \times \sin(180° - 120°) = 3x(\text{cm}^2)$

$\triangle ABC = \triangle ABD + \triangle ADC$이므로

$4\sqrt{3} = x + 3x = 4x$

$x = \sqrt{3}$

따라서 $\overline{AD}$의 길이는 $\sqrt{3}\,\text{cm}$이다.

답 ③

22 다음 그림과 같이 $\overline{BD}$를 그으면

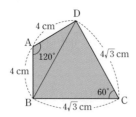

$\triangle ABD = \dfrac{1}{2} \times 4 \times 4 \times \sin(180° - 120°) = 4\sqrt{3}(\text{cm}^2)$

$\triangle BCD = \dfrac{1}{2} \times 4\sqrt{3} \times 4\sqrt{3} \times \sin 60° = 12\sqrt{3}(\text{cm}^2)$

따라서
$\square ABCD = \triangle ABD + \triangle BCD = 4\sqrt{3} + 12\sqrt{3}$
$\qquad\qquad = 16\sqrt{3}(\text{cm}^2)$

답 ③

23 $\square ABCD = 3 \times 4 \times \sin 45° = 6\sqrt{2}(\text{cm}^2)$ ··· **1단계**

$\triangle ABM = \dfrac{1}{2} \times 3 \times 2 \times \sin 45° = \dfrac{3\sqrt{2}}{2}(\text{cm}^2)$ ··· **2단계**

$\triangle MCN = \dfrac{1}{2} \times 2 \times \dfrac{3}{2} \times \sin(180° - 135°)$
$\qquad\qquad = \dfrac{3\sqrt{2}}{4}(\text{cm}^2)$ ··· **3단계**

$\triangle AND = \dfrac{1}{2} \times 4 \times \dfrac{3}{2} \times \sin 45° = \dfrac{3\sqrt{2}}{2}(\text{cm}^2)$

··· **4단계**

따라서
$\triangle AMN = \square ABCD - \triangle ABM - \triangle MCN - \triangle AND$
$\qquad = 6\sqrt{2} - \dfrac{3\sqrt{2}}{2} - \dfrac{3\sqrt{2}}{4} - \dfrac{3\sqrt{2}}{2} = \dfrac{9\sqrt{2}}{4}(\text{cm}^2)$

··· **5단계**

답 $\dfrac{9\sqrt{2}}{4}\,\text{cm}^2$

단계	채점 기준	비율
1단계	$\square ABCD$의 넓이를 구한 경우	20 %
2단계	△ABM의 넓이를 구한 경우	20 %
3단계	△MCN의 넓이를 구한 경우	20 %
4단계	△AND의 넓이를 구한 경우	20 %
5단계	△AMN의 넓이를 구한 경우	20 %

24 $\overline{PB} = x\,\text{cm}$라고 하면

$\square ABCD = \dfrac{1}{2} \times (10 + 4) \times (9 + x) \times \sin 60°$
$\qquad\qquad = \dfrac{7\sqrt{3}}{2}(9 + x) = 49\sqrt{3}(\text{cm}^2)$

에서 $9 + x = 14$

$x = 5$

따라서 $\overline{PB}$의 길이는 $5\,\text{cm}$이다.

답 $5\,\text{cm}$

01 ④	**02** ⑤	**03** 15 cm	**04** ③	**05** ③	**06** ①
07 $9\sqrt{3}$ cm²		**08** 61°	**09** ①	**10** ①	**11** ③
12 $2\sqrt{21}$ cm		**13** ④	**14** ④	**15** 65°	**16** ⑤
17 ①	**18** ②	**19** 65°	**20** $\sqrt{6}$ cm	**21** ③, ⑤	**22** ⑤
23 ②	**24** 35°	**25** ③	**26** ⑤	**27** 50°	**28** 180°

01 $\overline{AH}=\dfrac{1}{2}\overline{AB}=6\,(cm)$이므로

원 O의 반지름의 길이를 r cm라고 하면 직각삼각형 OAH에서

$r=\sqrt{6^2+6^2}=6\sqrt{2}$

따라서 원 O의 둘레의 길이는

$2\pi\times6\sqrt{2}=12\sqrt{2}\pi\,(cm)$

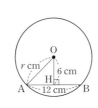

답 ④

02 $\overline{OH}=7-2=5\,(cm)$

△OBH에서 $\overline{BH}=\sqrt{7^2-5^2}=2\sqrt{6}\,(cm)$

$\overline{AB}=2\overline{BH}=2\times2\sqrt{6}=4\sqrt{6}\,(cm)$

따라서 $\triangle ABC=\dfrac{1}{2}\times4\sqrt{6}\times2=4\sqrt{6}\,(cm^2)$

답 ⑤

03 원의 중심을 O, 반지름의 길이를 r cm라고 하면

△AOD에서 $r^2=(r-3)^2+9^2$

$6r=90$, $r=15$

따라서 원 O의 반지름의 길이는 15 cm이다.

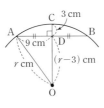

답 15 cm

04 $\overline{ON}=\overline{OM}$이므로 $\overline{CD}=\overline{AB}=16$ cm

$\overline{CN}=\dfrac{1}{2}\overline{CD}=8\,(cm)$

△OCN에서

$\overline{OC}=\sqrt{6^2+8^2}=\sqrt{100}=10\,(cm)$

답 ③

05 □AMON에서

$\angle A=360°-(90°+90°+100°)=80°$

$\overline{OM}=\overline{ON}$이므로 $\overline{AB}=\overline{AC}$

따라서 △ABC는 이등변삼각형이므로

$\angle C=\dfrac{1}{2}\times(180°-80°)=50°$

답 ③

06 $\overline{OA}=\overline{OT}=6$ cm, $\angle PAO=90°$

△POA에서

$\overline{PA}=\sqrt{10^2-6^2}=\sqrt{64}=8\,(cm)$

답 ①

07 접선의 길이는 서로 같으므로

$\overline{PA}=\overline{PB}=6$ cm   ··· 1단계

$\triangle PAB=\dfrac{1}{2}\times\overline{PA}\times\overline{PB}\times\sin60°$

$=\dfrac{1}{2}\times6\times6\times\dfrac{\sqrt{3}}{2}$

$=9\sqrt{3}\,(cm^2)$ ··· 2단계

답 $9\sqrt{3}$ cm²

단계	채점 기준	비율
1단계	$\overline{PB}$의 길이를 구한 경우	40 %
2단계	△PAB의 넓이를 구한 경우	60 %

08 △ABC에서

$\angle A=180°-(50°+72°)=58°$

$\overline{AD}=\overline{AF}$이므로

$\angle x=\dfrac{1}{2}\times(180°-58°)=61°$

답 61°

09 원의 중심으로부터 길이가 같은 현의 중점까지의 거리는 항상 일정하므로 길이가 2인 현의 중점이 지나간 자리는 원이 된다.

원의 반지름의 길이를 r라고 하면 현의 중점이 지나간 자리(원)의 반지름의 길이는 $\sqrt{r^2-1}$

따라서 현이 지나간 부분의 넓이는

$\pi r^2-\pi(\sqrt{r^2-1})^2=\pi r^2-\pi(r^2-1)=\pi$

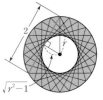

답 ①

10 △BCD에서

$\overline{CD}=\sqrt{15^2-12^2}=\sqrt{81}=9\,(cm)$

□ABCD가 원 O에 외접하므로

$\overline{AB}+\overline{CD}=\overline{AD}+\overline{BC}$

$11+9=\overline{AD}+12$

따라서 $\overline{AD}=8$ cm

답 ①

11 $\overline{AE}=x$ cm라고 하면

$\overline{AF}=\overline{AE}=x$ cm, $\overline{BD}=\overline{BF}=7$ cm

$\overline{CD}=\overline{CE}=3$ cm

△ABC의 둘레의 길이는

$2(x+3+7)=24,\ x=2$

따라서 $\overline{AC}=\overline{AE}+\overline{CE}=2+3=5$(cm)

답 ③

12 반원 O와 $\overline{CD}$의 접점을 E라
고 하면
$\overline{DE}=\overline{DA}=3$ cm,
$\overline{CE}=\overline{CB}=7$ cm이므로

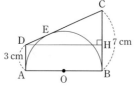

· · · 1단계

$\overline{DC}=3+7=10$(cm) · · · 2단계

꼭짓점 D에서 $\overline{BC}$에 내린 수선의 발을 H라고 하면

$\overline{CH}=7-3=4$(cm)

$\overline{AB}=\overline{DH}=\sqrt{10^2-4^2}=\sqrt{84}=2\sqrt{21}$(cm)

따라서 반원 O의 지름의 길이는 $2\sqrt{21}$ cm이다.

· · · 3단계

답 $2\sqrt{21}$ cm

단계	채점 기준	비율
1단계	$\overline{DE},\ \overline{CE}$의 길이를 각각 구한 경우	30%
2단계	$\overline{CD}$의 길이를 구한 경우	30%
3단계	원의 지름의 길이를 구한 경우	40%

13 $360°-\angle x=2\times110°=220°$

따라서 $\angle x=140°$

답 ④

14 $\overline{OB}$를 그으면

$\begin{aligned}\angle AOC&=\angle AOB+\angle BOC\\&=2\angle APB+2\angle BQC\\&=2\times45°+2\times20°\\&=90°+40°\\&=130°\end{aligned}$

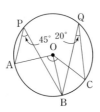

답 ④

15 △BCQ에서

$\angle ABC=25°+40°=65°$

따라서 $\angle CDP=\angle ABC=65°$($\widehat{AC}$에 대한 원주각)

답 65°

16 $\overline{BD}$는 원 O의 지름이므로 $\angle BCD=90°$

$\angle BDC=\angle BAC=36°$이므로 △BCD에서

$\angle x=180°-(90°+36°)=54°$

답 ⑤

17 $\widehat{BC}=3\widehat{AD}$이므로

$\angle BAC=3\angle ABD=3\angle x$

△ABP에서

$80°=\angle x+3\angle x,\ 4\angle x=80°$

따라서 $\angle x=20°$

답 ①

18 $\overline{AQ}$를 그으면 $\widehat{BQ}=\widehat{CQ}$이므로

$\angle BAQ=\angle CAQ=34°$

그런데 $\widehat{AP}+\widehat{AR}+\widehat{BQ}$의 길이는
원주의 $\dfrac{1}{2}$과 같으므로

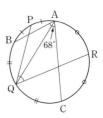

$\angle PQA+\angle RQA+\angle BAQ=90°$

$\angle PQR+34°=90°$

따라서 $\angle PQR=90°-34°=56°$

답 ②

19 $\overline{BC}$를 그으면

$\angle ACB=90°$

$\widehat{AP}=\widehat{CP}$이므로

$\angle CBP=\angle ABP=25°$

△CDB에서

$\angle CDB=180°-(90°+25°)=65°$

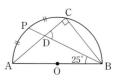

답 65°

20 $\overline{BO}$의 연장선이 원 O와 만나는
점을 A′이라고 하면

$\angle A'=\angle A$($\widehat{BC}$에 대한 원주각)

$\angle A'CB=90°$

$\begin{aligned}\tan A&=\tan A'=\dfrac{\overline{BC}}{\overline{A'C}}\\&=\dfrac{4}{\overline{A'C}}=\sqrt{2}\end{aligned}$

이므로 $\overline{A'C}=\dfrac{4}{\sqrt{2}}=2\sqrt{2}$(cm) · · · 1단계

$\overline{A'B}=\sqrt{4^2+(2\sqrt{2})^2}=2\sqrt{6}$(cm) · · · 2단계

따라서 원 O의 반지름의 길이는

$\overline{BO}=\dfrac{1}{2}\overline{A'B}=\sqrt{6}$(cm) · · · 3단계

답 $\sqrt{6}$ cm

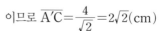

단계	채점 기준	비율
1단계	$\overline{A'C}$의 길이를 구한 경우	40 %
2단계	$\overline{A'B}$의 길이를 구한 경우	30 %
3단계	원의 반지름의 길이를 구한 경우	30 %

21 ③ ∠BCA=90°−60°=30°

∠BCA=∠BDA이므로 네 점 A, B, C, D는 한 원 위에 있다.

⑤ ∠BCA=110°−80°=30°

∠BCA=∠BDA이므로 네 점 A, B, C, D는 한 원 위에 있다.

🖺 ③, ⑤

22 □ABCD가 원 O에 내접하므로

50°+∠BCD=180°

∠BCD=130°

∠BOD=2∠BAD=2×50°=100°

□BCDO에서

∠x+130°+∠y+100°=360°

따라서 ∠x+∠y=130°

🖺 ⑤

23 □ABCD가 원 O에 내접하므로

∠A=100°

따라서 ∠x=2∠A=2×100°=200°

🖺 ②

24 △BCE에서 ∠DCF=56°+33°=89°

△DCF에서 ∠ADC=89°+∠x

□ABCD가 원에 내접하므로

∠B+∠ADC=180°

56°+(89°+∠x)=180°

따라서 ∠x=35°

🖺 35°

25 $\overline{CE}$를 그으면

∠CED=$\frac{1}{2}$∠COD=30°

∠AEC=105°−30°=75°

□ABCE는 원 O에 내접하므로

∠B+∠AEC=180°

∠B+75°=180°

따라서 ∠B=105°

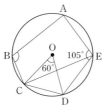

🖺 ③

26 ∠PAB=∠BPT′=∠APB이므로

△APB는 $\overline{PB}=\overline{AB}$인 이등변삼각형이다.

따라서 $\overline{AB}=\overline{PB}$=7 cm

🖺 ⑤

27 $\overline{EC}$를 그으면

□ABCE가 원에 내접하므로

∠AEC=180°−100°=80°

∠CED=130°−80°=50°

따라서 ∠DCT=∠CED=50°

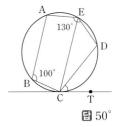

🖺 50°

28 $\overline{AB}$를 그으면

$\overline{CD}$는 두 원의 접선이므로

∠DCA=∠CBA,

∠CDA=∠ABD

따라서

∠CAD+∠CBD=∠CAD+(∠CBA+∠ABD)

=∠CAD+∠DCA+∠CDA

=180°

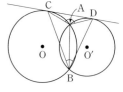

🖺 180°

Ⅵ. 원의 성질 **2**회

본문 60~63쪽

01 ④	02 ②	03 $\frac{25}{3}$ cm		04 8$\sqrt{3}$ cm
05 ④	06 ①	07 ④	08 ④	09 ③	10 ⑤
11 ②	12 4	13 ②	14 ⑤	15 ①	16 ④
17 60°	18 ①	19 70°	20 ④	21 ③	22 ①
23 38°	24 ②	25 ②	26 ③	27 ③	28 66°

01 △AHO에서

$\overline{AH}=\sqrt{4^2-2^2}=\sqrt{12}=2\sqrt{3}$(cm)

따라서 $\overline{AB}=2\overline{AH}=2\times2\sqrt{3}=4\sqrt{3}$(cm)

🖺 ④

02 원 O의 반지름의 길이를 r cm라고 하면

$\overline{OM}=(r-4)$ cm이므로

직각삼각형 OMB에서

$(r-4)^2+(4\sqrt{5})^2=r^2$

$8r=96$, $r=12$

따라서 원 O의 반지름의 길이는 12 cm이다.

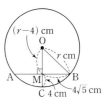

🖺 ②

03 점 A에서 $\overline{BC}$에 내린 수선의 발을 H라 하면 △ABC는 $\overline{AB}=\overline{AC}$인 이등변삼각형이므로

$\overline{BH}=\overline{CH}=8$ cm

△AHC에서

$\overline{AH}=\sqrt{10^2-8^2}=\sqrt{36}=6$(cm)

한편 $\overline{AH}$를 연장한 직선은 $\overline{BC}$의 수직이등분선이므로 원의 중심 O를 지난다.

$\overline{OC}=r$ cm라고 하면 $\overline{OH}=(r-6)$ cm

△OHC에서

$r^2=(r-6)^2+8^2$, $12r=100$, $r=\dfrac{25}{3}$

따라서 원 O의 반지름의 길이는 $\dfrac{25}{3}$ cm이다.

답 $\dfrac{25}{3}$ cm

04 원의 중심 O에서 $\overline{AB}$에 내린 수선의 발을 M이라고 하면

$\overline{OA}=8$ cm

$\overline{OM}=\dfrac{1}{2}\overline{OA}=4$(cm)

직각삼각형 OAM에서

$\overline{AM}=\sqrt{8^2-4^2}=\sqrt{48}=4\sqrt{3}$(cm)

따라서 $\overline{AB}=2\overline{AM}=2\times4\sqrt{3}=8\sqrt{3}$(cm)

답 $8\sqrt{3}$ cm

05 점 O에서 $\overline{AB}$에 내린 수선의 발을 E라고 하면

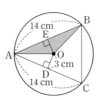

$\overline{AB}=\overline{AC}$이므로

$\overline{OE}=\overline{OD}=3$ cm

따라서

$\triangle ABO=\dfrac{1}{2}\times14\times3=21$(cm^2)

답 ④

06 $\overline{OM}=\overline{ON}$이므로 $\overline{AB}=\overline{AC}$

즉, △ABC는 이등변삼각형이므로

∠C=∠B=65°

따라서 ∠A=180°-(65°+65°)=50°

답 ①

07 ∠PAO=90°이므로

∠APO=180°-(90°+46°)=44°

△APO≡△BPO(RHS 합동)이므로

∠APB=2∠APO=2×44°=88°

답 ④

08 $\overline{PO}$를 그으면

△PAO와 △PBO에서

∠PAO=∠PBO=90°(①),

$\overline{PO}$는 공통, $\overline{OA}=\overline{OB}$이므로

△PAO≡△PBO(RHS 합동)(②)

∠APO=∠BPO=$\dfrac{1}{2}$∠APB=30°

△PAO에서

$\overline{PA}=\dfrac{\overline{AO}}{\tan30°}=3\times\sqrt{3}=3\sqrt{3}$(cm)(④)

$\overline{PO}=\sqrt{(3\sqrt{3})^2+3^2}=\sqrt{36}=6$(cm)(⑤)

△PAO는 ∠PAO=90°인 직각삼각형이므로

∠APO+∠POA=90°(③)

따라서 옳지 않은 것은 ④이다.

답 ④

09 $\overline{AB}\perp\overline{OH}$이므로 $\overline{AH}=\dfrac{1}{2}\overline{AB}=6$

이때 $\overline{OA}=R$, $\overline{OH}=r$라고 하면

△OAH에서

$R^2=6^2+r^2$, $R^2-r^2=36$

따라서 색칠한 부분의 넓이는

(큰 원의 넓이)-(작은 원의 넓이)=$\pi R^2-\pi r^2$

$=\pi(R^2-r^2)$

$=36\pi$

답 ③

10 $\overline{AF}=\overline{AD}=x$ cm라고 하면

$\overline{BE}=\overline{BD}=(8-x)$ cm, $\overline{CE}=\overline{CF}=(9-x)$ cm이고

$\overline{BE}+\overline{CE}=\overline{BC}$이므로

$(8-x)+(9-x)=8$, $2x=9$, $x=4.5$

따라서 $\overline{AF}=4.5$ cm

답 ⑤

11 □ABCD가 원 O에 외접하므로

$x+4=y+8$

$x-y=4$ …… ㉠

□ABCD의 두 대각선이 직교하므로

$x^2+4^2=y^2+8^2$, $x^2-y^2=48$

$(x+y)(x-y)=48$

$(x+y)\times4=48$

$x+y=12$ …… ㉡

㉠, ㉡을 연립하여 풀면

$x=8$, $y=4$

따라서 $xy=32$

답 ②

12 $\overline{CD}=\overline{CF}$, $\overline{BD}=\overline{BE}$이므로
$\overline{AF}+\overline{AE}=\overline{AC}+\overline{BC}+\overline{AB}$
$=7+6+5=18$ ··· **1단계**
$\overline{AF}=\overline{AE}$이므로
$\overline{AE}=\dfrac{18}{2}=9$ ··· **2단계**
따라서 $\overline{BE}=\overline{AE}-\overline{AB}=9-5=4$ ··· **3단계**
답 4

| **다른 풀이** |
$\overline{BE}=x$라고 하면
$\overline{BE}=\overline{BD}=x$, $\overline{CD}=\overline{CF}=6-x$
$\overline{AF}=\overline{AE}$이므로
$7+(6-x)=5+x$, $x=4$

단계	채점 기준	비율
1단계	$\overline{AF}+\overline{AE}$의 길이를 구한 경우	30 %
2단계	$\overline{AE}$의 길이를 구한 경우	40 %
3단계	$\overline{BE}$의 길이를 구한 경우	30 %

13 ① $\angle x=2\times 40°=80°$
② $\angle x=\dfrac{1}{2}\times 100°=50°$
③ $\angle x=84°-18°=66°$
④ $\angle x=\dfrac{1}{2}\times 140°=70°$
⑤ $\angle x=\dfrac{1}{2}\times(360°-100°)=130°$
따라서 $\angle x$의 크기가 가장 작은 것은 ②이다.
답 ②

14 $\overline{BQ}$를 그으면
$\angle AQB=\angle APB$,
$\angle CQB=\angle CRB$
$\angle x=\angle AQB+\angle CQB$
$=\angle APB+\angle CRB$
$=18°+48°=66°$
$\angle y=2\angle x=2\times 66°=132°$
따라서 $\angle x+\angle y=66°+132°=198°$
답 ⑤

15 $\overset{\frown}{AD}$에 대한 원주각의 크기가 같으므로
$\angle ABD=\angle ACD=72°$
$\triangle AEB$에서
$\angle x=180°-(48°+72°)=60°$
따라서 $\cos x=\cos 60°=\dfrac{1}{2}$
답 ①

16 $\triangle BCQ$에서
$\angle ABC=27°+34°=61°$
$\angle CDP=\angle ABC=61°$($\overset{\frown}{AC}$에 대한 원주각)
따라서
$\angle APB=\angle CPD=180°-(61°+27°)=92°$
답 ④

17 $\overline{BC}$는 반원 O의 지름이므로 $\angle BAC=90°$
$\angle ACB : \angle ABC=\overset{\frown}{AB} : \overset{\frown}{AC}=1 : 2$이므로
$\angle ABC=90°\times\dfrac{2}{3}=60°$
답 60°

18 $\overline{AD}=\overline{DC}$이므로 $\overset{\frown}{AD}=\overset{\frown}{DC}$
$\angle ABD=\angle DBC=25°$
$\overline{AB}$는 원 O의 지름이므로 $\angle ACB=90°$
따라서 $\triangle ABC$에서
$\angle CAB=180°-(90°+25°+25°)=40°$
답 ①

19 $\overline{BC}$, $\overline{CE}$를 그으면
$\overset{\frown}{AB}=\overset{\frown}{BC}$이므로
$\angle ACB=\angle BEC$ ··· **1단계**
$\overset{\frown}{BE}$에 대한 원주각의 크기는 같으므로
$\angle BCE=\angle BDE=70°$ ··· **2단계**
따라서 $\triangle ECF$에서
$\angle x=\angle FEC+\angle ECF$
$=\angle ACB+\angle ECF$
$=\angle BCE=70°$ ··· **3단계**
답 70°

단계	채점 기준	비율
1단계	$\angle ACB=\angle BEC$임을 찾은 경우	30 %
2단계	$\angle BCE$의 크기를 구한 경우	30 %
3단계	$\angle x$의 크기를 구한 경우	40 %

20 $\overline{BD}$를 그으면 $\triangle PBD$에서
$\angle PBD+\angle PDB=90°$
$\angle PBD$와 $\angle PDB$는 각각 $\overset{\frown}{AD}$, $\overset{\frown}{BC}$
에 대한 원주각이므로 $\overset{\frown}{AD}$, $\overset{\frown}{BC}$에 대
한 중심각의 크기의 합은 180°이다.
중심각의 크기가 180°인 호의 길이는
$4\pi+8\pi=12\pi$

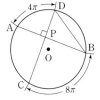

이때 원 O의 원주는 $2 \times 12\pi = 24\pi$이고 원 O의 반지름의 길이를 r라고 하면
$2\pi r = 24\pi$, $r = 12$
따라서 원 O의 반지름의 길이는 12이다.

답 ④

21 네 점 A, B, C, D가 한 원 위에 있으므로
$\angle BDC = \angle BAC = 80°$
따라서 △CDP에서
$\angle x = \angle CDP + \angle DCP = 80° + 25° = 105°$

답 ③

22 $\angle A + \angle C = 180°$이므로
$\angle A = 180° \times \dfrac{2}{3} = 120°$

답 ①

23 □ABCD가 원에 내접하므로
$\angle ADC = \angle ABE = 100°$
$\angle ADB = 100° - 48° = 52°$ ··· 1단계
$\overline{BD}$가 원 O의 지름이므로 $\angle BAD = 90°$ ··· 2단계
따라서 △ABD에서
$\angle x = 180° - (90° + 52°) = 38°$ ··· 3단계

답 38°

단계	채점 기준	비율
1단계	$\angle ADB$의 크기를 구한 경우	30 %
2단계	$\angle BAD$의 크기를 구한 경우	30 %
3단계	$\angle x$의 크기를 구한 경우	40 %

24 $\angle CDP = \dfrac{1}{2} \angle PO'C = 75°$
$\overline{PQ}$를 그으면 □PQCD가
원 O'에 내접하므로
$\angle PQB = \angle CDP = 75°$
□ABQP가 원 O에 내접하므로
$\angle BAP + \angle PQB = 180°$
따라서 $\angle BAP = 180° - 75° = 105°$

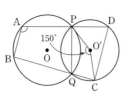

답 ②

25 $\angle BDA = \angle BAT' = 72°$
□ABCD가 원 O에 내접하므로
$\angle DAB = 180° - 103° = 77°$
따라서 △BDA에서
$\angle x = 180° - (72° + 77°) = 31°$

답 ②

26 △BAT에서 $\angle BAT = 70° - 25° = 45°$
직선 AT는 원 O의 접선이므로
$\angle ACB = \angle BAT = 45°$

답 ③

27 $\angle ABT = \angle ATP = \angle QTD = \angle DCT = 40°$이므로
△DTC에서
$\angle CTD = 180° - (40° + 60°) = 80°$

답 ③

28 접선과 현이 이루는 각의 성질에 의하여
$\angle BCD = \angle BAC$
$\angle BCD = \angle BAC = \angle a$, $\angle ADE = \angle CDE = \angle b$라고
하면
△ADC에서
$\angle a + 2\angle b + (\angle a + 48°) = 180°$
$\angle a + \angle b = 66°$
따라서 △ADE에서
$\angle DEC = \angle DAE + \angle ADE$
$\quad = \angle a + \angle b = 66°$

답 66°

01 ⑤　　**02** 8.6점　**03** ④

04 평균: 12.3회, 중앙값: 11.5회, 최빈값: 8회　　**05** ④, ⑤

06 최빈값　**07** ④　**08** ①　**09** ②　**10** ①　**11** ⑤

12 풀이 참조　　**13** 평균: 6회, 분산: 1.9　　**14** ①

15 평균: 15, 분산: 40　**16** $\frac{88}{7}$　**17** ③　**18** ③

19 $\frac{20}{3}$점　**20** ③, ④　**21** 56　**22** ③　**23** ③　**24** ③

---

01 ⑤ (편차)=(변량)-(평균)이므로 평균보다 큰 변량에 대한 편차는 양수이다.

답 ⑤

02 학급 전체의 수행평가 점수의 평균은

$$\frac{8\times8+12\times9}{8+12}=\frac{172}{20}$$
$$=8.6(점)$$

답 8.6점

03 x를 제외한 자료를 작은 것부터 크기순으로 나열하면
2, 3, 3, 5, 8, 8, 9, 9, 12
중앙값은 5번째와 6번째 변량의 평균이고 최빈값과 같으므로 $x=8$이다.

답 ④

04 (평균)$=\dfrac{5+6+8+8+11+12+15+17+20+21}{10}$
$$=\frac{123}{10}$$
$$=12.3(회)$$
자료가 10개이므로 중앙값은 5번째와 6번째 변량의 평균이다.
즉, (중앙값)$=\dfrac{11+12}{2}=11.5(회)$
(최빈값)$=8(회)$

답 평균: 12.3회, 중앙값: 11.5회, 최빈값: 8회

05 a를 제외한 자료를 작은 것부터 크기순으로 나열하면
12, 17, 18, 25, 30, 30
이때 중앙값이 25이므로 $a\geq25$
최빈값이 30이므로 $a\neq25$
따라서 $a>25$

답 ④, ⑤

06 신발 치수, 티셔츠 사이즈, 관람 희망 영화와 같이 선호도

나 소비자 요구를 파악하거나 수로 표현되지 않는 자료의 대푯값으로 적절한 것은 최빈값이다.

답 최빈값

07 국어를 제외한 11개 교과 성적의 평균이 64점이므로
(11개 교과 성적의 총합)$=11\times64=704(점)$
국어 성적을 x점이라고 하면 12개 교과 성적의 평균은
$$\frac{704+x}{12}=66.5(점)$$
따라서 $x=94$

답 ④

08 편차의 총합은 0이므로
$-3+2+1+0+x+4-1-4-2+2=0$
$x=1$
따라서 계란의 무게는
$45+1=46(g)$

답 ①

09 분산은 편차의 제곱의 평균이므로
(분산)$=\dfrac{(-4)^2+(-2)^2+(-1)^2+0^2+2^2+4^2+2^2+(-1)^2}{8}$
$$=\frac{46}{8}$$
$$=5.75$$

답 ②

10 (평균)$=\dfrac{2+4+5+3+6+4+3+5}{8}$
$$=\frac{32}{8}$$
$$=4(명)$$
(분산)$=\dfrac{(-2)^2+0^2+1^2+(-1)^2+2^2+0^2+(-1)^2+1^2}{8}$
$$=\frac{12}{8}$$
$$=1.5$$
따라서 (표준편차)$=\sqrt{1.5}(명)$

답 ①

11 (평균)$=\dfrac{x+y+10+4+12}{5}=8$이므로 $x+y=14$
(분산)$=\dfrac{(x-8)^2+(y-8)^2+2^2+(-4)^2+4^2}{5}=8$이므로
$x^2+y^2-16(x+y)+164=40$
$x+y=14$이므로
$x^2+y^2-16\times14+164=40$
따라서 $x^2+y^2=100$

답 ⑤

12 자료 A에서

$$(평균)=\frac{1+3+5+7+9}{5}=5$$

$$(분산)=\frac{(-4)^2+(-2)^2+0^2+2^2+4^2}{5}$$

$$=\frac{40}{5}=8$$

이므로 (표준편차)$=2\sqrt{2}$

자료 B에서

$$(평균)=\frac{2+4+6+8+10}{5}=6$$

$$(분산)=\frac{(-4)^2+(-2)^2+0^2+2^2+4^2}{5}=8$$

이므로 (표준편차)$=2\sqrt{2}$

따라서 자료 A, B의 표준편차의 크기는 같다.

답 풀이 참조

13 $(평균)=\dfrac{4\times3+5\times6+6\times3+7\times4+8\times4}{3+6+3+4+4}$

$$=\frac{120}{20}$$

$$=6(회)$$ · · · **1단계**

$$(분산)=\frac{(-2)^2\times3+(-1)^2\times6+0^2\times3+1^2\times4+2^2\times4}{20}$$

$$=\frac{38}{20}$$

$$=1.9$$ · · · **2단계**

답 평균: 6회, 분산: 1.9

단계	채점 기준	비율
1단계	평균을 구한 경우	50 %
2단계	분산을 구한 경우	50 %

14 표준편차가 작을수록 성적이 고르므로 성적이 가장 고른 반은 A반이다.

답 ①

15 a, b, c의 평균이 7이므로

$$\frac{a+b+c}{3}=7 \text{에서 } a+b+c=21$$

$2a+1$, $2b+1$, $2c+1$의 평균은

$$\frac{(2a+1)+(2b+1)+(2c+1)}{3}$$

$$=\frac{2(a+b+c)+3}{3}$$

$$=\frac{2\times21+3}{3}$$

$$=15$$

분산이 10이므로

$$\frac{(a-7)^2+(b-7)^2+(c-7)^2}{3}=10\text{에서}$$

$$(a-7)^2+(b-7)^2+(c-7)^2=30$$

$2a+1$, $2b+1$, $2c+1$의 분산은

$$\frac{(2a+1-15)^2+(2b+1-15)^2+(2c+1-15)^2}{3}$$

$$=\frac{(2a-14)^2+(2b-14)^2+(2c-14)^2}{3}$$

$$=\frac{4(a-7)^2+4(b-7)^2+4(c-7)^2}{3}$$

$$=\frac{4\times30}{3}$$

$$=40$$

답 평균: 15, 분산: 40

16 평균이 0이므로

$$\frac{a+b+2+3-2-3+5}{7}=0$$

즉, $a+b=-5$

a, b를 제외한 자료를 작은 것부터 크기순으로 나열하면

$$-3, -2, 2, 3, 5$$

자료가 7개인 자료의 중앙값은 4번째이고 중앙값은 1이므로

$$a<1, b=1$$

$a+b=-5$이므로 $a=-6$

자료 -6, 1, 2, 3, -2, -3, 5의 분산은

$$\frac{(-6)^2+1^2+2^2+3^2+(-2)^2+(-3)^2+5^2}{7}=\frac{88}{7}$$

답 $\dfrac{88}{7}$

17 수학 성적과 과학 성적의 차가 2점 이상인 학생의 성적은 $(5, 7)$, $(6, 8)$, $(8, 5)$이므로 3명이다.

답 ③

18 수학 성적이 과학 성적보다 높은 학생의 성적은

$$(5, 4), (6, 5), (7, 6), (8, 5)$$

이므로 학생의 비율은 $\dfrac{4}{10}=\dfrac{2}{5}$이다.

답 ③

19 과학 성적이 6점 이상인 학생의 성적은

$$(5, 6), (5, 7), (6, 8), (7, 6), (8, 8), (9, 9)$$

· · · **1단계**

따라서 수학 성적의 평균은

$$\frac{5+5+6+7+8+9}{6}=\frac{20}{3}(점)$$

· · · **2단계**

답 $\dfrac{20}{3}$ 점

단계	채점 기준	비율
1단계	과학 성적이 6점 이상인 학생의 성적을 구한 경우	40 %
2단계	평균을 구한 경우	60 %

20 ① 중간고사와 기말고사 성적이 같은 학생은 3명이다.
② 기말고사에서 성적이 향상된 학생은 8명이므로 대부분의 학생이 기말고사에서 성적이 향상되었다고 볼 수 없다.
⑤ 학생 A와 D의 중간고사 성적의 평균은
$$\frac{90+70}{2}=80(점)$$

답 ③, ④

21 중간고사와 기말고사 성적의 평균이 80점보다 큰 학생의 성적은 성적의 합이 160점보다 크므로
$(80, 90), (90, 80), (90, 100), (100, 80), (100, 90)$
따라서 기말고사 성적의 평균은
$$\frac{90+80+100+80+90}{5}=\frac{440}{5}=88(점)$$
기말고사의 분산은
$$\frac{2^2+(-8)^2+12^2+(-8)^2+2^2}{5}=\frac{280}{5}=56$$

답 56

22 낮의 시간이 길어질수록 밤의 시간이 짧아지므로 음의 상관관계인 것은 ③이다.

답 ③

23 ① 양의 상관관계
② 양의 상관관계
③ 상관관계가 없다.
④ 음의 상관관계
⑤ 음의 상관관계

답 ③

24 주어진 산점도는 양의 상관관계이므로 양의 상관관계인 것은 ③이다.

답 ③

01 ④	**02** ②	**03** 153 cm	**04** 10	**05** ③
06 3	**07** ④	**08** ①, ④　**09** 18점	**10** ②	**11** ⑤
12 ③	**13** ①	**14** 평균: 2, 분산: 2	**15** (1) B (2) A	
16 ③	**17** ②	**18** ④	**19** ②	**20** ① 　 **21** 45점
22 200	**23** ②	**24** ③		

01 마지막 시험 성적을 x점이라고 하면
$$\frac{3\times79+x}{4}=79+1$$
$237+x=320$
따라서 $x=83$

답 ④

02 a, b, c, d의 평균이 6점이므로
$\dfrac{a+b+c+d}{4}=6$에서 $a+b+c+d=24$
따라서 $a-1, b, c+3, d-2, 6$의 평균은
$$\frac{(a-1)+b+(c+3)+(d-2)+6}{5}$$
$$=\frac{(a+b+c+d)+6}{5}$$
$$=\frac{24+6}{5}=\frac{30}{5}$$
$$=6(점)$$

답 ②

03 윤서의 키를 a cm라고 하면 최빈값이 173 cm이므로 가족 5명의 키를 다음과 같이 나타낼 수 있다
a cm, 158 cm, b cm, 173 cm, 173 cm
윤서의 키가 가장 작으므로 $a<158$
자료가 5개이므로 중앙값은 작은 것부터 크기순으로 나열할 때 3번째 변량이다.
중앙값은 168 cm이므로 $b=168$
평균이 165 cm이므로
$$\frac{a+158+168+173+173}{5}=165$$
$a=153$이므로 윤서의 키는 153 cm이다.

답 153 cm

04 (가) 중앙값이 15이므로
$$\frac{10+20}{2}=15$$에서 $a\le10$
(나) 중앙값이 10이므로 $a\ge10$
따라서 두 조건을 모두 만족하는 자연수 a의 값은 10이다.

답 10

05 $(\text{평균})=\dfrac{3\times1+4\times2+5\times4+6\times2+7\times1}{1+2+4+2+1}$

$=\dfrac{50}{10}$

$=5(\text{시간})$

답 ③

06 최빈값이 1개이므로 최빈값은 3이다.
평균은 최빈값과 같으므로

$(\text{평균})=\dfrac{a+5+1+3+3+2+4}{7}=3$

즉, $a+18=21$이므로 $a=3$

답 3

07 학생 수가 15명이므로

$2+3+x+y+2=15$에서

$x+y=8$

평균이 6점이므로

$\dfrac{2\times4+3\times5+6x+7y+2\times8}{15}=6$에서

$6x+7y=51$

연립방정식 $\begin{cases} x+y=8 \\ 6x+7y=51 \end{cases}$ 을 풀면

$x=5$, $y=3$

따라서 $xy=15$

답 ④

08 ① 편차는 변량에서 평균을 뺀 값이다.
④ 분산이 편차의 제곱의 평균이다.

답 ①, ④

09 편차의 총합은 0이므로

$-2-4-1+3+(\text{E의 편차})=0$에서

$(\text{E의 편차})=4(\text{점})$ ··· 1단계

A의 성적이 12점이므로

$12-(\text{평균})=-2$에서

$(\text{평균})=14(\text{점})$ ··· 2단계

$(\text{E의 성적})-(\text{평균})=(\text{E의 편차})$이므로

$(\text{E의 성적})-14=4$

따라서 $(\text{E의 성적})=18(\text{점})$ ··· 3단계

답 18점

단계	채점 기준	비율
1단계	E의 편차를 구한 경우	30 %
2단계	평균을 구한 경우	30 %
3단계	E의 성적을 구한 경우	40 %

10 $(\text{평균})=\dfrac{4+5+8+10+12+15+21+21}{8}$

$=\dfrac{96}{8}$

$=12(\text{회})$

$(\text{분산})=\dfrac{(-8)^2+(-7)^2+(-4)^2+(-2)^2+0^2+3^2+9^2+9^2}{8}$

$=\dfrac{304}{8}$

$=38$

따라서 $(\text{표준편차})=\sqrt{38}(\text{회})$

답 ②

11 $17+20+8+11+a=75$이므로

$a=19$

$(\text{평균})=\dfrac{75}{5}=15(\text{점})$

$(\text{분산})=\dfrac{2^2+5^2+(-7)^2+(-4)^2+4^2}{5}$

$=\dfrac{110}{5}$

$=22$

답 ⑤

12 3점씩 오른 세 교과 성적의 평균은

$\dfrac{88\times3+3\times3}{3}=91(\text{점})$

$(\text{편차})=(\text{변량})-(\text{평균})$이므로

3점씩 오른 세 교과 성적의 각각의 편차는 변함이 없다.

따라서 표준편차는 5점이다.

답 ③

13 $(\text{평균})=\dfrac{0\times1+1\times7+2\times5+3\times5+4\times2}{20}$

$=\dfrac{40}{20}$

$=2(\text{개})$

$(\text{분산})=\dfrac{(-2)^2\times1+(-1)^2\times7+0^2\times5+1^2\times5+2^2\times2}{20}$

$=\dfrac{24}{20}$

$=1.2$

따라서 표준편차는 $\sqrt{1.2}$개이다.

답 ①

14 $3a+2$, $3b+2$, $3c+2$, $3d+2$의 평균이 8이므로

$\dfrac{(3a+2)+(3b+2)+(3c+2)+(3d+2)}{4}=8$

$3(a+b+c+d)+8=32$

$a+b+c+d=8$

분산이 18이므로

$$\frac{(3a+2-8)^2+(3b+2-8)^2+(3c+2-8)^2+(3d+2-8)^2}{4}$$

$$=\frac{(3a-6)^2+(3b-6)^2+(3c-6)^2+(3d-6)^2}{4}$$

$$=18$$

즉, $9(a-2)^2+9(b-2)^2+9(c-2)^2+9(d-2)^2=72$

$(a-2)^2+(b-2)^2+(c-2)^2+(d-2)^2=8$

따라서 a, b, c, d의 평균은

$$\frac{a+b+c+d}{4}=\frac{8}{4}=2$$

a, b, c, d의 분산은

$$\frac{(a-2)^2+(b-2)^2+(c-2)^2+(d-2)^2}{4}=\frac{8}{4}=2$$

답 평균: 2, 분산: 2

15
(1) 평균 소득이 더 높은 회사는 그래프가 더 오른쪽에 위치한 B이다.
(2) 소득 격차가 더 작은 회사는 자료가 평균에 더 밀집해 있는 A이다.

답 (1) B (2) A

16
$(\text{평균})=\dfrac{7\times7+8\times7}{7+8}=\dfrac{105}{15}=7(\text{점})$

$(\text{분산})=\dfrac{7\times(\sqrt{5})^2+8\times(\sqrt{2})^2}{7+8}=\dfrac{51}{15}=3.4$

따라서 $(\text{표준편차})=\sqrt{3.4}(\text{점})$

답 ③

17 하반기에 홈런을 더 많이 친 선수의 홈런 개수는
$(5, 6)$, $(5, 8)$, $(6, 7)$, $(7, 8)$, $(9, 10)$이므로 해당 선수는 5명이다.
따라서 하반기에 홈런을 더 많이 친 선수의 비율은

$$\frac{5}{20}=\frac{1}{4}$$

답 ②

18 올해 상반기와 하반기에 친 홈런의 개수의 합이 12개 미만인 선수의 홈런 개수는
$(4, 4)$, $(5, 4)$, $(5, 5)$, $(5, 6)$, $(6, 5)$이므로 해당 선수는 5명이다.

답 ④

19 가격은 저렴하고 용량이 클수록 경제적이므로 B회사 제품을 선택하는 것이 경제적이다.

답 ②

20 국어 성적이 80점 이상이고 사회 성적이 70점 이하인 학생의 성적은 $(80, 70)$, $(80, 60)$, $(90, 70)$, $(90, 60)$이므로 전체의 $\dfrac{4}{20}\times100=20(\%)$이다.

답 ①

21 평균이 55점 이하이므로 국어와 사회 성적의 합이 110점 이하이다. 이 학생들의 성적은
$(60, 50)$, $(50, 50)$, $(40, 40)$, $(30, 40)$
이므로 국어 성적의 평균은

$$\frac{60+50+40+30}{4}=\frac{180}{4}=45(\text{점})$$

답 45점

22 국어 성적이 90점인 학생의 성적은
$(90, 60)$, $(90, 70)$, $(90, 80)$, $(90, 90)$, $(90, 100)$

··· **1단계**

사회 성적의 평균은

$$\frac{60+70+80+90+100}{5}=\frac{400}{5}=80(\text{점})$$

··· **2단계**

사회 성적의 분산은

$$\frac{(-20)^2+(-10)^2+0^2+10^2+20^2}{5}=\frac{1000}{5}=200$$

··· **3단계**

답 200

단계	채점 기준	비율
1단계	국어 성적이 90점인 학생의 성적을 구한 경우	30 %
2단계	사회 성적의 평균을 구한 경우	30 %
3단계	사회 성적의 분산을 구한 경우	40 %

23 x의 값이 증가할수록 y의 값은 감소하므로 음의 상관관계인 것은 ②이다.

답 ②

24 주어진 산점도는 음의 상관관계이므로 음의 상관관계인 것은 ③이다.

답 ③

Memo

EBS 중학

뉴런

| 수학 3(하) |

미니북

Ⅴ 삼각비

1 삼각비의 뜻

1. 삼각비의 뜻

$\angle B = 90°$인 직각삼각형 ABC에서

(1) ($\angle A$의 사인)$=\dfrac{\boxed{\text{①}}}{(\text{빗변의 길이})}$ ➡ $\sin A = \dfrac{\boxed{②}}{b}$

(2) ($\angle A$의 코사인)$=\dfrac{\boxed{③}}{(\text{빗변의 길이})}$ ➡ $\cos A = \dfrac{\boxed{④}}{b}$

(3) ($\angle A$의 탄젠트)$=\dfrac{(\text{높이})}{\boxed{⑤}}$ ➡ $\tan A = \dfrac{a}{\boxed{⑥}}$

$\sin A$, $\cos A$, $\tan A$를 통틀어 $\angle A$의 $\boxed{⑦ \qquad}$라고 한다.

예 오른쪽 그림의 직각삼각형 ABC에서 $\angle A$에 대한 삼각비의 값을 구하면

$$\sin A = \frac{3}{5}, \ \cos A = \frac{4}{5}, \ \tan A = \boxed{⑧}$$

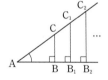

참고 오른쪽 그림에서 $\triangle ABC$, $\triangle AB_1C_1$, $\triangle AB_2C_2$, $\cdots$ 는 모두 $\angle A$를 공통으로 하는 닮은 직각삼각형이다.

닮은 도형에서 대응변의 길이의 비는 항상 일정하므로

$$\sin A = \frac{\overline{BC}}{\overline{AC}} = \frac{\overline{B_1C_1}}{\overline{AC_1}} = \frac{\overline{B_2C_2}}{\overline{AC_2}} = \cdots$$

$$\cos A = \frac{\overline{AB}}{\overline{AC}} = \frac{\overline{AB_1}}{\overline{AC_1}} = \frac{\overline{AB_2}}{\overline{AC_2}} = \cdots$$

$$\tan A = \frac{\overline{BC}}{\overline{AB}} = \frac{\overline{B_1C_1}}{\overline{AB_1}} = \frac{\overline{B_2C_2}}{\overline{AB_2}} = \cdots$$

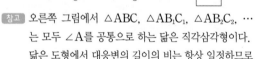

➡ $\angle A$의 크기가 정해지면 직각삼각형의 크기에 관계없이 삼각비의 값은 항상 일정함을 알 수 있다.

답 ❶ 높이 ❷ a ❸ 밑변의 길이 ❹ c ❺ 밑변의 길이 ❻ c ❼ 삼각비 ❽ $\dfrac{3}{4}$

01

오른쪽 그림과 같이 $\angle B = 90°$인 직각삼각형 ABC에 대하여 다음 중 옳은 것은?

① $\sin A = \dfrac{\sqrt{5}}{5}$ ② $\cos A = \dfrac{2\sqrt{5}}{5}$

③ $\tan A = 2$ ④ $\sin C = \dfrac{2\sqrt{5}}{5}$

⑤ $\cos C = \dfrac{\sqrt{5}}{5}$

02

오른쪽 그림과 같은 직각삼각형 ABC에서 $\tan A = \dfrac{2}{3}$이다. $\overline{BC} = 6\,\text{cm}$일 때, $\overline{AB}$의 길이를 구하시오.

03

$0 < \angle A < 90°$이고 $\cos A = \dfrac{5}{6}$일 때, $\sin A$의 값을 구하시오.

04

오른쪽 그림과 같이 $\angle BAC = 90°$인 직각삼각형 ABC에서 $\overline{BC} \perp \overline{AD}$, $\angle BAD = x$, $\angle CAD = y$일 때, $\cos x + \sin y$의 값을 구하시오.

2 삼각비의 값

1. 30°, 45°, 60°의 삼각비의 값

삼각비 $\diagdown$ A	30°	45°	60°
$\sin A$	$\dfrac{1}{2}$	❶ ⬜	$\dfrac{\sqrt{3}}{2}$
$\cos A$	❷ ⬜	$\dfrac{\sqrt{2}}{2}$	$\dfrac{1}{2}$
$\tan A$	$\dfrac{1}{\sqrt{3}}\left(=\dfrac{\sqrt{3}}{3}\right)$	1	❸ ⬜

2. 임의의 예각의 삼각비의 값

반지름의 길이가 1인 사분원에서 임의의 예각 x에 대하여

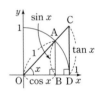

(1) $\sin x = \dfrac{\overline{AB}}{\overline{OA}} = \dfrac{\overline{AB}}{❹\,\boxed{}} = \overline{AB}$

(2) $\cos x = \dfrac{\overline{OB}}{\overline{OA}} = \dfrac{\overline{OB}}{1} = ❺\,\boxed{}$

(3) $\tan x = \dfrac{\overline{CD}}{❻\,\boxed{}} = \dfrac{\overline{CD}}{1} = \overline{CD}$

3. 0°, 90°의 삼각비의 값

(1) 0°의 삼각비의 값

  $\sin 0° = 0$, $\cos 0° = ❼\,\boxed{}$, $\tan 0° = ❽\,\boxed{}$

(2) 90°의 삼각비의 값

  $\sin 90° = ❾\,\boxed{}$, $\cos 90° = 0$, $\tan 90°$의 값은 정할 수 없다.

4. 삼각비의 표

  0°에서 ❿ ⬜°까지의 각을 1° 간격으로 삼각비의 값을 반올림하여 소수점 아래 넷째 자리까지 나타낸 표를 삼각비의 표라고 한다. 삼각비의 표에서 가로줄과 세로줄이 만나는 곳의 수가 삼각비의 값이다.

답 ❶ $\dfrac{\sqrt{2}}{2}$ ❷ $\dfrac{\sqrt{3}}{2}$ ❸ $\sqrt{3}$ ❹ 1 ❺ $\overline{OB}$ ❻ $\overline{OD}$ ❼ 1 ❽ 0 ❾ 1 ❿ 90

05

다음을 계산하시오.

(1) $\cos 30° + \sin 60°$
(2) $\sin 30° - \cos 60°$
(3) $\tan 45° - \sin 30°$
(4) $\sin 30° + \cos 45° \times \tan 45°$

07

오른쪽 그림과 같이 반지름의 길이가 1인 사분원에서 다음 중 옳지 않은 것은?

① $\cos x = \overline{AB}$
② $\tan x = \overline{DE}$
③ $\cos y = \overline{BC}$
④ $\sin z = \overline{AB}$
⑤ $\tan z = \overline{DE}$

06

오른쪽 그림에서
$\overline{AB} = 3$,
$\angle ABC = \angle BCD$
$= 90°$,
$\angle BAC = 60°$, $\angle BDC = 45°$일 때, $\overline{BD}$의 길이를 구하시오.

08

$\sin x = 0.9613$, $\tan y = 3.7321$일 때, 다음 삼각비의 표를 이용하여 $\angle x + \angle y$의 크기를 구하시오.

각도	사인 (sin)	코사인 (cos)	탄젠트 (tan)
72°	0.9511	0.3090	3.0777
73°	0.9563	0.2924	3.2709
74°	0.9613	0.2756	3.4874
75°	0.9659	0.2588	3.7321

삼각비

3 길이 구하기

1. 직각삼각형의 변의 길이

$\angle C=90°$인 직각삼각형 ABC에서

(1) $\angle B$의 크기와 빗변의 길이 c를 알 때,

$a=c^{\textcircled{1}}\boxed{}$, $b=c \sin B$

(2) $\angle B$의 크기와 밑변의 길이 a를 알 때,

$b=a^{\textcircled{2}}\boxed{}$, $c=\dfrac{a}{\cos B}$

(3) $\angle B$의 크기와 높이 b를 알 때, $a=\dfrac{b}{\tan B}$, $c=\dfrac{b}{^{\textcircled{3}}\boxed{}}$

2. 일반삼각형의 변의 길이

(1) 두 변의 길이와 그 끼인각의 크기를 알 때

$\overline{AC}=\sqrt{^{\textcircled{4}}\boxed{}^2+\overline{CH}^2}$

$=\sqrt{(c \sin B)^2+(a-c^{\textcircled{5}}\boxed{})^2}$

(2) 한 변의 길이와 그 양 끝 각의 크기를 알 때

$\overline{AC}=\dfrac{^{\textcircled{6}}\boxed{}}{\sin A}=\dfrac{a^{\textcircled{7}}\boxed{}}{\sin A}$

3. 삼각형의 높이

삼각형의 한 변의 길이와 그 양 끝 각의 크기를 알 때

(1) 주어진 각이 모두 예각인 경우

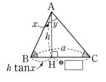

$\Rightarrow h=\dfrac{a}{\tan x^{\textcircled{9}}\boxed{}\tan y}$

(2) 주어진 각 중 한 각이 둔각인 경우

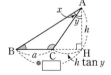

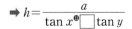

$\Rightarrow h=\dfrac{a}{\tan x^{\textcircled{11}}\boxed{}\tan y}$

답 ❶ $\cos B$ ❷ $\tan B$ ❸ $\sin B$ ❹ $\overline{AH}$ ❺ $\cos B$ ❻ $\overline{CH}$ ❼ $\sin B$ ❽ $h \tan y$ ❾ $+$
❿ $h \tan x$ ⓫ $-$

09

오른쪽 그림과 같이 ∠C＝90°인 직각삼각형 ABC에서 다음 중 $\overline{AC}$의 길이를 나타내는 것은?

① $3 \sin 40°$

② $3 \cos 40°$

③ $\dfrac{3}{\tan 40°}$

④ $\dfrac{3}{\cos 50°}$

⑤ $\dfrac{3}{\tan 50°}$

10

오른쪽 그림과 같이 $\overline{AB}=6 \text{ cm}$, $\overline{BC}=5\sqrt{3} \text{ cm}$, ∠B＝30°인 △ABC에서 $\overline{AC}$의 길이를 구하시오.

11

오른쪽 그림과 같이 나무의 끝부분 A를 두 지점 B, C에서 바라본 각의 크기가 각각 45°, 30°이다. $\overline{BC}=20 \text{ m}$일 때, 이 나무의 높이는 몇 m인지 구하시오.

12

오른쪽 그림과 같이 100 m 떨어진 두 지점 A, B에서 건물의 꼭대기를 올려다본 각의 크기가 각각 30°, 45°이었다. 이때 건물의 높이를 구하시오.

답 09 ⑤ 10 $\sqrt{21}$ cm 11 $10(\sqrt{3}-1)$ m 12 $50(\sqrt{3}+1)$ m

4 넓이 구하기

1. 삼각형의 넓이

삼각형 ABC에서 두 변 a, c의 길이와 그 끼인각 $\angle B$의 크기를 알 때

(1) $\angle B$가 예각인 경우

(2) $\angle B$가 둔각인 경우

$h=c$❶ ⬜ 이므로

$$\triangle ABC = \frac{1}{2}ah$$
$$= \frac{1}{2}ac$❷ ⬜$$

$h = c \sin ($❸ ⬜ $)$이므로

$$\triangle ABC = \frac{1}{2}ah$$
$$= \frac{1}{2}ac \sin ($❹ ⬜ $)$$

2. 평행사변형의 넓이

평행사변형의 이웃하는 두 변의 길이와 그 끼인각의 크기를
알 때

(1) $\angle B$가 예각인 경우 ➡ $\square ABCD = ab$❺ ⬜

(2) $\angle B$가 둔각인 경우 ➡ $\square ABCD =$ ❻ ⬜ $\sin (180° - B)$

3. 사각형의 넓이

사각형의 두 대각선의 길이와 두 대각선이 이루는 각의 크기를 알 때

(1) 두 대각선이 이루는 각 x가 예각인 경우

➡ $\square ABCD = \frac{1}{2}$ ❼ ⬜ $\sin x$

(2) 두 대각선이 이루는 각 x가 둔각인 경우

➡ $\square ABCD = \frac{1}{2}ab \sin ($❽ ⬜ $)$

13

다음 그림과 같은 △ABC의 넓이를 구하시오.

(1)

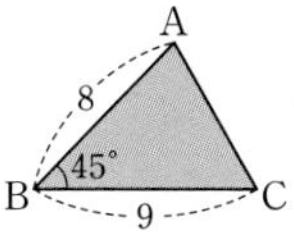

(2)

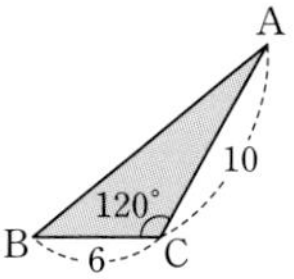

14

오른쪽 그림과 같이 $\overline{AC}=10$, $\overline{BC}=6$인 △ABC의 넓이가 $15\sqrt{2}$일 때, ∠C의 크기를 구하시오. (단, ∠C$>90°$)

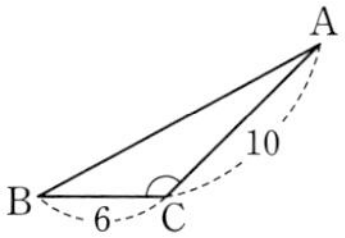

15

오른쪽 그림의 평행사변형 ABCD에서 ∠A : ∠D=3 : 1이고 $\overline{BC}=4$, $\overline{CD}=3$일 때, □ABCD의 넓이를 구하여라.

16

오른쪽 그림과 같은 사각형 ABCD의 넓이를 구하시오.

답 **13** (1) $18\sqrt{2}$ (2) $15\sqrt{3}$ **14** 135° **15** $6\sqrt{2}$ **16** $5\sqrt{3}$

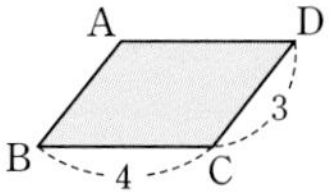

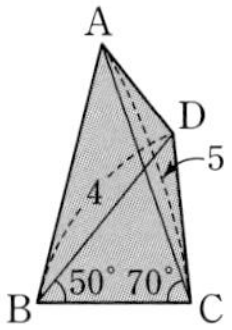

원의 성질

1 원과 현

1. 현의 수직이등분선

(1) 원의 중심에서 현에 내린 수선은 그 현을 이등분한다.

➡ $\overline{AB}$ **❶**☐ $\overline{OH}$이면 $\overline{AH}=$**❷**☐

> $\triangle OAH$와 $\triangle OBH$에서
> $\angle OHA = \angle OHB = 90°$
> $\overline{OA} = \overline{OB}$(반지름), **❸**☐ 는 공통
> 이므로 $\triangle OAH \equiv \triangle OBH$(**❹**☐ 합동)
> 따라서 $\overline{AH} = \overline{BH}$

(2) 원에서 현의 **❺**☐ 은 그 원의 중심을 지난다.

2. 현의 길이

한 원 또는 합동인 두 원에서

(1) 중심으로부터 같은 거리에 있는 현의 길이는 같다.

➡ $\overline{OM} = \overline{ON}$이면 **❻**☐ $= \overline{CD}$

> $\triangle OAM$과 $\triangle ODN$에서
> $\overline{OM} = \overline{ON}$, $\overline{OA} = \overline{OD}$(반지름)
> $\angle OMA = \angle OND = 90°$
> $\triangle OAM \equiv \triangle ODN$(**❼**☐ 합동)
> 즉, $\overline{AM} =$**❽**☐ 이므로
> $\overline{AB} = 2\overline{AM} = 2\overline{DN} = \overline{CD}$

(2) 길이가 같은 두 현은 원의 중심으로부터 같은 거리에 있다.

➡ $\overline{AB} = \overline{CD}$이면 **❾**☐ $= \overline{ON}$

답 ❶ ⊥ ❷ $\overline{BH}$ ❸ $\overline{OH}$ ❹ RHS ❺ 수직이등분선 ❻ $\overline{AB}$ ❼ RHS ❽ $\overline{DN}$ ❾ $\overline{OM}$

01

오른쪽 그림의 원 O에서 $\overline{AB} \perp \overline{OC}$이고 $\overline{AB} = 8$ cm, $\overline{CD} = 2$ cm일 때, 원 O의 반지름의 길이를 구하시오.

03

오른쪽 그림과 같이 원의 중심 O에서 $\overline{AB}$, $\overline{CD}$에 내린 수선의 발을 각각 M, N이라 하자. $\overline{OA} = 4\sqrt{2}$, $\overline{OM} = \overline{ON} = 4$일 때, $\overline{CD}$의 길이를 구하시오.

02

오른쪽 그림에서 $\widehat{AB}$는 반지름의 길이가 15 cm인 원의 일부분이다. $\overline{AB} = 24$ cm일 때, $\overline{CM}$의 길이를 구하시오.

04

오른쪽 그림에서 원 O는 △ABC의 외접원이고 $\overline{OM} = \overline{ON}$, $\angle MON = 132°$일 때, $\angle C$의 크기를 구하시오.

2 원과 접선

1. 접선과 반지름

(1) 원의 접선은 그 접점을 지나는 원의 반지름과 서로 수직
이다. ➡ $\overline{\text{OT}}$ **❶**☐ l

(2) 반지름과 원이 만나는 점에서 반지름에 수직으로 그은 직
선은 그 원의 접선이다.

2. 접선의 길이

(1) 원 밖의 한 점에서 그을 수 있는 접선은 **❷**☐개이며,
그 두 접점을 각각 A, B라고 할 때, $\overline{\text{PA}}$, $\overline{\text{PB}}$의 길이
를 점 P에서 원 O에 그은 **❸**☐☐☐☐☐라고 한다.

(2) 원 밖에 있는 한 점에서 그 원에 그은 두 접선의 길이
는 같다. ➡ $\overline{\text{PA}}=$**❹**☐

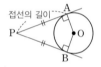

3. 삼각형의 내접원

원 O가 △ABC에 내접하고 세 점 D, E, F는 그 접점이다.
내접원의 반지름의 길이가 r일 때

(1) $\overline{\text{AD}}=$**❺**☐, $\overline{\text{BD}}=\overline{\text{BE}}$, **❻**☐$=\overline{\text{CF}}$

(2) △ABC의 둘레의 길이
➡ $a+b+c=$**❼**☐$(x+y+z)$

(3) △ABC의 넓이
➡ $\triangle\text{ABC}=\dfrac{1}{2}r(a+$**❽**☐$+c)$

4. 외접사각형의 성질

원의 외접사각형의 두 쌍의 대변의 길이의 합은 서로 같다.
➡ $\overline{\text{AB}}+$**❾**☐$=\overline{\text{AD}}+\overline{\text{BC}}$

답 ❶ ⊥ ❷ 2 ❸ 접선의 길이 ❹ $\overline{\text{PB}}$ ❺ $\overline{\text{AF}}$ ❻ $\overline{\text{CE}}$ ❼ 2 ❽ b ❾ $\overline{\text{CD}}$

12 ● EBS 중학 뉴런 **수학 3(하)**

05

다음 그림에서 $\overline{PA}$, $\overline{PB}$가 원 O의 접선이고 두 점 A, B는 접점일 때, $\angle x$의 크기를 구하시오.

(1)

(2)

07

오른쪽 그림에서 원 O는 삼각형 ABC의 내접원이고 점 D, E, F는 접점이다.
$\overline{AB}$=12 cm, $\overline{BC}$=14 cm,
$\overline{AC}$=10 cm일 때, $\overline{AD}$의 길이를 구하시오.

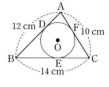

06

오른쪽 그림에서 $\overline{PT}$가 원 O의 접선이고 점 T는 접점이다.
$\overline{PA}$=9 cm,
$\overline{PT}$=15 cm일 때, 원 O의 반지름의 길이를 구하시오.

08

오른쪽 그림과 같이 원 O는 □ABCD의 내접원이고 점 E, F, G, H는 접점이다. $\overline{AB}$=8 cm, $\overline{BC}$=12 cm, $\overline{CG}$=5.5 cm, $\overline{AD}$=6 cm일 때, $\overline{DG}$의 길이를 구하시오.

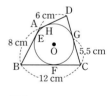

Ⅵ 원의 성질

3 원주각

1. 원주각과 중심각

(1) **원주각**: 원 O에서 호 AB를 제외한 원 위의 점을 P라고 할 때, ∠APB를 호 AB에 대한 **❶**☐☐☐이라고 한다.

(2) **원주각과 중심각의 크기**: 한 원에서 한 호에 대한 원주각의 크기는 그 호에 대한 중심각의 크기의 **❷**☐이다.

➡ ∠APB = $\frac{1}{2}$∠**❸**☐☐☐

2. 원주각의 성질

(1) 한 원에서 한 호에 대한 원주각의 크기는 모두 **❹**☐☐.
즉, ∠APB = ∠AQB = ∠ARB

(2) 반원에 대한 원주각의 크기는 **❺**☐☐°이다.
➡ $\overline{AB}$가 원 O의 지름이면 ∠APB = **❻**☐☐°

3. 원주각의 크기와 호의 길이

(1) 길이가 같은 호에 대한 원주각의 크기는 서로 같다.
$\widehat{AB} = \widehat{CD}$이면 ∠**❼**☐☐☐ = ∠CQD

(2) 크기가 같은 원주각에 대한 호의 길이는 서로 같다.
∠APB = ∠**❽**☐☐☐이면 $\widehat{AB} = \widehat{CD}$

(3) 원주각의 크기와 호의 길이는 정비례한다.

4. 네 점이 한 원 위에 있을 조건

두 점 C, D가 직선 AB에 대하여 같은 쪽에 있을 때
∠**❾**☐☐☐ = ∠ADB
이면 네 점 A, B, C, D는 한 원 위에 있다.

답 ❶ 원주각 **❷** $\frac{1}{2}$ **❸** AOB **❹** 같다 **❺** 90 **❻** 90 **❼** APB **❽** CQD **❾** ACB

09

다음 그림에서 ∠x의 크기를 구하시오.

(1)

(2)

10

오른쪽 그림에서
∠ACD=20°,
∠BPC=65°일 때,
∠BAC의 크기를 구하
시오.

11

오른쪽 그림에서
$\widehat{AD}=\widehat{DC}$이고
∠CAB=35°일 때,
∠CBD의 크기를
구하시오.

12

오른쪽 그림에서 네
점 A, B, C, D가 한
원 위에 있을 때,
∠x+∠y의 크기를
구하시오.

4 **원주각의 활용**

1. 원에 내접하는 사각형의 성질

(1) 원에 내접하는 사각형의 한 쌍의 대각의 크기의 합은 $180°$다.

➡ $\angle A + \angle \boxed{\textbf{①}} = \angle B + \angle D = \boxed{\textbf{②}} °$

> 오른쪽 그림에서 $\angle A = \dfrac{1}{2} \angle a$, $\angle C = \dfrac{1}{2} \angle b$이므로
>
> $\angle A + \angle C = \dfrac{1}{2}(\angle a + \angle b) = \dfrac{1}{2} \times 360° = 180°$
>
> 같은 방법으로 $\angle B + \angle D = 180°$

(2) 원에 내접하는 사각형에서 한 외각의 크기는 그 외각에 이웃한 내각에 대한 대각의 크기와 같다.

➡ $\angle DCE = \angle \boxed{\textbf{③}}$

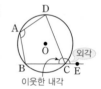

2. 접선과 현이 이루는 각

(1) 원의 접선과 그 접점에서 그은 현이 이루는 각의 크기는 이 각의 내부에 있는 호에 대한 원주각의 크기와 같다.

➡ $\angle \boxed{\textbf{④}} = \angle BPA$(또는 $\angle PAT' = \angle PBA$)

(2) 원 O에서 $\angle BAT = \angle BPA$이면 $\overleftrightarrow{AT}$는 원 O의 접선이다.

(3) 직선 PQ가 두 원의 공통인 접선이고 점 T가 그 접점일 때, 다음의 각 경우에 대하여 $\overline{AB} /\!/ \boxed{\textbf{⑤}}$이다.

① 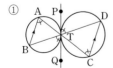 ②

13

오른쪽 그림과 같이 □ABCD가 원에 내접할 때, ∠x의 크기를 구하시오.

15

오른쪽 그림에서 직선 TA는 원 O의 접선이고 $\overline{BC}$는 지름이다. ∠ACB=36°일 때, ∠x의 크기를 구하시오.

14

오른쪽 그림과 같이 □ABCD가 원에 내접할 때, ∠x+∠y의 크기를 구하시오.

16

다음 그림에서 $\overrightarrow{TA}$는 원 O의 접선이고 ∠ATB=20°, ∠CBA=65°일 때, ∠ACB의 크기를 구하시오.

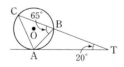

답 **13** 70° **14** 150° **15** 54° **16** 45°

VII 통계

1 대푯값

1. 대푯값
(1) 자료의 전체적인 경향을 하나의 수로 나타낸 값을 대푯값이라고 한다.
(2) 대푯값에는 평균, 중앙값, ^❶☐☐☐ 등이 있다.

2. 평균
변량의 총합을 변량의 개수로 나눈 값을 평균이라고 한다.

$$(\text{평균}) = \frac{(\text{변량의 }^{❷}\boxed{})}{(\text{변량의 개수})}$$

3. 중앙값
(1) 자료를 작은 값에서부터 크기순으로 나열할 때 중앙에 오는 값을 ^❸☐☐☐이라고 한다.
(2) **자료의 개수가 ^❹☐☐일 때**: 중앙에 놓이는 한 자료의 값
(3) **자료의 개수가 짝수일 때**: 중앙에 놓이는 두 자료의 값의 ^❺☐☐
(4) 자료의 값 중에 매우 크거나 매우 작은 값이 있는 경우에는 대푯값으로 평균보다 ^❻☐☐☐이 더 적절하다.

> **예** 자료가 1, 2, 3, 4, 5의 5개인 경우 중앙값은 3번째 자료의 값인 ^❼☐이다.

자료가 1, 2, 3, 4, 5, 6의 6개인 경우 중앙값은 3번째와 4번째 자료의 값의 평균인
$\dfrac{3+4}{2} =$ ^❽☐☐이다.

4. 최빈값
(1) 자료의 값 중에서 가장 많이 나타난 값, 즉 도수가 가장 큰 값을 ^❾☐☐☐이라고 한다.
(2) 자료의 값 중에서 도수가 가장 큰 값이 한 개 이상이면 그 값이 모두 최빈값이다.

답 ❶ 최빈값 **❷** 총합 **❸** 중앙값 **❹** 홀수 **❺** 평균 **❻** 중앙값 **❼** 3 **❽** 3.5 **❾** 최빈값

01

다음은 6명 학생들의 영어 듣기 평가 점수를 조사하여 나타낸 것이다. 영어 듣기 평가 점수의 평균이 16점일 때, x의 값을 구하시오.

(단위: 점)

11	17	x	15	18	19

02

다음은 학생 10명이 작년 한 해 동안 실시한 봉사활동 시간을 조사하여 나타낸 것이다. 다음을 구하시오.

(단위: 시간)

12	23	28	15	10
14	8	30	22	8

(1) 중앙값

(2) 최빈값

03

네 수 9, 11, 18, a의 중앙값이 11일 때, a의 값을 구하시오.

04

다음은 진희가 5회에 걸쳐 치른 수학 시험의 성적이다. 이 자료의 평균과 최빈값이 같을 때, x의 값을 구하시오.

(단위: 점)

91	85	77	87	x

답 01 16 02 (1) 14.5시간 (2) 8시간 03 11 04 85

2 산포도

1. 산포도

(1) 대푯값을 중심으로 자료가 흩어져 있는 정도를 하나의 수로 나타낸 값을 ^❶[ ]라고 한다.

(2) **산포도의 종류**: 분산, 표준편차 등

참고 자료에서 각 변량이 평균 가까이 집중되어 있으면 산포도가 작고, 평균에서 멀리 흩어져 있으면 산포도가 크다.

2. 편차

(1) 어떤 자료의 각 변량에서 그 자료의 평균을 뺀 값, (편차)=(변량)−^❷[ ]

(2) 편차의 총합은 항상 ^❸[ ]이다.

(3) 평균보다 큰 변량의 편차는 양수이고, 평균보다 작은 변량의 편차는 ^❹[ ]이다.

(4) 편차의 절댓값이 클수록 그 변량은 평균에서 멀리 떨어져 있고, 편차의 절댓값이 작을수록 평균에 가까이 있다.

3. 분산과 표준편차

(1) **분산**: 편차의 제곱의 평균

$$(분산)=\frac{(편차)^2의\ 총합}{(변량의\ ^{❺}\boxed{})}=\frac{\{(변량)-(^{❻}\boxed{})\}^2의\ 총합}{(변량의\ 개수)}$$

(2) **표준편차**: 분산의 음이 아닌 제곱근

$$(표준편차)=\sqrt{(^{❼}\boxed{})}$$

(3) **자료의 분포**: 분산(표준편차)가 작을수록 자료의 분포가 ^❽[ ].

답 ❶ 산포도 ❷ 평균 ❸ 0 ❹ 음수 ❺ 개수 ❻ 평균 ❼ 분산 ❽ 고르다

05

다음 자료는 학생 5명의 키의 편차이다. x 의 값을 구하시오.

(단위: cm)

| -4 | 6 | x | 2 | -3 |

06

다음은 어떤 자료의 편차를 나타낸 것이다. 이 자료의 분산을 구하시오.

| 3 | -4 | 5 | -1 | -3 |

07

다음은 중학생 10명의 지난 한 달 동안 도서관에서 대출한 책의 수를 조사하여 나타낸 것이다. 책의 수의 표준편차를 구하시오.

(단위: 권)

| 10 | 6 | 4 | 5 | 4 |
| 9 | 10 | 7 | 8 | 7 |

08

다음 표는 A, B, C, D, E 다섯 학급에 대한 영어 성적의 평균과 표준편차를 나타낸 것이다. 다섯 학급 중 성적이 가장 고른 학급은? (단, 각 학급의 학생 수는 모두 같다.)

학급	A	B	C	D	E
평균(점)	80	88	86	81	83
표준편차(점)	1.6	1.3	1.7	1.1	1.4

① A   ② B   ③ C
④ D   ⑤ E

답 05 -1 06 12 07 $\sqrt{4.6}$권 08 ④

통계

3 산점도

1. 산점도
두 변량 x, y가 어떤 관련성이 있는가를 알아보기 위하여 순서쌍 (x, y)를
❶[   ] 위에 나타낸 그래프

2. 산점도 그리기
(1) 산점도의 좌표평면은 제❷[ ]사분면으로 생각한다.
(2) 주어진 자료의 두 변량 x, y를 순서쌍 (x, y)로 나타낸다.
(3) 좌표평면의 x축과 y축의 좌표를 확인하여 순서쌍 (x, y)를 ❸[ ]으로 찍는다.

[예] 다음은 A와 B에 대한 변량을 나타낸 표와 이를 산점도로
나타낸 것이다.

| A | 4 | 5 | 4 | 5 | 2 | 4 | 1 | 3 | 2 | 3 |
| B | 5 | 4 | 4 | 3 | 2 | 3 | 1 | 3 | 1 | 4 |

3. 산점도의 이해
A와 B에 대한 산점도에서

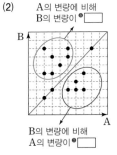

(1) A는 변량이 작으나   A, B 모두
    B는 변량이 큼   변량이 ❹[ ]

    A, B 모두   A는 변량이 크나
    변량이 작음   B는 변량이 ❺[ ]

(2) A의 변량에 비해
    B의 변량이 ❻[ ]

    B의 변량에 비해
    A의 변량이 ❼[ ]

답 ❶ 좌표평면 ❷ 1 ❸ 점 ❹ 큼 ❺ 작음 ❻ 큼 ❼ 큼

09

다음 그림은 어느 중학교 학생 20명의 수학 중간고사 점수와 기말고사 점수의 산점도이다. 수학 중간고사와 기말고사 모두 70점 이상인 학생은 몇 명인지 구하시오.

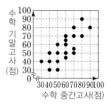

10

다음 그림은 어느 중학생 20명의 수학 점수와 일주일 동안의 SNS 이용 시간을 나타낸 산점도이다. SNS 이용 시간이 15시간 이상이면서 수학 점수가 80점 이상인 학생은 전체의 몇 %인지 구하시오.

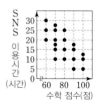

11

다음 그림은 어느 중학교 학생들의 왼쪽 눈의 시력과 오른쪽 눈의 시력의 산점도이다. A, B, C, D, E 5명의 학생 중 왼쪽 눈의 시력과 오른쪽 눈의 시력의 차이가 가장 큰 학생은?

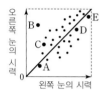

① A　　　② B　　　③ C
④ D　　　⑤ E

12

오른쪽 그림은 어느 반 학생들의 몸무게와 키에 대한 산점도이다. 다음 중 옳은 것은?

① 키가 가장 큰 학생은 E이다.
② A는 몸무게에 비해 키가 큰 편이다.
③ B는 키에 비해 몸무게가 적은 편이다.
④ C는 E보다 키가 작다.
⑤ 몸무게가 가장 많이 나가는 학생은 D이다.

4 상관관계

1. 상관관계

두 변량에 대하여 한 변량의 값이 변함에 따라 다른 변량의 값이 변하는 경향이 있는 관계

(1) **❶☐의 상관관계**: 한 변량의 값이 증가함에 따라 다른 변량의 값도 대체로 증가한다.

[강한 양의 상관관계]

[❷☐ 양의 상관관계]

(2) **음의 상관관계**: 한 변량의 값이 증가함에 따라 다른 변량의 값은 대체로 ❸☐한다.

[❹☐ 음의 상관관계]

[약한 음의 상관관계]

(3) **상관관계가 ❺☐.**: 한 변량의 값이 증가함에 따라 다른 변량의 값이 증가하는지 감소하는지 분명하지 않다.

답 ❶ 양 **❷** 약한 **❸** 감소 **❹** 강한 **❺** 없다

EBS 중학

뉴런

| 수학 3(상) |

미니북

1 제곱근의 뜻과 표현

1. 제곱근의 뜻

(1) **제곱근**: 어떤 수 x를 제곱하여 a가 될 때, x를 a의 ❶[＿＿＿]이라고 한다.

➡ $x^2 = a$일 때, x는 a의 제곱근

예 $3^2 = 9$, $(-3)^2 = 9$이므로 3, -3은 9의 제곱근이다.

(2) **제곱근의 개수**

① 양수의 제곱근은 양수와 음수 ❷[＿]개가 있고, 그 절댓값은 서로 같다.

② 0의 제곱근은 0으로 ❸[＿]개이다.

2. 제곱근의 표현

(1) 양수 a의 제곱근 중 양수인 것을 '양의 제곱근', 음수인 것을 '음의 제곱근'이라 하고 기호 $\sqrt{}$ 를 사용하여 $\sqrt{a}$, $-\sqrt{a}$로 표현한다.

(2) $\sqrt{a}$, $-\sqrt{a}$를 ❹[＿＿＿]로 한꺼번에 나타내기도 한다.

예 3의 제곱근은 $\pm\sqrt{3}$

(3) 0이나 어떤 수를 제곱한 수의 제곱근은 근호를 사용하지 않고 나타낼 수 있다.

예 $\sqrt{9} = 3$, $-\sqrt{9} = -3$

   9의 제곱근은 ± 3

답 ❶ 제곱근 ❷ 2 ❸ 1 ❹ $\pm\sqrt{a}$

01

다음 중 옳은 것은?

① 4는 8의 제곱근이다.

② 5의 제곱근은 $\dfrac{5}{2}$이다.

③ 0의 제곱근은 없다.

④ $\dfrac{1}{3}$은 $\dfrac{1}{9}$의 제곱근이다.

⑤ -5는 10의 제곱근이다.

02

다음 중 그 값이 나머지 넷과 다른 하나는?

① 제곱하여 9가 되는 수

② $x^2=9$를 만족시키는 x의 값

③ 제곱근 9

④ 9의 제곱근

⑤ $\pm\sqrt{9}$

03

81의 양의 제곱근을 a, 36의 음의 제곱근을 b라고 할 때, $a-b$의 값은?

① 11   ② 12   ③ 13

④ 14   ⑤ 15

04

a의 양의 제곱근이 $\sqrt{8}$, b의 음의 제곱근이 $-\sqrt{5}$일 때, $a-b$의 값은?

① 1   ② 2   ③ 3

④ 4   ⑤ 5

2 제곱근의 성질과 대소 관계

1. 제곱근의 성질
(1) 제곱근의 성질
$a>0$일 때

① $(\sqrt{a})^2=a$, $(-\sqrt{a})^2=a$

예 $(\sqrt{2})^2=2$, $(-\sqrt{2})^2=2$

② $\sqrt{a^2}=$①▢, $\sqrt{(-a)^2}=$②▢

예 $\sqrt{2^2}=2$, $\sqrt{(-2)^2}=\sqrt{2^2}=2$

(2) $\sqrt{a^2}$의 성질

$$\sqrt{a^2}=|a|=\begin{cases} a\,(a\geq0) \\ -a\,(a<0) \end{cases}$$

예 $\sqrt{2^2}=2$, $\sqrt{(-2)^2}=2$

부호 그대로   부호 반대로

2. 제곱근의 대소 관계
(1) 제곱근의 대소 관계
$a>0$, $b>0$일 때

① $a<b$이면 $\sqrt{a}$③▢$\sqrt{b}$

예 $2<3$이므로 $\sqrt{2}<\sqrt{3}$

② $\sqrt{a}<\sqrt{b}$이면 a④▢b

예 $\sqrt{n}<\sqrt{3}$이면 $n<3$

③ $\sqrt{a}<\sqrt{b}$이면 $-\sqrt{a}$⑤▢$-\sqrt{b}$

예 $\sqrt{2}<\sqrt{3}$이므로 $-\sqrt{2}>-\sqrt{3}$

(2) 제곱근을 포함한 부등식
$a>0$, $b>0$일 때, $a<\sqrt{x}<b$이면 $a^2<x<b^2$

예 $1<\sqrt{x}<4$이면 $1^2<x<4^2$, $1<x<16$

05

다음 중 그 값이 나머지 넷과 다른 하나는?

① $(\sqrt{7})^2$ ② $\sqrt{7^2}$
③ $\sqrt{(-7)^2}$ ④ $(-\sqrt{7})^2$
⑤ $-\sqrt{(-7)^2}$

06

다음 중 옳지 않은 것은?

① $(\sqrt{5})^2=5$
② $(-\sqrt{6})^2=6$
③ $-\sqrt{\left(\dfrac{1}{3}\right)^2}=\dfrac{1}{3}$
④ $(\sqrt{0.8})^2=0.8$
⑤ $\sqrt{(-15)^2}=15$

07

다음 중 두 수의 대소 관계가 옳지 않은 것은?

① $\sqrt{20}<\sqrt{21}$
② $\sqrt{\dfrac{3}{4}}<\sqrt{\dfrac{4}{5}}$
③ $-\sqrt{8}<-\sqrt{7}$
④ $4<\sqrt{15}$
⑤ $-5<-\sqrt{24}$

08

부등식 $\sqrt{n}<4$를 만족시키는 자연수 n의 개수는?

① 11개 ② 12개 ③ 13개
④ 14개 ⑤ 15개

3 무리수와 실수

1. 무리수와 실수

(1) **무리수**: 유리수가 아닌 수, 즉 순환하지 않는 무한소수

(2) **실수**: 유리수와 ❶ ☐☐☐ 를 통틀어 실수라 하고, 실수는 다음과 같이 분류할 수 있다.

$$\text{실수} \begin{cases} \text{유리수} \begin{cases} \text{정수} \begin{cases} \text{양의 정수(자연수): } 1, 2, 3, \cdots \\ 0 \\ \text{음의 정수: } -1, -2, -3, \cdots \end{cases} \\ \text{정수가 아닌 유리수: } \dfrac{1}{2}, \dfrac{2}{3}, -0.5, 0.\dot{8}, \cdots \end{cases} \\ \text{무리수: } \sqrt{2}, -\sqrt{3}, \pi, \cdots \end{cases}$$

2. 실수와 수직선

(1) **실수와 수직선**

① 수직선은 유리수와 무리수, 즉 ❷ ☐☐ 에 대응하는 점들로 완전히 메울 수 있다.

② 한 실수는 수직선 위의 한 점에 대응하고, 수직선 위의 한 점에는 한 ❸ ☐☐ 가 대응한다.

③ 서로 다른 두 실수 사이에는 무수히 많은 실수가 있다.

(2) **수직선과 실수의 대소 관계**

① 수직선 위의 원점 O를 기준으로 오른쪽에 있는 수를 ❹ ☐ 의 실수, 왼쪽에 있는 수를 ❺ ☐ 의 실수라고 한다.

② 수직선 위에서 오른쪽에 있는 점에 대응하는 실수가 왼쪽에 있는 점에 대응하는 실수보다 ❻ ☐ 다.

3. 실수의 대소 관계

두 수의 뺄셈을 이용한다.

① $a-b>0$이면 $a>b$ ② $a-b<0$이면 a ❼ ☐ b ③ $a-b=0$이면 a ❽ ☐ b

답 ❶ 무리수 ❷ 실수 ❸ 실수 ❹ 양 ❺ 음 ❻ 크 ❼ < ❽ =

09

다음 중 무리수는 모두 몇 개인가?

$$5, \quad -\sqrt{5}, \quad \frac{2}{3}, \quad -0.9,$$
$$\sqrt{12}, \quad -\sqrt{\frac{9}{16}}, \quad \sqrt{0.16}$$

① 1개   ② 2개   ③ 3개
④ 4개   ⑤ 5개

10

다음 수직선 위의 점 중에서 $1+\sqrt{7}$에 대응하는 점은?

① A   ② B   ③ C
④ D   ⑤ E

11

$\sqrt{5}$의 정수 부분을 a, $\sqrt{23}$의 정수 부분을 b라고 할 때, $a+b$의 값은?

① 4   ② 5   ③ 6
④ 7   ⑤ 8

12

$a=8-\sqrt{6}$, $b=-\sqrt{5}+8$일 때, a, b의 대소 관계를 부등호를 사용하여 나타내시오.

I 실수와 그 연산

4 제곱근의 곱셈과 나눗셈

1. 제곱근의 곱셈과 나눗셈

(1) 제곱근의 곱셈: $a>0$, $b>0$이고 m, n이 유리수일 때

① $\sqrt{a}\times\sqrt{b}=\sqrt{a}\sqrt{b}=\sqrt{a\times b}=\sqrt{ab}$ ② $m\sqrt{a}\times n\sqrt{b}=mn\sqrt{\boxed{}^{\text{①}}}$

(2) 제곱근의 나눗셈: $a>0$, $b>0$이고 m, $n(n\neq0)$이 유리수일 때

① $\sqrt{a}\div\sqrt{b}=\dfrac{\sqrt{a}}{\sqrt{b}}=\sqrt{\dfrac{a}{b}}$ ② $m\sqrt{a}\div n\sqrt{b}=\dfrac{m}{n}\sqrt{\boxed{}^{\text{②}}}$

2. 근호가 있는 식의 변형

(1) 근호 안의 수에 제곱인 인수가 있으면 근호 밖으로 꺼낼 수 있다.

$a>0$, $b>0$일 때

① $\sqrt{a^2b}=\sqrt{a^2}\sqrt{b}=a\sqrt{b}$ ② $\sqrt{\dfrac{a}{b^2}}=\dfrac{\sqrt{a}}{\sqrt{b^2}}=\dfrac{\sqrt{a}}{\boxed{}^{\text{③}}}$

(2) 근호 밖의 양수는 제곱하여 근호 안으로 넣을 수 있다.

$a>0$, $b>0$일 때

① $a\sqrt{b}=\sqrt{a^2}\sqrt{b}=\sqrt{a^2b}$ ② $\dfrac{\sqrt{a}}{b}=\dfrac{\sqrt{a}}{\sqrt{b^2}}=\sqrt{\dfrac{a}{\boxed{}^{\text{④}}}}$

3. 분모의 유리화

(1) 분모의 유리화: 분수의 분모가 근호를 포함한 무리수일 때, 분자와 분모에 0이 아닌 같은 수를 곱하여 분모를 유리수로 고치는 것

(2) 분모를 유리화하는 방법

a, b, c가 유리수이고 $a>0$일 때

① $\dfrac{b}{\sqrt{a}}=\dfrac{b\times\sqrt{a}}{\sqrt{a}\times\sqrt{a}}=\dfrac{b\sqrt{a}}{\boxed{}^{\text{⑤}}}$

② $\dfrac{\sqrt{b}}{\sqrt{a}}=\dfrac{\sqrt{b}\times\sqrt{a}}{\sqrt{a}\times\sqrt{a}}=\dfrac{\sqrt{ab}}{\boxed{}^{\text{⑥}}}$ (단, $b>0$)

③ $\dfrac{b}{c\sqrt{a}}=\dfrac{b\times\sqrt{a}}{c\sqrt{a}\times\sqrt{a}}=\dfrac{b\sqrt{a}}{\boxed{}^{\text{⑦}}}$ (단, $c\neq0$)

답 ❶ ab ❷ $\dfrac{a}{b}$ ❸ b ❹ b^2 ❺ a ❻ a ❼ ac

13

다음 중 옳지 <u>않은</u> 것은?

① $3\sqrt{2} \times \sqrt{5} = 3\sqrt{10}$

② $-\sqrt{12} \times \sqrt{3} = -6$

③ $\sqrt{\dfrac{7}{3}} \times \sqrt{\dfrac{12}{7}} = 4$

④ $6\sqrt{10} \div 3\sqrt{2} = 2\sqrt{5}$

⑤ $12\sqrt{7} \div (-2\sqrt{7}) = -6$

14

다음 중 옳지 <u>않은</u> 것은?

① $\sqrt{48} = 4\sqrt{3}$

② $2\sqrt{5} = \sqrt{20}$

③ $\sqrt{50} = 5\sqrt{2}$

④ $\sqrt{\dfrac{5}{9}} = \dfrac{\sqrt{5}}{3}$

⑤ $\dfrac{1}{4}\sqrt{20} = \sqrt{5}$

15

$\sqrt{6} = 2.449$, $\sqrt{60} = 7.746$일 때, 다음 중 옳지 <u>않은</u> 것은?

① $\sqrt{0.006} = 0.07746$

② $\sqrt{0.06} = 0.2449$

③ $\sqrt{600} = 24.49$

④ $\sqrt{6000} = 77.46$

⑤ $\sqrt{60000} = 774.6$

16

$\dfrac{6}{\sqrt{2}} = a\sqrt{2}$, $\dfrac{14}{\sqrt{7}} = b\sqrt{7}$일 때, 유리수 a, b에 대하여 ab의 값은?

① 4　　　② 6　　　③ 8

④ 10　　　⑤ 12

5 제곱근의 덧셈과 뺄셈

1. 제곱근의 덧셈과 뺄셈

m, n은 유리수이고 $\sqrt{a}$는 무리수일 때

① $m\sqrt{a}+n\sqrt{a}=(m+n)\sqrt{a}$

② $m\sqrt{a}-n\sqrt{a}=(^{❶}\boxed{}-^{❷}\boxed{})\sqrt{a}$

참고 • $\sqrt{a^2b}$ $(a>0,\ b>0)$의 꼴인 경우에는 $a\sqrt{b}$의 꼴로 고친 후 계산한다.

예 $\sqrt{8}+\sqrt{2}=\sqrt{2^2\times2}+\sqrt{2}=2\sqrt{2}+\sqrt{2}=(2+1)\sqrt{2}=3\sqrt{2}$

• 분모에 근호가 있으면 분모를 유리화하여 계산한다.

예 $3\sqrt{2}-\dfrac{4}{\sqrt{2}}=3\sqrt{2}-\dfrac{4\times\sqrt{2}}{\sqrt{2}\times\sqrt{2}}=3\sqrt{2}-2\sqrt{2}=(3-2)\sqrt{2}=\sqrt{2}$

2. 근호를 포함한 식의 혼합 계산

근호를 포함한 식의 혼합 계산은 다음과 같이 한다.

① 괄호가 있으면 $^{❸}\boxed{}$을 이용하여 괄호를 푼다.

➡ $a>0,\ b>0,\ c>0$일 때,

$\sqrt{a}(\sqrt{b}\pm\sqrt{c})=\sqrt{a}\sqrt{b}\pm\sqrt{a}\sqrt{c}=\sqrt{ab}\pm\sqrt{ac}$

$(\sqrt{a}\pm\sqrt{b})\sqrt{c}=\sqrt{a}\sqrt{c}\pm\sqrt{b}\sqrt{c}=\sqrt{^{❹}\boxed{}}\pm\sqrt{^{❺}\boxed{}}$

② $\sqrt{a^2b}$ $(a>0,\ b>0)$의 꼴인 경우에는 $a\sqrt{b}$의 꼴로 고친 후 계산한다.

③ 분모에 근호가 있으면 분모를 $^{❻}\boxed{}$하여 계산한다.

➡ $a>0,\ b>0,\ c>0$일 때

$\dfrac{\sqrt{b}+\sqrt{c}}{\sqrt{a}}=\dfrac{(\sqrt{b}+\sqrt{c})\times\sqrt{a}}{\sqrt{a}\times\sqrt{a}}=\dfrac{\sqrt{ab}+\sqrt{ac}}{a}$

④ 곱셈, 나눗셈을 먼저 계산한 후 덧셈, 뺄셈을 계산한다.

예 $\begin{aligned}\sqrt{3}(4\sqrt{2}+\sqrt{6})&=\sqrt{3}\times4\sqrt{2}+\sqrt{3}\times\sqrt{6}\\&=4\sqrt{6}+\sqrt{18}\\&=4\sqrt{6}+3\sqrt{2}\end{aligned}$

답 ❶ m ❷ n ❸ 분배법칙 ❹ ac ❺ bc ❻ 유리화

17

$\sqrt{12} - \dfrac{15}{\sqrt{3}} + \sqrt{48}$ 을 간단히 하면?

① $-2\sqrt{3}$ ② $-\sqrt{3}$

③ 0 ④ $\sqrt{3}$

⑤ $2\sqrt{3}$

18

$4\sqrt{5} - \sqrt{32} - \dfrac{30}{\sqrt{5}} + \dfrac{10}{\sqrt{2}}$ 을 간단히 하면?

① $-\sqrt{2} - 2\sqrt{5}$ ② $-\sqrt{2} + 2\sqrt{5}$

③ $\sqrt{2} - \sqrt{5}$ ④ $\sqrt{2} - 2\sqrt{5}$

⑤ $\sqrt{2} + 2\sqrt{5}$

19

$6\sqrt{2} - \sqrt{3}(4 + \sqrt{6})$을 간단히 하면?

① $\sqrt{2} - 3\sqrt{3}$ ② $\sqrt{2} - 4\sqrt{3}$

③ $2\sqrt{2} - 3\sqrt{3}$ ④ $2\sqrt{2} - 4\sqrt{3}$

⑤ $3\sqrt{2} - 4\sqrt{3}$

20

$\sqrt{24} \div \sqrt{3} + 2\sqrt{3} \times \sqrt{54}$ 를 간단히 하면?

① $16\sqrt{2}$ ② $17\sqrt{2}$ ③ $18\sqrt{2}$

④ $19\sqrt{2}$ ⑤ $20\sqrt{2}$

Ⅱ 다항식의 곱셈과 인수분해

1 곱셈공식

1. 다항식과 다항식의 곱셈

(다항식)×(다항식)의 곱셈 순서

① 분배법칙을 이용하여 전개한다.

② 동류항이 있으면 동류항끼리 모아서 계산한다.

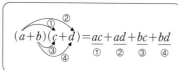

예 $(a+b)(a+2b)$

$=a^2+2ab+ab+2b^2$ 〉분배법칙

$=a^2+3ab+2b^2$ 〉동류항끼리 계산

2. 곱셈공식 (1)

① $(a+b)^2=a^2+2ab+b^2$

② $(a-b)^2=a^2-2ab+b^2$

예 $(a+2)^2=a^2+2\times a\times 2+2^2=a^2+4a+4$

$(a-3)^2=a^2-2\times a\times 3+3^2=a^2-6a+9$

3. 곱셈공식 (2)

$(a+b)(a-b)=$ ❶$\boxed{}^2-$ ❷$\boxed{}^2$

예 $(a+2)(a-2)=a^2-2^2=a^2-4$

4. 곱셈공식 (3)

$(x+a)(x+b)=x^2+($ ❸$\boxed{}$ $)x+ab$

예 $(x+2)(x+3)=x^2+(2+3)x+2\times 3=x^2+5x+6$

5. 곱셈공식 (4)

$(ax+b)(cx+d)=acx^2+($ ❹$\boxed{}$ $)x+bd$

예 $(2x+3)(3x+4)=2\times 3\times x^2+(2\times 4+3\times 3)x+3\times 4=6x^2+17x+12$

답 ❶ a ❷ b ❸ $a+b$ ❹ $ad+bc$

01

$(3x-4)^2 = ax^2 - 24x + b$일 때, 상수 a, b에 대하여 $a+b$의 값은?

① 21　　② 22　　③ 23

④ 24　　⑤ 25

03

$(x-a)(x+2) = x^2 + bx - 10$일 때, 상수 a, b에 대하여 ab의 값은?

① -15　　② -14　　③ -12

④ -10　　⑤ -8

02

$(4x+y)(y-4x) = Ax^2 + Bxy + Cy^2$ 일 때, 상수 A, B, C에 대하여 $A-B+C$의 값은?

① -17　　② -16　　③ -15

④ -14　　⑤ -13

04

$(2x-5)(x+a) = 2x^2 + bx - 15$일 때, 상수 a, b에 대하여 $a+b$의 값은?

① 1　　② 2　　③ 3

④ 4　　⑤ 5

2 곱셈공식의 활용

1. 곱셈공식을 이용한 수의 계산

(1) **수의 제곱의 계산**

곱셈공식 $(a+b)^2=a^2+2ab+b^2$, $(a-b)^2=a^2-2ab+b^2$을 이용한다.

예 $102^2=(100+2)^2=100^2+2\times100\times2+2^2=10404$

(2) **두 수의 곱의 계산**

곱셈공식 $(a+b)(a-b)=a^2-b^2$, $(x+a)(x+b)=x^2+(a+b)x+ab$를 이용한다.

예 $102\times98=(100+2)(100-2)=100^2-2^2=9996$

(3) **분모의 유리화**

분모가 2개의 항으로 되어 있는 무리수일 때, 곱셈공식 $(a+b)(a-b)=a^2-b^2$을 이용한다.

예 $\dfrac{1}{\sqrt5+\sqrt3}=\dfrac{1\times(\sqrt5-\sqrt3)}{(\sqrt5+\sqrt3)(\sqrt5-\sqrt3)}=\dfrac{\sqrt5-\sqrt3}{5-3}=\dfrac{\sqrt5-\sqrt3}{2}$

2. 곱셈공식의 변형

① $a^2+b^2=(a+b)^2-❶\boxed{}$

② $a^2+b^2=(a-b)^2+❷\boxed{}$

③ $(a+b)^2=(a-b)^2+❸\boxed{}$

④ $(a-b)^2=(a+b)^2-❹\boxed{}$

예 $x+y=4$, $xy=2$일 때,

$x^2+y^2=(x+y)^2-2xy=4^2-2\times2=12$

05

곱셈공식을 이용하여 $102^2 - 97 \times 103$을 계산하면?

① 393　　② 395　　③ 403

④ 405　　⑤ 413

07

$x+y=6$, $xy=-3$일 때, x^2+y^2의 값은?

① 42　　② 44　　③ 46

④ 48　　⑤ 50

06

곱셈공식을 이용하여 99^2을 계산하려고 할 때, 다음 중 어떤 공식을 이용하면 가장 편리한가?

① $m(a+b)=ma+mb$

② $(a-b)^2=a^2-2ab+b^2$

③ $(a+b)(a-b)=a^2-b^2$

④ $(x+a)(x+b)$
　$=x^2+(a+b)x+ab$

⑤ $(ax+b)(cx+d)$
　$=acx^2+(ad+bc)x+bd$

08

$x+y=7$, $xy=2$일 때, $(x-y)^2$의 값은?

① 41　　② 42　　③ 43

④ 44　　⑤ 45

3 **인수분해**

1. 인수분해

(1) **인수**: 하나의 다항식을 두 개 이상의 다항식의 곱으로 나타낼 수 있을 때, 각각의 다항식을 처음 다항식의 **❶** ☐ 라고 한다.

> **예** $x^2+4x+3=(x+1)(x+3)$이므로 $x+1$과 $x+3$은 x^2+4x+3의 인수이다.

(2) **인수분해**: 하나의 다항식을 두 개 이상의 인수들의 곱으로 나타내는 것

$$x^2+4x+3 \xleftrightarrow[\text{전개}]{\text{인수분해}} \underbrace{(x+1)(x+3)}_{\text{인수}}$$

2. 공통인수를 이용한 인수분해

(1) **공통인수**: 다항식의 각 항에 공통으로 들어 있는 인수

(2) **공통인수를 이용한 인수분해**: 다항식에 공통인수가 있을 때에는 **❷** ☐ 을 이용하여 공통인수를 묶어 내어 인수분해한다.

$$\underbrace{ma+mb=m(a+b)}_{\text{공통인수}}$$

3. 인수분해 공식

(1) ① $a^2+2ab+b^2=(a+b)^2$ ② $a^2-2ab+b^2=(a-b)^2$

> **참고** 완전제곱식: 다항식의 **❸** ☐ 으로 된 식 또는 이러한 식에 **❹** ☐ 를 곱한 식
>
> x^2+ax+b가 완전제곱식이 되기 위한 조건: $b=\left(\dfrac{\text{❺}}{}\right)^2$

(2) $a^2-b^2=(a+b)(a-b)$

(3) $x^2+(a+b)x+ab=(x+a)(x+b)$

(4) $acx^2+(ad+bc)x+bd=(ax+b)(cx+d)$

답 ❶ 인수 **❷** 분배법칙 **❸** 제곱 **❹** 상수 **❺** $\dfrac{a}{2}$

09

$25x^2-20xy+4y^2$이 $(ax+by)^2$으로 인수분해될 때, 상수 a, b에 대하여 $a-b$의 값은? (단, $a>0$)

① 5 　　② 6 　　③ 7
④ 8 　　⑤ 9

10

$18x^2-8y^2$을 인수분해하면?

① $2(x+3y)(x-3y)$
② $2(2x+3y)(2x-3y)$
③ $2(3x+y)(3x-y)$
④ $2(3x+2y)(3x-2y)$
⑤ $2(4x+3y)(4x-3y)$

11

$x^2+3x-18$이 $(x+a)(x+b)$로 인수분해될 때, 상수 a, b에 대하여 $a-b$의 값은? (단, $a>b$)

① 5 　　② 6 　　③ 7
④ 8 　　⑤ 9

12

다음 중 $3x^2+10x-8$의 인수인 것은?

① $x-2$ 　　② $x-3$
③ $x-4$ 　　④ $x+3$
⑤ $x+4$

4 인수분해 공식의 활용

1. 복잡한 식의 인수분해

(1) 공통인수가 있는 경우

공통인수로 묶어낸 다음 인수분해한다.

> **예** $2x^2-6xy+8x^2y=2x(x-3y+4xy)$

(2) 공통부분이 있는 경우

공통부분을 한 문자로 놓고 인수분해한 후 원래의 식을 **❶**[   ]하여 정리한다.

> **예** $(x+4)^2+2(x+4)+1$에서
>
> $x+4=A$로 놓으면 $A^2+2A+1=(A+1)^2$
>
> A 대신에 $x+4$를 대입하면
>
> (주어진 식)$=(x+4+1)^2=(x+5)^2$

2. 인수분해 공식의 활용

(1) 수의 계산: 인수분해 공식을 이용할 수 있도록 수의 모양을 바꾸어 계산한다.

> **예** ① $14\times35+14\times65$
>
> $=14(35+65)=14\times100=1400$
>
> ② $102^2-408+4$
>
> $=102^2-2\times102\times2+2^2$
>
> $=(102-2)^2=100^2=10000$
>
> ③ 67^2-33^2
>
> $=(67+33)(67-33)=100\times34=3400$

(2) 식의 값: 수를 대입할 때, 주어진 식을 인수분해한 후에 **❷**[   ]한다.

> **예** $x=103$일 때, x^2-6x+9의 값은
>
> $x^2-6x+9=(x-3)^2=(103-3)^2=100^2=10000$

답 ❶ 대입 **❷** 대입

13

$6a^3b+10a^2b-4ab$를 인수분해하면?

① $2ab(3a-1)(a-2)$

② $2ab(3a-1)(a+2)$

③ $2ab(3a-1)(a+3)$

④ $2ab(3a+1)(a-2)$

⑤ $2ab(3a+1)(a-1)$

14

다음 중 $2(x-1)^2-7(x-1)-15$의 인수인 것을 모두 고르면? (정답 2개)

① $x-6$　　　② $x-5$

③ $2x-1$　　　④ $x+6$

⑤ $2x+1$

15

$x=5.25$, $y=1.75$일 때, $x^2+2xy+y^2$의 값은?

① 36　　② 38　　③ 40

④ 45　　⑤ 49

16

$x=5+\sqrt{2}$, $y=5-\sqrt{2}$일 때, x^2-y^2의 값은?

① $5\sqrt{2}$　　② 10　　③ $10\sqrt{2}$

④ 20　　⑤ $20\sqrt{2}$

이차방정식

1 이차방정식과 그 해

1. 이차방정식의 뜻과 그 해
(1) x에 대한 **이차방정식**: 방정식의 모든 항을 좌변으로 이항하여 정리하였을 때, (x에 대한 **❶** ⬚)$=0$의 꼴로 변형되는 방정식

(2) **이차방정식의 일반형**: $ax^2+bx+c=0$ (a, b, c는 상수, $a\neq0$)의 꼴로 나타낼 수 있다.

(3) **이차방정식의 해(또는 근)**: 이차방정식을 참이 되게 하는 미지수 x의 값

(4) **이차방정식을 푼다**: 이차방정식의 해를 모두 구하는 것

2. 인수분해를 이용한 이차방정식의 풀이
(1) **$AB=0$의 성질**: 두 수 또는 두 식 A, B에 대하여

$$AB=0\text{이면 } A=0 \text{ 또는 } B=0$$

(2) **인수분해를 이용한 이차방정식의 풀이**
① 주어진 이차방정식을 $ax^2+bx+c=0$의 꼴로 나타낸다.
② 좌변을 인수분해한다.
③ $AB=0$이면 $A=$**❷**⬚ 또는 $B=$**❸**⬚임을 이용한다.

예 이차방정식 $x^2-4x+3=0$에서 $(x-1)(x-3)=0$
$x-1=0$ 또는 $x-3=0$
따라서 $x=1$ 또는 $x=3$

(3) **이차방정식의 중근**: 이차방정식의 두 근이 중복되어 서로 같을 때, 이 근을 이차방정식의 **❹**⬚이라고 한다.

예 $x^2-4x+4=0$이면 $(x-2)^2=0$
따라서 $x=2$

(4) **중근을 가질 조건**: 이차방정식이 (완전제곱식)$=0$의 꼴로 변형되면 중근을 갖는다.

참고 $x^2+ax+b=0$이 중근을 가지려면 $b=\left(\text{**❺**}⬚\right)^2$이다.

답 ❶ 이차식 **❷** 0 **❸** 0 **❹** 중근 **❺** $\dfrac{a}{2}$

01

다음 중 이차방정식이 <u>아닌</u> 것은?

① $x^2-2x-1=0$
② $2x^2+4x-3=0$
③ $3x^2-2x=x^2+6$
④ $2x^2-5=2x(x-5)$
⑤ $-x^2+2x=(x-3)(x-1)$

02

다음 중 [ ] 안의 수가 주어진 이차방정식의 해인 것은?

① $x(x-2)=0$ $[-2]$
② $x^2+3x=0$ $[3]$
③ $x^2-5x+4=0$ $[-1]$
④ $(x-2)(x+6)=0$ $[6]$
⑤ $(x-3)^2-16=0$ $[-1]$

03

이차방정식 $x^2-7x+10=0$을 풀면?

① $x=1$ 또는 $x=2$
② $x=1$ 또는 $x=5$
③ $x=2$ 또는 $x=5$
④ $x=-2$ 또는 $x=-5$
⑤ $x=-2$ 또는 $x=5$

04

이차방정식 $x^2+8x+k=0$이 중근을 가질 때, 상수 k의 값은?

① 9   ② 12   ③ 14
④ 16   ⑤ 20

Ⅲ 이차방정식

2 완전제곱식을 이용한 이차방정식의 풀이

1. 제곱근을 이용한 이차방정식의 풀이

(1) 이차방정식 $x^2=k(k>0)$의 해는 $x=\pm\sqrt{k}$

(2) 이차방정식 $(x+p)^2=q(q>0)$의 해는 $x=$ ^❶☐ $\pm\sqrt{}$ ^❷☐

예 $x^2=3$의 해는 $x=\pm\sqrt{3}$이다.

   $(x+1)^2=3$의 해는 $x=-1\pm\sqrt{3}$이다.

2. 완전제곱식을 이용한 이차방정식의 풀이

다음과 같이 완전제곱식으로 고쳐서 제곱근을 이용하면 해를 구할 수 있다.

① 이차항의 계수로 양변을 나누어 이차항의 계수를 ^❸☐로 만든다.

② 상수항을 우변으로 이항한다.

③ 양변에 $\left(\dfrac{\text{일차항의 계수}}{\text{^❹☐}}\right)^2$을 더한다.

④ (완전제곱식)=(상수)의 꼴로 만든 후 제곱근을 이용하여 해를 구한다.

예 $2x^2+4x-1=0$에서

   양변을 2로 나누면 $x^2+2x-\dfrac{1}{2}=0$

   $-\dfrac{1}{2}$을 우변으로 이항하면 $x^2+2x=\dfrac{1}{2}$

   양변에 $\left(\dfrac{2}{2}\right)^2=1$을 더하면 $x^2+2x+1=\dfrac{1}{2}+1$

   좌변을 완전제곱식의 꼴로 만들면 $(x+1)^2=\dfrac{3}{2}$

   따라서 $x=-1\pm\sqrt{\dfrac{3}{2}}=-1\pm\dfrac{\sqrt{6}}{2}$

답 ❶ $-p$ ❷ q ❸ 1 ❹ 2

05

이차방정식 $3(x-2)^2=21$의 해가
$x=a\pm\sqrt{b}$일 때, 유리수 a, b에 대하여
$a+b$의 값은?

① 8   ② 9   ③ 10
④ 11   ⑤ 12

07

이차방정식 $x^2+6x-4=0$을
$(x+p)^2=q$의 꼴로 나타낼 때, 상수 p,
q에 대하여 $p+q$의 값은?

① 15   ② 16   ③ 17
④ 18   ⑤ 19

06

다음 중 이차방정식 $(x-5)^2=k+3$이
서로 다른 두 근을 갖도록 하는 상수 k의
값이 될 수 <u>없는</u> 것은?

① -3 ② -2 ③ -1
④ 0   ⑤ 1

08

이차방정식 $2x^2-8x-5=0$의 해가
$x=a\pm\sqrt{b}$일 때, 유리수 a, b에 대하여
ab의 값은?

① 11   ② 12   ③ 13
④ 14   ⑤ 15

이차방정식

3 **이차방정식의 근의 공식**

1. 이차방정식의 근의 공식
이차방정식 $ax^2+bx+c=0\,(a\neq0)$의 근은

$$x=\frac{-b\pm\sqrt{b^2-4ac}}{\boxed{}^{\textbf{❶}}} \text{ (단, } b^2-4ac\geq0)$$

참고 x의 계수가 짝수인 이차방정식 $ax^2+2b'x+c=0$의 근은

$$x=\frac{-b'\pm\sqrt{b'^2-ac}}{\boxed{}^{\textbf{❷}}} \text{ (단, } b'^2-ac\geq0)$$

2. 복잡한 이차방정식의 풀이
(1) **계수가 소수이거나 분수인 이차방정식의 경우**: 양변에 적당한 수를 곱하여 모든 계수를 정수로 고쳐서 푼다.
(2) **괄호가 있는 이차방정식의 경우**: 괄호를 풀고 식을 전개하여 $ax^2+bx+c=0$의 꼴로 정리하여 푼다.
(3) **공통부분이 있는 이차방정식의 경우**: 공통부분을 한 문자로 놓고 푼다.

3. 이차방정식의 근의 개수
이차방정식 $ax^2+bx+c=0\,(a\neq0)$의 근은

$$x=\frac{-b\pm\sqrt{b^2-4ac}}{2a}$$

이므로 근의 개수는 b^2-4ac의 부호에 따라 결정된다.
(1) $b^2-4ac>0$이면 서로 다른 두 근을 갖는다. ➡ 근이 $^{\textbf{❸}}\boxed{}$개
(2) $b^2-4ac=0$이면 중근을 갖는다. ➡ 근이 $^{\textbf{❹}}\boxed{}$개
(3) $b^2-4ac<0$이면 근이 없다. ➡ 근이 $^{\textbf{❺}}\boxed{}$개

4. 이차방정식 구하기
(1) 두 근이 α, β이고 x^2의 계수가 a인 이차방정식
➡ $^{\textbf{❻}}\boxed{}(x-\alpha)(x-\beta)=0$
(2) 중근이 α이고 x^2의 계수가 a인 이차방정식
➡ $^{\textbf{❼}}\boxed{}(x-\alpha)^2=0$

답 ❶ $2a$ ❷ a ❸ 2 ❹ 1 ❺ 0 ❻ a ❼ a

09

이차방정식 $2x^2-5x-1=0$의 근이

$x=\dfrac{5\pm\sqrt{a}}{4}$일 때, 유리수 a의 값은?

① 31   ② 32   ③ 33

④ 34   ⑤ 35

10

이차방정식 $\dfrac{1}{4}x^2+\dfrac{1}{8}x-\dfrac{5}{8}=0$을 풀면?

① $x=\dfrac{-1\pm\sqrt{41}}{4}$

② $x=\dfrac{-1\pm\sqrt{41}}{2}$

③ $x=\dfrac{1\pm\sqrt{41}}{4}$

④ $x=\dfrac{1\pm\sqrt{41}}{2}$

⑤ $x=-1$ 또는 $x=\dfrac{5}{2}$

11

다음 이차방정식 중 근의 개수가 나머지 넷과 다른 하나는?

① $x^2-8=0$

② $x^2+3x-1=0$

③ $x^2+3=6(x-1)$

④ $2x^2-x=0.5$

⑤ $x^2+\dfrac{5}{2}x-\dfrac{1}{2}=0$

12

이차방정식 $2x^2+ax+b=0$의 두 근이 -3, 1일 때, 상수 a, b에 대하여 $a+b$의 값은?

① -2 ② -1 ③ 0

④ 1   ⑤ 2

4 이차방정식의 활용

이차방정식의 활용 문제는 다음과 같은 순서로 푼다.

(1) 미지수 정하기

문제를 정확히 파악하고 구하고자 하는 것을 미지수 x로 놓는다.

⬇

(2) 방정식 세우기

문제의 뜻에 맞게 이차방정식을 세운다.

⬇

(3) 방정식 풀기

인수분해, 제곱근, 근의 공식 등을 이용하여 해를 구한다.

⬇

(4) 확인하기

구한 해가 문제의 뜻에 맞는지 확인한다.

예 연속하는 두 자연수의 제곱의 합이 61일 때, 두 자연수를 구하시오.

(1) 미지수 정하기

연속하는 두 자연수를 x, $x+1$이라고 하자.

⬇

(2) 방정식 세우기

두 자연수의 제곱의 합이 61이므로
$x^2+(x+1)^2=61$

⬇

(3) 방정식 풀기

이차방정식을 정리하면
$x^2+x-30=0$
$(x+6)(x-5)=0$
$x=-6$ 또는 $x=$❶⬚
$x>0$이므로 $x=$❷⬚

⬇

(4) 확인하기

두 자연수가 5, 6일 때,
$5^2+6^2=$❸⬚$+36=$❹⬚이 성립한다.

13

n각형의 대각선의 개수가 $\dfrac{n(n-3)}{2}$일 때, 대각선의 개수가 35인 다각형은?

① 육각형 ② 칠각형 ③ 팔각형
④ 구각형 ⑤ 십각형

14

연속하는 세 자연수가 있다. 가장 큰 수와 가장 작은 수를 각각 제곱한 값의 차는 가운데 수의 제곱보다 5만큼 작을 때, 세 수의 합은?

① 9 ② 12 ③ 15
④ 18 ⑤ 21

15

둘레의 길이가 32 cm이고 넓이가 60 cm²인 직사각형의 가로의 길이가 세로의 길이보다 더 길 때, 가로의 길이는?

① 6 cm ② 8 cm ③ 10 cm
④ 12 cm ⑤ 14 cm

16

정훈이는 동생보다 8살이 더 많고 동생의 나이의 제곱은 정훈이의 나이의 4배와 같다고 한다. 이때 정훈이의 나이를 구하시오.

IV 이차함수

1. 이차함수의 뜻

함수 $y=f(x)$에서 y가 x에 대한 이차식

$$y=ax^2+bx+c \text{ (단, } a, b, c\text{는 상수, } a\neq0)$$

로 나타날 때, 이 함수를 x에 대한 ❶ [   ]라고 한다.

예 $y=x^2$, $y=x^2-3x$ ➡ 이차함수이다.

$y=x+2$, $y=x^2-(x^2-3x)$ ➡ 이차함수가 아니다.

참고 $y=ax^2+bx+c$를 $f(x)=ax^2+bx+c$로 나타내기도 한다.

a, b, c는 상수이고 $a\neq0$일 때

① ax^2+bx+c ➡ x에 대한 ❷ [   ]

② $ax^2+bx+c=0$ ➡ x에 대한 ❸ [   ]

③ $y=ax^2+bx+c$ ➡ x에 대한 ❹ [   ]

2. 이차함수의 함숫값

이차함수 $f(x)=ax^2+bx+c$에서 $x=k$일 때의 함숫값은 $f(k)=ak^2+bk+c$

이다.

예 함수 $f(x)=x^2+2x-1$에 대하여 $x=1$일 때의 함숫값은

$f(1)=1^2+2\times1-1=2$

답 ❶ 이차함수 ❷ 이차식 ❸ 이차방정식 ❹ 이차함수

01

다음 중 이차함수인 것은?

① $y=x+8$

② $y=-2x^2+10$

③ $y=-(x-3)^2+x^2$

④ $x^2+5x-4=0$

⑤ $-4x^2+2x-7$

02

다음 중 이차함수인 것을 모두 고르면?

(정답 2개)

① $(x+3)^2-5x$

② $y=(5-x)(3+x)$

③ $y=3x^2-3(x-2)^2$

④ $y=2x^3+7$

⑤ $y=4(x+1)^2-3x^2$

03

이차함수 $f(x)=2x^2-5x+7$에 대하여 $f(3)-f(2)$의 값은?

① 5　　② 6　　③ 7

④ 8　　⑤ 9

04

이차함수 $f(x)=x^2-6x-2a$이고 $f(2)=0$일 때, $f(-1)+f(3)$의 값은?

(단, a는 상수)

① 11　　② 12　　③ 13

④ 14　　⑤ 15

Ⅳ 이차함수

2 **이차함수 $y=ax^2$의 그래프**

1. 이차함수 $y=x^2$의 그래프의 성질

① 원점을 지나고 아래로 **❶** [ ]한 곡선이다.

② y축에 대하여 대칭이다.

③ $x<0$일 때, x의 값이 증가하면 y의 값은 **❷** [ ]한다.

　$x>0$일 때, x의 값이 증가하면 y의 값도 **❸** [ ]한다.

④ 원점을 제외한 모든 부분은 x축보다 위쪽에 있다.

2. 포물선의 축과 꼭짓점

❹ [ ] : 이차함수 $y=x^2$의 그래프와 같은 모양의 곡선

① **❺** [ ] : 포물선이 대칭이 되는 직선

② **❻** [ ] : 포물선과 축의 교점

참고 이차함수 $y=x^2$, $y=-x^2$의 그래프의 축과 꼭짓점

	$y=x^2$	$y=-x^2$
축의 방정식	$x=0\,(y$축$)$	$x=0\,(y$축$)$
꼭짓점의 좌표	$(0,\,0)$	$(0,\,0)$

3. 이차함수 $y=ax^2$의 그래프의 성질

① 원점을 꼭짓점으로 하고, y축을 축으로 하는 포물선이다.

　➡ 꼭짓점의 좌표: $(0,\,0)$,

　　축의 방정식: $x=0\,(y$축$)$

② $a>0$이면 아래로 볼록하고,

　$a<0$이면 위로 볼록하다.

③ a의 절댓값이 클수록 그래프의 폭이 좁아진다.

④ 이차함수 $y=-ax^2$의 그래프와 x축에 대하여 대칭이다.

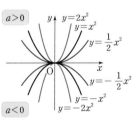

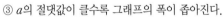

답 ❶ 볼록 **❷** 감소 **❸** 증가 **❹** 포물선 **❺** 축 **❻** 꼭짓점

05

이차함수 $y=ax^2(a\neq0)$의 그래프에 대한 설명 중 옳지 않은 것은?

① 축의 방정식은 $x=0$이다.
② 꼭짓점의 좌표는 $(0, 0)$이다.
③ 그래프는 y축에 대하여 대칭이다.
④ a의 절댓값 작을수록 폭이 넓어진다.
⑤ $a>0$이면 $x<0$일 때, x의 값이 증가하면 y의 값도 증가한다.

06

세 이차함수 $y=ax^2$, $y=x^2$, $y=\dfrac{1}{3}x^2$의 그래프가 다음 그림과 같을 때, 상수 a의 값이 될 수 없는 것은?

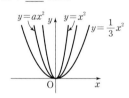

① $\dfrac{1}{4}$ ② $\dfrac{2}{5}$ ③ $\dfrac{1}{2}$

④ $\dfrac{2}{3}$ ⑤ $\dfrac{3}{4}$

07

다음 이차함수의 그래프 중 $y=-\dfrac{7}{2}x^2$의 그래프와 x축에 대하여 대칭인 것은?

① $y=-7x^2$ ② $y=-\dfrac{2}{7}x^2$

③ $y=\dfrac{2}{7}x^2$ ④ $y=2x^2$

⑤ $y=\dfrac{7}{2}x^2$

08

원점을 꼭짓점으로 하는 포물선이 두 점 $(4, -24)$, $(2, b)$를 지날 때, b의 값은?

① -10 ② -8 ③ -6
④ -4 ⑤ -2

IV 이차함수

3 이차함수 $y=a(x-p)^2+q$의 그래프

1. 이차함수 $y=ax^2+q$의 그래프

① 이차함수 $y=ax^2$의 그래프를 ❶□축의 방향으로 q
만큼 평행이동한 것이다.

② 꼭짓점의 좌표: $(0, q)$

③ 축: y축(직선 $x=0$)

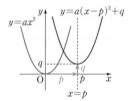

2. 이차함수 $y=a(x-p)^2$의 그래프

① 이차함수 $y=ax^2$의 그래프를 ❷□축의 방향으
로 p만큼 평행이동한 것이다.

② 꼭짓점의 좌표: $(p, 0)$

③ 축: 직선 $x=p$

3. 이차함수 $y=a(x-p)^2+q$의 그래프

① 이차함수 $y=ax^2$의 그래프를 ❸□축의 방향
으로 p만큼, ❹□축의 방향으로 q만큼 평행
이동한 것이다.

② 꼭짓점의 좌표: (p, q)

③ 축: 직선 $x=p$

4. 이차함수 $y=a(x-p)^2+q$의 그래프에서 a, p, q의 부호

(1) a의 부호: 그래프의 모양

① 아래로 볼록 ➡ a❺□0 ② 위로 볼록 ➡ a❻□0

(2) p, q의 부호: 꼭짓점의 위치

제1사분면	제2사분면	제3사분면	제4사분면
$p>0, q>0$	$p<0, q$❼□0	$p<0, q$❽□0	$p>0, q<0$

답 ❶y ❷x ❸x ❹y ❺$>$ ❻$<$ ❼$>$ ❽$<$

32 ● EBS 중학 뉴런 수학 3(상)

09

이차함수 $y=2x^2$의 그래프를 y축의 방향으로 -4만큼 평행이동하면 두 점 $(-3, a)$, $(2, b)$를 지날 때, $a-b$의 값은?

① 6   ② 7   ③ 8
④ 9   ⑤ 10

10

이차함수 $y=-2x^2$의 그래프를 x축의 방향으로 -3만큼 평행이동한 그래프가 두 점 $(-2, m)$, $(-5, n)$을 지날 때, $m+n$의 값은?

① -16 ② -12 ③ -10
④ -8 ⑤ -6

11

이차함수 $y=2x^2$의 그래프를 x축의 방향으로 4만큼, y축의 방향으로 3만큼 평행이동하면 점 $(7, k)$를 지난다. 이때 k의 값은?

① 20   ② 21   ③ 22
④ 23   ⑤ 24

12

이차함수 $y=2(x+2)^2-5$의 그래프가 지나지 <u>않는</u> 사분면은?

① 제1사분면   ② 제2사분면
③ 제3사분면   ④ 제4사분면
⑤ 제3, 4사분면

4 **이차함수 $y=ax^2+bx+c$의 그래프**

---

1. 이차함수 $y=ax^2+bx+c$의 그래프

완전제곱식을 이용하여 $y=a(x-p)^2+q$의 꼴로 고쳐서 그린다.

$$y=ax^2+bx+c \Rightarrow y=a\left(x+\frac{b}{2a}\right)^2-\frac{b^2-4ac}{4a}$$

(1) **꼭짓점의 좌표**: $\left(-\dfrac{b}{2a},\ -\dfrac{b^2-4ac}{4a}\right)$

(2) **축**: 직선 $x=-\dfrac{b}{2a}$

(3) y**축과의 교점의 좌표**: $(0,\ ^{\textcircled{1}}\boxed{})$

(4) $a>0$이면 $^{\textcircled{2}}\boxed{}$로 볼록하고, $a<0$이면 $^{\textcircled{3}}\boxed{}$로 볼록하다.

2. 이차함수 $y=ax^2+bx+c$의 그래프에서 a, b, c의 부호

(1) a**의 부호**: 그래프의 모양

　① 아래로 볼록 $\Rightarrow a>0$

　② 위로 볼록 $\Rightarrow a<0$

(2) b**의 부호**: 축의 위치

　① 축이 y축의 왼쪽 $\Rightarrow a$, b는 서로 $^{\textcircled{4}}\boxed{}$ 부호

　② 축이 y축 $\Rightarrow b=0$

　③ 축이 y축의 오른쪽 $\Rightarrow a$, b는 서로 $^{\textcircled{5}}\boxed{}$ 부호

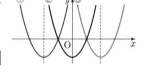

(3) c**의 부호**: y축과 만나는 점의 위치

　① y축과 만나는 점이 x축보다 위 $\Rightarrow c\ ^{\textcircled{6}}\boxed{}\ 0$

　② y축과 만나는 점이 원점 $\Rightarrow c\ ^{\textcircled{7}}\boxed{}\ 0$

　③ y축과 만나는 점이 x축보다 아래 $\Rightarrow c\ ^{\textcircled{8}}\boxed{}\ 0$

답 ❶ c **❷** 아래 **❸** 위 **❹** 같은 **❺** 다른 **❻** $>$ **❼** $=$ **❽** $<$

13

이차함수 $y=-2x^2+8x+3$을 $y=a(x-p)^2+q$의 꼴로 나타낼 때, 상수 a, p, q에 대하여 $a+p+q$의 값은?

① 11   ② 12   ③ 13
④ 14   ⑤ 15

14

이차함수 $y=\dfrac{1}{2}x^2+3x+m$의 그래프의 꼭짓점의 좌표가 $(-3,\ 2)$일 때, 상수 m의 값은?

① 5   ② $\dfrac{11}{2}$ ③ 6
④ $\dfrac{13}{2}$ ⑤ 7

15

이차함수 $y=x^2-2x-8$의 그래프가 x축과 만나는 두 점의 x좌표를 각각 p, q라 하고, y축과 만나는 점의 y좌표를 r라고 할 때, $p+q+r$의 값은?

① -9 ② -8 ③ -7
④ -6 ⑤ -5

16

이차함수 $y=2x^2-12x+8$의 그래프가 지나지 <u>않는</u> 사분면은?

① 제1사분면   ② 제2사분면
③ 제3사분면   ④ 제4사분면
⑤ 제3, 4사분면

5 **이차함수의 식 구하기**

1. 이차함수의 식 구하기 (1)

꼭짓점의 좌표 (p, q)와 그래프 위의 한 점을 알 때

① 이차함수의 식을 $y=a(x-❶\,\square\,)^2+❷\,\square$로 놓는다.

② 한 점의 좌표를 대입하여 a의 값을 구한다.

> **예** 꼭짓점의 좌표가 $(1, 3)$이고 점 $(2, 4)$를 지나는 포물선을 그래프로 하는 이차
> 함수의 식을 구해 보자.
>
> ① 구하는 이차함수의 식을 $y=a(x-1)^2+3$으로 놓는다.
>
> ② $y=a(x-1)^2+3$에 $x=2$, $y=4$를 대입하면
>
> $\quad 4=a(2-1)^2+3,\ a=1$
>
> 따라서 구하는 이차함수의 식은 $y=(x-1)^2+3$

2. 이차함수의 식 구하기 (2)

축의 방정식 $x=p$와 그래프 위의 두 점을 알 때

① 이차함수의 식을 $y=a(x-❸\,\square\,)^2+q$로 놓는다.

② 두 점의 좌표를 각각 대입하여 a, q의 값을 구한다.

3. 이차함수의 식 구하기 (3)

그래프 위의 세 점을 알 때

① 이차함수의 식을 $y=ax^2+bx+c$로 놓는다.

② 세 점의 좌표를 각각 대입하여 a, b, c의 값을 구한다.

4. 이차함수의 식 구하기 (4)

x축과 만나는 두 점 $(m, 0)$, $(n, 0)$과 그래프 위의 한 점을 알 때

① 이차함수의 식을 $y=a(x-❹\,\square\,)(x-n)$으로 놓는다.

② 한 점의 좌표를 대입하여 a의 값을 구한다.

답 ❶ p ❷ q ❸ p ❹ m

17

꼭짓점의 좌표가 $(2, 1)$이고 점 $(1, 2)$를 지나는 포물선을 그래프로 하는 이차함수의 식을 $y=ax^2+bx+c$의 꼴로 나타내시오.

18

축의 방정식이 $x=1$이고 두 점 $(-1, 2)$, $(2, -1)$을 지나는 포물선을 그래프로 하는 이차함수의 식을 $y=ax^2+bx+c$의 꼴로 나타내시오.

19

세 점 $(0, -5)$, $(1, -1)$, $(2, 5)$를 지나는 포물선을 그래프로 하는 이차함수의 식을 $y=ax^2+bx+c$의 꼴로 나타내시오.

20

x축과 만나는 점이 $(2, 0)$, $(4, 0)$이고 점 $(0, 8)$을 지나는 포물선을 그래프로 하는 이차함수의 식을 $y=ax^2+bx+c$의 꼴로 나타내시오.

답 **17** $y=x^2-4x+5$　**18** $y=x^2-2x-1$　**19** $y=x^2+3x-5$　**20** $y=x^2-6x+8$

I. 실수와 그 연산

2~11쪽

01

① $4^2 \neq 8$이므로 4는 8의 제곱근이 아니다.

② 5의 제곱근은 $\pm\sqrt{5}$이다.

③ $0^2 = 0$이므로 0의 제곱근은 0이다.

④ $\left(\dfrac{1}{3}\right)^2 = \dfrac{1}{9}$이므로 $\dfrac{1}{3}$은 $\dfrac{1}{9}$의 제곱근이다.

⑤ $(-5)^2 \neq 10$이므로 -5는 10의 제곱근이 아니다.

답 ④

02

①, ②, ④, ⑤는 모두 ±3이고,

③ 제곱근 9는 $\sqrt{9} = 3$이다.

답 ③

03

81의 양의 제곱근은 9이므로

$a = 9$

36의 음의 제곱근은 -6이므로

$b = -6$

따라서 $a - b = 9 - (-6) = 15$

답 ⑤

04

a의 양의 제곱근이 $\sqrt{8}$이므로

$a = (\sqrt{8})^2 = 8$

b의 음의 제곱근이 $-\sqrt{5}$이므로

$b = (-\sqrt{5})^2 = 5$

따라서 $a - b = 8 - 5 = 3$

답 ③

05

①, ②, ③, ④는 모두 7이고,

⑤ $-\sqrt{(-7)^2} = -7$이다.

답 ⑤

06

③ $-\sqrt{\left(\dfrac{1}{3}\right)^2} = -\dfrac{1}{3}$

답 ③

07

① $20 < 21$이므로 $\sqrt{20} < \sqrt{21}$

② $\dfrac{3}{4} < \dfrac{4}{5}$이므로 $\sqrt{\dfrac{3}{4}} < \sqrt{\dfrac{4}{5}}$

③ $\sqrt{8} > \sqrt{7}$이므로 $-\sqrt{8} < -\sqrt{7}$

④ $4 = \sqrt{16}$이고 $\sqrt{16} > \sqrt{15}$이므로 $4 > \sqrt{15}$

⑤ $-5 = -\sqrt{25}$이고 $-\sqrt{25} < -\sqrt{24}$이므로 $-5 < -\sqrt{24}$

답 ④

08

$\sqrt{n} < \sqrt{16}$이므로

$n < 16$

이를 만족시키는 자연수 n은 1, 2, 3, $\cdots$, 15이므로 15개이다.

답 ⑤

09

유리수: 5, $\dfrac{2}{3}$, -0.9, $-\sqrt{\dfrac{9}{16}} = -\dfrac{3}{4}$, $\sqrt{0.16} = 0.4$

무리수: $-\sqrt{5}$, $\sqrt{12}$

따라서 무리수는 2개이다.

답 ②

10

$\sqrt{4}<\sqrt{7}<\sqrt{9}$이므로
$2<\sqrt{7}<3$
$1+2<1+\sqrt{7}<1+3$
$3<1+\sqrt{7}<4$
따라서 $1+\sqrt{7}$에 대응하는 점은 E이다.

답 ⑤

11

$\sqrt{4}<\sqrt{5}<\sqrt{9}$에서 $2<\sqrt{5}<3$이므로
$\sqrt{5}$의 정수 부분은
$a=2$
$\sqrt{16}<\sqrt{23}<\sqrt{25}$에서 $4<\sqrt{23}<5$이므로
$\sqrt{23}$의 정수 부분은
$b=4$
따라서 $a+b=2+4=6$

답 ③

12

$a-b=(8-\sqrt{6})-(-\sqrt{5}+8)$
$\qquad =8-\sqrt{6}+\sqrt{5}-8$
$\qquad =-\sqrt{6}+\sqrt{5}<0$
따라서 $a<b$

답 $a<b$

13

① $3\sqrt{2}\times\sqrt{5}=3\sqrt{2\times5}$
$\qquad\qquad\qquad =3\sqrt{10}$
② $-\sqrt{12}\times\sqrt{3}=-\sqrt{12\times3}$
$\qquad\qquad\qquad =-\sqrt{36}$
$\qquad\qquad\qquad =-6$
③ $\sqrt{\dfrac{7}{3}}\times\sqrt{\dfrac{12}{7}}=\sqrt{\dfrac{7}{3}\times\dfrac{12}{7}}$
$\qquad\qquad\qquad =\sqrt{4}=2$

④ $6\sqrt{10}\div3\sqrt{2}=\dfrac{6\sqrt{10}}{3\sqrt{2}}$
$\qquad\qquad\qquad =2\sqrt{\dfrac{10}{2}}$
$\qquad\qquad\qquad =2\sqrt{5}$
⑤ $12\sqrt{7}\div(-2\sqrt{7})=\dfrac{12\sqrt{7}}{-2\sqrt{7}}$
$\qquad\qquad\qquad =-6\sqrt{\dfrac{7}{7}}$
$\qquad\qquad\qquad =-6\sqrt{1}$
$\qquad\qquad\qquad =-6$

답 ③

14

① $\sqrt{48}=\sqrt{4^2\times3}=4\sqrt{3}$
② $2\sqrt{5}=\sqrt{2^2\times5}=\sqrt{20}$
③ $\sqrt{50}=\sqrt{5^2\times2}=5\sqrt{2}$
④ $\sqrt{\dfrac{5}{9}}=\dfrac{\sqrt{5}}{\sqrt{3^2}}=\dfrac{\sqrt{5}}{3}$
⑤ $\dfrac{1}{4}\sqrt{20}=\sqrt{\left(\dfrac{1}{4}\right)^2\times20}$
$\qquad\qquad =\sqrt{\dfrac{5}{4}}=\dfrac{\sqrt{5}}{2}$

답 ⑤

15

① $\sqrt{0.006}=\sqrt{\dfrac{60}{100^2}}=\dfrac{\sqrt{60}}{100}$
$\qquad\qquad =\dfrac{1}{100}\times7.746$
$\qquad\qquad =0.07746$
② $\sqrt{0.06}=\sqrt{\dfrac{6}{10^2}}=\dfrac{\sqrt{6}}{10}$
$\qquad\qquad =\dfrac{1}{10}\times2.449$
$\qquad\qquad =0.2449$

③ $\sqrt{600}=\sqrt{10^2\times6}=10\sqrt{6}$
$=10\times2.449$
$=24.49$
④ $\sqrt{6000}=\sqrt{10^2\times60}=10\sqrt{60}$
$=10\times7.746$
$=77.46$
⑤ $\sqrt{60000}=\sqrt{100^2\times6}=100\sqrt{6}$
$=100\times2.449$
$=244.9$

답 ⑤

16

$\dfrac{6}{\sqrt{2}}=\dfrac{6\times\sqrt{2}}{\sqrt{2}\times\sqrt{2}}=\dfrac{6\sqrt{2}}{2}=3\sqrt{2}$이므로

$a=3$

$\dfrac{14}{\sqrt{7}}=\dfrac{14\times\sqrt{7}}{\sqrt{7}\times\sqrt{7}}=\dfrac{14\sqrt{7}}{7}=2\sqrt{7}$이므로

$b=2$

따라서 $ab=3\times2=6$

답 ②

17

$\sqrt{12}-\dfrac{15}{\sqrt{3}}+\sqrt{48}$

$=\sqrt{2^2\times3}-\dfrac{15\times\sqrt{3}}{\sqrt{3}\times\sqrt{3}}+\sqrt{4^2\times3}$

$=2\sqrt{3}-5\sqrt{3}+4\sqrt{3}$

$=\sqrt{3}$

답 ④

18

$4\sqrt{5}-\sqrt{32}-\dfrac{30}{\sqrt{5}}+\dfrac{10}{\sqrt{2}}$

$=4\sqrt{5}-4\sqrt{2}-6\sqrt{5}+5\sqrt{2}$

$=\sqrt{2}-2\sqrt{5}$

답 ④

19

$6\sqrt{2}-\sqrt{3}(4+\sqrt{6})$

$=6\sqrt{2}-4\sqrt{3}-3\sqrt{2}$

$=3\sqrt{2}-4\sqrt{3}$

답 ⑤

20

$\sqrt{24}\div\sqrt{3}+2\sqrt{3}\times\sqrt{54}$

$=\dfrac{\sqrt{24}}{\sqrt{3}}+2\sqrt{3}\times3\sqrt{6}$

$=\sqrt{8}+6\sqrt{18}$

$=2\sqrt{2}+18\sqrt{2}$

$=20\sqrt{2}$

답 ⑤

II. 다항식의 곱셈과 인수분해

12~19쪽

01

$(3x-4)^2=(3x)^2-2\times 3x\times 4+4^2$
$\qquad\qquad =9x^2-24x+16$
$a=9,\ b=16$
따라서 $a+b=9+16=25$

답 ⑤

02

$(4x+y)(y-4x)$
$=-(4x+y)(4x-y)$
$=-\{(4x)^2-y^2\}$
$=-16x^2+y^2$
$A=-16,\ B=0,\ C=1$
따라서
$A-B+C=-16-0+1$
$\qquad\qquad =-15$

답 ③

03

$(x-a)(x+2)=x^2+(-a+2)x-2a$
$b=-a+2,\ -2a=-10$
$a=5,\ b=-5+2=-3$
따라서 $ab=5\times(-3)=-15$

답 ①

04

$(2x-5)(x+a)$
$=2x^2+(2a-5)x-5a$
$b=2a-5,\ -5a=-15$
$a=3,\ b=2\times 3-5=1$
따라서 $a+b=3+1=4$

답 ④

05

$102^2-97\times 103$
$=(100+2)^2-(100-3)(100+3)$
$=100^2+2\times 100\times 2+2^2-(100^2-3^2)$
$=10000+400+4-(10000-9)$
$=413$

답 ⑤

06

$99^2=(100-1)^2$
$\quad =100^2-2\times 100\times 1+1^2$
$\quad =10000-200+1=9801$
따라서 가장 편리한 공식은 ②이다.

답 ②

07

$x^2+y^2=(x+y)^2-2xy$
$\qquad\quad =6^2-2\times(-3)$
$\qquad\quad =42$

답 ①

08

$(x-y)^2=(x+y)^2-4xy$
$\qquad\quad =7^2-4\times 2=41$

답 ①

09

$25x^2-20xy+4y^2$
$=(5x)^2-2\times 5x\times 2y+(2y)^2$
$=(5x-2y)^2$
$a=5,\ b=-2$
따라서 $a-b=5-(-2)=7$

답 ③

10

$18x^2-8y^2=2(9x^2-4y^2)$
$\qquad\qquad =2(3x+2y)(3x-2y)$

답 ④

정답과 풀이

11

$x^2+3x-18$

$x^2+3x-18=(x+6)(x-3)$
$a=6,\ b=-3$
따라서 $a-b=6-(-3)=9$

답 ⑤

12

$3x^2+10x-8$

$3x^2+10x-8=(x+4)(3x-2)$
따라서 인수인 것은 $x+4,\ 3x-2$

답 ⑤

13

$6a^3b+10a^2b-4ab$
$=2ab(3a^2+5a-2)$
$=2ab(3a-1)(a+2)$

답 ②

14

$x-1=A$로 놓으면
$2A^2-7A-15=(A-5)(2A+3)$
A 대신에 $x-1$을 대입하면
(주어진 식)$=(x-6)(2x+1)$
따라서 인수인 것은 $x-6,\ 2x+1$

답 ①, ⑤

15

$x+y=5.25+1.75=7$
$x^2+2xy+y^2=(x+y)^2=7^2=49$

답 ⑤

16

$x+y=(5+\sqrt{2})+(5-\sqrt{2})$
$\quad\quad=10$
$x-y=(5+\sqrt{2})-(5-\sqrt{2})$
$\quad\quad=2\sqrt{2}$
$x^2-y^2=(x+y)(x-y)$
$\quad\quad=10\times2\sqrt{2}$
$\quad\quad=20\sqrt{2}$

답 ⑤

Ⅲ. 이차방정식

20~27쪽

01

① $x^2-2x-1=0$은 이차방정식이다.
② $2x^2+4x-3=0$은 이차방정식이다.
③ $3x^2-2x=x^2+6$에서
  $2x^2-2x-6=0$이므로 이차방정식이다.
④ $2x^2-5=2x(x-5)$에서 $10x-5=0$
  이므로 이차방정식이 아니다.
⑤ $-x^2+2x=(x-3)(x-1)$에서
  $-2x^2+6x-3=0$이므로 이차방정식이다.

답 ④

02

① $-2\times(-2-2)\neq0$
② $3^2+3\times3\neq0$
③ $(-1)^2-5\times(-1)+4\neq0$
④ $(6-2)\times(6+6)\neq0$
⑤ $(-1-3)^2-16=0$

답 ⑤

03

$x^2-7x+10=0$에서
$(x-2)(x-5)=0$
$x-2=0$ 또는 $x-5=0$
따라서 $x=2$ 또는 $x=5$

답 ③

04

이차방정식 $x^2+8x+k=0$이 중근을 가지므로
$k=\left(\dfrac{8}{2}\right)^2=4^2=16$

답 ④

05

$3(x-2)^2=21$에서 $(x-2)^2=7$
$x-2=\pm\sqrt{7}$, $x=2\pm\sqrt{7}$
따라서 $a=2$, $b=7$이므로
$a+b=9$

답 ②

06

$(x-5)^2=k+3$에서 $k+3>0$일 때 서로 다른 두 근을 가지므로
$k>-3$
따라서 k의 값이 될 수 없는 것은 ① -3이다.

답 ①

07

$x^2+6x-4=0$에서 상수항 -4를 우변으로 이항하면
$x^2+6x=4$
$\left(\dfrac{x\text{의 계수}}{2}\right)^2=\left(\dfrac{6}{2}\right)^2=9$를 양변에 더하면
$x^2+6x+9=4+9$
$(x+3)^2=13$
따라서 $p=3$, $q=13$이므로
$p+q=16$

답 ②

08

$2x^2-8x-5=0$의 양변을 2로 나누면
$x^2-4x-\dfrac{5}{2}=0$
$x^2-4x=\dfrac{5}{2}$, $x^2-4x+4=\dfrac{5}{2}+4$
$(x-2)^2=\dfrac{13}{2}$, $x-2=\pm\sqrt{\dfrac{13}{2}}$
$x=2\pm\sqrt{\dfrac{13}{2}}$

따라서 $a=2$, $b=\dfrac{13}{2}$이므로

$ab=2\times\dfrac{13}{2}=13$

답 ③

09
근의 공식을 이용하면

$x=\dfrac{-(-5)\pm\sqrt{(-5)^2-4\times2\times(-1)}}{2\times2}$

$\quad=\dfrac{5\pm\sqrt{25+8}}{4}$

$\quad=\dfrac{5\pm\sqrt{33}}{4}$

따라서 $a=33$

답 ③

10
주어진 이차방정식의 양변에 8을 곱하면

$2x^2+x-5=0$

근의 공식을 이용하면

$x=\dfrac{-1\pm\sqrt{1^2-4\times2\times(-5)}}{2\times2}$

$\quad=\dfrac{-1\pm\sqrt{1+40}}{4}$

$\quad=\dfrac{-1\pm\sqrt{41}}{4}$

답 ①

11
① $x^2-8=0$에서 $0^2-4\times1\times(-8)>0$ 이므로 근의 개수는 2개이다.

② $x^2+3x-1=0$에서 $3^2-4\times1\times(-1)>0$이므로 근의 개수는 2개이다.

③ $x^2-6x+9=0$에서 $(-6)^2-4\times1\times9=0$이므로 근의 개수는 1개이다.

④ $4x^2-2x-1=0$에서 $(-2)^2-4\times4\times(-1)>0$이므로 근의 개수는 2개이다.

⑤ $2x^2+5x-1=0$에서 $5^2-4\times2\times(-1)>0$이므로 근의 개수는 2개이다.

답 ③

12
두 근이 -3, 1이고 x^2의 계수가 2인 이차방정식은

$2(x+3)(x-1)=0$

$2(x^2+2x-3)=0$

$2x^2+4x-6=0$

따라서 $a=4$, $b=-6$이므로

$a+b=-2$

답 ①

13
$\dfrac{n(n-3)}{2}=35$에서

$n^2-3n-70=0$

$(n+7)(n-10)=0$

$n=-7$ 또는 $n=10$

$n>3$이므로 $n=10$

따라서 구하는 다각형은 십각형이다.

답 ⑤

14
연속하는 세 자연수를 x, $x+1$, $x+2$라고 하면

$(x+2)^2-x^2=(x+1)^2-5$

$x^2+4x+4-x^2=x^2+2x+1-5$

$x^2-2x-8=0$

$(x+2)(x-4)=0$

$x=-2$ 또는 $x=4$

$x>0$이므로 $x=4$

따라서 세 자연수는 4, 5, 6이므로 그 합은 15이다.

달 ③

15

둘레의 길이가 32 cm인 직사각형의 가로의 길이를 x cm라고 하면 세로의 길이는 $(16-x)$ cm이므로

$x(16-x)=60$

$x^2-16x+60=0$

$(x-6)(x-10)=0$

$x=6$ 또는 $x=10$

이때 가로의 길이가 세로의 길이보다 더 길어야 하므로

$x=10$

따라서 가로의 길이는 10 cm이다.

달 ③

16

정훈이의 나이를 x살이라고 하면 동생의 나이는 $(x-8)$살이므로

$(x-8)^2=4x$

$x^2-20x+64=0$

$(x-4)(x-16)=0$

$x=4$ 또는 $x=16$

이때 $x>8$이므로 $x=16$

따라서 정훈이의 나이는 16살이다.

달 16살

Ⅳ. 이차함수

28~37쪽

01

① $x+8$은 이차식이 아니므로 $y=x+8$은 이차함수가 아니다.

② $-2x^2+10$은 이차식이므로 $y=-2x^2+10$은 이차함수이다.

③ $y=-(x-3)^2+x^2=6x-9$

   $6x-9$는 이차식이 아니므로 이차함수가 아니다.

④ $x^2+5x-4=0$은 함수가 아니다.

⑤ $-4x^2+2x-7$은 함수가 아니다.

달 ②

02

① $(x+3)^2-5x$는 함수가 아니다.

③ $y=3x^2-3(x-2)^2=12x-12$

   $12x-12$는 이차식이 아니므로 이차함수가 아니다.

④ $2x^3+7$은 이차식이 아니므로 이차함수가 아니다.

달 ②, ⑤

03

$f(3)=2\times3^2-5\times3+7=10$

$f(2)=2\times2^2-5\times2+7=5$

따라서 $f(3)-f(2)=10-5=5$

달 ①

04

$f(2)=2^2-6\times2-2a=0$

$-2a=8,\ a=-4$

$f(x)=x^2-6x+8$

$f(-1)=(-1)^2-6\times(-1)+8=15$

$f(3)=3^2-6\times3+8=-1$

정답과 풀이

따라서
$$f(-1)+f(3)=15+(-1)=14$$
답 ④

05

⑤ $a>0$이면 $x<0$일 때, x의 값이 증가하면 y의 값은 감소한다.

답 ⑤

06

$\frac{1}{3}<a<1$이므로 a의 값이 될 수 없는 것은 ①이다.

답 ①

07

$y=ax^2$의 그래프는 $y=-ax^2$의 그래프와 x축에 대하여 대칭이다.

따라서 $y=\frac{7}{2}x^2$

답 ⑤

08

원점을 꼭짓점으로 하는 포물선의 식은
$$y=ax^2$$
$y=ax^2$에 $x=4$, $y=-24$를 대입하면
$$-24=a\times 4^2, \ a=-\frac{3}{2}$$
$$y=-\frac{3}{2}x^2$$
$y=-\frac{3}{2}x^2$에 $x=2$, $y=b$를 대입하면
$$b=-\frac{3}{2}\times 2^2=-6$$
답 ③

09

이차함수 $y=2x^2$의 그래프를 y축의 방향으로 -4만큼 평행이동한 그래프의 식은

$$y=2x^2-4$$
$y=2x^2-4$에 $x=-3$, $y=a$를 대입하면
$$a=2\times(-3)^2-4=14$$
$y=2x^2-4$에 $x=2$, $y=b$를 대입하면
$$b=2\times 2^2-4=4$$
따라서 $a-b=14-4=10$

답 ⑤

10

이차함수 $y=-2x^2$의 그래프를 x축의 방향으로 -3만큼 평행이동한 그래프의 식은
$$y=-2(x+3)^2$$
$y=-2(x+3)^2$에 $x=-2$, $y=m$을 대입하면
$$m=-2\times(-2+3)^2=-2$$
$y=-2(x+3)^2$에 $x=-5$, $y=n$을 대입하면
$$n=-2\times(-5+3)^2=-8$$
따라서 $m+n=-2+(-8)=-10$

답 ③

11

이차함수 $y=2x^2$의 그래프를 x축의 방향으로 4만큼, y축의 방향으로 3만큼 평행이동한 그래프의 식은
$$y=2(x-4)^2+3$$
$y=2(x-4)^2+3$에 $x=7$, $y=k$를 대입하면
$$k=2\times(7-4)^2+3=21$$
답 ②

12

꼭짓점의 좌표는 $(-2, -5)$
$x=0$을 대입하면
$y=2\times(0+2)^2-5=3$이므로
y축과 만나는 점의 좌표는 $(0, 3)$

13

다음 산점도 중 상관관계가 <u>없는</u> 것은?

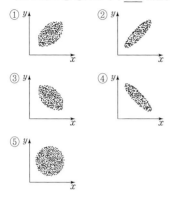

14

오른쪽 산점도에 대한 설명 중 옳지 <u>않은</u> 것은?

① 두 변량 x, y 사이의 상관관계를 알 수 있다.

② 여러 개의 순서쌍을 좌표평면 위에 점으로 나타낸 것이다.

③ 자동차의 주행속력과 소요시간 사이의 상관관계도 이와 같이 나타난다.

④ 주어진 산점도는 양의 상관관계를 나타낸 것이다.

⑤ x의 값이 커질수록 y의 값도 대체로 커진다.

15

다음 중 도시의 인구(x)와 음식쓰레기 발생량(y)의 상관관계를 나타내는 산점도는?

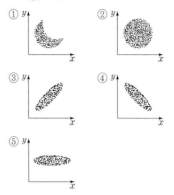

16

오른쪽 그림과 같은 산점도로 나타낼 수 있는 두 변량은?

① 일조시간과 운동량

② 앉은키와 키

③ 독서량과 국어 성적

④ 몸무게와 시력

⑤ 물건값과 소비량

V. 삼각비

01

$\overline{AC}=\sqrt{1^2+2^2}=\sqrt{5}$

① $\sin A=\dfrac{2}{\sqrt{5}}=\dfrac{2\sqrt{5}}{5}$

② $\cos A=\dfrac{1}{\sqrt{5}}=\dfrac{\sqrt{5}}{5}$

③ $\tan A=\dfrac{2}{1}=2$

④ $\sin C=\dfrac{1}{\sqrt{5}}=\dfrac{\sqrt{5}}{5}$

⑤ $\cos C=\dfrac{2}{\sqrt{5}}=\dfrac{2\sqrt{5}}{5}$

답 ③

02

$\tan A=\dfrac{6}{\overline{AC}}=\dfrac{2}{3}$에서 $\overline{AC}=9(\text{cm})$

따라서 $\overline{AB}=\sqrt{9^2+6^2}=\sqrt{117}$
$=3\sqrt{13}(\text{cm})$

답 $3\sqrt{13}$ cm

03

$\cos A=\dfrac{5}{6}$이므로 다음 그림과 같이

$\angle B=90°$, $\overline{AB}=5$, $\overline{AC}=6$인 직각삼각형 ABC를 생각할 수 있다.

$\overline{BC}=\sqrt{6^2-5^2}=\sqrt{11}$이므로

$\sin A=\dfrac{\sqrt{11}}{6}$

답 $\dfrac{\sqrt{11}}{6}$

04

$\triangle ABD \backsim \triangle CAD$(AA 닮음)이므로
$\angle ACD=\angle BAD=\angle x$,
$\angle ABD=\angle CAD=\angle y$

$\overline{BC}=\sqrt{9^2+12^2}=\sqrt{225}=15$이므로
직각삼각형 ABC에서

$\cos x=\dfrac{\overline{AC}}{\overline{BC}}=\dfrac{12}{15}=\dfrac{4}{5}$,

$\sin y=\dfrac{\overline{AC}}{\overline{BC}}=\dfrac{12}{15}=\dfrac{4}{5}$

따라서 $\cos x+\sin y=\dfrac{4}{5}+\dfrac{4}{5}=\dfrac{8}{5}$

답 $\dfrac{8}{5}$

05

(1) $\cos 30°+\sin 60°=\dfrac{\sqrt{3}}{2}+\dfrac{\sqrt{3}}{2}=\sqrt{3}$

(2) $\sin 30°-\cos 60°=\dfrac{1}{2}-\dfrac{1}{2}=0$

(3) $\tan 45°-\sin 30°=1-\dfrac{1}{2}=\dfrac{1}{2}$

(4) $\sin 30°+\cos 45°\times\tan 45°$
$=\dfrac{1}{2}+\dfrac{\sqrt{2}}{2}\times 1$
$=\dfrac{1+\sqrt{2}}{2}$

답 (1) $\sqrt{3}$ (2) 0 (3) $\dfrac{1}{2}$ (4) $\dfrac{1+\sqrt{2}}{2}$

06

$\triangle ABC$에서
$\tan 60°=\dfrac{\overline{BC}}{3}=\sqrt{3}$이므로 $\overline{BC}=3\sqrt{3}$

△DBC에서

$\sin 45° = \dfrac{\overline{BC}}{\overline{BD}} = \dfrac{3\sqrt{3}}{\overline{BD}} = \dfrac{1}{\sqrt{2}}$ 이므로

$\overline{BD} = 3\sqrt{6}$

目 $3\sqrt{6}$

07

① $\cos x = \dfrac{\overline{AB}}{\overline{AC}} = \dfrac{\overline{AB}}{1} = \overline{AB}$

② $\tan x = \dfrac{\overline{DE}}{\overline{AD}} = \dfrac{\overline{DE}}{1} = \overline{DE}$

③ $\cos y = \dfrac{\overline{BC}}{\overline{AC}} = \dfrac{\overline{BC}}{1} = \overline{BC}$

④ $\sin z = \sin y = \dfrac{\overline{AB}}{\overline{AC}} = \dfrac{\overline{AB}}{1} = \overline{AB}$

⑤ $\tan z = \dfrac{\overline{AD}}{\overline{DE}} = \dfrac{1}{\overline{DE}}$

目 ⑤

08

주어진 삼각비의 표에서
$\sin 74° = 0.9613$, $\tan 75° = 3.7321$ 이므로
$\angle x = 74°$, $\angle y = 75°$
따라서 $\angle x + \angle y = 74° + 75° = 149°$

目 149°

09

$\angle A = 50°$ 이므로

$\tan 50° = \dfrac{3}{\overline{AC}}$

따라서 $\overline{AC} = \dfrac{3}{\tan 50°}$

目 ⑤

10

다음 그림과 같이 꼭짓점 A에서 $\overline{BC}$에 내린 수선의 발을 H라고 하면

$\overline{AH} = 6\sin 30° = 3 \text{(cm)}$
$\overline{BH} = 6\cos 30° = 3\sqrt{3} \text{(cm)}$
$\overline{CH} = 5\sqrt{3} - 3\sqrt{3} = 2\sqrt{3} \text{(cm)}$ 이므로
$\overline{AC} = \sqrt{3^2 + (2\sqrt{3})^2} = \sqrt{21} \text{(cm)}$

目 $\sqrt{21}$ cm

11

나무의 높이를 h m라고 하면

$\angle BAH = 45°$ $\angle HAC = 60°$ 이므로
$\overline{BH} = h\tan 45° = h$
$\overline{CH} = h\tan 60° = \sqrt{3}h$
$h + \sqrt{3}h = 20$ 이므로
$(1 + \sqrt{3})h = 20$

$h = \dfrac{20}{1 + \sqrt{3}} = 10(\sqrt{3} - 1)$

따라서 나무의 높이는 $10(\sqrt{3} - 1)$m이다.

目 $10(\sqrt{3} - 1)$m

12

$\angle ADC = 60°$, $\angle BDC = 45°$ 이므로
$\overline{CD} = h$ m라고 하면
$\overline{AC} = h\tan 60° = \sqrt{3}h$
$\overline{BC} = h\tan 45° = h$

$\sqrt{3}h - h = 100$이므로
$(\sqrt{3}-1)h = 100$

$h = \dfrac{100}{\sqrt{3}-1} = 50(\sqrt{3}+1)$

따라서 건물의 높이는 $50(\sqrt{3}+1)$m이다.

目 $50(\sqrt{3}+1)$m

13

(1) $\triangle ABC = \dfrac{1}{2} \times 8 \times 9 \times \sin 45°$

$\qquad = \dfrac{1}{2} \times 8 \times 9 \times \dfrac{\sqrt{2}}{2}$

$\qquad = 18\sqrt{2}$

(2) $\triangle ABC$

$\qquad = \dfrac{1}{2} \times 6 \times 10 \times \sin(180° - 120°)$

$\qquad = \dfrac{1}{2} \times 6 \times 10 \times \sin 60°$

$\qquad = \dfrac{1}{2} \times 6 \times 10 \times \dfrac{\sqrt{3}}{2}$

$\qquad = 15\sqrt{3}$

目 (1) $18\sqrt{2}$ (2) $15\sqrt{3}$

14

$\dfrac{1}{2} \times 6 \times 10 \times \sin(180° - C) = 15\sqrt{2}$

이므로

$\sin(180° - C) = \dfrac{\sqrt{2}}{2}$

따라서 $180° - \angle C = 45°$이므로
$\angle C = 135°$

目 $135°$

15

$\angle A : \angle D = 3 : 1$이므로

$\angle A = 180° \times \dfrac{3}{4} = 135°$

$\angle D = 180° \times \dfrac{1}{4} = 45°$

따라서

$\square ABCD = 3 \times 4 \times \sin 45°$

$\qquad = 3 \times 4 \times \dfrac{\sqrt{2}}{2}$

$\qquad = 6\sqrt{2}$

目 $6\sqrt{2}$

16

다음 그림과 같이 $\overline{AC}$와 $\overline{BD}$의 교점을 O라고 하면

$\angle BOC = 180° - (50° + 70°) = 60°$

따라서

$\square ABCD = \dfrac{1}{2} \times 4 \times 5 \times \sin 60°$

$\qquad = \dfrac{1}{2} \times 4 \times 5 \times \dfrac{\sqrt{3}}{2}$

$\qquad = 5\sqrt{3}$

目 $5\sqrt{3}$

VI. 원의 성질

10~17쪽

01

원 O의 반지름의 길이를 r cm라고 하면
$\overline{OD}=\overline{OC}-\overline{CD}=r-2(cm)$이고
$\overline{BD}=\dfrac{1}{2}\times8=4(cm)$이므로

△ODB에서
$r^2=(r-2)^2+4^2$
$r^2=r^2-4r+4+16$
$4r=20,\ r=5$
따라서 원 O의 반지름의 길이는 5 cm이
다.

圀 5 cm

02

다음 그림과 같이 원의 중심을 O라고 하면

직각삼각형 AOM에서
$\overline{OM}=\sqrt{15^2-12^2}=\sqrt{81}=9(cm)$
따라서 $\overline{CM}=15-9=6(cm)$

圀 6 cm

03

직각삼각형 AMO에서
$\overline{AM}=\sqrt{(4\sqrt{2})^2-4^2}=\sqrt{16}=4$
$\overline{AB}=2\overline{AM}=8$
이때 $\overline{OM}=\overline{ON}$이므로
$\overline{CD}=\overline{AB}=8$

圀 8

04

□AMON에서
∠OMA=∠ONA=90°이므로
∠A=360°−(90°+90°+132°)=48°
$\overline{OM}=\overline{ON}$이므로 $\overline{AB}=\overline{AC}$
즉, △ABC는 이등변삼각형이므로
∠C=$\dfrac{1}{2}\times(180°-48°)=66°$

圀 66°

05

∠PAO=∠PBO=90°이므로
(1) ∠x=360°−(90°+90°+85°)=95°
(2) ∠x=360°−(90°+90°+108°)=72°

圀 (1) 95° (2) 72°

06

원 O의 반지름의 길이를 r cm라고 하면
$\overline{PO}=(r+9)$ cm
∠PTO=90°이므로 △PTO에서
$(r+9)^2=15^2+r^2$,
$r^2+18r+81=225+r^2$
$18r=144,\ r=8$
따라서 원 O의 반지름의 길이는 8 cm이
다.

圀 8 cm

07

$\overline{AD}=\overline{AF}=x$ cm라고 하면
$\overline{BE}=\overline{BD}=(12-x)$ cm
$\overline{CE}=\overline{CF}=(10-x)$ cm
$\overline{BC}=\overline{BE}+\overline{EC}$이므로
$14=(12-x)+(10-x)$
$2x=8,\ x=4$
따라서 $\overline{AD}=4$ cm

圀 4 cm

정답과 풀이

08

$\overline{AB}+\overline{DC}=\overline{AD}+\overline{BC}$에서

$\overline{AB}+(\overline{CG}+\overline{DG})=\overline{AD}+\overline{BC}$

$8+(5.5+\overline{DG})=6+12$

따라서 $\overline{DG}=4.5$ cm

冒 4.5 cm

09

(1) $\angle x=2\angle APB=2\times55°=110°$

(2) $\angle x=\dfrac{1}{2}\angle AOB=\dfrac{1}{2}\times90°=45°$

冒 (1) 110° (2) 45°

10

$\angle ABD=\angle ACD=20°$

　　　　　($\overset{\frown}{AD}$에 대한 원주각)

$\triangle PAB$에서 한 외각의 크기는 다른 두 내각의 크기의 합과 같으므로

$20°+\angle BAP=65°$

$\angle BAP=45°$

따라서 $\angle BAC=\angle BAP=45°$

冒 45°

11

$\overline{AB}$가 원 O의 지름이므로

$\angle ACB=90°$

$\angle ABC=180°-(90°+35°)=55°$

이때 $\overset{\frown}{AD}=\overset{\frown}{DC}$이므로

$\angle ABD=\angle CBD$

따라서

$\angle CBD=\dfrac{1}{2}\angle ABC$

　　　　$=\dfrac{1}{2}\times55°=27.5°$

冒 27.5°

12

$\angle x=\angle ADB=35°$

$\angle y=\angle CAD=70°$

따라서 $\angle x+\angle y=35°+70°=105°$

冒 105°

13

$\triangle ACD$에서

$\angle ADC=180°-(30°+40°)=110°$

$\angle ADC+\angle ABC=180°$이므로

$110°+\angle x=180°$

따라서 $\angle x=70°$

冒 70°

14

$\angle ABC+\angle ADC=180°$이므로

$\angle x=180°-125°=55°$

$\angle BAD=\angle DCE$이므로 $\angle y=95°$

따라서 $\angle x+\angle y=55°+95°=150°$

冒 150°

15

$\overline{BC}$가 원 O의 지름이므로

$\angle CAB=90°$

따라서

$\angle x=\angle CBA=180°-(90°+36°)=54°$

冒 54°

16

$\triangle BAT$에서

$\angle BAT=65°-20°=45°$

$\overset{\rightarrow}{TA}$는 원 O의 접선이므로

$\angle ACB=\angle BAT=45°$

冒 45°

VII. 통계

18~25쪽

01

$$\frac{11+17+x+15+18+19}{6}=16$$

$$\frac{x+80}{6}=16, \ x+80=96$$

따라서 $x=16$

답 16

02

(1) 자료를 크기 순으로 나열하면

8, 8, 10, 12, 14, 15, 22, 23, 28, 30

이므로 중앙값은 5번째와 6번째 자료
의 값의 평균이므로

$$\frac{14+15}{2}=14.5(시간)이다.$$

(2) 자료의 수가 가장 많은 값은 8이므로
최빈값은 8시간이다.

답 (1) 14.5시간 (2) 8시간

03

a는 9보다 크고 18보다 작으므로

$$\frac{a+11}{2}=11$$

$a=11$

답 11

04

최빈값을 가지려면 x는 91, 85, 77, 87
중 하나이어야 한다. 이때 최빈값은 x점
이고 평균과 최빈값이 같으므로

$$\frac{91+85+77+87+x}{5}=x$$

$$\frac{340+x}{5}=x, \ 4x=340$$

따라서 $x=85$

답 85

05

편차의 총합은 항상 0이므로

$$-4+6+x+2+(-3)=0$$

$$x+1=0$$

따라서 $x=-1$

답 -1

06

(분산)

$$=\frac{3^2+(-4)^2+5^2+(-1)^2+(-3)^2}{5}$$

$$=\frac{60}{5}=12$$

답 12

07

(평균)

$$=\frac{10+6+4+5+4+9+10+7+8+7}{10}$$

$$=\frac{70}{10}=7(권)$$

각 변량의 편차는

3, -1, -3, -2, -3, 2, 3, 0, 1, 0

(분산)

$$=\frac{1}{10}\times\{3^2+(-1)^2+(-3)^2+(-2)^2$$

$$+(-3)^2+2^2+3^2+0^2+1^2+0^2\}$$

$$=\frac{46}{10}=4.6$$

따라서 (표준편차)$=\sqrt{4.6}(권)$

답 $\sqrt{4.6}$권

08

표준편차가 작을수록 변량이 평균 주위에
더 집중된다. 따라서 성적이 가장 고른 학
급은 표준편차가 가장 작은 D이다.

답 ④

09

산점도에서 수학 중간고사와 기말고사 점수가 모두 70점 이상인 학생은 다음 그림과 같은 점으로 나타난다.

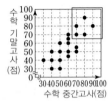

따라서 모두 5명이다.

冒 5명

10

산점도에서 SNS 이용 시간이 15시간 이상이면서 수학 점수가 80점 이상인 학생은 다음 그림과 같은 점으로 나타난다.

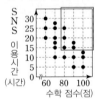

따라서 모두 5명이므로 전체의
$\dfrac{5}{20} \times 100 = 25(\%)$이다.

冒 25 %

11

대각선으로부터 가장 멀리 떨어진 B가 왼쪽 눈의 시력과 오른쪽 눈의 시력의 차이가 가장 큰 학생이다.

冒 ②

12

① 키가 가장 큰 학생은 A다.
③ B는 키도 작고 몸무게도 적은 편이다.

④ C는 E보다 키가 크고 몸무게는 적다.
⑤ 몸무게가 가장 많이 나가는 학생은 E이다.

冒 ②

13

①, ② 양의 상관관계
③, ④ 음의 상관관계

冒 ⑤

14

③ 주어진 산점도는 양의 상관관계를 나타낸다. 그런데 자동차의 주행속력과 소요시간 사이에는 음의 상관관계가 있다.

冒 ③

15

도시의 인구와 음식쓰레기 발생량은 양의 상관관계가 있으므로 산점도로 나타내면 ③과 같다.

冒 ③

16

주어진 산점도는 음의 상관관계를 나타낸다.
①, ②, ③ 양의 상관관계
④ 상관관계가 없다.

冒 ⑤

세상에 없던 새로운 공부법

EBS 중학

뉴런

| 수학 3(하) |

미니북